权威·前沿·原创

皮书系列为

“十二五”“十三五”“十四五”时期国家重点出版物出版专项规划项目

智库成果出版与传播平台

中国社会科学院创新工程学术出版资助项目
中国社会科学院边疆安全与发展研究中心学术成果

中国边疆发展报告

（2024）

ANNUAL REPORT ON CHINESE BORDERLAND

(2024)

主　编／邢广程
副主编／范恩实　王　垚

社会科学文献出版社
SOCIAL SCIENCES ACADEMIC PRESS (CHINA)

图书在版编目(CIP)数据

中国边疆发展报告．2024／邢广程主编；范恩实，王垚副主编．--北京：社会科学文献出版社，2025.5.
（边疆蓝皮书）．-- ISBN 978-7-5228-5121-1

Ⅰ．F127

中国国家版本馆 CIP 数据核字第 2025MJ3602 号

边疆蓝皮书

中国边疆发展报告（2024）

主　　编／邢广程
副 主 编／范恩实　王　垚

出 版 人／冀祥德
责任编辑／郑庆寰　赵　晨
责任印制／岳　阳

出　　版／社会科学文献出版社·历史学分社（010）59367256
　　　　　地址：北京市北三环中路甲 29 号院华龙大厦　邮编：100029
　　　　　网址：www.ssap.com.cn
发　　行／社会科学文献出版社（010）59367028
印　　装／天津千鹤文化传播有限公司

规　　格／开　本：787mm×1092mm　1/16
　　　　　印　张：29.5　字　数：444 千字
版　　次／2025 年 5 月第 1 版　2025 年 5 月第 1 次印刷
书　　号／ISBN 978-7-5228-5121-1
定　　价／168.00 元

读者服务电话：4008918866

《中国边疆发展报告（2024）》
编　委　会

主要编撰者简介

邢广程　第十四届全国人大代表、外事委员会委员，中国社会科学院学部委员，中国社会科学院（中国历史研究院）中国边疆研究所原所长、一级研究员。中国社会科学院大学博士生导师。第八届国务院学位委员会世界史学科评议组成员。中国边疆研究所国家民委中华民族共同体研究基地首席专家，中国社会科学院边疆安全与发展研究中心主任，中国社会科学院突厥研究中心主任。中国中俄关系史研究会会长、中国新兴经济体研究会副会长、中华民族团结进步协会边疆工作委员会主任、中国史学会边疆史分会会长、中华人民共和国国史学会当代边疆史研究分会会长。全国马克思主义理论研究和建设工程专家，入选国家高层次人才计划、全国文化名家暨“四个一批”人才、新世纪“百千万人才”工程，享受国务院政府特殊津贴。兼任国家社会科学基金项目学科评审组专家、国家出版基金管理委员会评审专家、第二届国家民委决策咨询委员会专家等。《中国社会科学》杂志编委、《中国边疆史地研究》编委会主任。出版学术著作40余部。代表性专著《苏联高层决策70年——从列宁到戈尔巴乔夫》一书，获2000年中国社会科学院优秀科研成果专著类一等奖。2013年获俄罗斯“普希金奖章”，2020年被授予俄罗斯科学院远东分院“荣誉博士”称号，2025年当选俄罗斯科学院外籍院士。主要研究方向为苏联历史、俄罗斯及中亚问题、周边国际环境和中国边疆问题。

范恩实　中国社会科学院中国边疆研究所副所长（主持所务工作）、研究员，中国社会科学院边疆安全与发展研究中心秘书长、中国社会科学院突厥研究中心秘书长。国家民委中华民族共同体研究基地秘书长。中国社会科学院大学教授、博士生导师。主要从事中国边疆历史与现状研究。出版学术专著《夫余兴亡史》《鞣鞨兴嬗史研究》《地缘与族群——辽代以前蒙古草原与东北地区族群发展与互动研究》《沿边十四城市开放三十年简史》等，发表专业学术论文、理论文章60余篇。《中国边疆史地研究》常务副主编、《边疆蓝皮书：中国边疆发展报告》副主编。主持国家社科基金重大及一般项目3项，中国社会科学院创新工程重大项目1项。专著获“第十届（2019年）中国社会科学院优秀科研成果奖”二等奖。获中国社会科学院优秀对策信息对策研究类一等奖1次、二等奖4次、三等奖2次。

摘　要

本报告由中国社会科学院中国边疆研究所在全国范围内组织边疆发展研究学者共同商讨、撰写。

2023年是全面贯彻党的二十大精神的开局之年，边疆地区加快构建新发展格局，扎实推进高质量发展，在科技创新、现代化产业体系建设等方面取得重要进展，经济发展态势良好。边疆地区发展呈现四大特征。一是创新驱动，加快新质生产力形成。边疆各省（区）加大研发投入力度，积极打造创新培育平台，不断强化企业在创新中的主体地位。二是产业提质增效，开启高质量发展引擎。边疆各省（区）在国家政策的引导下，制定了区域特点鲜明的产业政策，在特色产业发展方面迈上新台阶。三是经贸合作扎实推进，积极融入新发展格局。边疆各省（区）积极抓住共建“一带一路”机遇，沿边开放更上一层新台阶，通过自由贸易试验区积极探索制度创新，跨境人民币合作取得新进展。四是治理效能全面升级，优化发展环境。通过加强法治建设、推动数字政府专项和改革行政审批制度，优化了边疆地区营商环境，贯彻落实新发展理念，将改善生态环境放在重要位置，加强生态环境保护，有效开展污染防治工作，开展碳达峰碳中和工作。2024年，边疆地区的工作重点主要放在以下四个方面：一是统筹发展与安全，推动中国式现代化边疆实践；二是扎实推进高质量发展，全面融入新发展格局；三是加大力度改善和优化营商环境，营造良好发展局面；四是积极稳妥推进碳达峰碳中和，践行绿色发展理念。

本报告围绕边疆地区2024年发展的热点问题，由总报告、高质量发展篇、专题篇、区域篇4部分组成。总报告围绕边疆地区发展新质生产力的目标、思路与路径进行研究。高质量发展篇由4篇分报告组成，涉及新质生产力、经济高质量发展、新型城镇化建设以及文旅融合。专题篇由8篇报告组成，围绕边疆地区口岸建设、沿边开放、对外贸易等方面展开研究。区域篇分别就北部边疆、东北边疆、粤港澳大湾区、西南边疆、西藏和新疆问题展开研究。

关键词： 中国边疆　高质量发展　新质生产力

目 录

Ⅰ 总报告

Ⅱ 高质量发展篇

Ⅲ 专题篇

Ⅳ 区域篇

皮书数据库阅读使用指南

总报告

B.1
中国边疆地区因地制宜发展新质生产力的目标、思路与路径

“中国边疆发展报告”课题组*

摘　要： 中国边疆地区对维护总体国家安全至关重要，同时承担国家多重战略功能。高质量发展是中国边疆地区发展的首要任务，新质生产力是边疆地区高质量发展的内生动力和基础支撑。在百年未有之大变局下，中国边疆地区发展新质生产力面临严峻挑战，其中既有全球层面问题，又有中国整体经济发展需求，以及边疆地区发展的现实基础。边疆地区的总体发展目标是实现中国式现代化。通过发展新质生产力，提升边疆地区经济发展的内生动力，实现边疆地区经济繁荣发展，实现全体人民共同富裕，让边疆地区的物

* 课题组组长：邢广程，中国社会科学院学部委员，中国社会科学院中国边疆研究所原所长、一级研究员，主要研究方向为苏联历史、俄罗斯及中亚问题、周边国际环境和中国边疆问题。课题组副组长：范恩实，中国社会科学院中国边疆研究所副所长（主持所务工作）、研究员，主要研究方向为中国边疆历史与现状。执笔人：初冬梅，中国社会科学院中国边疆研究所东北边疆研究室主任、研究员，主要研究方向为俄罗斯研究、中国边疆与周边国家关系等。

质文明与精神文明协调发展，实现边疆地区人与自然和谐共生。边疆地区发展新质生产力应遵循以下思路：坚持系统观念，从实际出发，因地制宜；坚持以实体经济为根基，以产业升级为方向，以科技创新为核心。在发展新质生产力的过程中，边疆地区应该充分发挥新型举国体制的优势，政府引领确定性的战略性科技创新，企业为科技创新的主要引领者，同时培养人才队伍。

关键词： 中国边疆地区　新质生产力　边疆经济

2023年7月以来，习近平总书记创造性提出新质生产力概念。提出要整合科技创新资源，引领发展战略性新兴产业和未来产业，加快形成新质生产力。[①] 2024年1月31日，中共中央政治局就扎实推进高质量发展进行第十一次集体学习，在这次集体学习中习近平总书记首次全面系统阐释了新质生产力的重要概念和基本内涵，并就如何推动新质生产力加快发展提出明确指引。习近平总书记指出，新质生产力是创新起主导作用，摆脱传统经济增长方式、生产力发展路径，具有高科技、高效能、高质量特征，符合新发展理念的先进生产力质态。它由技术革命性突破、生产要素创新性配置、产业深度转型升级而催生，以劳动者、劳动资料、劳动对象及其优化组合的跃升为基本内涵，以全要素生产率大幅提升为核心标志，特点是创新，关键在质优，本质是先进生产力。[②]

由于历史原因和一系列自然环境因素以及数次科技革命的影响，中国边疆地区的发展水平落后于其他地区。然而，边疆地区对维护我国总体国家安

① 《人民日报整版探讨：加快形成新质生产力》，“人民网”百家号，2023年11月24日，https：//baijiahao. baidu. com/s？ id=1783392553900078230&wfr=spider&for=pc。

② 《习近平在中共中央政治局第十一次集体学习时强调：加快发展新质生产力　扎实推进高质量发展》，中国政府网，2024年2月1日，https：//www. gov. cn/yaowen/liebiao/202402/content_ 6929446. htm。

全至关重要，同时承担国家多重战略功能。边疆地区的高质量发展也会惠及周边国家和地区，为周边国家和地区的经济繁荣注入动力。中国共产党一直高度重视边疆发展问题。高质量发展是中国边疆地区发展的首要任务，新质生产力是边疆地区高质量发展的内生动力和基础支撑。中共中央政治局会议指出，要因地制宜发展新质生产力。本报告分析中国边疆地区发展新质生产力的时代背景，以及中国边疆地区因地制宜发展新质生产力的目标、思路与路径。

一　中国边疆地区发展新质生产力的时代背景

在百年未有之大变局下，中国边疆地区发展新质生产力面临严峻挑战，其中既有全球层面问题，又有中国整体经济发展需求，以及边疆地区发展的现实基础。从全球政治经济格局变化和周边地缘冲突来看，以及考虑到中国当前的经济、技术发展水平，中国越来越难从发达国家引进先进技术。因此，发展新质生产力是推进中国式现代化的必由之路。如果不能大力发展新质生产力，中国将难以实现高质量发展，从而影响中国式现代化目标的实现。

（一）从全球层面来看，随着中国经济崛起以及由此产生的大国竞争，中国只能依靠自己发展先进生产力

中国提出的百年未有之大变局反映的是世界格局的变化，其中最重要的变化之一是新兴经济体，特别是中国的崛起。2000 年至今，随着新兴经济体的崛起，发达经济体 GDP 占世界 GDP 的比重不断下降。① 2023 年，中国的 GDP 为 17.89 万亿美元，增速为 5.2%，保持世界第二大经济体地位。2023 年美国的 GDP 是 27.40 万亿美元，中国的 GDP 相当于美国的 65.3%。② “修

① 林毅夫等：《新质生产力：中国创新发展的着力点和内在逻辑》，中信出版集团，2024。

② 《中华人民共和国 2023 年国民经济和社会发展统计公报》，《中国信息报》网站，2024 年 3 月 1 日，http://www.zgxxb.com.cn/pc/attachment/202403/01/e4c62241-d9b7-48c8-b89a-126060e72b0a.pdf。

昔底德陷阱”再次被提起。美国对国内对华决策机制、公众舆论造势、全球经济战略与外交等做出全方位调整，从“规锁”和建立平行体系入手，限制中国的发展。面对中国的技术进步，美国及其盟友势必建立各种壁垒，保持技术与产业的竞争优势。同时，随着中国本身的发展，中国与发达国家之间的技术落差逐步缩小，中国学习再创新的空间越来越小。可以看到，发展新质生产力不仅关系国家发展，还关系国家安全。因此，发展新质生产力是中国发展的必由之路。

（二）周边安全环境复杂，地缘政治冲突的风险较大

中国面临非传统安全威胁，国外市场面临多种不确定性。①

周边国家政局动荡和地区武装冲突是威胁周边安全环境的突发因素。一些邻国政局动荡，白俄罗斯、吉尔吉斯斯坦、缅甸、巴基斯坦国内相继发生政治冲突。2022 年俄乌冲突不仅打破了二战以来建立的国际秩序，也可能把地区甚至世界拖入战争的边缘。俄乌冲突以及周边国家围绕该冲突进行的立场选择，让中国周边安全环境更加复杂动荡。从中国与周边国家的产业技术代差来看，中国与周边发达国家和地区的差距不断缩小，由此引发的摩擦与竞争将不断加剧。

（三）中国地区发展不平衡的问题始终存在，边疆地区发展不充分的问题凸显

中国多年来保持世界第二大经济体的地位，然而，中国人均 GDP 依然达不到发达国家的水平，并且中国各地区发展依然不平衡，中国东部、中部与西部地区之间发展差距加大，经济重心南移，中国边疆地区发展面临严重的不充分问题。中国经济发展的地区不平衡问题日益严重，相比沿海和内陆地区，边疆地区经济发展水平较低。边疆地区的地区生产总值占中国 GDP

① S. R. Baker，et al.，“How Does Household Spending Respond to an Epidemic? Consumption during the 2020 COVID-19 Pandemic，” *NBER Working Paper*，2020.

的比重不断下降。中国边疆地区发展存在诸多短板和问题。从经济发展数据来看，边疆地区是中国实现共同富裕的短板。目前，中国边疆省（区）GDP 虽然逐年递增，但从横向比较来看，边疆省（区）GDP 占比逐年下降，从 1992 年的近 20%下降到 2022 年的不足 14%。边疆省（区）居民人均可支配收入从 1992 年的 28557 元提高到 2022 年的 36602 元，但仍明显低于全国 43834 元的平均水平。① 西部边疆地区与东部地区发展存在较大差距。东北地区面临较大的经济下行压力。一些边疆地区的人口向内地流动的趋势逐步增强。一些边疆省（区）“造血”功能不强，依赖其他地区“输血”。一些边疆省（区）沿边开放程度不够高、力度不够大、引力不够强。陆疆与海疆的统筹尚需加强。边疆地区经济发展滞后的原因主要有以下三个方面。一是历史原因。目前，胡焕庸线依然存在，边疆地区经济发展落后于内地是我国历史上长期存在的问题。二是地理因素。我国国土空间呈现阶梯状分布，东西部地区的自然环境差异较大。东部地区更加宜居宜产，且靠近海运大通道和欧美发达市场。三是现实因素。我国区域经济发展分化态势明显，长三角、珠三角等地区已初步走上高质量发展的轨道，一些北方省份经济增长放缓，全国经济重心进一步南移。以东北地区为例，东北是我国最早实现工业化的地区之一，从新中国成立直至改革开放初期，东北地区经历了辉煌的发展阶段。随着改革开放的深化，计划经济弊端不断显露，以及东北地区没有抓住接下来科技革命的机遇，东北经济呈现不断下行的趋势。因此，如何解决边疆地区经济发展“缺新”的问题，激发边疆地区经济内生动力，是我国经济发展面临的一项重要课题。

二　中国边疆地区发展新质生产力的目标

2023 年底，习近平总书记在中央经济工作会议上指出：“必须把推进中国式现代化作为最大的政治，在党的统一领导下，团结最广大人民，聚焦经

① 数据来自国家统计局。

济建设这一中心工作和高质量发展这一首要任务，把中国式现代化宏伟蓝图一步步变成美好现实。”① 中国式现代化是人类现代化历程的一个全新且全方位的新型现代化模式，是摒弃了工业文明的不均衡性，提倡生态文明的现代化，也是标准最高的现代化。如果中国式现代化能够实现，将对世界作出伟大的贡献，也有助于推动全世界的现代化。

边疆地区的总体发展目标是实现中国式现代化。边疆地区是实现中国式现代化的关键环节。边疆地区作为特殊地区类型，亟待解决发展不均衡不充分的矛盾。全面建成社会主义现代化强国意味着首先要实现边疆地区的高质量发展。边疆地区承载着重要的国家安全屏障职能，边疆地区经济社会面貌也从一个特殊切面体现了中国社会的现代化水平。中国式现代化具有人口规模巨大、全体人民共同富裕、物质文明和精神文明相协调、人与自然和谐共生以及和平发展 5 个基本特征，边疆地区的现代化建设也要从这 5 个视角出发。其中，人口规模巨大是我国现代化建设需要立足的基本国情，人口规模与人口结构也是边疆地区现代化建设需要立足的基本国情。全体人民共同富裕、物质文明和精神文明相协调、人与自然和谐共生，是从人与人的关系、文明类型以及人与自然的关系的角度，阐述现代化建设的内容。和平发展是处理中国与周边国家和地区关系的基本原则。

中国边疆地区发展新质生产力的目标就是实现中国式现代化。在中国式现代化的目标引领下，中国边疆地区发展新质生产力的目标可以细分为以下几个方面。

第一，通过发展新质生产力，提升边疆地区经济发展的内生动力，实现边疆地区经济繁荣发展，实现全体人民共同富裕。边疆地区经济发展当前面临的主要问题之一是缺乏内生动力。发展新质生产力的一个子目标就是增强边疆地区经济发展的内生动力。目前，新质生产力由颠覆性科学技术、生产要素创新性配置和产业的深度转型升级催生而来，是面向传统产业、战略性新兴产业和未来产业的先进生产力，其落脚点是产业创新。这对于解决边疆

① 《解放日报》2023 年 12 月 13 日，第 12 版。

地区发展问题具有重要意义。从第一、二、三次产业的占比情况来看，中国边疆地区产业布局依然主要集中在传统产业。并且，中国边疆地区在发展传统产业方面不具备比较优势。新质生产力的发展旨在为第一、二、三次产业的发展注入创新动力，从而形成新业态、新制造、新服务，拉动经济增长。此外，中国边疆地区技术创新成果以及创新转化能力不足，发展新质生产力有助于破解该问题。

第二，通过发展新质生产力，让边疆地区的物质文明与精神文明协调发展。发展新质生产力的另一个子目标是促进边疆地区物质文明与精神文明协调发展。物质文明和精神文明相协调是中国式现代化的重要特征。物质和精神两个层面的富足与协调发展，是边疆地区稳定与繁荣的重要物质与精神基础。从理论和历史经验来看，物质丰富、道德缺失的边疆地区，不能维持长久繁荣与安定。推进边疆地区发展，需要在发展经济的同时，促进精神文明与文化建设。新质生产力将推动边疆地区经济高质量发展，同时新质生产力带来的新业态和新服务有助于加快发展生产性服务业。通过发展与高端制造业强相关的高附加值的生产性服务业，不仅可以提高产业的附加值，还可以推动文化强边，形成“生产性服务业+文化产业”的发展模式。推动文化强国，繁荣边疆地区文化事业和文化产业。为此，需要传承中华优秀传统文化。党的二十大报告指出，坚持和发展马克思主义，必须同中华优秀传统文化相结合。中华五千多年文明史，优秀传统文化源远流长、博大精深。中华优秀传统文化中的价值观同社会主义核心价值观高度契合，是推动中国式现代化建设的宝贵精神财富。要弘扬中华传统美德，提高边疆地区文明程度。此外，也要吸收借鉴全人类共同文明中的有益部分，实现文明互鉴、美美与共。

第三，通过发展新质生产力，实现边疆地区人与自然和谐共生。发展新质生产力的第三个子目标是实现边疆地区人与自然和谐共生。人与自然和谐共生是中国式现代化的重要特征。中国传统文化崇尚天人合一，人与自然和谐共生。习近平总书记把生态文明建设纳入中国特色社会主义事业总体布局，明确提出努力建设美丽中国，推动实现绿色发展。边疆地区多为中国生态屏障地带，生态环境脆弱，保护生物多样性压力较大。一些边疆地区为资源枯竭型地区，地区发展的环境约束较大。2020 年习近平总书记在中央第七次西藏工作座谈会上提出："保护好青藏高原生态就是对中华民族生存和发展的最大贡献。"[①] 2020 年习近平总书记在第三次中央新疆工作座谈会上强调："要坚持绿水青山就是金山银山的理念，坚决守住生态保护红线，统筹开展治沙治水和森林草原保护工作，让大美新疆天更蓝、山更绿、水更清。"[②]

绿色低碳转型是中国政府为环境保护与应对全球气候变化做出的重要战略安排。2020 年 9 月 22 日，习近平主席在第七十六届联合国大会首次宣布，"中国将提高国家自主贡献力度，采取更加有力的政策和措施，二氧化碳排放力争于 2030 年前达到峰值，努力争取 2060 年前实现碳中和"。[③] 这是党中央统筹国内国际两个大局做出的重大战略决策，更展现了中国走绿色低碳高质量发展道路的决心。边疆地区仍处于工业化和城镇化进程中，经济发展和民生改善的任务还很艰巨，并且能源结构偏煤、产业结构偏重特征明显。边疆地区亟须走绿色低碳的发展道路，广泛形成绿色生产生活方式，建设美丽边疆。新质生产力所要求的产业创新，将运用更多数字资源和低碳清洁技术，有助于实现边疆地区经济的绿色低碳发展。

三　中国边疆地区发展新质生产力的思路

边疆地区发展新质生产力应遵循以下几点思路。

第一，坚持系统观念，从实际出发，因地制宜。培育壮大新质生产力是一项长期任务和系统工程。边疆地区需要处理好新质生产力与"旧质生产力"之间的关系，以及生产力与生产关系之间的关系。

---

① 《习近平在中央第七次西藏工作座谈会上强调：全面贯彻新时代党的治藏方略　建设团结富裕文明和谐美丽的社会主义现代化新西藏》，中国政府网，2020 年 8 月 29 日，http：//www. gov. cn/xinwen/2020-08/29/content_ 5538394. htm。

② 《习近平在第三次中央新疆工作座谈会上发表重要讲话》，中国政府网，2020 年 9 月 26 日，http：//www. gov. cn/xinwen/2020-09/26/content_ 5547383. htm？ gov。

③ 《习近平在第七十六届联合国大会一般性辩论上的讲话》，中国政府网，2021 年 9 月 22 日，https：//www. gov. cn/xinwen/2021-09/22/content_ 5638597. htm。

2024年3月5日，习近平在参加他所在的十四届全国人大二次会议江苏代表团审议时强调，要牢牢把握高质量发展这个首要任务，因地制宜发展新质生产力。各地要坚持从实际出发，先立后破、因地制宜、分类指导，根据本地的资源禀赋、产业基础、科研条件等，有选择地推动新产业、新模式、新动能发展，用新技术改造提升传统产业，积极促进产业高端化、智能化、绿色化。[①] 培育壮大新质生产力是一项长期任务，特别是边疆地区，因为我国边疆的发展基础落后于其他地区，边疆各省（区）的产业发展水平与产业布局也不尽相同。大部分边疆地区甚至"旧质生产力"依然处于待发展状态。为此，边疆地区不能盲目跟风发展新质生产力，而放弃"旧质生产力"。边疆地区应立足地区现实基础，基于比较优势，在大力发展"旧质生产力"的同时，在有条件的地区和领域发展新质生产力。

培育新质生产力是一项全面而系统的工程，涉及产业发展的全生命周期。需要围绕科技创新的方方面面，包括顶层设计、研发攻关、成果转化、体制改革以及人才培养等。此外，要建立健全适应新质生产力发展和发挥作用的体制机制，强化要素的支撑作用。边疆地区需要与发达地区合作共同发展和推动新质生产力，需要围绕科技创新和新质生产力发展形成以相邻发达地区为核心的大系统和边疆地区小系统，各个系统之间保持生产要素的畅通流动和高效配置，也就是建立统一大市场。边疆地区具体需要在以下三个方面下功夫。一是加快培育并留住高素质人才，打造与地区生产力发展相匹配的新型劳动者群体。一方面，需要推动高等教育发展；另一方面，需要为留住人才创造有利条件，让人才在边疆地区能够发挥作用，做到人尽其才。二是以科技创新引领传统产业高质量发展，以传统产业为主体，在有条件的地区布局战略性新兴产业和未来产业。三是边疆地区政府需要提高服务意识，致力于营造良好的营商环境，为企业发展，特别是中小企业发展营造良好的营商环境，致

① 《习近平在参加江苏代表团审议时强调：因地制宜发展新质生产力》，中国政府网，2024年3月5日，https://www.gov.cn/yaowen/liebiao/202403/content_6936752.htm。

力于发展现代文明和契约精神。

第二，坚持以实体经济为根基，以产业升级为方向。实体经济是中国式现代化的根基。党的二十大报告提出，坚持把发展经济的着力点放在实体经济上，推进新型工业化，加快建设制造强国、质量强国、航天强国、交通强国、网络强国、数字中国。中国边疆地区发展新质生产力，要坚持以实体经济为根基。边疆地区需要根据资源禀赋，加快构建以先进制造业为支撑的现代化产业体系。在有条件的地区布局先进制造业，推动制造业高端化、智能化和绿色化发展，推进新型工业化，利用科技创新改造传统产业，培育壮大新兴产业，布局未来产业。边疆地区面临更多的是产业升级问题，建设现代化基础设施网络与数字基础设施，利用数字技术实现传统产业的升级迭代。

第三，以科技创新为核心。科技创新是发展新质生产力的核心动力。然而，并不是所有的边疆地区都具有十分强大的科技创新能力。边疆地区应借助我国区域发展一体化战略，积极与发达地区对接，承接有能力转化的科技创新成果。边疆地区推动科技创新，应该在三个方面发挥重要作用。一是推动科技创新，占领科技新高地，实现科技自主。东北地区在基础科学研究领域具有雄厚的基础，例如，有哈尔滨工业大学、中国科学院长春光机所、大连理工大学等。需要进一步优化科研环境和科研管理制度，激发科研团队的创造力，在科研攻关领域有所作为。二是科研成果转化，需要推动优秀的科研成果落地转化，推动边疆地区农业的机械化与智能化发展。东北地区高校资源丰富，具有发展基础科学的良好基础，然而，东北地区科研成果落地转化能力相对较弱，主要原因是缺少可以承接科研成果的企业。为此，东北地区的政府部门需要在这方面有所作为，为科研成果落地转化营造良好的营商环境。三是人工智能的研发与治理领域。美国开放人工智能研究中心（OpenAI）2023 年推出 ChatGPT，2024 年推出视频生成模型 Sora。多模态大模型将成为全球人工智能技术竞赛的“主战场”。人工智能技术的快速发展在便利生活的同时，带来技术滥用的挑战，人工智能已经不单纯是技术问题和大国竞争问题，更关乎全人类共同命运。目前，世界大国和国际组织纷纷出台人工智能监管政策和法律文件。习近平主席在第三届“一带一路”国际合作高峰论坛开幕式中提出《全球人工智能治理倡议》，致力于推动构建人类命运共同体。边疆地区应依托基础科学研究，一方面积极参与人工智能的研发，另一方面探索全球人工智能治理问题，提高人工智能治理的技术能力。

四 中国边疆地区发展新质生产力的路径

新质生产力是先进生产力，边疆地区由于资源禀赋不同与发展差异，需要立足实际，分类引导。在发展新质生产力的过程中，中国边疆地区应充分发挥新型举国体制优势，政府引领确定性的战略性科技创新，企业为科技创新的主要引领者，同时培养人才队伍。

第一，政府引领。我国边疆地区在总体国家安全中承担不同的战略职能。如边疆地区承担的维护国防安全、粮食安全、生态安全、能源安全和产业安全的战略职能，关乎国家发展大局。如内蒙古发挥国家北疆生态安全屏障的战略职能。在体现国家战略安全的领域，应发挥我国新型举国体制优势，中央与地方政府携手发挥有为政府作用，在确定性的战略性科技创新领域发挥主导作用，强化基础研究，引领前瞻性基础研究，突破关键核心技术，强化国家科技安全资助能力。中国边疆地区地方政府继续向服务型政府转型，推进有利于科技创新的体制机制改革。

第二，企业主导。中国边疆地区在发展新质生产力的过程中，需要尊重科技创新的一般性规律，让企业发挥科技城创新的主导作用。这首先需要为私营企业营造风清气正的营商环境。地方政府需要加强服务性意识，向发达地区地方政府学习服务经验。需要积极对接国内统一大市场建设，打破要素流动的行政等各方面壁垒。

第三，人才培养。打造高素质的人才队伍，边疆地区才能将其转化为科技优势。有了科技优势，边疆地区才能进一步将其转化为产业优势。中国边疆地区一方面要加强人才的教育与培养，另一方面要加强集聚人才的能力。

中国边疆地区政府需要为集聚人才创造良好的环境，给人才搭建平台，留住现有人才，避免人才流失。

从中国边疆地区的发展基础来看，东北地区、西藏和内蒙古、新疆、广西和云南、海南发展新质生产力的路径和着力点如下。东北地区需抓住新一轮科技革命的机遇，充分发挥科研院所和高校的基础科学优势，发展战略性新兴产业与未来产业，充分提高农业领域的科技创新能力，发展现代大农业。东北地区通过构建现代基础设施体系，包括油气管道、高铁网络和铁路网络、新型电网和电器外送通道、新一代移动通信和数据网，加强与内地发达地区之间的联系。东北地区需要加强与东部沿海地区和京津冀地区的协同发展，与长江经济带、长三角一体化、粤港澳大湾区建设和西部大开发等国家战略对接，以便在构建新发展格局中发挥更大的作用。东北地区需要着力在提升承接产业转移的能力、发展新质生产力上下功夫。

西藏和内蒙古应努力探索绿色低碳发展新模式，以“双碳”目标为引领。在促进绿色发展方面，边疆地区应作为绿色发展的“试验区”。边疆地区与我国周边地区普遍面临生态脆弱的风险，应继续坚持绿色发展模式。边疆地区在践行绿色发展理念方面也具有后发优势。边疆地区与周边地区合作的过程中，需进一步加强绿色基建。此外，绿色交通物流和绿色能源也是双方的合作重点。边疆地区在承接东部产业转移的过程中，应优先考虑绿色低碳产业。通过绿色发展，实现边疆地区的弯道超车。

新疆打造八大产业集群，深度参与国内国际合作。新疆需要致力于深度融入国内大市场，深度参与西部陆海新通道建设，通过建设现代化交通基础设施加强与东部沿海地区的联系。需要思考如何更多从我国东部沿海地区承接产业转移，建立新疆本土产业基础，增强造血功能。新疆要长期坚持统筹高质量发展和高水平安全、统筹对外开放和维护地区稳定。

习近平总书记2023年12月考察广西时指出，“广西要持续扩大对内对外开放”。“积极服务建设中国-东盟命运共同体，深化拓展与东盟国家在商贸、劳务、产业、科技、教育等领域合作，打造国内国际双循环市场经营便利地，深度融入共建‘一带一路’。”[①] 党的十八大以来，习近平总书记多次考察云南，要求云南主动服务和融入国家战略，努力建设成为我国面向南亚、东南亚辐射中心。[②] 积极推进高水平对外开放，打造“滇中+中老铁路+磨憨磨丁”的开放组合。

海南是海上丝绸之路的重要支点。海南推动“一带一路”建设与自由贸易港建设有机连接。西南地区之间需要加强内部联动，广西、云南、海南等地需要抱团发展，同时加强与广东等发达省份的互动，构建更有活力的一体化开放型经济体系。广西、云南、海南要主动服务国家重大战略，加强与粤港澳大湾区的互联互通，共建西部陆海新通道，提高海南自由贸易港的政策红利外溢效应，借助国家重大战略提供的政策优势，提升西南边疆地区在国家内循环与外循环中的地位和参与程度。

① 《习近平在广西考察时强调：解放思想创新求变向海图强开放发展　奋力谱写中国式现代化广西篇章》，中国政府网，2023 年 12 月 15 日，https：//www. gov. cn/yaowen/liebiao/202312/content_ 6920518. htm。

② 《努力建设面向南亚东南亚辐射中心》，云南省人民政府网站，2021 年 11 月 10 日，https：//www. yn. gov. cn/ztgg/jdbyyzzsjzydfxfyqj/gcls/yw/202111/t20211110_ 230157. html。

高质量发展篇

B.2
2023年中国边疆地区发展报告

——新质生产力引领边疆地区高质量发展

"中国边疆发展报告"课题组*

摘　要： 2023年是全面贯彻党的二十大精神的开局之年，边疆地区加快构建新发展格局，扎实推进高质量发展，在科技创新、现代化产业体系建设等方面取得重要进展，经济发展态势良好。边疆地区发展呈现四大特征。一是创新驱动，加快新质生产力形成。边疆各省（区）加大研发投入，积极打造创新培育平台，不断强化企业在创新中的主体地位。二是产业提质增效，开启高质量发展引擎。边疆各省（区）在国家政策的引导下，制定了区域特点鲜明的产业政策，在特色产业发展方面再上一个新台阶。三是经贸合作扎实推进，积极融入新发展格局。边疆各省（区）积极抓住共建"一

* 课题组组长：邢广程，中国社会科学院学部委员，中国社会科学院中国边疆研究所原所长、一级研究员，主要研究方向为苏联历史、俄罗斯及中亚问题、周边国际环境和中国边疆问题。课题组副组长：范恩实，中国社会科学院中国边疆研究所副所长（主持所务工作）、研究员，主要研究方向为中国边疆历史与现状。执笔人：王垚，中国社会科学院中国边疆研究所新疆研究室副研究员，主要研究方向为区域经济学与城市经济学。

带一路”机遇，沿边开放迈上一个新台阶，通过打造自由贸易试验区积极进行制度创新，跨境人民币合作取得进展。四是治理效能全面升级，优化发展环境。通过加强法治建设、推动数字政府专项和改革行政审批制度，优化了边疆地区的营商环境，贯彻落实新发展理念，将改善生态环境放在重要位置，加强生态环境保护，有效开展污染防治工作，开展碳达峰碳中和工作。2024 年，边疆地区的工作重点将主要放在四个方向：一是统筹发展与安全，推动中国式现代化边疆实践；二是扎实推进高质量发展，全面融入新发展格局；三是加大力度改善和优化营商环境，营造良好发展局面；四是积极稳妥推进碳达峰碳中和，践行绿色发展理念。

关键词： 边疆地区　新质生产力　高质量发展

2023 年是全面贯彻党的二十大精神的开局之年。面对复杂严峻的国际环境和艰巨繁重的国内改革发展稳定任务，边疆地区加快构建新发展格局，扎实推进高质量发展，在科技创新、现代化产业体系建设等方面取得重要进展，经济发展态势良好。

一　2023年中国边疆地区发展回顾与总体趋势

（一）国民经济运行

根据国家与各省（区、市）统计局发布的经济运行情况数据，全国地区生产总值持续增加，增速加快。全年国内生产总值为 1260582 亿元，比上年增长 5.2%。其中边疆地区生产总值 182408 亿元，增速为 5.5%，边疆地区生产总值增速高于非边疆地区 0.2 个百分点，具体如图 1 所示。

边疆地区生产总值排前 5 位的省（区）分别为辽宁、云南、广西、内蒙古、

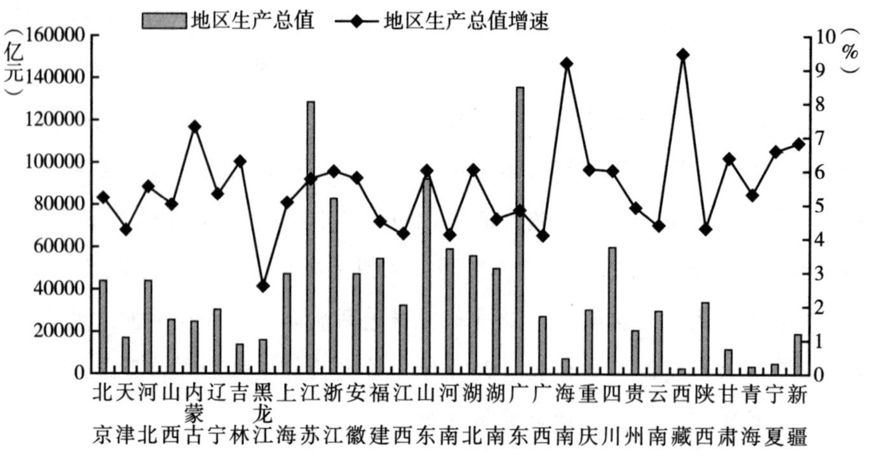

图 1　2023 年全国 31 个省（区、市）地区生产总值及其增速

资料来源：根据各省（区、市）2023 年经济运行情况整理。

新疆，地区生产总值分别为 30209.40 亿元、30021.00 亿元、27202.39 亿元、24627.00 亿元、19125.91 亿元。地区生产总值增速最快的 5 个边疆省（区）分别是西藏、海南、内蒙古、新疆、甘肃，增速分别为 9.5%、9.2%、7.3%、6.8%、6.4%，具体数据如表 1 所示。

表 1　2023 年全国及边疆 10 省（区）经济运行情况

单位：亿元，%

地区	地区生产总值		第一产业		第二产业		第三产业	
	生产总值	增速	增加值	增速	增加值	增速	增加值	增速
全　国	1260582.00	5.2	89755.00	4.1	482589.00	4.7	688238.00	5.8
内蒙古	24627.00	7.3	2737.00	5.5	11704.00	8.1	10186.00	7.0
辽　宁	30209.40	5.3	2651.00	4.7	11734.50	5.0	15823.90	5.5
吉　林	13531.19	6.3	1644.75	5.0	4585.03	5.9	7301.40	6.9
黑龙江	15883.90	2.6	3518.30	2.6	4291.30	2.3	8074.30	5.0
广　西	27202.39	4.1	4468.18	4.7	8924.13	3.2	13810.08	4.4
海　南	7551.18	9.2	1507.40	4.6	1448.45	10.6	4595.33	10.3
云　南	30021.00	4.4	4207.00	4.2	10256.00	2.4	15558.00	5.7

续表

地区	地区生产总值		第一产业		第二产业		第三产业	
	生产总值	增速	增加值	增速	增加值	增速	增加值	增速
西　藏	2392.67	9.5	215.01	14.9	882.97	7.7	1294.69	9.9
甘　肃	11863.80	6.4	1641.30	5.9	4080.80	6.5	6141.80	6.4
新　疆	19125.91	6.8	2742.24	6.3	7710.27	7.2	8673.40	6.6

资料来源：根据各省（区）2023 年经济运行情况整理。

全国固定资产投资总额增速为 3.0%，边疆地区固定资产投资总额增速高于全国平均增速的省（区）有 5 个，分别是西藏（增速为 35.1%）、内蒙古（增速为 19.8%）、新疆（增速为 12.4%）、甘肃（增速为 5.9%）、辽宁（增速为 4.0%）。全国规模以上工业增加值增速达到 4.6%。边疆地区除黑龙江以外，规模以上工业增加值增速均高于全国平均增速，其中增速较快的省（区）有海南、西藏、甘肃，增速分别达到 18.5%、8.7%、7.6%，具体数据如表 2 所示。

表 2　2023 年全国及边疆 10 省（区）主要经济指标的变动情况

单位：%

地区	固定资产投资总额增速	规模以上工业增加值增速	社会消费品零售总额增速	居民消费价格变动
全　国	3.0	4.6	7.2	-0.3
内蒙古	19.8	7.4	8.1	0.3
辽　宁	4.0	5.0	8.8	-0.4
吉　林	0.3	6.8	9.0	-0.4
黑龙江	-14.8	-3.3	8.1	0.4
广　西	-15.5	6.6	1.3	-0.8
海　南	1.1	18.5	10.7	-0.3
云　南	-10.6	5.2	6.7	-0.5
西　藏	35.1	8.7	21.1	-1.2
甘　肃	5.9	7.6	10.4	-0.1
新　疆	12.4	6.4	18.8	-1.3

资料来源：根据各省（区）2023 年经济运行情况整理。

（二）产业经济发展

从产业增加值来看，全国第一、第二和第三产业增加值增速分别为4.1%、4.7%和5.8%。第一产业增加值高于2000亿元的边疆省（区）分别是广西、云南、黑龙江、新疆、内蒙古、辽宁，第一产业增加值分别为4468.18亿元、4207.00亿元、3518.30亿元、2742.24亿元、2737.00亿元、2651.00亿元。边疆地区第一产业增加值增速除黑龙江外，普遍高于全国平均增速。第一产业增加值增速排前5位的省（区）分别是西藏、新疆、甘肃、内蒙古、吉林，增速依次为14.9%、6.3%、5.9%、5.5%、5.0%。第二产业增加值高于7000亿元的边疆省（区）分别是辽宁、内蒙古、云南、广西、新疆，第二产业增加值分别为11734.50亿元、11704.00亿元、10256.00亿元、8924.13亿元、7710.27亿元。边疆地区第二产业增加值增速高于全国平均增速的省（区）有7个，依次是海南、内蒙古、西藏、新疆、甘肃、吉林、辽宁，增速分别为10.6%、8.1%、7.7%、7.2%、6.5%、5.9%、5.0%。第三产业增加值高于10000亿元的边疆省（区）分别是辽宁、云南、广西、内蒙古，第三产业增加值分别为15823.90亿元、15558.00亿元、13810.08亿元、10186.00亿元。边疆地区第三产业增加值增速高于全国平均增速的省（区）有6个，依次是海南、西藏、内蒙古、吉林、新疆、甘肃，增速分别为10.3%、9.9%、7.0%、6.9%、6.6%、6.4%。

从产业结构来看，边疆各省（区）第一产业占比普遍高于全国平均水平，第一产业占比超过10%的省区包括黑龙江、海南、广西、云南、新疆、甘肃、吉林、内蒙古。第二产业占比高于全国平均水平的省（区）有内蒙古、新疆和辽宁。边疆各省（区）第三产业发展水平普遍落后于全国，第三产业占比超过全国平均水平的仅有海南，边疆各省（区）产业结构分布如图2所示。

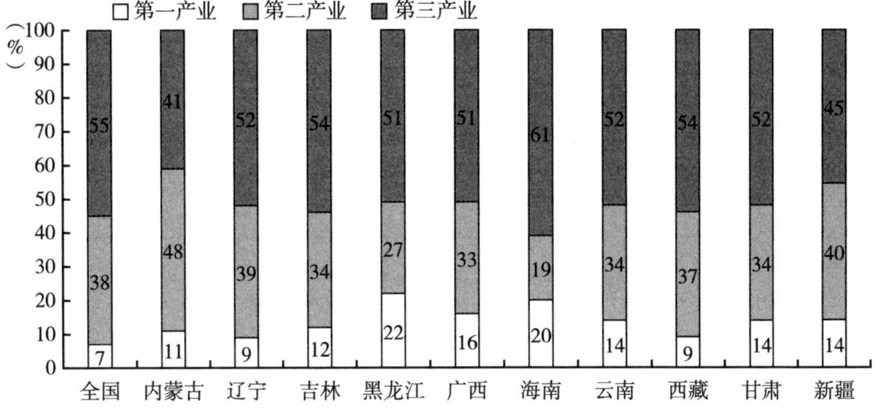

图 2　2023 年全国及边疆 10 省（区）的产业结构

资料来源：根据各省（区）2023 年经济运行情况整理。

（三）经济贸易状况

2023 年，全国贸易进出口总值为 417568.3 亿元，比上年增长 0.20%；边疆地区进出口总值为 30294.4 亿元，比上年增长 7.02%，边疆地区进出口总值增速高出全国 6.82 个百分点。边疆地区进出口总值占全国的比重为 7.25%，较上年上升 0.45 个百分点。进出口规模前五的边疆省（区）依次为辽宁、广西、新疆、黑龙江、云南，进出口总值分别为 7659.6 亿元、6936.5 亿元、3573.3 亿元、2978.3 亿元、2588.0 亿元。进出口总值增速前五的省（区）分别为西藏、新疆、内蒙古、海南、黑龙江，进出口总值增速分别为 138.18%、45.90%、30.40%、15.30%、12.30%。出口总值最高的 3 个省（区）分别是广西、辽宁、新疆，出口总值分别为 3639.5 亿元、3535.6 亿元、3024.9 亿元。贸易顺差增速较快的省（区）分别是云南、西藏、海南、新疆、内蒙古，增速分别达到 199.79%、115.58%、47.60%、45.28%、40.53%，具体如表 3 所示。

表 3　2022~2023 年全国及边疆 10 省（区）的贸易变动情况

单位：亿元，%

地区	进出口总值					出口总值				
	绝对量		增速	全国占比		绝对量		增速	全国占比	
	2022 年	2023 年	2022~2023 年	2022 年	2023 年	2022 年	2023 年	2022~2023 年	2022 年	2023 年
全　国	416734.8	417568.3	0.20	—	—	236308.1	237725.9	0.60	—	—
内蒙古	1507.1	1965.3	30.40	0.36	0.47	613.3	785.7	28.11	0.26	0.33
辽　宁	7904.6	7659.6	-3.10	1.90	1.83	3574.9	3535.6	-1.10	1.51	1.49
吉　林	1559.1	1679.1	7.70	0.37	0.40	502.0	627.0	24.90	0.21	0.26
黑龙江	2652.1	2978.3	12.30	0.64	0.71	545.6	760.6	39.41	0.23	0.32
广　西	6464.6	6936.5	7.30	1.55	1.66	3585.7	3639.5	1.50	1.52	1.53
海　南	2005.9	2312.8	15.30	0.48	0.55	721.9	742.1	2.80	0.31	0.31
云　南	3152.3	2588.0	-17.90	0.76	0.62	1453.8	926.1	-36.30	0.62	0.39
西　藏	46.1	109.8	138.18	0.01	0.03	43.1	98.2	127.84	0.02	0.04
甘　肃	565.2	491.7	-13.00	0.14	0.12	119.3	123.8	3.77	0.05	0.05
新　疆	2449.1	3573.3	45.90	0.59	0.86	2076.1	3024.9	45.70	0.88	1.27

地区	进口总值					贸易顺差		
	绝对量		增速	全国占比		绝对量		增速
	2022 年	2023 年	2022~2023 年	2022 年	2023 年	2022 年	2023 年	2022~2023 年
全　国	180383.6	179842.4	-0.30	—	—	55924.5	57883.5	3.50
内蒙古	893.6	1179.6	32.01	0.50	0.66	-280.3	-393.9	40.53
辽　宁	4327.4	4124.0	-4.70	2.40	2.29	-752.5	-588.4	-21.81
吉　林	1057.4	1052.1	-0.50	0.59	0.59	-555.4	-425.1	-23.46
黑龙江	2106.1	2217.7	5.30	1.17	1.23	-1560.5	-1457.1	-6.63
广　西	2877.0	3297.0	14.60	1.59	1.83	708.8	342.5	-51.68
海　南	1283.3	1570.7	22.40	0.71	0.87	-561.4	-828.6	47.60
云　南	1699.3	1661.9	-2.20	0.94	0.92	-245.4	-735.8	199.84
西　藏	2.9	11.5	296.55	0.00	0.01	40.2	86.7	115.67
甘　肃	445.9	367.9	-17.49	0.25	0.20	-326.7	-244.1	-25.28
新　疆	371.5	548.4	47.62	0.21	0.30	1704.6	2476.5	45.28

资料来源：根据各省（区）2023 年经济运行情况整理。

（四）居民生活水平

2023 年全国社会消费品零售总额为 471495 亿元，比上年增长 7.2%。除云南与广西外，其他省（区）的社会消费品零售总额增速均高于全国平均增速，增速前五的省（区）依次是西藏、新疆、海南、甘肃、吉林，增速分别为 21.1%、18.8%、10.7%、10.4%、9.0%，具体数据如表 2 所示。

2023 年全国居民人均可支配收入为 39218 元，比上年增长 6.3%。边疆地区普遍未能达到全国居民人均可支配收入水平，居民人均可支配收入水平较高的省（区）有内蒙古、辽宁、海南，分别为 38130 元、37992 元、33192 元。其中，有 5 个边疆省（区）的居民人均可支配收入增速超过全国平均增速，分别是西藏、甘肃、海南、新疆、吉林，增速分别为 8.7%、7.5%、7.2%、7.0%、6.5%。

全国城镇常住居民人均可支配收入为 51821 元，比上年增长 5.1%。边疆地区仅有西藏的城镇常住居民人均可支配收入达到全国平均水平，为 51900 元。有 5 个边疆省（区）城镇常住居民人均可支配收入增速超过全国平均增速，分别是西藏、海南、甘肃、吉林、新疆，增速分别为 6.5%、6.3%、6.0%、5.7%、5.6%。

2023 年全国农村（牧区）常住居民人均可支配收入为 21691 元，比上年增长 7.7%。边疆各省（区）普遍未能达到全国农村（牧区）常住居民人均可支配收入水平。农村（牧区）常住居民人均可支配收入较高的省（区）有辽宁、内蒙古、海南，分别为 21483 元、21221 元、20708 元。有 7 个边疆省（区）的农村（牧区）常住居民人均可支配收入增速超过全国平均增速，分别是西藏、新疆、海南、云南、内蒙古、甘肃、辽宁，增速分别为 9.4%、8.4%、8.3%、8.0%、8.0%、7.9%、7.9%。全国城乡居民收入比为 2.389，边疆各省（区）普遍低于该水平，仅有甘肃、云南、西藏的城乡居民收入比高于该水平，分别为 3.034、2.663、2.605，具体数据如表 4 所示。

表 4　2023 年全国及边疆 10 省（区）城乡居民人均可支配收入情况

单位：元，%

地区	全体常住居民		城镇常住居民		农村（牧区）常住居民		城乡居民收入比
	绝对量	增速	绝对量	增速	绝对量	增速	
全　国	39218	6.3	51821	5.1	21691	7.7	2.389
内蒙古	38130	6.1	48676	5.1	21221	8.0	2.294
辽　宁	37992	5.3	45896	4.3	21483	7.9	2.136
吉　林	29797	6.5	37503	5.7	19472	7.4	1.926
黑龙江	29694	4.8	36492	4.1	19756	6.3	1.847
广　西	29514	5.5	41287	4.0	18656	7.0	2.213
海　南	33192	7.2	42661	6.3	20708	8.3	2.060
云　南	28421	5.5	43563	3.3	16361	8.0	2.663
西　藏	28983	8.7	51900	6.5	19924	9.4	2.605
甘　肃	25011	7.5	39833	6.0	13131	7.9	3.034
新　疆	28947	7.0	40578	5.6	17948	8.4	2.261

资料来源：根据各省（区）2023 年经济运行情况整理。

二　2023年中国边疆地区发展特征

（一）创新驱动加快新质生产力形成

2023 年，边疆地区坚持创新引领战略，完善科技创新体系，为实施创新驱动发展战略提供坚实保障；不断激发中小微企业的科技创新活力，推动传统产业改造升级，加快发展战略性新兴产业。

1. 加大研发投入力度

创新是引领发展的第一动力，科技创新对优化供给结构、促进经济转型升级具有重要意义。研发经费是科技创新活动的源头之水，其投入规模和占 GDP 的比重不仅反映了一国对研发活动资金的支持力度，也在很大程度上体现了经济转型升级进程和高质量发展水平。2023 年，边疆地区研发投入还在高速增长的通道上，内蒙古财政支出中科学技术支出增速达81.9%。[①] 新疆筹集20亿元科技计划项目资金，聚焦“八大产业集群”实施一批重大科技项目，攻克一批“卡脖子”技术难题。[②] 辽宁通过优化实施“兴辽英才计划”，投入4.8亿元给予人才支持奖励和服务保障，吉林高技术制造业投资增长7.0%，[③] 黑龙江省级科技专项资金投入同比增长20%。[④]

2. 打造创新培育平台

创新孵化基地是培育创新的重要载体之一。边疆地区加大创新培育平台建设。例如，内蒙古打造蒙科聚科创平台，相继建成大青山实验室、鄂尔多斯实验室和北大鄂尔多斯能源研究院、浙大-包头硅材料联合研究中心、中国农业大学巴彦淖尔研究院、内蒙古工业大学鄂尔多斯新能源学院。辽宁加快创建区域科技创新中心，高标准建设辽宁实验室，新建、重组全国重点实验室11家。[⑤] 吉林加快建设长春国家自主创新示范区、农业高新技术产业开发区。黑龙江航天高端装备未来产业科技园和3个国家企业技术中心获批，哈大齐国家自主创新示范区、佳木斯国家农业高新技术产业示范区获批建设。[⑥] 海南崖州湾实验室投入运营，三亚海洋实验室、深空探测实验室文昌基地挂牌成立，海南量子基地开工建设。云南获批新建全国重点实验

---

① 《2024年内蒙古自治区政府工作报告》，内蒙古自治区人民政府网站，2024年2月4日，https：//www. nmg. gov. cn/zwgk/zfggbg/zzq/202402/t20240204_ 2464438. html。

② 《2024年自治区政府工作报告》，新疆维吾尔自治区人民政府网站，2024年2月9日，https：//www. xinjiang. gov. cn/xinjiang/xjzfgzbg/202402/04846067f9744516bb897f7d530195e2. shtml。

③ 《吉林举行2023年经济运行情况新闻发布会》，中华人民共和国国务院新闻办公室网站，2024年1月19日，http：//www. scio. gov. cn/xwfb/dfxwfb/gssfbh/jl_ 13832/202401/t20240122_ 829439. html。

④ 《2024年政府工作报告》，黑龙江省人民政府网站，2024年1月31日，https：//hlj. gov. cn/hlj/c108465/202401/c00_ 31706519. shtml。

⑤ 《2024年省政府工作报告》，辽宁省人民政府网站，2024年1月28日，https：//www. ln. gov. cn/web/zwgkx/zfgzbg/szfgzbg/2024012808363260077/。

⑥ 《2024年政府工作报告》，黑龙江省人民政府网站，2024年1月31日，https：//hlj. gov. cn/hlj/c108465/202401/c00_ 31706519. shtml。

室3家。[①] 甘肃建成科技成果转化综合服务平台，成功重组9家全国重点实验室，新获批国家和省部级创新平台15个。[②] 新疆以丝绸之路经济带创新驱动发展试验区和乌昌石国家自主创新示范区为引领，打造面向中亚的区域科技创新中心。全力推进怀柔实验室新疆基地、阿克苏阿拉尔高新技术产业开发区建设。[③]

3. 强化企业主体地位

从“创新主体”转变为“科技创新主体”，企业在国家创新体系中的地位得到提升。我国已进入创新驱动高质量发展的阶段，企业作为创新链和产业链结合点，成为贯通基础研究和技术创新，再到产业创新的链条。在创新驱动发展战略的推动下，边疆地区科技型企业发展迅猛。内蒙古在智能矿山机器人、稀土产品制备、飞轮储能等研发应用上取得突破性成果。[④] 辽宁实施科技型企业梯度培育计划，新增“雏鹰”“瞪羚”企业1029家、专精特新“小巨人”企业41家。辽宁“独角兽”企业实现零的突破，科技型中小企业达3.3万家。[⑤] 吉林企业创新主体地位持续提升，创建科技经纪平台，推进科技成果转化，支持企业牵头承担技术攻关1123项，同比增长10.53%。[⑥] 黑龙江中国一重“国和一号”核反应堆压力容器全部自主化设计、国产化制造，哈电集团单机容量百万千瓦机组在白鹤滩水电站成功运行。[⑦] 广

---

① 《云南省人民政府工作报告（2024年）》，云南省人民政府网站，2024年1月29日，https：//www. yn. gov. cn/zwgk/zfxxgk/zfgzbg/202401/t20240124_ 294193. html。

② 《2024年政府工作报告》，甘肃省人民政府网站，2024年1月30日，https：//www. gansu. gov. cn/gsszf/gsyw/202401/173848735. shtml。

③ 《2024年自治区政府工作报告》，新疆维吾尔自治区人民政府网站，2024年2月9日，https：//www. xinjiang. gov. cn/xinjiang/xjzfgzbg/202402/04846067f9744516bb897f7d530195e2. shtml。

④ 《2024年内蒙古自治区政府工作报告》，内蒙古自治区人民政府网站，2024年2月4日，https：//www. nmg. gov. cn/zwgk/zfggbg/zzq/202402/t20240204_ 2464438. html。

⑤ 《2024年省政府工作报告》，辽宁省人民政府网站，2024年1月28日，https：//www. ln. gov. cn/web/zwgkx/zfgzbg/szfgzbg/2024012808363260077/。

⑥ 《政府工作报告》，吉林省人民政府网站，2024年1月28日，https：//www. jl. gov. cn/zcxx/gzbg/202401/t20240128_ 3031250. html。

⑦ 《2024年政府工作报告》，黑龙江省人民政府网站，2024年1月31日，https：//hlj. gov. cn/hlj/c108465/202401/c00_ 31706519. shtml。

西国家级专精特新“小巨人”企业累计达 101 家，自治区级专精特新中小企业 737 家、“瞪羚”企业 180 家。① 云南培育专精特新“小巨人”企业 74 家、国家级制造业单项冠军 6 家。② 甘肃培育国家级专精特新“小巨人”企业 5 家，认定省级专精特新中小企业 207 家。甘肃技术合同成交额增长 38.3%，科技进步贡献率首次达到 60%。③ 新疆新增国家级专精特新“小巨人”企业 9 家、高新技术企业 529 家，分别增长 21.4%、38.7%，新增自治区企业技术中心 85 家。④

在创新驱动发展战略的推动下，边疆地区创新水平再创新高。内蒙古新增高新技术企业 314 家、科技型中小企业 950 家，技术交易合同数增长 45.3%，交易额增长 17.6%。⑤ 辽宁科技成果本地转化率达 55.5%，技术合同成交额增长 30.8%。⑥ 辽宁每万人口高价值发明专利拥有量为 7.05 件。吉林高新技术企业、科技型中小企业分别达 3590 家、7278 家，同比分别增长 15.36%、72.00%；科研成果转化 1800 项，同比增长 49.38%。⑦ 黑龙江技术合同成交额年均增长 28.5%，高新技术企业达 3605 家。⑧ 广西实施科

---

① 《关于广西壮族自治区 2023 年国民经济和社会发展计划执行情况与 2024 年国民经济和社会发展计划草案的报告》，《广西日报》2024 年 2 月 2 日，第 5 版。

② 《云南省人民政府工作报告（2024 年）》，云南省人民政府网站，2024 年 1 月 29 日，https：//www.yn.gov.cn/zwgk/zfxxgk/zfgzbg/202401/t20240124_ 294193.html。

③ 《甘肃举行 2023 年经济运行情况新闻发布会》，中华人民共和国国务院新闻办公室网站，2024 年 1 月 19 日，http：//www.scio.gov.cn/xwfb/dfxwfb/gssfbh/gs_ 13853/202401/t20240123_ 829670.html。

④ 《新疆举行 2023 年国民经济运行情况新闻发布会》，中华人民共和国国务院新闻办公室网站，2024 年 1 月 31 日，http：//www.scio.gov.cn/xwfb/dfxwfb/gssfbh/xj_ 13856/202402/t20240202_ 831599.html。

⑤ 《2024 年内蒙古自治区政府工作报告》，内蒙古自治区人民政府网站，2024 年 2 月 4 日，https：//www.nmg.gov.cn/zwgk/zfggbg/zzq/202402/t20240204_ 2464438.html。

⑥ 《辽宁举行 2023 年经济运行情况系列新闻发布会（第一场）》，中华人民共和国国务院新闻办公室网站，2024 年 1 月 19 日，http：//www.scio.gov.cn/xwfb/dfxwfb/gssfbh/ln_ 13831/202401/t20240122_ 829496.html。

⑦ 《吉林举行 2023 年经济运行情况新闻发布会》，中华人民共和国国务院新闻办公室网站，2024 年 1 月 19 日，http：//www.scio.gov.cn/xwfb/dfxwfb/gssfbh/jl_ 13832/202401/t20240122_ 829439.html。

⑧ 《2024 年政府工作报告》，黑龙江省人民政府网站，2024 年 1 月 31 日，https：//hlj.gov.cn/hlj/c108465/202401/c00_ 31706519.shtml。

技“尖锋”行动重大项目 170 项；有效发明专利 3.72 万件，增长 18.1%；新增高新技术企业 1255 家、国家级知识产权示范和优势企业 133 家。① 海南发明专利授权量增长 44.3%，技术合同成交额增长 46.3%；新增科技型中小企业 594 家、专精特新企业 347 家。② 云南高新技术企业增长 25%，总量突破 3000 家。③ 甘肃建成科技成果转化综合服务平台，技术合同成交额增长 38.3%，科技进步贡献率达 60%。④ 新疆推动科技成果转化应用，技术合同成交额达 73.73 亿元，增长 129.8%。⑤

（二）产业提质增效开启高质量发展引擎

2023 年，边疆地区在产业结构升级、城市集聚和乡村振兴方面持续发力，坚持创新驱动引领，加快形成新质生产力。

1. 差异化的产业发展思路

2023 年，边疆各省（区）政府根据自然禀赋、人力资源、社会发育方面的实际情况，制定了符合自身发展特点的产业发展思路。内蒙古采取链式思维发展特色产业，重点实施产业链“链长制”，推进延链补链强链项目 650 个，16 条重点产业链产值近 1.4 万亿元。⑥ 辽宁遵循强链壮群筑根基思路，侧重产业结构优化升级，打造现代化产业体系。吉林采取先进制造业集

① 《关于广西壮族自治区 2023 年国民经济和社会发展计划执行情况与 2024 年国民经济和社会发展计划草案的报告》，《广西日报》2024 年 2 月 2 日，第 5 版。

② 《2024 年海南省人民政府工作报告》，海南省人民政府网站，2024 年 1 月 30 日，https://www.hainan.gov.cn/hainan/szfgzbg/202401/3c9e8cf2a45a4eeba8490bd69f79b392.shtml。

③ 《关于云南省 2023 年国民经济和社会发展计划执行情况与 2024 年国民经济和社会发展计划草案的报告》，云南省人民政府网站，2024 年 2 月 3 日，https://www.yn.gov.cn/zwgk/zfxxgkpt/fdzdgknr/ghxx/gmjjhshfzgh/202402/t20240203_295069.html。

④ 《2024 年政府工作报告》，甘肃省人民政府网站，2024 年 1 月 30 日，https://www.gansu.gov.cn/gsszf/gsyw/202401/173848735.shtml。

⑤ 《新疆举行 2023 年国民经济运行情况新闻发布会》，中华人民共和国国务院新闻办公室网站，2024 年 1 月 31 日，http://www.scio.gov.cn/xwfb/dfxwfb/gssfbh/xj_13856/202402/t20240202_831599.html。

⑥ 《2024 年内蒙古自治区政府工作报告》，内蒙古自治区人民政府网站，2024 年 2 月 4 日，https://www.nmg.gov.cn/zwgk/zfggbg/zzq/202402/t20240204_2464438.html。

群梯次培育思路，推动传统制造业数字化、网络化、智能化改造，加快形成吉林特色优势的产业体系。黑龙江深入实施产业振兴计划。广西大力推进传统制造业转型升级，全力以赴推进工业振兴。海南侧重创新链布局和产业链培育，提升科技创新力、产业竞争力。云南坚持大抓产业、主攻工业，改造提升传统产业。新疆积极推动特色优势产业加快发展。

2. 特色产业发展情况

（1）能源产业

边疆地区是保障国家能源安全的重要基地，边疆地区能源产业稳步发展，在保持传统能源优势的基础上，新能源行业的发展也呈现加速趋势。内蒙古新能源全产业链增加值增长 16.1%，在光伏治沙、陆上风电基地、固态低压储氢等行业优势突出，其中风光氢储装备制造业产值达到 2762 亿元。[①] 在传统能源方面，现代煤化工产业增加值增长 15.4%，稀土产业增加值增长 21%。吉林新能源产业加速发展，“绿电+消纳”发展模式落地见效，清洁能源发电装机容量突破 2500 万千瓦，一批百亿级氢基绿能项目签约落地。[②] 新疆促进新型电力系统、石油化工和现代煤化工等产业加快发展。[③]

（2）农牧业

边疆地区继续强有力保障国家农业安全，有力保障全国粮食、肉类和重要战略物资供给。在此基础上，边疆地区延长农产品产业链，增加农产品附加值，提高农业产品科技含量。内蒙古农畜产品加工业增加值增长 11.6%、加工转化率达 72%。[④] 云南花卉、中药材等育种创新水平全国领先，“云

① 《2024 年内蒙古自治区政府工作报告》，内蒙古自治区人民政府网站，2024 年 2 月 4 日，https://www.nmg.gov.cn/zwgk/zfggbg/zzq/202402/t20240204_2464438.html。

② 《政府工作报告》，吉林省人民政府网站，2024 年 1 月 28 日，https://www.jl.gov.cn/zcxx/gzbg/202401/t20240128_3031250.html。

③ 《2024 年自治区政府工作报告》，新疆维吾尔自治区人民政府网站，2024 年 2 月 9 日，https://www.xinjiang.gov.cn/xinjiang/xjzfgzbg/202402/04846067f9744516bb897f7d530195e2.shtml。

④ 《内蒙古举行 2023 年经济运行情况新闻发布会》，中华人民共和国国务院新闻办公室网站，2024 年 1 月 19 日，http://www.scio.gov.cn/xwfb/dfxwfb/gssfbh/nmg_13830/202401/t20240123_829680.html。

岭农科110”创新服务平台上线运行，农产品加工产值突破1.4万亿元。[①] 海南农业重点产业链和“海南鲜品”品牌矩阵加快培育，南繁种业产值首次突破百亿元，新认定“两品一标”农产品18个，创建国家现代农业产业园、优势特色产业集群、产业强镇各1个，农产品加工业总产值增长9%。[②] 甘肃创建2个国家现代农业产业园、3个国家现代农业示范区，获批创建苹果、马铃薯国家级优势产业集群。[③] 新疆粮食种植面积达4237.2万亩，新增586.3万亩，粮食总产值达2119.2万吨，增加305.7万吨，占全国增量的34.4%；持续优化种植区域布局和品种结构，实施棉花绿色高质高效行动，棉花总产量达511.2万吨，占全国的91%，国家级棉花棉纱交易中心挂牌成立；深入实施畜牧业振兴行动，肉、蛋、奶产量分别增长9.4%、4.3%、4.6%；水产品产量达18.4万吨。[④]

（3）制造业

在产业政策的有效带动下，边疆地区制造业的落后和衰退的状况有所改善。内蒙古工业投资增长32.9%，制造业投资增长46.4%，新能源装备制造业投资增长1.2倍。[⑤] 辽宁将重点放在制造业转型升级上，在现代制造业方面，重点打造先进装备制造、石化和精细化工、冶金新材料、优质特色消费品工业；在传统制造业升级方面，完成重点钢铁企业超低排放改造项目523个。吉林高技术制造业投资增长25.3%，成为全国首批数字化转型贯标试点

---

① 《云南省人民政府工作报告（2024年）》，云南省人民政府网站，2024年1月29日，https：//www.yn.gov.cn/zwgk/zfxxgk/zfgzbg/202401/t20240124_294193.html。

② 《2024年海南省人民政府工作报告》，海南省人民政府网站，2024年1月30日，https：//www.hainan.gov.cn/hainan/szfgzbg/202401/3c9e8cf2a45a4eeba8490bd69f79b392.shtml。

③ 《甘肃举行2023年经济运行情况新闻发布会》，中华人民共和国国务院新闻办公室网站，2024年1月19日，http：//www.scio.gov.cn/xwfb/dfxwfb/gssfbh/gs_13853/202401/t20240123_829670.html。

④ 《新疆举行2023年国民经济运行情况新闻发布会》，中华人民共和国国务院新闻办公室网站，2024年1月31日，http：//www.scio.gov.cn/xwfb/dfxwfb/gssfbh/xj_13856/202402/t20240202_831599.html。

⑤ 《内蒙古举行2023年经济运行情况新闻发布会》，中华人民共和国国务院新闻办公室网站，2024年1月19日，http：//www.scio.gov.cn/xwfb/dfxwfb/gssfbh/nmg_13830/202401/t20240123_829680.html。

省。吉林汽车产业集群稳步发展，整车出口量增长 158.3%；石化新材料产业持续“减油增化”；装备制造产业方面，时速 200 公里以上高速动车组成功出口欧洲，长光卫星累计承制并成功发射卫星 162 颗。[①] 黑龙江扎实推进产业振兴，工业经济提质增效。出台 22 个产业振兴专项行动方案，工业固定资产投资增速达 9.7%。高技术制造业增加值同比增长 12.3%，高于全国平均增速 9.6 个百分点。[②] 广西统筹一般公共预算资金和政府债券 331.8 亿元用于工业发展。工业对经济增长的贡献率提高到 33.4%，工业利润总额增长 14.9%。[③] 云南电子行业高速增长，高技术制造业增长21.2%，[④] 推动工业由传统产业拉动向传统产业、战略性新兴产业“双轮驱动”转变。甘肃工业装备制造业发展迅速，规模以上工业装备制造业增长 17%。[⑤]

（4）旅游业

边疆地区独特的自然地理与历史人文带动了当地旅游业的发展。内蒙古、辽宁、吉林、黑龙江、新疆积极发展全域四季联动旅游，在过去避暑旅游的基础上，积极探索冰雪经济发展，为冬日旅游注入活力。黑龙江成为最热门冰雪旅游目的地。吉林启动实施旅游万亿级产业攻坚行动，坚持全域四季联动、冰雪避暑互动。海南利用海洋与自然风光资源，博鳌东屿岛跻身国家级旅游度假区。

文旅产业是典型的消费经济、富民产业。边疆地区文旅市场前景广阔。

---

① 《政府工作报告》，吉林省人民政府网站，2024 年 1 月 28 日，https：//www. jl. gov. cn/zcxx/gzbg/202401/t20240128_ 3031250. html。

② 《关于黑龙江省 2023 年国民经济和社会发展计划执行情况与 2024 年国民经济和社会发展计划草案的报告》，黑龙江省人民政府网站，2024 年 2 月 9 日，https：//www. hlj. gov. cn/hlj/c107856/202402/c00_ 31709491. shtml。

③ 《关于广西壮族自治区 2023 年国民经济和社会发展计划执行情况与 2024 年国民经济和社会发展计划草案的报告》，《广西日报》2024 年 2 月 2 日，第 5 版。

④ 《关于云南省 2023 年国民经济和社会发展计划执行情况与 2024 年国民经济和社会发展计划草案的报告》，云南省人民政府网站，2024 年 2 月 3 日，https：//www. yn. gov. cn/zwgk/zfxxgkpt/fdzdgknr/ghxx/gmjjhshfzgh/202402/t20240203_ 295069. html。

⑤ 《甘肃举行 2023 年经济运行情况新闻发布会》，中华人民共和国国务院新闻办公室网站，2024 年 1 月 19 日，http：//www. scio. gov. cn/xwfb/dfxwfb/gssfbh/gs_ 13853/202401/t20240123_ 829670. html。

内蒙古获批 17 个国家级文旅品牌。吉林积极打造红色游、乡村游、康养游、研学游线路。广西实施文旅重大项目 262 个。云南新增 2 个国家文旅融合发展示范区，普洱景迈山古茶林文化景观 2023 年被列入《世界遗产名录》。甘肃省武威汉唐天马城、张掖甘泉文化旅游区、酒泉印象文化艺术休闲区入选国家级夜间文化和旅游消费集聚区。

2023 年，边疆地区旅游升温。内蒙古接待游客突破 2.3 亿人次，收入超过 3350 亿元，均是 2019 年的 1.2 倍。[①] 辽宁旅游总收入达 5022.6 亿元。[②] 吉林全年接待游客 3.14 亿人次，旅游收入达 5277 亿元。[③] 黑龙江全年接待游客数量和旅游收入分别增长 85.1%和 213.8%。[④] 广西旅游市场持续火爆，国内游客数量和旅游收入分别增长 81.7%和 70.0%。[⑤] 海南全省接待游客数量增长 49.9%，旅游收入增长 71.9%。[⑥] 云南接待游客 10.42 亿人次，旅游收入达 1.44 万亿元。[⑦] 西藏旅游接待人次和收入历史性突破 5500 万人次和 650 亿元。[⑧]

---

① 《内蒙古举行 2023 年经济运行情况新闻发布会》，中华人民共和国国务院新闻办公室网站，2024 年 1 月 19 日，http：//www.scio.gov.cn/xwfb/dfxwfb/gssfbh/nmg_ 13830/202401/t20240123_ 829680.html。

② 《辽宁举行 2023 年经济运行情况系列新闻发布会（第一场）》，中华人民共和国国务院新闻办公室网站，2024 年 1 月 19 日，http：//www.scio.gov.cn/xwfb/dfxwfb/gssfbh/ln_ 13831/202401/t20240122_ 829496.html。

③ 《吉林举行 2023 年经济运行情况新闻发布会》，中华人民共和国国务院新闻办公室网站，2024 年 1 月 19 日，http：//www.scio.gov.cn/xwfb/dfxwfb/gssfbh/jl_ 13832/202401/t20240122_ 829439.html。

④ 《关于黑龙江省 2023 年国民经济和社会发展计划执行情况与 2024 年国民经济和社会发展计划草案的报告》，黑龙江省人民政府网站，2024 年 2 月 9 日，https：//www.hlj.gov.cn/hlj/c107856/202402/c00_ 31709491.shtml。

⑤ 《关于广西壮族自治区 2023 年国民经济和社会发展计划执行情况与 2024 年国民经济和社会发展计划草案的报告》，《广西日报》2024 年 2 月 2 日，第 5 版。

⑥ 《2023 年海南省国民经济和社会发展统计公报》，海南省人民政府网站，2024 年 2 月 21 日，https：//en.hainan.gov.cn/hainan/ndsj/202402/764f3e6282ce41b2815fdeb04dae56ad.shtml。

⑦ 《关于云南省 2023 年国民经济和社会发展计划执行情况与 2024 年国民经济和社会发展计划草案的报告》，云南省人民政府网站，2024 年 2 月 3 日，https：//www.yn.gov.cn/zwgk/zfxxgkpt/fdzdgknr/ghxx/gmjjhshfzgh/202402/t20240203_ 295069.html。

⑧ 《政府工作报告》，西藏自治区人民政府网站，2024 年 1 月 22 日，https：//www.xzzwfw.gov.cn/xz/zwgk/xxfb/zfgzbg/202401/t20240122_ 399830.html。

甘肃接待游客数量、旅游综合收入分别增长187.8%和312.9%。[①] 新疆接待游客2.65亿人次，增长117%；实现旅游收入2967.15亿元，增长227%。[②]

除此之外，边疆地区新兴产业发展逐渐起步。吉林数字产业加快布局，祥云大数据中心完成三期建设，长春市算力中心上线运行，华为吉林区域总部加快建设，四平态势感知平台投入使用。黑龙江加快数字经济发展步伐，成为首批国家标准化创新发展试点和全国首批数字化转型贯标试点省。战略性新兴产业加速发展，电子信息制造和高端智能农机装备产业产值分别增长11.7%和14.1%。

（三）经贸合作扎实推进，积极融入新发展格局

1. 沿边开放战略带动边疆地区发展

沿边开放是我国促进边疆地区发展的重要战略，在这一战略引导下，边疆地区迅速发展。2023年，新冠疫情防控转段后，各项工作迅速展开。内蒙古恢复满洲里口岸中俄团体旅游签证互免、二连浩特口岸8座以下小型车辆通关；全区口岸货运量超过1亿吨；到发中欧班列429列，同比增长73.7%；机电产品出口增长118.9%，“新三样”产品[③]出口增长48倍；新设外商投资企业167家，增长3.2倍；实际使用外资55.8亿元，同比增长61.5%；跨境人民币收付金额达2584.2亿元，增长99.8%。辽宁“新三样”产品出口增长48.8%，对日韩进出口增长2.5%，对俄进出口增长53%，实际利用外资33.8亿美元。[④] 吉林“长珲欧”货运班列常态化

① 《甘肃举行2023年经济运行情况新闻发布会》，中华人民共和国国务院新闻办公室网站，2024年1月19日，http：//www.scio.gov.cn/xwfb/dfxwfb/gssfbh/gs_ 13853/202401/t20240123_ 829670.html。

② 《新疆举行2023年国民经济运行情况新闻发布会》，中华人民共和国国务院新闻办公室网站，2024年1月31日，http：//www.scio.gov.cn/xwfb/dfxwfb/gssfbh/xj_ 13856/202402/t20240202_ 831599.html。

③ 指电动载人汽车、锂电池和太阳能电池。

④ 《辽宁举行2023年经济运行情况系列新闻发布会（第一场）》，中华人民共和国国务院新闻办公室网站，2024年1月19日，http：//www.scio.gov.cn/xwfb/dfxwfb/gssfbh/ln_ 13831/202401/t20240122_ 829496.html。

运营，“长满欧”国际冷链货运班列正式开通，符拉迪沃斯托克（海参崴）港成为新的内贸货物跨境运输中转口岸并实现通航。全省进出口总额达1679.1亿元，同比增长7.7%，其中出口额增长24.9%。跨境电商进出口额增长88.9%，成为外贸新增长点。新增进出口企业备案1332家，增长57.6%，实际利用外资增长23.23%。[①] 黑龙江大幅提升绥芬河口岸运力，确保黑河口岸大桥畅通、升级同江口岸设施，全省口岸货运量和进出境旅客数量分别增长17.5%和709.2%。跨境电商贸易额增长144.2%。实际利用外资增长11.8%，增速高于全国平均水平25.4个百分点；新设立外商投资企业241家，增长68.5%。[②] 广西对RCEP（区域全面经济伙伴关系协定）其他成员国贸易增长23.7%。边境贸易增长27.6%，保税物流增长24.3%，“新三样”产品出口额增长185.6%，制造业实际利用外资增长62.7%。招商引资到位资金增长15.2%，其中制造业到位资金占比达57.6%。[③] 除此之外，广西利用自身区位优势，实现陆海统筹，北部湾港新开国际集装箱航线6条，实现东南亚主要港口全覆盖，集装箱吞吐量增长14.3%，北海铁山东港区开港运营。[④] 云南推进面向印度洋国际陆海大通道建设，创新开行“沪滇·澜湄线”“澜湄蓉渝欧快线”“中欧+澜湄线”国际货运班列，累计发送旅客超2500万人次、运输货物超3000万吨，运输范围覆盖全国31个省（区、市）、12个共建“一带一路”国家，成为我国联通中南半岛及环印度洋地区的铁路大动脉。全省口岸进出口货运量增长32.2%，磨憨铁路口岸成为我国对东盟的第一大

---

① 《政府工作报告》，吉林省人民政府网站，2024年1月28日，https://www.jl.gov.cn/zcxx/gzbg/202401/t20240128_3031250.html。

② 《关于黑龙江省2023年国民经济和社会发展计划执行情况与2024年国民经济和社会发展计划草案的报告》，黑龙江省人民政府网站，2024年2月9日，https://www.hlj.gov.cn/hlj/c107856/202402/c00_31709491.shtml。

③ 《关于广西壮族自治区2023年国民经济和社会发展计划执行情况与2024年国民经济和社会发展计划草案的报告》，《广西日报》2024年2月2日，第5版。

④ 《广西举行2023年进出口情况新闻发布会》，中华人民共和国国务院新闻办公室网站，2024年1月15日，http://www.scio.gov.cn/xwfb/dfxwfb/gssfbh/gx_13845/202401/t20240116_828685.html。

铁路口岸。推进昆明、曲靖承接产业转移园区和磨憨、河口、瑞丽沿边产业园区建设，实际利用外资增长 20.7%。西藏区域开放进一步扩大，15 个传统边贸点获批恢复。[①] 吉隆、普兰、樟木、里孜口岸全面实现客货双通。新疆过境中欧（中亚）班列 14397 列，增长 8.5%，占全国一半以上；始发班列 1517 列，增长 5.3%。恢复新开乌鲁木齐至 13 个国家 16 个城市国际定期客运航班，实现中亚 5 国全覆盖。[②]

2. 自由贸易试验区促进制度创新

边疆地区已成立 6 个自由贸易试验区，分别为中国（辽宁）自由贸易试验区、中国（海南）自由贸易试验区、中国（广西）自由贸易试验区、中国（云南）自由贸易试验区、中国（黑龙江）自由贸易试验区、中国（新疆）自由贸易试验区。2023 年，边疆地区加速自贸试验区建设。辽宁自贸试验区两项创新经验在全国推广，分别是出口货物检验检疫证单“云签发”平台、水路运输危险货物“谎报匿报四步稽查法”。[③] 海南自贸港建设逐渐成形，封关运作准备全面铺开，“零关税”累计进口货值 195.7 亿元。[④] 离岛免税“担保即提”“即购即提”落地实施。广西自贸试验区开展“六个自由便利”制度创新，设立 5 个协同发展区。云南自贸试验区“边境地区涉外矛盾纠纷多元处理机制”促进睦邻友好，服务周边外交，入选自由贸易试验区第四批最佳实践案例，并向全国复制推广。黑龙江自贸试验区加强基础设施和配套服务设施建设，提升园区承载能力。新疆自贸试验区挂牌成立后，进入全面建设阶段。

---

① 《政府工作报告》，西藏自治区人民政府网站，2024 年 1 月 22 日，https://www.xzzwfw.gov.cn/xz/zwgk/xxfb/zfgzbg/202401/t20240122_399830.html。

② 《2024 年自治区政府工作报告》，新疆维吾尔自治区人民政府网站，2024 年 2 月 9 日，https://www.xinjiang.gov.cn/xinjiang/xjzfgzbg/202402/04846067f9744516bb897f7d530195e2.shtml。

③ 《国务院关于做好自由贸易试验区第七批改革试点经验复制推广工作的通知》，中国政府网，2023 年 7 月 10 日，https://www.gov.cn/zhengce/zhengceku/202307/content_6890913.htm。

④ 《2024 年海南省人民政府工作报告》，海南省人民政府网站，2024 年 1 月 30 日，https://www.hainan.gov.cn/hainan/szfgzbg/202401/3c9e8cf2a45a4eeba8490bd69f79b392.shtml。

3. 海关特殊监管区助推高水平开放

截至 2023 年 12 月，全国共有 171 个海关特殊监管区域,[①] 其中边疆地区有 28 个，分别是内蒙古 3 个、辽宁 5 个、吉林 2 个、黑龙江 2 个、广西 5 个、海南 3 个、云南 2 个、西藏 1 个、甘肃 1 个、新疆 4 个。边疆各省（区）海关特殊监管区贸易发展迅速。内蒙古满洲里综合保税区贸易额增长近 3 倍，黑龙江通过综合保税区等开放平台建设，促进了与周边国家的贸易往来，对俄进出口总额增长 13.5%，其中对俄出口额增长 67.1%。广西第 5 个综合保税区——梧州综合保税区通过国家验收。自贸试验区在促进共建西部陆海新通道、加强东盟国家海关合作、全力推进高水平开放等方面发挥了重要作用。

4. 跨境人民币结算取得新进展

跨境人民币结算取得重要进展。广西在跨境人民币结算方面成果突出。2023 年，广西跨境人民币结算量达 4875 亿元，同比增长 120.5%，结算量在中国 9 个边境省（区）中排名第一，其中对东盟十国的跨境收支规模达 166.8 亿美元，同比增长 6.9%。对越南涉外收支增速加快，全年跨境收支规模达 53.1 亿美元，同比增长 12.4%。[②] 新疆办理跨境人民币实际收付业务的企业有 1102 家，较 2022 年增加 312 家，新增跨境人民币业务“首办户”470 家。新疆大宗商品贸易、边境小额贸易跨境人民币实际收付同比分别增长 20%、51%；新疆与周边 10 国跨境人民币实际收付同比增长 55%，人民币在新疆与俄罗斯、蒙古国跨境收付使用中占比达 90%以上，稳居第一大跨境收付货币。在新疆跨境人民币实际收付中，经常项目和直接投资等与实体经济相关的跨境人民币结算量增长较快，同比增长 32%，高于全国平均增速 5 个百分点。[③]

---

① 《截至 2023 年 12 月底全国海关特殊监管区域情况》，中华人民共和国海关总署自贸区和特殊区域发展司网站，2024 年 1 月 3 日，http://zms.customs.gov.cn/zms/hgtsjgqy0/hgtsjgqyndqk/5605093/index.html。

② 《广西 2023 年跨境人民币结算量创新高　与东盟跨境收支增长快》，广西新闻网，2024 年 2 月 1 日，https://www.gxnews.com.cn/staticpages/20240201/newgx65bae041-21422075.shtml。

③ 《新疆 2023 年跨境人民币实际收付总额创新高》，中国新疆网，2024 年 2 月 6 日，https://www.chinaxinjiang.cn/2024/02/06/bf6aa547791840029023b32a901a3d87.html。

（四）治理效能全面升级，优化发展环境

1. 优化营商环境

营商环境是制约边疆地区吸引资金和人才的因素之一。2023 年，边疆各省（区）普遍将打造优质营商环境作为重要目标之一，主要从三个维度入手。

（1）加强法治建设

辽宁在法治建设、守信践诺、降本增效、打造宜居环境上全面发力，加大力度清理拖欠企业账款，集中化解行政机关不履行法院生效判决问题。内蒙古针对民营企业反映强烈的问题，清偿拖欠企业账款 1293 亿元，为企业解决了一批土地厂房产权手续问题，新增减税降费及退税缓费 341 亿元，2 家企业成功上市，5 家企业上榜全国民营企业 500 强，百强民营企业营业收入总额超过 1 万亿元。西藏清欠中小企业账款 46 亿元。① 甘肃派 16. 77 万名干部包抓联企业 31. 24 万户，帮助解决问题 4 万多项。② 新疆出台促进民营经济发展壮大的若干政策措施，实施民营企业培优工程，新设经营主体 40. 9 万户，增长 25%。持续推进实施营商环境优化提升三年行动，开展涉企违规收费专项整治，新增减税降费 323. 3 亿元。③

（2）推进数字政府转型

内蒙古纵深推进“一网通办”“一网统管”，强化对企业全生命周期服务，对 12345 热线诉求解决情况每月排名通报，对落后者进行约谈，越来越多的企业和群众通过热线了解政策、解决问题，全年受理各类诉求 641 万件，办结率达 95%以上。辽宁打造高效、规范、智慧的 12345 政务服务便民热线平台。黑龙江建成 46 个数字政府应用平台，形成 28 项共性支撑能力，

---

① 《政府工作报告》，西藏自治区人民政府网站，2024 年 1 月 22 日，https：//www. xzzwfw. gov. cn/xz/zwgk/xxfb/zfgzbg/202401/t20240122_ 399830. html。

② 《2024 年政府工作报告》，甘肃省人民政府网站，2024 年 1 月 30 日，https：//www. gansu. gov. cn/gsszf/gsyw/202401/173848735. shtml。

③ 《2024 年自治区政府工作报告》，新疆维吾尔自治区人民政府网站，2024 年 2 月 9 日，https：//www. xinjiang. gov. cn/xinjiang/xjzfgzbg/202402/04846067f9744516bb897f7d530195e2. shtml。

汇聚数据超过1700亿条，高效智慧便捷服务能力显著提升。广西政务服务事项基本实现“最多跑一次”，全程网上可办率达86.1%。海南全面推行“机器管招投标”，政务服务事项网办率超90%。[①] 西藏开展“四最”对标行动，行政审批事项减少近半。甘肃加快推进数字政府建设，持续提升“一网通办”水平，全面开展数据直达基层试点，可办事项达32.2万项，政务服务事项网上可办率达100%。[②]

（3）改革行政审批制度

内蒙古取消和下放自治区级权力事项268项，出让332宗工业用地“标准地”，“帮办代办”实现园区和村级全覆盖，“政务+直播”服务新模式入选国务院提升政务服务效能典型案例。

2. 改善生态环境

边疆地区是我国重要的生态屏障，保护生态环境是边疆地区高质量发展的重要方面。

（1）加强生态环境保护

内蒙古着力抓好黄河流域生态保护和高质量发展，完成滩区迁建和禁种限种年度任务，黄河流域无定河境内段保护治理入选全国美丽河湖优秀案例；深入实施全面节约战略，农田灌溉水有效利用系数首次高于全国平均水平。广西治理水土流失面积达1972平方千米。完成生态保护修复面积48万亩，植树造林417万亩，新增和修复红树林1.67万亩；完成石漠化综合治理76.3万亩、互花米草防治4095亩，松材线虫病疫情面积下降25.6%。[③] 甘肃全面实施黄河流域兰西城市群生态建设行动，启动“三北”工程攻坚战，完成造林402万亩、种草改良941万亩、沙化土地综合治理

---

① 《2024年海南省人民政府工作报告》，海南省人民政府网站，2024年1月30日，https：//www.hainan.gov.cn/hainan/szfgzbg/202401/3c9e8cf2a45a4eeba8490bd69f79b392.shtml。

② 《2024年政府工作报告》，甘肃省人民政府网站，2024年1月30日，https：//www.gansu.gov.cn/gsszf/gsyw/202401/173848735.shtml。

③ 《广西举行2023年进出口情况新闻发布会》，中华人民共和国国务院新闻办公室网站，2024年1月15日，http：//www.scio.gov.cn/xwfb/dfxwfb/gssfbh/gx_13845/202401/t20240116_828685.html。

398 万亩。[①] 西藏完成营造林 120 万亩，其中拉萨南北山绿化面积达 24 万亩，修复治理退化草原 614 万亩，新增国家生态文明建设示范区 4 个。[②] 新疆加强生态建设和荒漠化治理，完成造林 165. 8 万亩、种草改良 450 万亩、荒漠化治理 550. 7 万亩、水土流失治理 304. 4 万亩。[③]

（2）开展污染防治工作

内蒙古深入打好污染防治攻坚战，包括完成清洁取暖改造和综合治理。全区地表水质达到历史最高水平，PM2. 5 浓度达到历史最低水平。辽宁坚决打好污染防治攻坚战，完成省际大气污染联防联控。辽宁实施辽浑太山水林田湖草沙一体化保护和修复工程、科尔沁沙地治理、废弃矿山复绿行动，营造林面积达 258. 9 万亩。[④] 广西、甘肃加强空气、水和土壤污染防治，污染防治成效国家考核获优秀等次。云南地级城市空气质量优良天数比例达 97. 4%、细颗粒物平均浓度达 21. 8 微克/立方米，[⑤] 保持全国前列。新疆开展“乌-昌-石”区域大气污染深度治理，区域空气质量优良天数累计增加 109 天，重污染天数累计减少 41 天，PM2. 5 平均浓度下降 10. 4%。[⑥]

（3）推进碳达峰碳中和工作

内蒙古完成碳汇交易量 80. 5 万吨，交易额达 2709 万元，新创建绿色园区 4 个、绿色工厂 67 家。广西完善“双碳”政策体系，推动重点领域节能

---

① 《2024 年政府工作报告》，甘肃省人民政府网站，2024 年 1 月 30 日，https：//www. gansu. gov. cn/gsszf/gsyw/202401/173848735. shtml。

② 《政府工作报告》，西藏自治区人民政府网站，2024 年 1 月 22 日，https：//www. xzzwfw. gov. cn/xz/zwgk/xxfb/zfgzbg/202401/t20240122_ 399830. html。

③ 《2024 年自治区政府工作报告》，新疆维吾尔自治区人民政府网站，2024 年 2 月 9 日，https：//www. xinjiang. gov. cn/xinjiang/xjzfgzbg/202402/04846067f9744516bb897f7d530195e2. shtml。

④ 《2024 年省政府工作报告》，辽宁省人民政府网站，2024 年 1 月 28 日，https：//www. ln. gov. cn/web/zwgkx/zfgzbg/szfgzbg/2024012808363260077/。

⑤ 《关于云南省 2023 年国民经济和社会发展计划执行情况与 2024 年国民经济和社会发展计划草案的报告》，云南省人民政府网站，2024 年 2 月 3 日，https：//www. yn. gov. cn/zwgk/zfxxgkpt/fdzdgknr/ghxx/gmjjhshfzgh/202402/t20240203_ 295069. html。

⑥ 《2024 年自治区政府工作报告》，新疆维吾尔自治区人民政府网站，2024 年 2 月 9 日，https：//www. xinjiang. gov. cn/xinjiang/xjzfgzbg/202402/04846067f9744516bb897f7d530195e2. shtml。

降碳技术改造。非水可再生能源装机占比提高 7.4 个百分点。在河池等地开展生态产品总值核算试点。辽宁非化石能源装机占比达 48.5%。[①] 云南建成 10 个绿色低碳示范产业园区。清洁发电量占比为 83.6%，非化石能源消费占能源消费总量的比重在 43%左右。[②] 甘肃碳达峰碳中和“1+N”政策体系基本形成，创建国家级绿色工业园区 1 个、绿色工厂 17 户。[③] 新疆积极推动节能减排和绿色低碳发展，克拉玛依市和库车市被列入国家首批碳达峰试点城市和园区。

三　中国边疆地区发展展望

（一）统筹发展与安全，推动中国式现代化边疆实践

边疆地区在我国国家安全和经济发展全局中具有特殊而重要的地位。在当前国际与国内形势下，对于边疆地区而言，发展与安全之间的关系将更为紧密。国内层面，要坚持总体国家安全观，发挥资源、区位、生态等优势，融入国内大循环。推动数字经济与实体经济深度融合，在特色产业、边境贸易加工业、口岸物流业等业态上进行数字化赋能。针对消费升级需求，重点发展“旅游+”“文化+”等产业和产品。精准用好国家差别化区域政策，全面实施乡村振兴战略，补齐产业发展的技术、设施、营销等短板，加快培育休闲农业、民宿经济、农村电商等。因地制宜将生态优势转化为经济优势，在守护生态屏障的同时，扶持绿色农林业、生态旅游业等产业发展，带动边民增收。国际层面，要统筹“一带一路”高质量发展与固边兴边富民

① 《辽宁举行 2023 年经济运行情况系列新闻发布会（第一场）》，中华人民共和国国务院新闻办公室网站，2024 年 1 月 19 日，http://www.scio.gov.cn/xwfb/dfxwfb/gssfbh/ln_13831/202401/t20240122_829496.html。

② 《云南省人民政府工作报告（2024 年）》，云南省人民政府网站，2024 年 1 月 29 日，https://www.yn.gov.cn/zwgk/zfxxgk/zfgzbg/202401/t20240124_294193.html。

③ 《2024 年政府工作报告》，甘肃省人民政府网站，2024 年 1 月 30 日，https://www.gansu.gov.cn/gsszf/gsyw/202401/173848735.shtml。

行动，深化国际产能合作，构建合理分工、互利共赢的产业链供应链合作体系，推进跨境区域经济一体化发展，拓展开放型经济新空间。顺应全球数字经济发展趋势，发展数字贸易新业态，形成数字服务出口新优势。补齐民生短板，提升公共服务水平。要以边民急难愁盼问题为切入点和突破口，切实解决好收入、就业、教育、社保、医疗、居住、养老等民生问题，牢牢守住不发生规模性返贫底线。继续加大交通、教育、医疗、饮水、公共文化等基础设施建设的投入力度，重点推进新基建①建设，提高行政村、抵边自然村的网络覆盖水平，推动“互联网+政务服务”向乡村延伸。推动公共服务供给方式向常住人口服务覆盖转变、向送公共服务上门转变。优化移民和边民分类补助机制，确保边民能够安心守边护边。

（二）扎实推进高质量发展，全面融入新发展格局

在参与内循环方面，要注重政府、市场和社会共同发力，瞄准产业合作、就业协作、个体交往等方面，打造区域协作长效共享平台。一是以边疆地区自然禀赋与经济发展阶段为依据，搭建产业合作平台。大力发展以资源精深加工、轻工产品为重点的劳动技术密集型产业；支持有条件的边疆地区有序承接发展新材料、生物医药、电子信息、可再生能源等优势产业；支持打造以商贸物流为主导的产业链，依托中心城市、产业集聚区、货物集散地、交通枢纽等，建设一批集产品加工、包装、仓储、集散、运输等功能于一体的配送中心、物流园区。二是以边疆地区劳动力技能和人口年龄结构为依据，搭建就业协作平台。推动东中部地区与边疆地区就业协作常态化、规范化、组织化。人才是实现民族振兴、赢得国际竞争主动的战略资源。守土固边、兴边富民、实现共同富裕，关键在人。要充分发挥边疆重点城镇的辐射带动作用，以产业、企业集聚效应吸引经济型人口流入和与之伴生的社会型人口流入，提升人口密度和经济密度。采取有针对性的就业扶持政策。

① 新基建是指基于数字化、智能化、绿色、可持续等新技术和新理念的基础设施建设。

在参与外循环方面，要在加快建设现有边境旅游试验区、综合保税区、跨境经济合作区、自由贸易试验区（片区）等各级各类平台的基础上，推动与共建“一带一路”国家和地区共建灵活多样的双边多边自贸区、产业园区、物流园区和跨境电子商务园区等开放新平台，将设施、数据、技术及项目等资源要素注入国际市场。

（三）加大力度改善和优化营商环境，营造良好发展环境

虽然2023年边疆地区的营商环境有所改善，但是与内陆地区相比，营商环境仍需进一步优化，以促进产业转移、人才吸引和资金流入。具体改进方向包括两个方面。在软环境建设方面，应从三个方向发力。一是加强法治建设，提高法规透明度。确保企业了解和理解相关法规，减少企业因法规不明而导致的不确定性。增强政府服务意识，建设高效、贴心的服务机构，提供一站式服务，解决企业在经营过程中遇到的问题。建立投诉处理机制，及时响应企业需求。二是简化行政手续，降低行政成本。简化和优化企业注册、审批和许可程序，减少冗长烦琐的行政程序，提高办事效率。采用在线申报、电子审批等现代化手段，提高便捷度。减少企业在营商过程中的成本，避免不合理的行政收费。三是拓宽融资渠道，鼓励企业创新。为各类企业提供多样化的融资渠道。降低融资门槛，为中小微企业提供更多支持，制定支持创新的政策，加大创新创业扶持力度，鼓励企业进行研发和技术创新。建设创新型企业孵化器，提供技术支持和培训。在硬环境建设方面，提升基础设施水平，包括交通、能源、通信等，以支持企业的正常运营。改善交通网络，降低物流成本，提高区域的整体竞争力。新基建是未来基础设施建设的重要方向。近年来，国家对边疆地区基础设施支持力度不断加大，边疆地区传统基础设施建设进展较快，但是相比之下，新基建落后于内陆省份。制定支持新基建的政策，包括财政支持、税收优惠、创新激励等。

（四）积极稳妥推进碳达峰碳中和，践行绿色发展理念

绿色发展、可持续发展正在成为中国经济高质量发展的重要内涵，积极

稳妥推进碳达峰碳中和是边疆地区的重要任务，是边疆省（区）地方政府践行绿色发展理念的必然选择。为实现碳达峰碳中和目标，边疆地区要从机制保障、市场建设、样本打造、技术创新及产业升级等方面入手，做好减碳工作。在机制保障方面，推动能耗双控逐步转向碳排放双控，建立重点产品碳足迹管理体系、碳标签认证制度是可以选择的方向。在市场建设方面，碳市场的建设也是很多省（区）关注的重点。具体措施主要包括：推进碳排放权、用能权等市场化交易，创新发展碳市场、绿电市场等。在样本打造方面，探索建设一批零碳工厂、零碳园区，充分发挥样本的示范效应，大力推进“双碳”目标的实现。在技术创新方面，加强低碳、零碳、负碳技术开发，采取工业节能降碳技术改造等措施。产业升级是绿色低碳发展的重要支撑，也是边疆省（区）的工作重点。针对旧能源，加快钢铁、石化、建材等重点行业节能降碳改造。在循环经济方面，完善废钢铁、废铜铝、废旧动力电池等循环利用政策体系；充分利用新能源，加快建设新型能源体系，稳步发展海上风电、光伏发电等。在各项措施中，应加强激励措施，因为在推动碳减排的过程中，市场主体需要投入成本。有效的激励措施，能够更好引导、激发企业减排意愿。比如推进碳排放权、用能权市场化交易；创新发展碳市场、绿电市场；完善绿色金融；等等。

B.3
2023年新发展格局下的边疆地区经济高质量发展

王 垚*

摘 要： 强大、韧性、可靠的国内大循环是边疆地区发展的根基和命脉，良性互动、相互促进的国内国际双循环对优化边疆地区资源配置、促进边疆地区高质量发展具有关键作用。本报告从新发展格局的视角出发，从经济增长、创新研发、城乡产业发展、营商环境、内循环发展潜力和外循环发展潜力6个维度出发，构建边疆地区高质量发展指标体系。从结果来看，边疆地区大致可分为3个梯队：第一梯队为海南、辽宁、广西，这些地区发展势头迅猛，综合实力较强；第二梯队为内蒙古、云南、新疆、吉林、黑龙江、甘肃，这些地区利用自身发展优势，不断壮大优势产业；第三梯队为西藏，总体来说与其他边疆省（区）存在一定的差距。

关键词： 高质量发展 双循环 边疆地区

构建以国内大循环为主体、国内国际双循环相互促进的新发展格局，是贯彻新发展理念的重大举措。习近平总书记强调，我们构建新发展格局，绝不是封闭的国内单循环，而是开放的、相互促进的国内国际双循环。[①] 强大、韧性、可靠的国内大循环是边疆地区发展的根基和命脉，良性互动、相

* 王垚，中国社会科学院中国边疆研究所新疆研究室副研究员，主要研究方向为区域经济学与城市经济学。

① 《习近平在亚太经合组织工商领导人对话会上的主旨演讲（全文）》，中国政府网，2020年11月19日，https://www.gov.cn/xinwen/2020-11/19/content_5562545.htm。

互促进的国内国际双循环对优化边疆地区资源配置、促进边疆地区高质量发展具有关键作用。

新时期以来，对外开放不断深入，边疆地区从开放的末端逐渐走向前沿。2023 年，边疆地区的社会经济发展水平不断提升，在国内与国际贸易中发挥“内联外通”的作用。

一　新发展格局下的边疆地区经济高质量发展指标体系构建

（一）模型逻辑阐释

一个区域融入新发展格局一方面受到自身经济基础的影响，例如，强劲的经济增长动力、优质的营商环境、扎实的产业发展基础是影响一个地区经济基础的重要因素。另一方面受到参与内循环与外循环能力的制约。因此，分析边疆地区经济高质量发展需要从 6 个维度出发。

边疆地区的高质量发展内涵可以从以下几个方面理解。一个区域融入新发展格局受到自身经济发展因素的影响。构建新发展格局是全面建设社会主义现代化国家的重要任务，旨在以高质量发展为首要任务，推动我国经济体系优化升级。因此，强劲的经济增长动力是新发展格局下的边疆地区经济高质量发展的基础保障。从经济体制维度出发，新发展格局是以创新为主导的经济体制，需要高水平的创新研发、高质量劳动力的支撑。从空间和产业维度出发，新发展格局是建立在一定的空间基础上，以城市为节点，以产业为依托，需要城乡统筹、产城融合，高质量推进城乡与产业发展。在全国统一大市场循环体系中，内贸规模、消费市场潜力、人口迁移是主要影响因素。从国际经济循环体系出发，外贸规模、外资参与程度、“走出去”水平是外循环发展潜力的主要影响因素。综上所述，新发展格局下边疆地区经济高质量发展的逻辑阐释如图 1 所示。

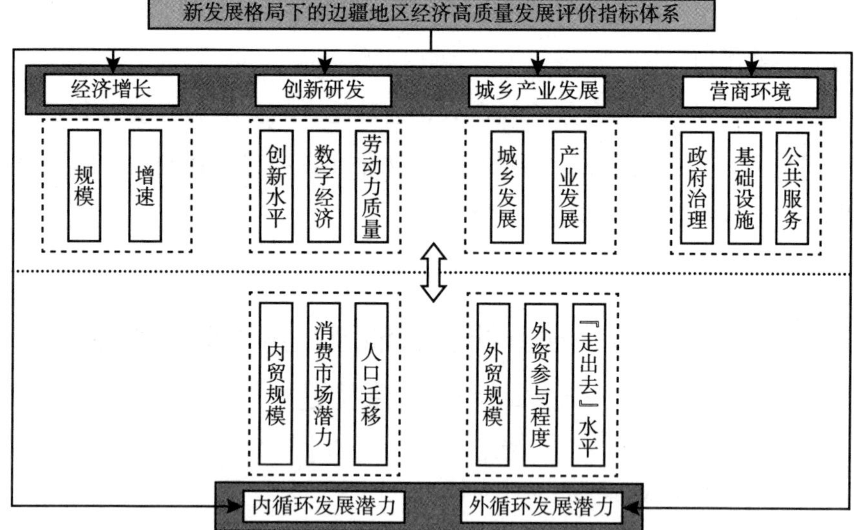

图 1　新发展格局下边疆地区经济高质量发展的逻辑阐释

资料来源：作者绘制。

（二）指标体系构建

本报告基于上述理论逻辑，主要从 6 个维度入手评估边疆地区融入新发展格局的综合实力，分别是经济增长、创新研发、城乡产业发展、营商环境、内循环发展潜力、外循环发展潜力，如表 1 所示。

表 1　新发展格局下的边疆地区经济高质量发展评价指标体系

一级指标	二级指标	三级指标	指标属性
经济增长	规模	人均地区生产总值	+
		地区生产总值	+
		近 5 年人均地区生产总值均值	+
		近 5 年地区生产总值均值	+
	增速	近 5 年人均地区生产总值平均增速	+
		近 5 年地区生产总值平均增速	+
		固定资产投资增速	+

续表

一级指标	二级指标	三级指标	指标属性
创新研发	创新水平	创新水平	+
		研发投入规模	+
	数字经济	数字经济从业人员规模	+
		数字普惠金融	+
		数字经济规模	+
	劳动力质量	人才规模	+
		劳动力质量	+
城乡产业发展	城乡发展	城镇化率	+
		人口规模变动	+
		城乡居民收入差距	-
	产业发展	产业结构高级化	+
		产业结构合理化	-
		生产性服务业水平	+
		产业集聚程度	+
营商环境	政府治理	人均财政支出	+
		财政依赖度	-
	基础设施	铁路网密度	+
		公路网密度	+
		机场密度	+
		公路质量	+
		通信基础设施长度	+
		通信基础设施容量	+
		互联网普及率	+
	公共服务	人均教育支出	+
		人均社会保障和就业支出	+
		人均医疗卫生支出	+
内循环发展潜力	内贸规模	铁路公路水路货运量	+
		铁路公路水路货运周转量	+
		航空货邮吞吐量	+
		民航起降架次	+

续表

一级指标	二级指标	三级指标	指标属性
内循环发展潜力	消费市场潜力	社会消费品零售总额	+
		限额以上住宿业餐饮业企业营业额	+
		亿元以上商品交易市场营业面积	+
		亿元以上商品交易市场成交额	+
		网上零售额	+
		网上零售额增长率	+
	人口迁移	迁入人口比例	+
		迁出人口比例	-
		铁路公路水路客运量	+
		铁路公路水路旅客周转量	+
		民航旅客吞吐量	+
外循环发展潜力	外贸规模	进出口总额	+
		外贸依存度	+
		海关特殊监管区规模	+
	外资参与程度	外商投资企业进出口总额	+
		外商投资企业投资总额	+
		外商投资企业注册资本	+
		外商投资企业数	+
	“走出去”水平	对外承包工程营业额	+
		对外承包工程合同金额	+
		境外从事劳务合作人数	+
		境外从事承包工程人数	+

资料来源：作者编制。

（三）变量解释

1. 经济增长

一个地区的经济增长情况使用两个维度的指标测度，一是规模，二是增速。

（1）规模

使用人均地区生产总值、地区生产总值、近 5 年人均地区生产总值均值、近 5 年地区生产总值均值进行测度。

（2）增速

增速使用近 5 年人均地区生产总值平均增速、近 5 年地区生产总值平均增速和固定资产投资增速进行测度。

2. 创新研发

党的十八大以来，我国坚持实施创新驱动发展战略，党的二十大报告强调："必须坚持科技是第一生产力、人才是第一资源、创新是第一动力，深入实施科教兴国战略、人才强国战略、创新驱动发展战略，开辟发展新领域新赛道，不断塑造发展新动能新优势。"① 创新研发水平主要从创新水平、数字经济以及劳动力质量维度进行测度。

（1）创新水平

创新水平由创新水平与研发投入规模 2 个子指标构成，其中创新水平使用国内发明专利申请授权量测度；研发投入规模使用规模以上工业企业 R&D（科学研究与试验发展）经费投入占地区生产总值的比重测度。

（2）数字经济

数字经济使用数字经济从业人员规模、数字普惠金融和数字经济规模 3 个子指标测度，其中数字经济从业人员规模使用信息传输、软件和信息技术服务业城镇单位就业人员数量与城镇单位就业人员数量比值测度；② 数字金融规模使用北京大学数字金融研究中心计算的数字普惠金融指数测度。③

（3）劳动力质量

劳动力质量使用人才规模和劳动力质量 2 个子指标测度，其中人才规模用万人拥有大学生人数计算，使用全国人口普查数据；劳动力质量使用劳动

① 《习近平：高举中国特色社会主义伟大旗帜　为全面建设社会主义现代化国家而团结奋斗——在中国共产党第二十次全国代表大会上的报告》，中国政府网，2022 年 10 月 25 日，https：//www. gov. cn/xinwen/2022-10/25/content_ 5721685. htm。

② 赵涛、张智、梁上坤：《数字经济、创业活跃度与高质量发展——来自中国城市的经验证据》，《管理世界》2020 年第 10 期。

③ 北京大学数字金融研究中心：《北京大学数字普惠金融指数（2011~2020 年）》，2021 年 4 月，https：//idf. pku. edu. cn/docs/20210421101507614920. pdf。

力平均受教育年限计算。

3. 城乡产业发展

城乡产业是构建新发展格局的重要因素。在城乡发展方面，要考虑城镇化率、人口规模变动以及城乡居民收入差距；在产业发展方面，要考虑产业结构高级化、合理化程度以及生产性服务业水平、产业集聚程度。

（1）城乡发展

一个区域的发展与人口规模及其空间分布有重要关系，本报告使用城镇化率、人口规模变动以及城乡居民收入差距进行测度。城镇化率使用城镇人口与年末常住人口的比值测度；人口规模变动使用第六次和第七次全国人口普查的人口增长率测度；城乡居民收入差距使用城镇居民人均可支配收入与农村居民人均可支配收入的比值测度，由于是负向指标，因此在主成分分析中进行取相反数处理。

（2）产业发展

首先，考虑三次产业结构是否合理以及产业间发展是否协调，即产业结构高级化和合理化。其次，生产性服务业作为当前新一轮科技革命和产业变革的核心，也应当补充到产业结构的高质量发展评价中。再次，要考虑到产业集聚程度。产业结构高级化使用第三产业产值与第二产业产值的比值计算，产业结构合理化则选用由三次产业间从业人员数和产值比例测度的泰尔指数，由于是负向指标，因此在主成分分析中进行取相反数处理。生产性服务业水平使用相关行业的城镇单位就业人员占城镇单位总就业人员的比重测度，其中相关行业包括交通运输、仓储和邮政业，信息传输、软件和信息技术服务业，金融业，租赁和商务服务业，科学研究和技术服务业。产业集聚程度使用规模以上工业企业单位数测度。

4. 营商环境

营商环境是影响区域发展的重要因素，影响招商引资与人才流入，营商环境与政府治理水平、基础设施建设和公共服务紧密相关。

（1）政府治理

政府治理能力与人均财政支出以及财政依赖度相关。人均财政支出选用地方财政一般预算支出与年末常住人口的比值计算，财政依赖度使用地方财政一般预算支出与地区生产总值的比值计算，该指标越高说明财政自给能力越差，由于是负向指标，因此在主成分分析中进行取相反数处理。

（2）基础设施

基础设施的测度主要从交通基础设施、通信基础设施两个角度考虑，其中交通基础设施主要包括交通基础设施分布密度和质量，铁路网密度使用铁路营运里程与区域面积的比值进行计算，公路网密度使用公路里程与区域面积的比值进行计算，机场密度使用机场数量与区域面积的比值进行计算。交通基础设施的质量使用等级公路里程与总公路里程的比值计算。通信基础设施分别使用通信基础设施长度、通信基础设施容量与互联网普及率计算，其中互联网普及率是互联网宽带接入用户与年末常住人口的比值。

（3）公共服务

公共服务从教育、社会保障和医疗卫生三个角度考虑，其中教育使用人均教育支出测度，社会保障使用人均社会保障和就业支出测度，医疗卫生使用人均医疗卫生支出测度。

5. 内循环发展潜力

内循环指国内的供给和需求形成的循环，通过完善技术和产业供应链，刺激内需，减轻外部冲击对经济的影响，弥补外部需求的疲弱和不足，提升经济运行效率，解除居民消费的后顾之忧，释放消费需求空间。从内贸规模、消费市场潜力和人口迁移三个维度入手进行分析。

（1）内贸规模

使用铁路、公路、水路与民航的货运量等进行衡量，分别使用铁路公路水路货运量、铁路公路水路货运周转量、航空货邮吞吐量、民航起降架次衡量。

（2）消费市场潜力

消费市场主要由传统消费市场和新兴消费市场构成。传统消费市场规模使用社会消费品零售总额、限额以上住宿业餐饮业企业营业额、亿元以上商品交易市场营业面积、亿元以上商品交易市场成交额进行测度。新兴消费市场规模使用网上零售额和网上零售额增长率衡量。

(3) 人口迁移

使用百度人口迁移数据，计算迁入人口比例以及迁出人口比例，迁出人口比例是负向指标，因此在主成分分析中进行取相反数处理。除此之外，还使用铁路公路水路客运量、铁路公路水路旅客周转量、民航旅客吞吐量进行测度。

6. 外循环发展潜力

(1) 外贸规模

进出口总额、外贸依存度、海关特殊监管区规模是衡量一个地区外贸水平的主要指标。进出口总额使用经营单位所在地进出口总额进行测度。外贸依存度使用经营单位所在地进出口总额与地区生产总值的比值进行测度。海关特殊监管区规模使用海关特殊监管区域个数进行测度

(2) 外资参与程度

外资参与程度使用外商投资企业进出口总额、外商投资企业投资总额、外商投资企业注册资本、外商投资企业数进行测度。

(3) “走出去”水平

分别使用对外承包工程和境外务工状况进行测度，其中对外承包工程使用对外承包工程营业额和对外承包工程合同金额进行测度；境外务工状况使用境外从事劳务合作人数和境外从事承包工程人数进行测度。

二　新发展格局下边疆地区经济高质量发展评价结果

（一）新发展格局下的边疆地区经济高质量发展指数

从全国层面来看，新发展格局下经济高质量发展指数中位数为47.11，仅有海南的经济高质量发展指数中位数超过全国平均水平。在新发展格局

下，边疆地区经济高质量发展潜力仍有待进一步释放。新发展格局下的边疆地区经济高质量发展评价结果如表 2 所示。

表 2　新发展格局下的边疆地区经济高质量发展指数

省(区)	经济增长	创新研发	城乡产业发展	营商环境	内循环发展潜力	外循环发展潜力
内蒙古	47.07	26.72	23.83	57.57	22.52	12.12
辽　宁	31.26	36.84	42.28	69.15	32.46	27.31
吉　林	16.92	26.59	26.20	57.75	19.48	15.79
黑龙江	16.82	24.42	36.59	51.58	19.61	16.33
广　西	21.91	23.09	41.27	74.71	29.84	20.46
海　南	20.47	30.09	56.64	72.08	22.05	45.15
云　南	30.11	19.28	16.74	67.01	31.54	15.17
西　藏	10.00	10.00	18.18	10.00	10.00	10.00
甘　肃	16.81	21.47	10.00	62.91	19.53	11.84
新　疆	29.06	23.64	33.65	51.71	25.75	16.80
均值	42.51	38.34	47.62	71.26	35.82	31.05
中位数	40.96	32.49	42.28	74.71	30.75	23.50

资料来源：作者经过计算得出。

从边疆各省（区）经济高质量发展评价结果来看，大致可以分为三个梯队：第一梯队为海南、辽宁、广西，这些地区发展势头迅猛，综合实力较强；第二梯队为内蒙古、云南、新疆、吉林、黑龙江、甘肃，这些地区利用自身发展优势，不断壮大优势产业；第三梯队为西藏，总体来说其与其他边疆省（区）存在一定的差距。具体如图 2 所示。

对比边疆省（区）与内陆省（区、市），边疆省（区）双循环发展指数总体弱于内陆省（区、市）。边疆地区双循环发展指数中位数为 33.53，其中，50%的边疆省（区）双循环发展指数落入［30.99，35.34］区间；内陆地区双循环发展指数中位数为 53.72，50%的内陆省（区、市）指数落入［46.26，72.37］区间。具体分布状况如图 3 所示。

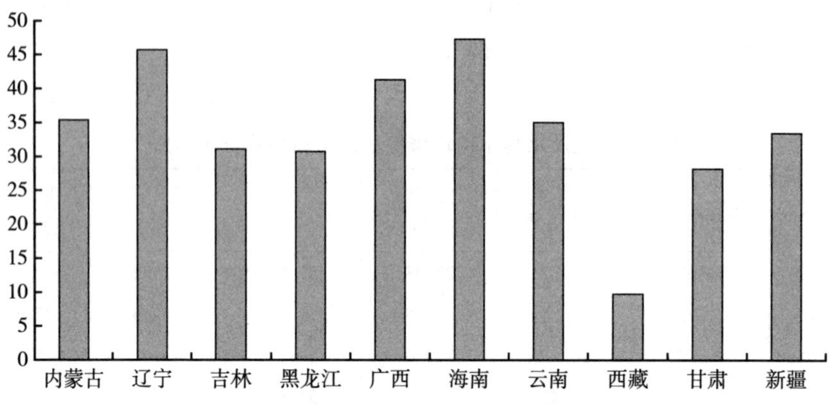

图 2　边疆各省（区）双循环发展指数

资料来源：作者经过计算得出。

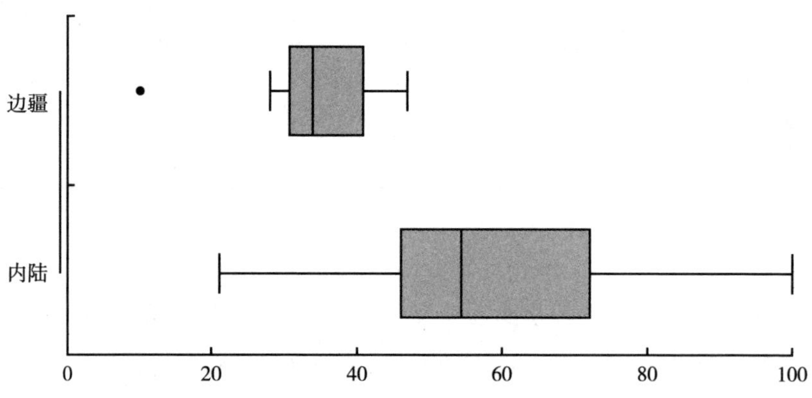

图 3　边疆地区与内陆地区双循环发展指数对比

资料来源：作者经过计算得出。

（二）各分项指标评价结果

新发展格局下的边疆地区经济高质量发展指数的影响因素主要包括经济增长、创新研发、城乡产业发展、营商环境、内循环发展潜力、外循环发展潜力，各分项指标的得分情况如图 4 所示。

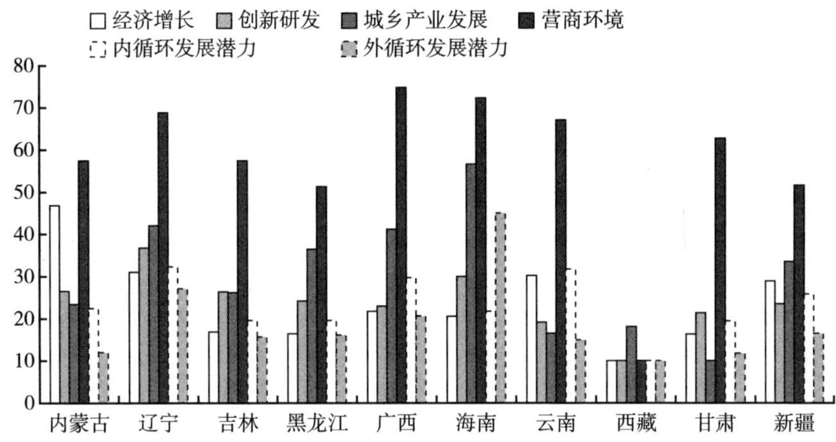

图 4　新发展格局下的边疆 10 省（区）经济高质量发展指数

资料来源：作者经过计算得出。

内陆地区与边疆地区经济增长指数、创新研发指数、城乡产业发展指数、营商环境指数、内循环发展潜力指数、外循环发展潜力指数分布状况的具体数值如表 3 所示。

表 3　边疆地区与内陆地区各一级指标对比

一级指标	类型	1%	5%	10%	25%	50%	75%	90%	95%	99%	均值
经济增长	边疆	11.35	11.35	11.35	12.27	14.85	15.91	26.72	26.72	26.72	24.44
	内陆	10.00	11.18	13.35	20.02	30.34	46.40	69.70	70.23	100.00	49.90
创新研发	边疆	10.00	10.00	10.00	16.82	21.91	30.11	47.07	47.07	47.07	23.56
	内陆	14.73	17.88	20.47	33.66	41.86	68.65	88.09	93.59	100.00	44.38
城乡产业发展	边疆	10.00	10.00	10.00	21.47	23.64	26.59	36.84	36.84	36.84	27.64
	内陆	16.84	17.71	29.92	31.66	38.65	55.44	67.79	84.38	100.00	55.80
营商环境	边疆	10.00	10.00	10.00	18.18	26.20	36.59	42.28	42.28	42.28	55.82
	内陆	25.25	28.02	28.83	39.75	49.19	81.07	91.69	93.33	100.00	77.58
内循环发展潜力	边疆	10.00	10.00	10.00	51.71	57.75	67.01	74.71	74.71	74.71	23.41
	内陆	36.91	63.79	67.05	72.36	78.28	83.98	90.83	91.67	100.00	40.89
外循环发展潜力	边疆	10.00	10.00	10.00	12.12	15.79	16.80	27.31	27.31	27.31	16.20
	内陆	10.31	10.50	13.94	23.10	30.88	46.26	69.42	71.00	100.00	37.13

资料来源：作者经过计算得出。

1. 经济增长指数

从经济增长指数来看，内蒙古、辽宁、云南、新疆、广西的经济规模和经济增速优于其他边疆省（区）。经济增长指数涵盖近 5 年经济增速，全国经济增长指数中位数为 40.96，超过全国中位数水平的仅有内蒙古。边疆地区经济增长态势总体弱于内陆省份。边疆地区经济增长指数中位数为 14.85，50%的省（区）经济增长指数落入［12.27，15.91］区间；内陆地区经济增长指数中位数为 30.34，50%的省（区、市）经济增长指数落入［20.02，46.40］区间。具体如图 5 所示。

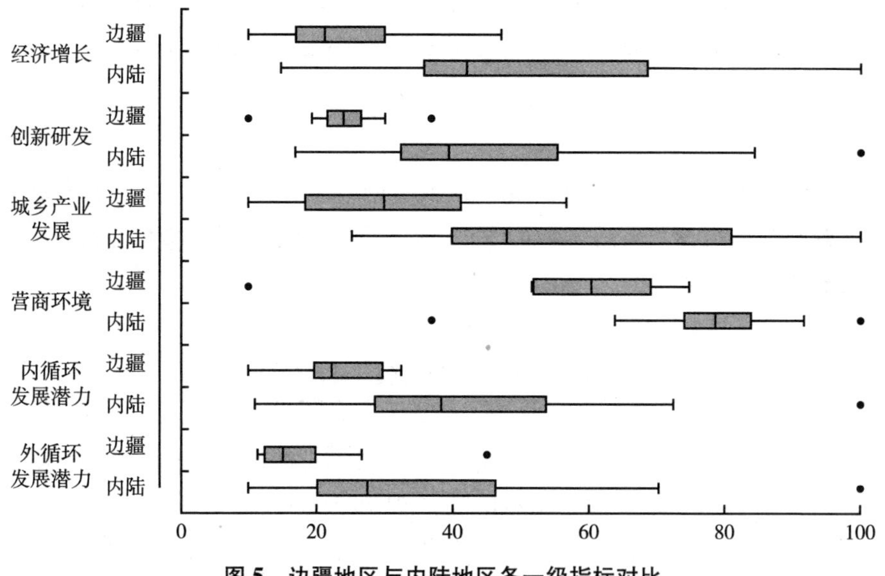

图 5　边疆地区与内陆地区各一级指标对比

资料来源：作者经过计算得出。

2. 创新研发指数

从创新研发指数来看，辽宁、海南、内蒙古、吉林在创新水平、数字经济和劳动力质量方面具有相对优势。全国创新研发指数中位数为 32.49，超过全国中位数水平的仅有辽宁，边疆地区在创新研发方面仍存在较大发展空间。边疆地区创新研发水平总体弱于内陆省份。边疆地区创新研发指数中位数为 21.91，50%的省（区）创新研发指数落入［16.82，

30.11］区间；内陆地区的创新研发指数中位数为41.86，50%的省（区、市）创新研发指数落入［33.66，68.65］区间。具体如图5所示。

3. 城乡产业发展指数

从城乡产业发展指数来看，海南、辽宁、广西、黑龙江和新疆城镇化进程普遍较快，城乡差距相对较小，产业结构优化升级与产业集聚等方面优于其他地区，生产性服务业水平较高，有助于产业的发展。全国城乡产业发展指数中位数为42.28，超过全国中位数水平的有海南、辽宁。边疆地区城乡产业发展水平总体弱于内陆省份。边疆地区城乡产业发展指数中位数为23.64，50%的省（区）城乡产业发展指数落入［21.47，26.59］区间；内陆地区城乡产业发展指数中位数为38.65，50%的省（区、市）城乡产业发展指数落入［31.66，55.44］区间。具体如图5所示。

4. 营商环境指数

从营商环境指数来看，广西、海南、辽宁、云南、甘肃的政府治理水平、基础设施建设水平和公共服务水平普遍较高。全国营商环境指数中位数为74.71，仅有广西与全国中位数水平持平。边疆地区营商环境指数总体弱于内陆省份。边疆地区营商环境指数中位数为26.20，50%的省（区）营商环境指数落入［18.18，36.59］区间；内陆地区营商环境指数中位数为49.19，50%的省（区、市）营商环境指数落入［39.75，81.07］区间。具体如图5所示。

5. 内循环发展潜力指数

从内循环发展潜力指数来看，辽宁、云南、广西、新疆和内蒙古在国内市场贸易、消费市场潜力和人口吸引力方面有相对优势。全国内循环发展潜力指数中位数为30.75，超过全国中位数水平的有辽宁、云南。边疆地区内循环发展潜力指数中位数为57.75，50%的省（区）指数落入［51.71，67.01］区间；内陆地区内循环发展潜力指数中位数为78.28，50%的省（区、市）指数落入［72.36，83.98］区间。具体如图5所示。

6. 外循环发展潜力指数

从外循环发展潜力指数来看，海南、辽宁、广西、黑龙江、吉林在外贸规模、吸引外资和对外投资方面具有相对优势。全国外循环发展潜力指数中位数为23.50，超过全国中位数水平的有海南、辽宁。边疆地区地理位置特殊，在参与外循环的过程中，潜力有待进一步挖掘。边疆地区外循环发展潜力指数中位数为15.79，50%的省（区）外循环发展潜力指数落入［12.12，16.80］区间；内陆地区外循环发展潜力指数中位数为30.88，50%的省（区、市）外循环发展潜力指数落入［23.10，46.26］区间。具体如图5所示。

（三）边疆各省（区）特点

边疆各省（区）各分项指标用雷达图的形式呈现，每个分项指标用独立的轴线展示，其中虚框阴影代表边疆各省（区）的状况，外侧的实框则是全国各分项指标评价指数中位数水平。通过对比边疆各省（区）与全国中位数水平，分析各省（区）发展的特色与短板。

1. 东北与北部边疆省（区）

东北与北部边疆各省（区）的各项一级指标得分情况如图6所示。

内蒙古经济增长指数、创新研发指数、城乡产业发展指数、营商环境指数、内循环发展潜力指数、外循环发展潜力指数分别为47.07、26.72、23.83、57.57、22.52、12.12。内蒙古在经济增长、创新研发以及参与国内经济循环方面表现出色。在统筹城乡发展、优化营商环境以及参与国际经济合作方面有待进一步提升。

辽宁经济增长指数、创新研发指数、城乡产业发展指数、营商环境指数、内循环发展潜力指数、外循环发展潜力指数分别为31.26、36.84、42.28、69.15、32.46、27.31。辽宁在创新研发、统筹城乡协调发展、打造优质营商环境、参与内循环和外循环方面均表现出色，位列边疆地区前茅。与全国平均水平相比，营商环境有待进一步提升。

吉林经济增长指数、创新研发指数、城乡产业发展指数、营商环境指数、内循环发展潜力指数、外循环发展潜力指数分别为16.92、26.59、26.20、57.75、19.48、15.79。吉林在创新研发方面表现优秀，位列边疆地区前茅。但是经济增速、城乡协调发展水平、营商环境和参与内循环水平相对较弱，有待进一步增强。

黑龙江经济增长指数、创新研发指数、城乡产业发展指数、营商环境指数、内循环发展潜力指数、外循环发展潜力指数分别为16.82、24.42、36.59、51.58、19.61、16.33。黑龙江在创新研发、统筹城乡发展与外循环经济发展方面在边疆地区中优势突出。经济增长速度较为缓慢、营商环境差、参与国内循环不足可能是影响其融入新发展格局的主要因素。

综上所述，在新发展格局下，东北与北部边疆省（区）的优势在于创

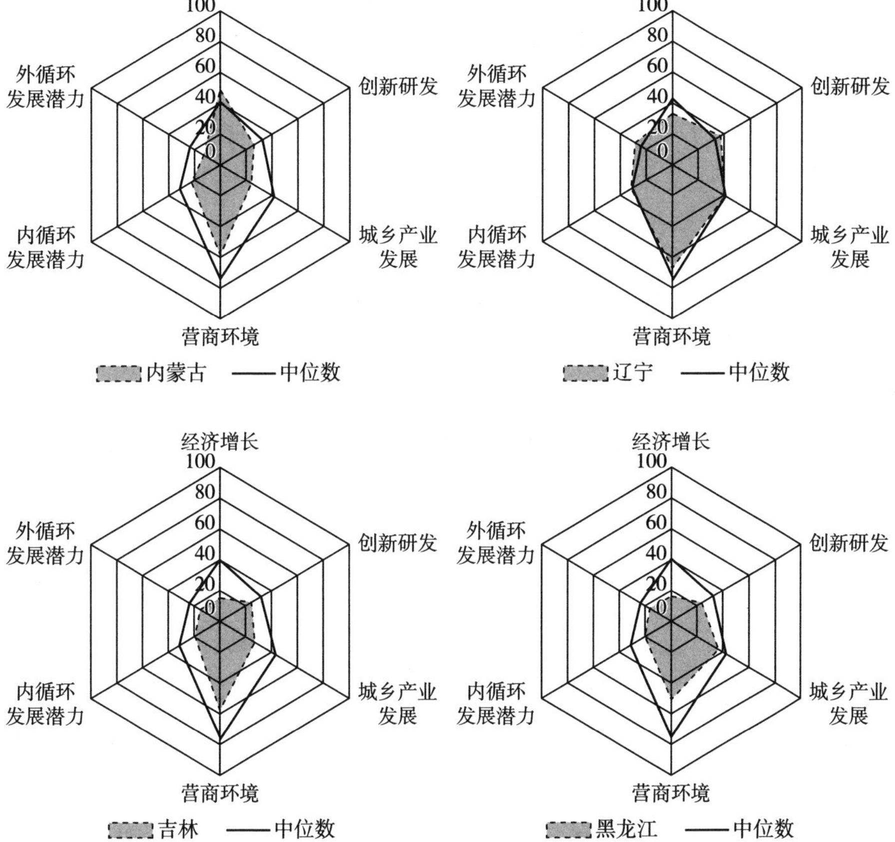

图6　东北与北部边疆各省（区）各项一级指标得分情况

资料来源：作者经过计算得出。

新研发水平较高，是整个边疆地区的高地。城乡协调发展程度较高，但是营商环境除了辽宁外，普遍较差。东北与北部边疆省（区）经济基础相对较好，具备产业转型的基础条件，因此在融入新发展格局方面有出色表现。

2. 西南边疆省（区）与海南

西南边疆各省（区）与海南的各项一级指标得分情况如图 7 所示。

广西经济增长指数、创新研发指数、城乡产业发展指数、营商环境指数、内循环发展潜力指数、外循环发展潜力指数分别为 21.91、23.09、41.27、74.71、29.84、20.46。广西在营商环境、融入国内国际循环、统筹城乡发展方面均位列边疆地区前茅，经济增长势头良好。特别是广西的营商环境指数在全国也处于中游水平，但是创新研发水平相对较低。整体来看，广西综合实力较强。

云南经济增长指数、创新研发指数、城乡产业发展指数、营商环境指数、内循环发展潜力指数、外循环发展潜力指数分别为 30.11、19.28、16.74、67.01、31.54、15.17。云南经济增速较快，内循环参与程度较高，营商环境良好。制约云南高质量发展的因素主要是创新研发水平相对较弱，城乡协调发展方面存在不足。

海南经济增长指数、创新研发指数、城乡产业发展指数、营商环境指数、内循环发展潜力指数、外循环发展潜力指数分别为 20.47、30.09、56.64、72.08、22.05、45.15。海南并不是传统意义上的陆地边疆，在地理位置、自然禀赋方面与传统陆地边疆的差异较大。在客观因素的影响下，海南在发展方面存在较多优势，各项一级指标得分位列边疆地区前茅。

西藏经济增长指数、创新研发指数、城乡产业发展指数、营商环境指数、内循环发展潜力指数、外循环发展潜力指数分别为 10.00、10.00、18.18、10.00、10.00、10.00。受到地理位置和自然环境的影响，西藏经济发展受到多重因素制约，在边疆地区处于劣势地位。

综上所述，在新发展格局下，西南边疆各省（区）与海南整体发展实力较强，营商环境优势突出，在参与国内循环方面优于其他边疆省（区）。制约该地区发展的主要因素是创新研发水平不足。随着东盟国家市场需求的

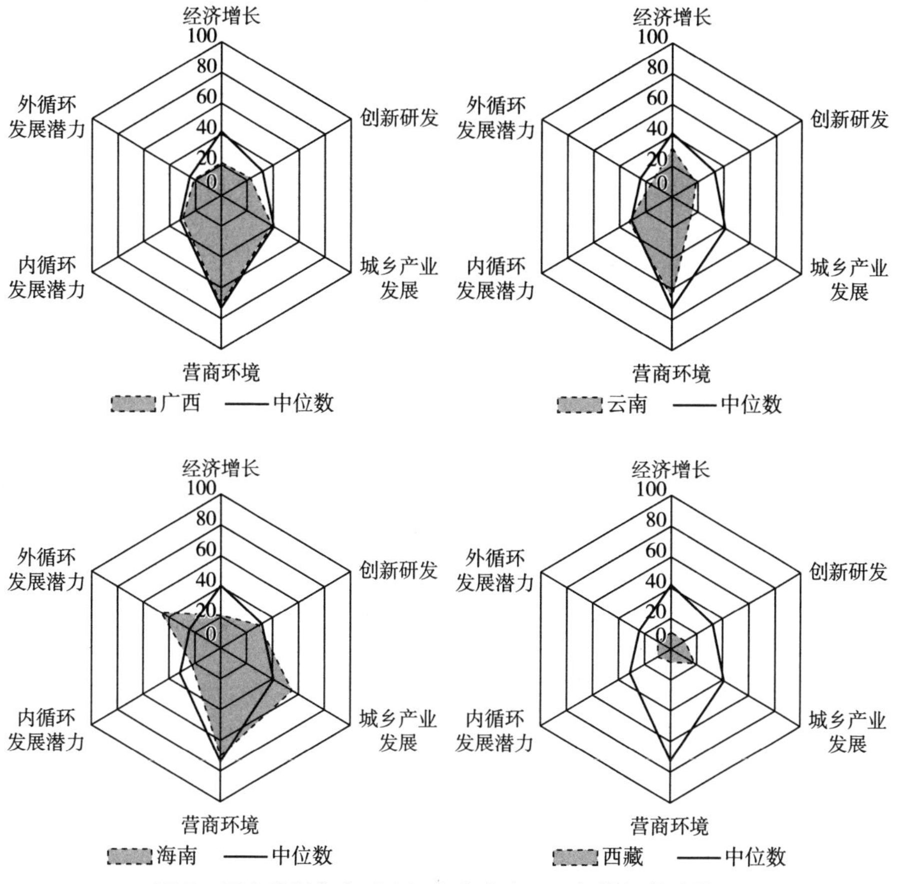

图 7 西南边疆各省（区）与海南各项一级指标得分情况

资料来源：作者经过计算得出。

不断扩大，西南边疆各省（区）与海南的发展潜力将不断被挖掘，这些省（区）具有良好的发展前景。

3. 西北边疆省（区）

西北边疆各省（区）的各项一级指标得分情况如图 8 所示。

甘肃经济增长指数、创新研发指数、城乡产业发展指数、营商环境指数、内循环发展潜力指数、外循环发展潜力指数分别为 16.81、21.47、10.00、62.91、19.53、11.84。甘肃在营商环境方面优势明显，这有助于该地区实现高质量发展。

新疆经济增长指数、创新研发指数、城乡产业发展指数、营商环境指数、内循环发展潜力指数、外循环发展潜力指数分别为 29.06、23.64、33.65、51.71、25.75、16.80。新疆经济增长速度较快，城乡协调发展程度较高，在参与国内循环与国际循环方面程度较高，两者之间的协调程度较高，创新研发处于中游水平。其主要短板在于营商环境，因此，随着营商环境的改善，该地区综合实力将得到有效提升。

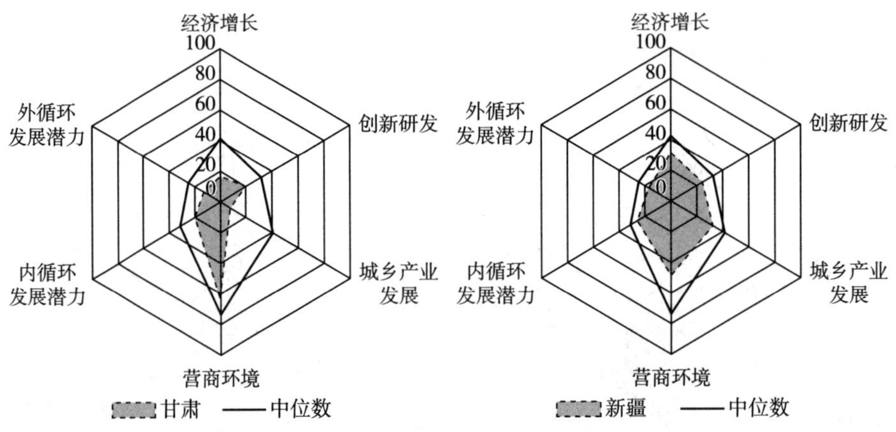

图 8　西北边疆省（区）各项一级指标得分情况

资料来源：作者经过计算得出。

综上所述，西北边疆省（区）借助共建“一带一路”的契机，在发展外向型经济的同时，加强与内陆地区的贸易往来。随着丝绸之路经济带核心区建设的进一步推进，西北边疆地区的经济将得到进一步发展，该地区拥有巨大的发展潜力。

三　结论与建议

（一）加快新质生产力形成

新质生产力代表一种生产力的跃迁。它是科技创新在其中发挥主导作用的生产力，高效能、高质量，区别于依靠大量资源投入、高度消耗资源能源的生产力发展方式，是摆脱了传统增长路径、符合高质量发展要求的生产力，是数字时代更具融合性、更体现新内涵的生产力。新质生产力是边疆地区快速发展的关键推动力。边疆地区加快新质生产力的形成应从以下几个方面着力。一是打造新型劳动者队伍，包括能够创造新质生产力的战略人才和能够熟练掌握新质生产资料的应用型人才。二是用好新型生产工具，特别是掌握关键核心技术，赋能新兴产业发展。技术层面要补短板、筑长板、重视通用技术。产业层面要巩固战略性新兴产业、提前布局未来产业、改造提升传统产业。三是塑造适应新质生产力的生产关系，通过改革开放着力打通束缚新质生产力发展的堵点卡点，让各类先进优质生产要素顺畅流动和高效配置。

（二）多措并举改善营商环境

打造优质的营商环境，吸引和留住企业、资金和人才。第一，以系统集成提升改革成效。加快推行全国统一的市场准入负面清单制度，从体制上破除公平准入的各种限制。对经济发展领域的各种审批事项，应进行全面清理，必须保留的要制定清单，实行动态调整。针对市场监管的重点领域，制定简明易行的监管规则和标准，向社会公开，提高市场监管的透明度和公平性，维护市场公平竞争。第二，以制度重构破解痛点堵点，以信用体系夯实营商基础。强化政务诚信，建立有效的约束机制和问责制度，对市场主体做出的承诺不履行、订立的合同协议不遵守和拖欠账款等行为，应依法追究相关政府部门的责任，对因政府违约毁约给市场主体造成损失的，要依法予以补偿，为市场主体提供一个可预期的政务环境。第三，保障公共服务供给。根据市场主体需求扩大公共服务供给，补齐短板，增强企业的获得感。第四，以法治保障提高可预期性。建立法治化的营商环境可以有效增强营商环境的公正性、稳定性和可预期性，形成不可逆的改革成果，为市场主体投资兴业提供坚实的法治保障。

（三）内外联动带动经济发展

在边疆地区联通国内国际双循环上做模范，要立足战略定位，围绕党和国家工作大局的根本性、全局性、长远性问题进行战略性、系统性、前瞻性研究谋划，不折不扣贯彻落实习近平总书记对内蒙古的重要指示精神，积极参与共建“一带一路”，推动对外开放向中亚、东北亚乃至欧洲和全世界拓展，发挥比较优势，找准定位，错位发展，创造性地开展工作，在高水平对外开放中推动实现高质量发展。要深化国内区域合作，积极参与黄河流域生态保护和高质量发展等区域重大战略以及西部大开发、东北振兴等区域协调发展战略，找准国家战略与边疆地区发展的结合点、契合点，积极承接先进产业转移，创新开展招商引资，做好企业服务，营造良好的营商环境，推动区内产业链、创新链、供应链、价值链与全国大市场、发达经济区全面对接、深度融合。完善与毗邻省（区、市）和内陆省（区、市）的合作机制、联系机制，积极吸引发达省（区、市）更多的资源和要素参与边疆地区开发建设。深挖边疆地区特色自然资源与文化资源，打造特色品牌，充分融入国内经济大循环。在有效整合利用国内资源要素的同时，依托自身外接周边国家的比较优势，切实构建面向周边国家和我国广大腹地双向辐射的开放格局。

B.4

2023年新型城镇化建设与中国边疆地区高质量发展研究

——以 139 个边境县为例

赵 彪*

摘 要： 边疆城镇化不仅是中国式现代化的重要组成，更直接影响和制约国家现代化的整体进程。本报告采用主成分分析、空间分析等方法，对边疆城镇化发展质量问题进行了探讨，结果表明：一是边疆城镇化具有特殊的发展规律，要针对边疆地区特殊情况出台更有针对性的政策；二是东北、西南地区边境县的城镇化发展质量总体较高，发展基础更好且发展潜力更大；三是不同区域边境县城镇化质量的影响因素存在明显差异，生态环境因素要比经济因素对边疆城镇化的影响更加明显。最后，本报告提出了相关政策建议，包括高度重视中心城市的高质量发展问题，合理构建有边疆特色的城镇格局，有序扩大制度性资源供给，加快打通双循环发展的关键节点，加大产业发展项目支持力度等方面。

关键词： 边疆地区 边疆城镇化 边境县 高质量发展 新型城镇化

中央经济工作会议指出，高质量发展是新时代的硬道理，推进中国式现代化是最大的政治。高质量发展需要高质量城镇化的支撑，中国式现代化则离不开边疆现代化，推动边疆城镇化，对加快解决边疆与内陆地区发

* 赵彪，中国社会科学院中国边疆研究所助理研究员，主要研究方向为行政区划与边疆城镇化。

展不平衡问题、重塑中国经济地理格局具有重要意义。党的二十大报告指出，“加强边疆地区建设，推进兴边富民、稳边固边”。边境是边疆的前沿阵地，一般指拥有陆地边界线的县级行政区域。《中华人民共和国陆地国界法》规定“中华人民共和国陆地国界内侧一定范围内的区域为边境”，“国家支持沿边城镇建设，健全沿边城镇体系，完善边境城镇功能，强化支撑能力建设”。在新发展格局下，边疆地区逐渐成为国家对外开放的前沿和门户，逐渐成为国内大循环（核心—边疆）、国内国际双循环（核心—边疆—国际）发展的关键区域，边疆城镇发展在国家发展与国家治理中的地位日益凸显。本报告以 139 个（一般认为边境县数量为 140 个，本报告不包括呼伦贝尔市扎赉诺尔区）边境县为例，采用主成分分析、空间分析等方法对边疆城镇化建设与高质量发展问题进行了研究，以期为相关研究提供参考和借鉴。

一　边疆城镇化的理论内涵

边疆是国家疆域的边缘部分，狭义的边疆是边境县，广义的边疆是与国外接壤的省级行政区域。由于边疆地区普遍存在自然环境相对恶劣、教育科技水平偏低、基础设施较为落后以及民族宗教关系复杂等特征，如果国家不采取及时有效的措施加以干预，很容易造成边疆地区的“边缘化”。边疆地区发展不仅是边疆自身的问题，也不只是简单的经济问题或社会问题，从根本上说，边疆地区发展是关系国家前途命运的重大政治问题。边疆治理是国家治理的重要组成，同时涉及改革发展稳定、内政外交国防、治党治国治军各个方面，边疆治理的成效深刻影响国家安全、稳定和发展大局。边疆城镇化是国家新型城镇化的重要组成部分，党的十九大报告明确提出“加快边疆发展，确保边疆巩固、边境安全”，党的二十大报告进一步提出要“加强边疆地区建设，推进兴边富民、稳边固边”。然而，受制于自然禀赋及区位条件，我国边疆地区普遍面临人口流失、经济发展动力不足、城镇化滞后等问题。推动边疆城镇化高质量发展，不仅有助于提高边疆地区的基本公共服务均等化水平，对确保边疆巩固和边境安全、推动形成全面开放新格局、实现全体人民共同富裕等方面都具有重要意义。

一个地区在城镇化发展的过程中，普遍遵循以下规律。一是集聚经济吸引人口和产业向城镇聚集。人口向城镇集聚是因为城镇能够提供更多的就业机会和更高的收入，而产业集聚是由于城镇能提供更好的配套条件和更低的发展成本。一般而言，在城镇化发展过程中，原材料、人口、企业、土地分别起着不同的作用，在要素流动、知识积累、产业分工和城镇发展的交互作用下，加速了规模效应、耦合效应、乘数效应与溢出效应的产生，进而促进成本变动、人口迁移、产业升级和地域分工，推动工业化和城镇化水平持续提升。集聚经济为城镇规模的扩大提供了吸引力和推动力，一旦集聚开始，城镇化进程就会持续加快，直至阻塞成本超过集聚收益。二是集聚不经济加速城镇溢出效应的产生。随着城镇化水平的提升，人口和产业过度密集地分布在同一城镇，超过了一定时期城镇的最大承载能力，必然会造成通勤费用、劳动力价格等生产生活成本提升，集聚经济负效应开始逐步增强，集聚不经济减弱了集聚利益对企业和居民的吸引力。三是规模效应促进产业分工和产业链发展。人口和产业集聚推动了辐射半径的延长和市场规模的扩大，完善了城镇化发展的内生动力机制，使城镇地域不断扩展和向外延伸，城镇和地区会根据各自不同的资源禀赋和经济基础形成一个高效分工的产业体系，存在上下游产业关联的不同城镇之间相互联动、相互依存、相互制约，有助于促进产业分工的不断深化和城镇化水平的持续提升。

与一般城镇相比，边疆城镇化有其特殊的发展规律。一是边疆城镇更难产生集聚经济和规模经济。边疆城镇多存在资源环境和基础设施综合承载能力弱、产业布局和城市功能空间配置效率低等问题，难以产生集聚经济、规模经济和外部经济，更容易产生拥挤效应、挤出效应、锁定效应和负外部效应，进而影响集聚经济和专业化分工的深化发展。一方面，受自然环境条件的限制，边疆城镇更容易出现用地紧张、生产生活成本高等问题，难以有效吸引人才、资金等要素。另一方面，由于城镇集聚能力有

限，边疆城镇对周边地区的辐射带动作用不足，抑制了城镇体系的正常发展，容易产生人口跨区域流动等问题。二是边疆地区城镇化成本高制约城镇化水平的提升。一方面，边疆地区的空间区位增加了运输成本，影响资源要素的正常集散，使得城镇内通外联能力减弱，经济腹地狭小，辐射带动能力不强。另一方面，边疆地区自然地理特征使边疆城镇更容易产生发展空间不足、产业空间组织效率较低等问题，在不同程度上抬高了企业的发展成本，造成产业升级缓慢、民营经济规模小等发展困境。此外，由于生态环境承载力不高、就业机会有限等问题，边境中心城镇吸纳产业、人力资本的能力不足，特殊地形和资源约束较强的自然特征使得边境中心城镇难以形成网络状城镇体系，城镇发展的孤立特征较为明显，导致产业关联发展阶段难以进一步向协作集聚发展阶段转变。三是中心城镇发展不足是边疆城镇化滞后的关键。通过中心-外围理论可知，若仅关注中心地区经济发展，忽视外围发展的重要性，将会逐渐拉大中心与外围地区之间的发展差距，人口、产业等向中心地区尤其是超特大城市集聚的态势将更加明显。因此，要高度重视外围地区的城镇化发展，尤其是外围地区的省会等核心城市发展，以边疆省会城市发展带动区域次中心城市，进而带动边境中心城镇发展。通过梯度推移理论可知，沿海发达地区的产业转移，首先是从沿海地区的一级城市向边疆省（区）的省会等一级城市转移，再通过边疆一级城市向二级城市转移，进而向中小城镇转移。因此，在推动边疆城镇化的过程中，要高度重视中心城市的高质量发展问题，对边境地区而言要重点关注中心城镇建设。

二　边疆城镇化发展质量评价指标体系

（一）指标体系构建

边疆城镇化发展质量评价指标体系的制定必须准确把握边疆城镇化的内涵特征，遵循科学性、系统性、代表性和可比性原则，本报告从经济指标、人口指标、社会指标和区位环境四个方面入手，构建了包含 17 个指标在内的边疆城镇化发展质量评价指标体系，如表 1 所示。

表 1　边疆城镇化发展质量评价指标体系

目标层	功能层	指标层	指标代码
边疆城镇化发展质量评价指标体系	经济指标	人均地区生产总值(元/人)	X_1
		第二产业产值占地区生产总值的比重(%)	X_2
		第三产业产值占地区生产总值的比重(%)	X_3
		人均地方一般公共预算收入(元/人)	X_4
		人均地方一般公共预算支出(元/人)	X_5
	人口指标	常住人口城镇化率(%)	X_6
		城镇人口总量(万人)	X_7
		老龄化率(%)	X_8
		性别比(%)	X_9
	社会指标	小学在校学生数(人)	X_{10}
		医疗卫生机构床位数(床)	X_{11}
		平均受教育年限(年)	X_{12}
	区位环境	行政区域面积(平方千米)	X_{13}
		建成区面积(平方千米)	X_{14}
		平均相对湿度(%)	X_{15}
		地形起伏度	X_{16}
		到省会最近距离(千米)	X_{17}

评价指标选择中有正向指标、逆向指标和适度指标。正向指标与城镇化质量是正相关关系，直接使用原数据；逆向指标与城镇化质量是负相关关系，需进行正向化处理；适度指标指根据国际经验或者国家相关规定选择的标准值，越接近标准值说明城镇化质量越高，也需要进行正向化处理。在选择的 17 个指标中，老龄化率、地形起伏度是逆向指标，正向化的方法是 1 减去指标的原始值，即转化为非老龄化率和表面平坦度。性别比、平均相对湿度是适度指标，考虑到各省（区）的实际情况，性别比按照国家平均水平 105 为标准进行正向化处理，处理方式是用实际指标值减去国家标准值；平均相对湿度按照国家首都地区 50%的标准，

各边境县的年平均相对湿度在30%~85%，正向化处理也是用实际指标值减去国家标准值。除了上述4个指标外，其余指标均为正向指标，无须再做处理。

（二）评价方法与数据来源

参考相关研究，本报告采取主成分分析法对边疆城镇化质量进行评价。主成分分析是通过线性变换，将原来的多个指标组合成相互独立的少数几个能充分反映母体信息的指标，从而在不丢掉主要信息的前提下避开变量之间的共线性问题。具体步骤如下。

（1）使用KMO统计量和Bartlett球形检验，判定分析为样本设计变量特征是否需要引进主成分分析。

（2）一般采用“标准差标准化”方法，将原始数据标准化，以消除量纲的影响。

①总和标准化。分别求出各聚类要素对应的数据的总和，以各要素的数据除以该要素数据的总和：

$$x'_{ij} = \frac{x_{ij}}{\sum_{i=1}^{m} x_{ij}}(i = 1,2,\cdots,m;j = 1,2,\cdots,n)$$

②标准差标准化：

$$x'_{ij} = \frac{x_{ij} - \bar{x}_j}{s_j}(i = 1,2,\cdots,m;j = 1,2,\cdots,n)$$

③极大值标准化：

$$x'_{ij} = \frac{x_{ij}}{\max_i\{x_{ij}\}}(i = 1,2,\cdots,m;j = 1,2,\cdots,n)$$

④极差的标准化：

$$x_{ij} = \frac{x_{ij} - \underset{i}{\mathrm{mix}}\{x_{ij}\}}{\underset{i}{\mathrm{man}}\{x_{ij}\} - \min_i\{x_{ij}\}}(i = 1,2,\cdots,m;j = 1,2,\cdots,n)$$

（3）建立变量之间的相关系数矩阵 $\boldsymbol{R}$：

$$\boldsymbol{R}=\begin{bmatrix} r_{11} & r_{12} & \cdots & r_{1p} \\ r_{21} & r_{22} & \cdots & r_{2p} \\ \vdots & \vdots & \vdots & \vdots \\ r_{p1} & r_{p2} & \cdots & r_{pp} \end{bmatrix}$$

r_{ij}（i，j=1，2，…，p）为原变量 x_i 与 x_j 的相关系数，$r_{ij}=r_{ji}$，其计算公式为：

$$r_{ij}=\frac{\sum_{k=1}^{n}(x_{ki}-\bar{x}_i)(x_{kj}-\bar{x}_j)}{\sqrt{\sum_{k=1}^{n}(x_{ki}-\bar{x}_i)^2\sum_{k=1}^{n}(x_{kj}-\bar{x}_j)^2}}$$

（4）求 $\boldsymbol{R}$ 的特征值和特征向量。

①解特征方程 $|\lambda\boldsymbol{I}-\boldsymbol{R}|=0$，常用雅可比法求出特征值，并按大小顺序排列 $\lambda_1\geqslant\lambda_2\geqslant\cdots\geqslant\lambda_p\geqslant 0$；

②分别求出对应于特征值 λ_i 的特征向量 e_i（i=1，2，…，p）；

③计算主成分贡献率及累计贡献率

（5）计算主成分载荷：

$$l_{ij}=p(z_i,x_j)=\sqrt{\lambda_i}e_{ij}(i,j=1,2,\cdots,p)$$

（6）各主成分的得分：

$$\boldsymbol{Z}=\begin{bmatrix} z_{11} & z_{12} & \cdots & z_{1m} \\ z_{21} & z_{22} & \cdots & z_{2m} \\ \vdots & \vdots & \vdots & \vdots \\ z_{n1} & z_{n2} & \cdots & z_{nm} \end{bmatrix}$$

本报告选取 139 个边境县作为评价样本，数据主要来自《中国人口普查分县资料—2020》，再依据《中国县域统计年鉴》以及各省（区）统计年鉴进行补充，部分缺失数据来自各县（市、区）的政府工作报告及其所在地级行政区统计年鉴。海拔、湿度等自然环境数据来自中国科学院资源环境科学与数据中心、国家气象科学数据中心，地形起伏度数据是在海拔数据的基础上，基于 ArcGIS 平台计算得出。为便于分析，依据自然环境特征和经济社会差异，本报告将边境县分为东北边境（黑龙江、吉林、辽宁）、北部边境（内蒙古、甘肃）、新疆边境、西藏边境、西南边境（云南、广西）五大区域。2020 年，各区域拥有的边境县级政区数量依次为新疆边境 35 个、东北边境 33 个、西南边境 33 个、北部边境 20 个、西藏边境 18 个。

三　中国边疆县域城镇化发展水平的综合评价

本报告在对数据进行标准化的基础上，采用 SPSS 进行 KMO 和 Bartlett 球形检验，检验结果显示，KMO 统计量为 0.720，大于 0.5，表明变量间的相关程度无太大差异，数据适合做主成分分析；Bartlett 球形检验的 p 值为 0.000，小于显著性水平 0.05，表明观察数据适合做主成分分析。由原始变量相关系数矩阵可以看出，许多变量间存在信息上的重叠，该结果进一步确认了信息浓缩的必要性。根据特征值大于 1 的原则，共提取了 5 个主成分，其特征值和方差贡献率以及累计方差贡献率如表 2 所示。这 5 个主成分的累计方差贡献率达到 78.420%，可以推断这 5 个主成分已涵盖边疆城镇化质量的大部分信息。

表 2　特征值及方差贡献率

主成分	特征值	方差贡献率/%	累计方差贡献率/%
1	4.986	29.327	29.327
2	3.255	19.146	48.472
3	2.035	11.972	60.444
4	1.591	9.361	69.805
5	1.465	8.615	78.420

从主成分载荷矩阵可以看出（见表 3），主成分 1 在城镇人口总量、地形起伏度、平均相对湿度等指标中载荷较大，可将其解释为人口和生态环境

指标，说明人口规模和生态环境质量是影响边疆城镇化质量的主要因素，这与非边疆地区主要受经济因素影响存在明显差异。这启示我们在推进边疆城镇化的过程中，应高度重视城镇人口集聚问题，达到一定规模的边疆城镇，可以提供更多的就业机会和更高质量的公共服务。此外，自然地理环境对边疆城镇化质量的影响较大，平坦的地形和丰富的水源对边疆城镇化发展至关重要。

主成分 2 在人均地区生产总值、人均地方一般公共预算收入、常住人口城镇化率、平均受教育年限等指标中载荷较大，可将其解释为经济收入和教育指标。主成分 2 的方差贡献率为 19. 146%，说明经济发展水平和人口教育水平是影响边疆城镇化的重要因素。由此可知，在推进边疆地区城镇化的过程中，要高度重视边疆城镇的经济发展问题，做到经济发展水平与人口综合素质的全面提升。

表 3　主成分载荷矩阵

指标	主成分 1	主成分 2	主成分 3	主成分 4	主成分 5
X_1	-0. 080	0. 229	0. 111	0. 201	0. 151
X_2	-0. 101	0. 017	0. 035	0. 245	-0. 384
X_3	0. 033	0. 019	0. 121	-0. 262	0. 448
X_4	-0. 085	0. 224	0. 121	0. 175	0. 161
X_5	-0. 164	0. 066	-0. 013	-0. 014	0. 081
X_6	0. 070	0. 247	-0. 003	-0. 179	-0. 030
X_7	0. 153	0. 032	0. 194	0. 063	-0. 097
X_8	-0. 137	-0. 095	0. 207	0. 007	0. 129
X_9	-0. 120	0. 114	0. 148	0. 250	0. 071
X_{10}	0. 083	-0. 134	0. 324	0. 145	0. 021
X_{11}	0. 129	-0. 061	0. 251	0. 206	-0. 204
X_{12}	0. 075	0. 237	0. 029	-0. 187	-0. 108
X_{13}	-0. 081	0. 046	0. 151	-0. 191	-0. 405
X_{14}	0. 101	0. 048	0. 296	-0. 105	-0. 085

续表

指标	主成分 1	主成分 2	主成分 3	主成分 4	主成分 5
X_{15}	0.133	0.009	-0.127	0.265	0.227
X_{16}	0.135	0.180	-0.105	0.044	-0.076
X_{17}	-0.076	-0.032	0.200	-0.334	0.076

主成分 3 在小学在校学生数、建成区面积、医疗卫生机构床位数、老龄化率、到省会最近距离等指标中载荷较大，可将其解释为城建和公共服务指标，说明劳动人口和城镇公共服务对边疆城镇化质量存在显著影响。劳动年龄人口越多，边疆城镇企业的用工成本就越低，这些地区更有可能招到不同产业发展所需的劳动力，产业规模也更容易发展壮大；城镇公共服务中最重要的是教育、医疗等，小学在校学生数、医疗卫生机构床位数分别为边疆城镇的教育和医疗指标。通常而言，公共服务水平越高，边疆地区的城镇化质量就越高。主成分 4 在性别比、第二产业产值占地区生产总值的比重等指标中载荷较大，主要是经济发展指标，可将其解释为制造业发展指标。主成分 5 在第三产业产值占地区生产总值的比重指标中载荷较大，可将其解释为服务业发展指标。

在得到 5 个主成分后，再根据主成分得分系数矩阵，计算每个县级行政区的综合得分（见表 4）。在城镇化质量综合得分方面，丹东市振兴区全国领先，这与丹东市振兴区作为丹东政治、经济、文化中心的地位是吻合的，紧随其后的为景洪市和东港市。城镇化质量较好的县级行政区，主要分布在东北地区和西南地区。

表 4　我国边境县城镇化质量综合得分

县级行政区	综合得分	县级行政区	综合得分
丹东市振兴区	0.446	防城港市防城区	0.390
景洪市	0.414	丹东市元宝区	0.379
东港市	0.396	芒市	0.359
阿拉山口市	0.392	白山市浑江区	0.355

续表

县级行政区	综合得分	县级行政区	综合得分
瑞丽市	0.351	和龙市	0.255
绥芬河市	0.330	饶河县	0.254
抚松县	0.328	绥滨县	0.252
东兴市	0.326	长白朝鲜族自治县	0.250
密山市	0.326	阿尔山市	0.250
腾冲市	0.326	马关县	0.248
霍尔果斯市	0.319	东宁市	0.247
满洲里市	0.308	穆棱市	0.244
靖西市	0.308	抚远市	0.243
凭祥市	0.297	勐海县	0.233
虎林市	0.296	那坡县	0.232
珲春市	0.294	孙吴县	0.231
博乐市	0.291	阿拉善左旗	0.229
宽甸满族自治县	0.290	嘉荫县	0.228
丹东市振安区	0.288	漠河市	0.228
黑河市爱辉区	0.286	额敏县	0.226
宁明县	0.284	泸水市	0.225
萝北县	0.283	金平苗族瑶族傣族自治县	0.225
大新县	0.283	澜沧拉祜族自治县	0.224
临江市	0.280	盈江县	0.222
二连浩特市	0.279	麻栗坡县	0.219
龙州县	0.278	江城哈尼族彝族自治县	0.219
哈密市伊州区	0.276	额尔古纳市	0.219
阿勒泰市	0.275	科尔沁右翼前旗	0.219
图们市	0.274	河口瑶族自治县	0.219
龙井市	0.273	奇台县	0.218
塔城市	0.272	陇川县	0.216
同江市	0.264	耿马傣族佤族自治县	0.216
集安市	0.262	呼玛县	0.216
鸡东县	0.261	叶城县	0.211
勐腊县	0.260	孟连傣族拉祜族佤族自治县	0.211
富宁县	0.258	霍城县	0.209
安图县	0.255	苏尼特右旗	0.203
塔河县	0.255	可克达拉市	0.203

续表

县级行政区	综合得分	县级行政区	综合得分
阿图什市	0.201	额济纳旗	0.145
逊克县	0.198	富蕴县	0.143
镇康县	0.197	和田县	0.142
陈巴尔虎旗	0.195	阿拉善右旗	0.138
东乌珠穆沁旗	0.195	贡山独龙族怒族自治县	0.136
龙陵县	0.193	福贡县	0.129
沧源佤族自治县	0.192	巴里坤哈萨克自治县	0.121
和布克赛尔蒙古自治县	0.192	肃北蒙古族自治县	0.120
西盟佤族自治县	0.188	皮山县	0.108
四子王旗	0.187	阿合奇县	0.105
察布查尔锡伯自治县	0.187	阿克陶县	0.095
绿春县	0.187	乌恰县	0.092
布尔津县	0.182	噶尔县	0.075
新巴尔虎左旗	0.182	墨脱县	0.069
吉木乃县	0.182	亚东县	0.068
乌拉特中旗	0.179	塔什库尔干塔吉克自治县	0.039
裕民县	0.179	察隅县	0.036
阿巴嘎旗	0.178	普兰县	0.031
温泉县	0.175	错那市	0.030
木垒哈萨克自治县	0.173	岗巴县	0.016
福海县	0.172	聂拉木县	0.016
达尔罕茂明安联合旗	0.171	吉隆县	0.014
温宿县	0.164	洛扎县	0.011
新巴尔虎右旗	0.163	浪卡子县	0.009
托里县	0.162	定结县	0.008
伊吾县	0.162	札达县	0.002
苏尼特左旗	0.161	康马县	0.001
哈巴河县	0.156	定日县	-0.002
昭苏县	0.156	萨嘎县	-0.005
乌什县	0.154	日土县	-0.023
青河县	0.152	仲巴县	-0.050
乌拉特后旗	0.151		

四　中国边疆县域城镇化发展水平的空间差异

通过空间分析可知，边境县域城镇化发展水平呈现显著的空间差异，东北、西南地区的边境县城镇化发展质量总体较高，其次为北部地区、新疆边境县，西藏边境县的城镇化发展质量相对较低。东北是边疆省（区）中城镇化发展基础最好、潜力最大的地区，除冬季气温相对较低外，东北地区地形相对平坦，较少出现西南地区普遍存在的城镇化空间不足的问题；与北部地区和新疆相比，东北地区不存在缺水的问题，平均相对湿度较高，生态环境条件更适宜生产生活，更有利于集聚人口；与西藏相比，东北地区海拔相对较低，不存在缺人的问题，东北也是边疆省（区）中最有条件发展起来的地区。

在人口和生态环境主成分方面，与综合得分空间分布相似，也是东北和西南地区边境县的得分相对较高，西藏在人口和生态环境指标的得分较低，这表明东北和西南地区边境县城镇化发展质量较高，与其人口集聚能力较强、生态环境质量较好等因素密切相关。北部地区、新疆和西藏边境县城镇化发展也要高度重视人口集聚规模的提升以及城镇生态环境的改善。在经济收入和教育主成分方面，北部地区得分要明显高于南部地区，尤其是内蒙古的边境县得分普遍较高，东北地区、新疆的得分也明显高于其他地区，表明这些边境县在经济发展水平、财政收入状况及平均受教育年限等指标方面表现较好，对城镇化质量提升的贡献较大。在城建和公共服务主成分方面，以105°E为界东西两侧呈现明显差异，105°E以西地区的主成分得分明显高于105°E以东地区，表明东北、内蒙古东部等地区的边境县明显存在劳动年龄人口不足、城市公共服务供给有限等问题，对城镇化质量影响较大。在制造业发展主成分方面，西南地区边境县的得分明显高于其他地区，该主成分主要代表性别比、第二产业产值占地区生产总值比重两个指标，西南地区、西藏南部的边境县得分相对较高，东北地区、北部地区边境县得分普遍不高。由于性别比是“适度指标”，表明我国西南、东北地区边境县性别失衡问题不明显，新疆、内蒙古等省（区）边境县该问题更加突出。西南和东北地区边境县的第二产业产值占地区生产总值的比重明显高于其他边境县，具有良好的制造业发展基础。在服务业发展主成分方面，新疆南疆、西藏、西南地区边境县的得分明显高于新疆北疆、内蒙古和东北地区的边境县，表明东北地区边境县的第三产业发展仍存在较大空间，也在不同程度上说明西南地区边境县第二产业仍存在较大的发展空间，第二产业发展是西南边境等地区城镇化质量提升的重要途径，而第三产业发展对东北边境等地区城镇化发展至关重要。

五 结论与讨论

本报告通过主成分分析、空间分析等方法，对边疆城镇化发展质量问题进行了探讨，主要结论如下。一是边疆城镇化具有特殊的发展规律，包括边疆城镇更难产生集聚经济和规模经济，边疆地区城镇化成本高制约了城镇化水平的提升，中心城镇发展不足是边疆城镇化滞后的关键影响因素等。要针对边疆地区特殊情况出台更有针对性的政策，不能简单地套用中东部地区城镇化的经验和规律。二是城镇化质量评价结果表明，东北、西南地区的边境县城镇化发展质量总体较高，其次为北部地区、新疆的边境县，西藏边境县的城镇化发展质量相对较低。三是在具体指标方面，包括人口和生态环境指标、经济收入和教育指标、城建和公共服务指标、制造业发展指标以及服务业发展指标等，不同区域边境县城镇化质量的影响因素存在明显差异。

在推进边疆城镇化发展的过程中，应着重做好以下几方面工作。一是要高度重视中心城市的高质量发展问题，坚定支持边疆中心城镇做大做强。从资金、项目、政策、制度等多方面加大对边疆中心城镇的支持力度，将边疆中心城镇打造成强边兴边的“稳定之锚”。边疆中心城镇要发展为陆疆国际交通运输枢纽中心、边境国际贸易流通中心，必须以经济功能为基本的和主要的城市功能，逐步将边境贸易转变为大规模、规范化、集约化的边境国际转口贸易，发展外向型的边境加工贸易，加快从边境贸易流通中心向陆疆国际转口贸易流通中心转化。二是要科学制定边疆地区发展战略，合理构建有边疆特色的城镇格局。边疆省（区）广阔的市场将形成强大的内需动力，从而拉动整个国家经济的持续发展，边疆省（区）与周边国家地缘经济关系的加深也将大大拓展我国经济的发展空间和发展容量。要将边疆经济发展更好地放在国内国际大背景之下，特别是在全国市场一体化、生产要素合理流动、高效集聚的大背景之下思考问题。在边疆地区比较优势的基础上，科学制定边疆地区产业发展路径和城镇发展战略，释放边疆地区中心城镇发展的潜能，构建符合边疆地区实际的城镇化格局。三是有序扩大制度性资源供给，逐步降低边疆城镇化的制度成本。降低中心城镇发展的制度成本，对生产力布局优化和经济社会持续健康发展具有深远影响。根据边疆中心城镇近年来开发开放的具体实践经验，赋予更多先行先试的权利，把制度优势转化为治理效能，加快转变政府职能，通过简政放权更好地发挥市场的作用，强化政府对新产业、新业态的监管功能，充分激发市场主体活力以及经济发展的内生动力。选择区位优势明显、工商业基础较好、有战略发展意义的口岸作为改革重点，支持其在开发开放方面先行先试。针对边境地区中心城镇出台引人聚人特殊政策，促进边境地区中心城镇经济社会发展，要将源源不断的“新鲜血液”注入边境地区，吸引更多高素质人才扎根边疆、建设边疆。四是积极对接“一带一路”建设进程，加快打通双循环发展的关键节点。要充分发挥中心城镇的交通区位优势，依托铁路动脉打造经济隆起带，做好中心城镇内部交通、城际交通的对接与衔接，交通沿线做好重点产业布局，加快完善面向全球的运输网络，以自身高质量发展推进国内国际双循环发展格局的形成。充分发挥“一带一路”基金、亚投行等援助资金和银行优惠贷款的支持作用，加快打通中蒙俄跨境运输通道、中南半岛通道、孟中印缅国际大通道、东北亚多式联运通道等国际贸易与运输大通道，确保货物运输畅通无阻，进一步提升边疆中心城镇对外开放水平。五是加大产业发展项目支持力度，以新增长极培育促进边疆现代化。继续加大资金支持力度，在现有政策扶持的基础上，推进完善公共服务设施、道路体系等设施，不断增强城市基础服务能力和水平，提高城市承载力。对旅游带动型中心城镇，应加大旅游基础设施项目支持力度，允许跨境旅游政策先行先试。对中心城镇-国门口岸双核驱动类型制定差异化支持政策，以腾冲-猴桥为例，由于城镇距离较远，存在腾冲一城独大、猴桥功能不完善的情况，腾冲文旅融合型与猴桥外贸驱动型产业相互隔离，探索基础设施与公共服务水平均等化、内循环与外循环产业互动的“哑铃形”空间格局，是中心城镇-国门口岸双核驱动类型高质量发展的关键。鉴于边疆中心城镇容易产生建设用地指标不足且分布不合理等问题，相关部门应重点关注边疆中心城镇建设用地指标分配问题，合理扩大边境中心城镇开发边界，辐射带动周边地区发展，提升兴边、富边、稳边、治边、强边综合能力。

参考文献

周平：《中国边疆政治学》，中央编译出版社，2015。

李燕娜：《湖南省新型城镇化质量指标体系构建及评价研究》，《中国农业资源与区划》2020 年第 2 期。

王琴梅、杨军鸽：《关天经济区新型城镇化水平综合评价——基于 PCA 分析法》，《西安财经学院学报》2015 年第 1 期。

李致平、李菁菁：《安徽省新型城镇化评价指标体系构建及水平测度》，《安徽工业大学学报》（社会科学版）2015 年第 5 期。

曹文明、刘赢时、杨会全：《湖南新型城镇化质量综合评价研究》，《湖南社会科学》2018 年第 2 期。

曾伟、严思湘、田家华：《基于因子分析的武汉市新型城镇化质量评价》，《统计与决策》2019 年第 2 期。

续亚萍、俞会新：《基于主成分分析的我国新型城镇化质量评价》，《工业技术经济》2015 年第 7 期。

王金营、李佳黛：《京津冀各市新型城镇化发展评价——基于京津冀协同发展的考察》，《人口与经济》2017 年第 6 期。

景志慧等：《四川省新型城镇化水平综合评价研究》，《四川农业大学学报》2017 年第 1 期。

徐莉：《新型城镇化发展水平评价及其空间特征分析——以江苏省常州市为例》，《中国农业资源与区划》2018 年第 6 期。

余江、叶林：《中国新型城镇化发展水平的综合评价：构建、测度与比较》，《武汉大学学报》（哲学社会科学版）2018 年第 2 期。

B.5
2023年文旅融合与中国边疆地区高质量发展研究

时雨晴*

摘　要： 文化与旅游融合发展已成为中国旅游业重要的发展方向，也逐渐成为推动边疆地区发展、铸牢中华民族共同体意识的重要途径。本报告系统梳理了边疆地区的文化资源，以及边疆各省（区）的旅游发展现状，并以云南茶文化资源与旅游融合发展为例，总结了文化与旅游融合发展的三种模式，即依托“会展节庆”“古村古镇”“文化遗迹”推动文化与旅游融合发展。

关键词： 边疆地区　文旅融合　高质量发展

文化资源因其对内可以增强国家凝聚力和向心力，对外可以塑造国家形象、提高国际社会影响力，日益成为促进边疆地区发展、铸牢中华民族共同体意识的重要因素。“文化是旅游的灵魂，旅游是文化的重要载体。加强文化和旅游的深度结合，有助于推动中华文化遗产的传承保护，扩大中华文化的影响，提升国家软实力，促进社会和谐发展。”① 文化与旅游融合发展已成为中国旅游业重要的发展方向，也正在成为推动边疆地区发展、铸牢中华民族共同体意识的重要途径。

---

* 时雨晴，中国社会科学院中国边疆研究所副研究员，主要研究方向为边疆治理与边疆发展。

① 《文化部　国家旅游局关于促进文化与旅游结合发展的指导意见》，文化和旅游部网站，2009年8月31日，https：//zwgk. mct. gov. cn/zfxxgkml/scgl/202012/t20201206_ 918160. html。

一　边疆地区文化资源概况

边疆地区拥有丰富的文化资源。本报告通过对边疆地区"世界文化遗产""国家级非物质文化遗产""国家级非物质文化遗产代表性项目代表性传承人""国家级文化生态保护（实验）区""国家历史文化名城""中国历史文化名镇（村）""博物馆"的统计分析，总结边疆地区文化资源的概况。

文化遗产可分为"有形"的文化遗产和"无形"的文化遗产两类。世界文化遗产是文化保护与传承的最高等级，是"有形"的文化遗产，主要包括具有突出普遍价值的文物、建筑群、遗址等；非物质文化遗产则是"无形"的文化遗产，包括民间文学、传统音乐、传统舞蹈、传统戏剧、曲艺、传统美术、传统技艺、传统医药、民俗，以及传统体育、游艺与杂技等。据统计，边疆地区的世界文化遗产有 19 个，占全国总量（76 个）的 25%，其中分布较多的边疆省份有云南、甘肃、辽宁等（见表 1）。

表 1　边疆各省（区）世界文化遗产

省(区)	世界文化遗产
黑龙江	长城
吉　林	高句丽王城、王陵及贵族墓葬,长城
辽　宁	高句丽王城、王陵及贵族墓葬,明清皇家陵寝,明清皇宫(沈阳故宫),长城
内蒙古	元上都遗址,长城
甘　肃	长安-天山廊道的路网,莫高窟,长城
新　疆	长安-天山廊道的路网,长城
西　藏	拉萨布达拉宫历史建筑群(含罗布林卡和大昭寺)
云　南	普洱景迈山古茶林文化景观,红河哈尼梯田文化景观,丽江古城
广　西	左江花山岩画文化景观
海　南	—

资料来源：《世界文化遗产》，文化和旅游部网站，2023 年 9 月 18 日，https：//sjfw. mct. gov. cn/site/dataservice/culture。

边疆地区有国家级非物质文化遗产子项873个，占全国总量（3610个）的24.18%，其中分布较多的边疆省（区）有新疆、云南、内蒙古等（见图1）。由于非物质文化遗产是以其传承人的实践活动为主要载体的“活”的文化形态，因此，非物质文化遗产代表性传承人对传承非物质文化遗产具有不可替代的作用。边疆地区的国家级非物质文化遗产代表性项目代表性传承人有660人，占全国总量（3057人）的21.59%，其中分布较多的边疆省（区）有新疆、云南、西藏、内蒙古等（见图2）。此外，为保护非物质文化遗产，国家还设立了国家级文化生态保护（实验）区，对具有重要价值和鲜明特色的文化形态进行整体性保护。边疆地区的国家级文化生态保护（实验）区只有3个，占全国总量（25个）的12%，只分布在边疆的两个省区，即云南的大理文化生态保护区、迪庆民族文化生态保护区以及广西的铜鼓文化（河池）生态保护区。①

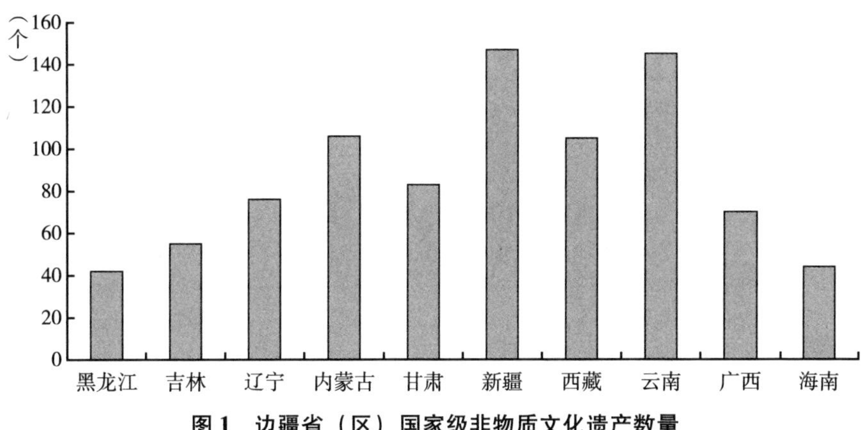

图1　边疆省（区）国家级非物质文化遗产数量

资料来源：《国家级非物质文化遗产代表性项目名录》，中国非物质文化遗产网，https：//www.ihchina.cn/project.html。

历史文化名城是具有重大历史文化价值和革命意义的城市，其辖区内保存有丰富的历史文物。据统计，边疆地区有国家历史文化名城33个，占全国总量（142个）的23.24%，其中分布较多的边疆省（区）有云南、新疆、甘

① 《世界文化遗产》，文化和旅游部网站，2023年9月18日，https：//sjfw.mct.gov.cn/site/dataservice/culture。

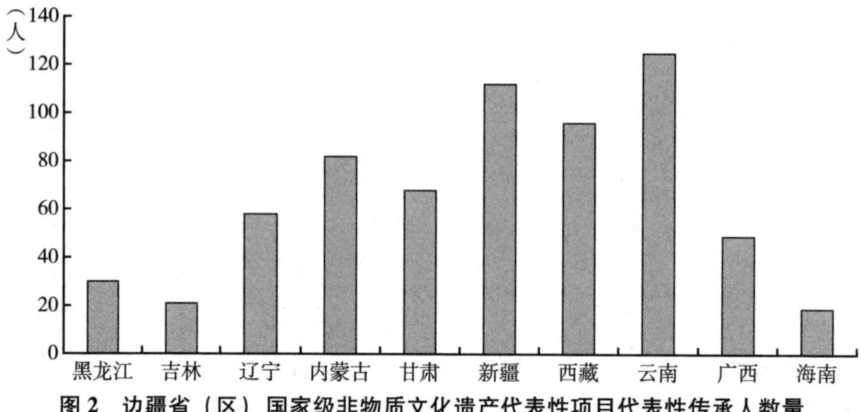

图 2　边疆省（区）国家级非物质文化遗产代表性项目代表性传承人数量

资料来源：《国家级非物质文化遗产代表性项目名录》，中国非物质文化遗产网，https：//www. ihchina. cn/project. html。

肃等（见图 3 和表 2）。中国历史文化名镇（村）则是保存文物特别丰富且具有重大历史价值或纪念意义的、能较完整地反映一些历史时期传统风貌与地方民族特色的镇和村。据统计，边疆地区有中国历史文化名镇 53 个，占全国总量（312 个）的 16.99%，其中分布较多的边疆省（区）有云南、广西、甘肃等（见图 3 和表 3）；边疆地区有中国历史文化名村 60 个，占全国总量（487 个）的 12.32%，其中分布较多的边疆省（区）有广西、云南等（见图 3 和表 4）。

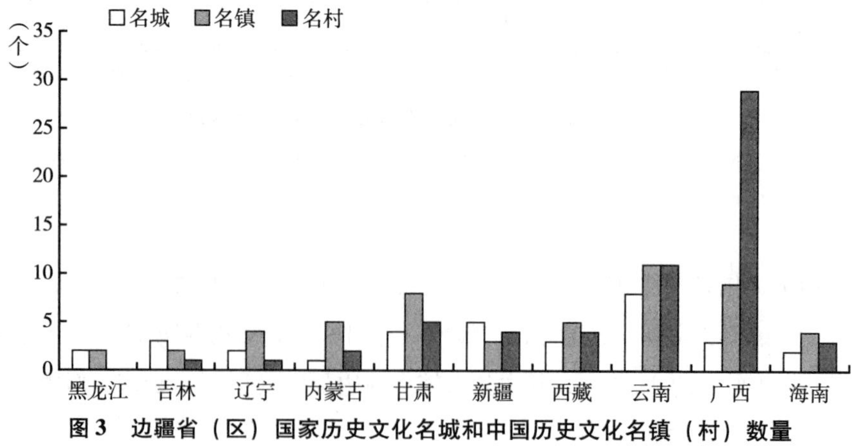

图 3　边疆省（区）国家历史文化名城和中国历史文化名镇（村）数量

资料来源：国家政务服务平台，http：//ncha. gjzwfw. gov. cn/；住房和城乡建设部网站，https：//www. mohurd. gov. cn/。

表 2　边疆省（区）国家历史文化名城

省(区)	国家历史文化名城
黑龙江	哈尔滨市、齐齐哈尔市
吉　林	吉林市、集安市、长春市
辽　宁	沈阳市、辽阳市
内蒙古	呼和浩特市
甘　肃	武威市、张掖市、敦煌市、天水市
新　疆	喀什市、吐鲁番市、特克斯县、库车市、伊宁市
西　藏	拉萨市、日喀则市、江孜县
云　南	昆明市、大理市、丽江市、建水县、巍山县、会泽县、通海县、剑川县
广　西	桂林市、柳州市、北海市
海　南	琼山区、海口市

资料来源：国家政务服务平台，http://ncha.gjzwfw.gov.cn/。

表 3　边疆省（区）中国历史文化名镇

省(区)	中国历史文化名镇
黑龙江	海林市横道河子镇、黑河市爱辉镇
吉　林	吉林市龙潭区乌拉街镇、四平市铁东区叶赫镇
辽　宁	东港市孤山镇、海城市牛庄镇、绥中县前所镇、新宾满族自治县永陵镇
内蒙古	多伦县多伦淖尔镇、丰镇市隆盛庄镇、喀喇沁旗王爷府镇、库伦旗库伦镇、牙克石市博克图镇
甘　肃	古浪县大靖镇、永登县连城镇、榆中县青城镇、宕昌县哈达铺镇、临潭县新城镇、秦安县陇城镇、永登县红城镇、榆中县金崖镇
新　疆	霍城县惠远镇、鄯善县鲁克沁镇、富蕴县可可托海镇
西　藏	山南市乃东区昌珠镇、定结县陈塘镇、贡嘎县杰德秀镇、日喀则市萨迦镇、札达县托林镇
云　南	剑川县沙溪镇、腾冲市和顺镇、宾川县州城镇、洱源县凤羽镇、凤庆县鲁史镇、禄丰县黑井镇、蒙自市新安所镇、孟连县娜允镇、通海县河西镇、文山市平坝镇、姚安县光禄镇
广　西	阳朔县兴坪镇、昭平县黄姚镇、灵川县大圩镇、防城港市防城区那良镇、恭城瑶族自治县恭城镇、贺州市八步区贺街镇、鹿寨县中渡镇、兴安县界首镇、阳朔县福利镇
海　南	三亚市崖城镇、儋州市中和镇、定安县定城镇、文昌市铺前镇

资料来源：住房和城乡建设部网站，https://www.mohurd.gov.cn/。

表 4　边疆省（区）中国历史文化名村

省(区)	中国历史文化名村
黑龙江	—
吉　林	图们市月晴镇白龙村
辽　宁	沈阳市沈北新区石佛寺街道石佛一村
内蒙古	包头市石拐区五当召镇五当召村、土默特右旗美岱召镇美岱召村
甘　肃	静宁县界石铺镇继红村、兰州市西固区河口镇河口村、天水市麦积区麦积镇街亭村、天水市麦积区新阳镇胡家大庄村、正宁县永和镇罗川村
新　疆	鄯善县吐峪沟乡麻扎村、哈密市回城乡阿勒屯村、哈密市五堡乡博斯坦村、特克斯县喀拉达拉乡琼库什台村
西　藏	工布江达县错高乡错高村、吉隆县吉隆镇帮兴村、尼木县吞巴乡吞达村、普兰县普兰镇科迦村
云　南	云龙县诺邓镇诺邓村、保山市隆阳区金鸡乡金鸡村、沧源县勐角乡翁丁村、会泽县娜姑镇白雾村、泸西县永宁乡城子村、弥渡县密祉乡文盛街村、石屏县宝秀镇郑营村、巍山县永建镇东莲花村、祥云县云南驿镇云南驿村、永平县博南镇曲硐村、永胜县期纳镇清水村
广　西	灵山县佛子镇大芦村、玉林市玉州区城北街道办事处高山村、宾阳县古辣镇蔡村、岑溪市筋竹镇云龙村、富川瑶族自治县朝东镇福溪村、富川瑶族自治县朝东镇秀水村、富川瑶族自治县古城镇秀山村、灌阳县文市镇月岭村、贺州市平桂区沙田镇龙井村、灵川县青狮潭镇江头村、灵山县新圩镇萍塘村、陆川县平乐镇长旺村、南宁市江南区江西镇同江村三江坡、南宁市江南区江西镇扬美村、天峨县三堡乡三堡村、兴安县溴川乡榜上村、兴业县葵阳镇榜山村、兴业县龙安镇龙安村、兴业县石南镇庞村、兴业县石南镇谭良村、阳朔县白沙镇旧县村、阳朔县高田镇朗梓村、玉林市福绵区新桥镇大楼村、玉林市玉州区南江街道岭塘村、钟山县公安镇大田村、钟山县公安镇荷塘村、钟山县回龙镇龙道村、钟山县清塘镇英家村、钟山县燕塘镇玉坡村
海　南	定安县龙湖镇高林村、三亚市崖城镇保平村、文昌市会文镇十八行村

资料来源：住房和城乡建设部网站，https：//www. mohurd. gov. cn/。

博物馆也是重要的文化资源，据统计，边疆地区有国家级博物馆 175 家，占全国总量（851 家）的 20. 56%，其中分布较多的边疆省（区）有黑龙江、内蒙古、广西、甘肃等（见图 4）。

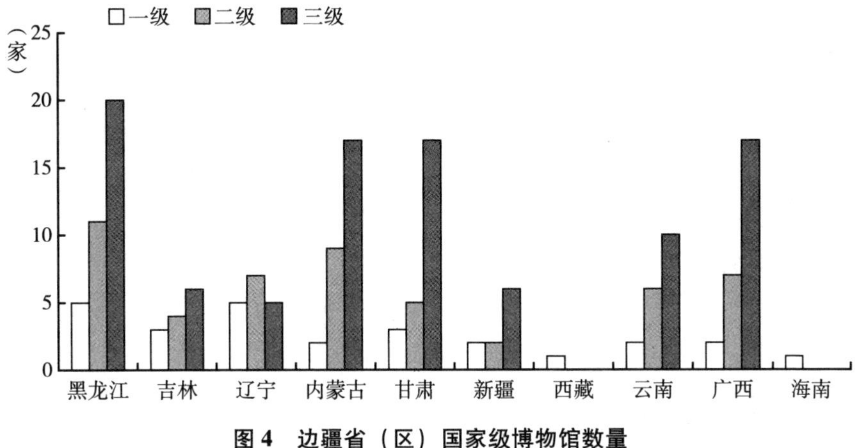

图4　边疆省（区）国家级博物馆数量

资料来源：国家政务服务平台，http：//ncha. gjzwfw. gov. cn/。

二　边疆地区旅游业发展情况

近年来，边疆地区充分利用资源优势，大力发展旅游业。黑龙江积极打造一批冰雪游、避暑游、自驾游、康养游和红色游等精品旅游线路，利用旅游产业发展大会和中俄文化大集等平台，不断提升“北国好风光，美在黑龙江”的品牌形象。吉林全力打造冰雪、避暑双品牌，并将一批精品乡村旅游点串点成链，打响“醉美乡村”的旅游品牌，推进文化与旅游资源的高质量整合。辽宁坚持以文塑旅、以旅彰文，完善旅游交通网络，培育森林康养基地，打造东北亚休闲旅游目的地。内蒙古积极培育敕勒川、康巴什、额济纳等文旅产业融合发展示范区，打造非遗特色精品旅游线路、非遗特色村镇街区，以及全国性展会展演精品、黄河几字弯文化旅游节等活动，并开展旅游专列、包机等落地游服务。甘肃积极创建乡村旅游示范县、文旅振兴乡村样板村，推出乡村旅游精品线路，打造“陇上乡遇”乡村旅游品牌，与此同时，加快文创产业发展，打造“交响丝路·如意甘肃”文创高地。新疆加强旅游宣传推介，加强旅游基础设施建设，加快培育新业态，实施“新疆是个好地方”文旅融合品牌提升计划，推进旅游资源大区向旅游经济强区转变。西藏充分利用雪域高原蓝天碧水净土的自然禀赋，牢牢把握重要世界旅游目的地的发展定位，丰富产业形态，联动发展文化游、红色游、高原观光、生态康养、休闲度假等，走特色化、高端化的路子。云南加快产品、业态、模式创新，推进旅游与健康、文化、教育等产业融合发展，积极创建世界级旅游度假区。广西推进文化和旅游深度融合，积极发展夜间经济，因地制宜发展乡村旅游，加快建设广西世界旅游目的地和桂林世界级旅游城市。海南深入推进全域旅游与文化体育、健康医疗等深度融合，充分利用消博会等平台，打造永不落幕的全球消费时尚展示引领地。

据统计，2022 年，在边疆各省（区）中，云南、广西的旅游人数和旅游收入分别为 8. 40 亿人次、9449. 00 亿元，5. 89 亿人次、6418. 33 亿元，远超其他边疆省（区）（见图 5 和图 6），且云南、广西、西藏、海南的旅游收入占地区生产总值的比重均超过 15%（见图 7）。

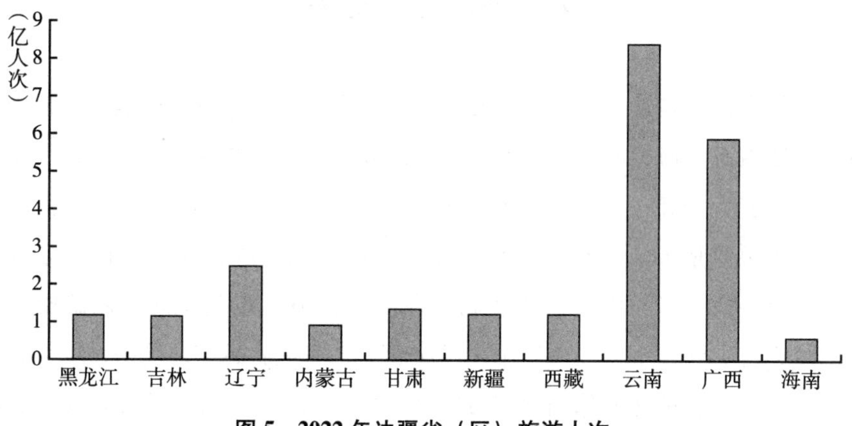

图 5　2022 年边疆省（区）旅游人次

资料来源：文化和旅游部网站，https：//www. mct. gov. cn/。

边疆地区的旅游资源与旅游基础设施为其文化与旅游融合发展奠定了良好的基础。从五星级旅游饭店的数量来看，边疆地区有五星级旅游饭店 113 家，仅占全国总量（804 家）的 14. 05%，其中分布较多的边疆省（区）有辽宁、海南等（见图 8）。从国家 5A 级旅游景区的数量来看，边疆地区有国

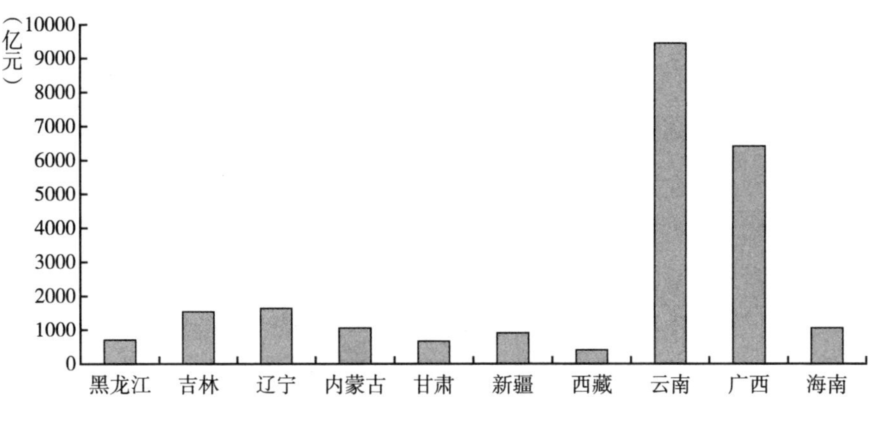

图 6　2022 年边疆省（区）旅游收入

资料来源：文化和旅游部网站，https：//www. mct. gov. cn/。

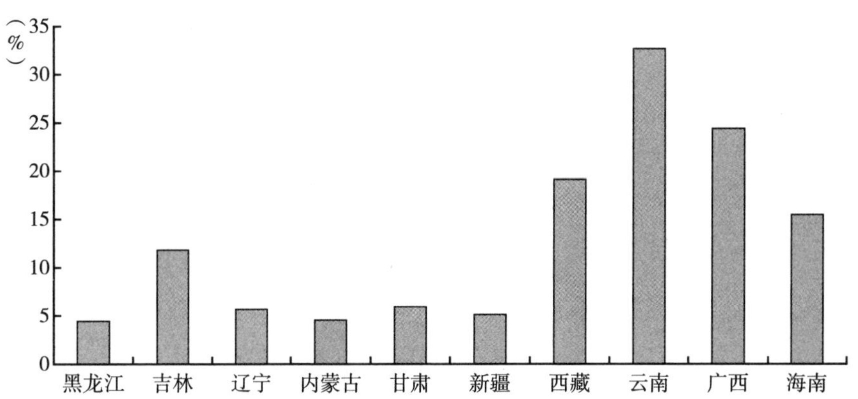

图 7　2022 年边疆省（区）旅游收入占地区生产总值的比重

资料来源：作者计算整理。

家 5A 级旅游景区 78 个，占全国总量（319 个）的 24.45%，其中分布较多的边疆省（区）有新疆、云南、广西等（见图 9）。从全国乡村旅游重点村的数量来看，边疆地区的全国乡村旅游重点村有 387 个，占全国总量（1199 个）的 32.28%（见图 10）。可以看出，边疆地区高质量旅游资源与旅游高质量基础设施的分布并不匹配。

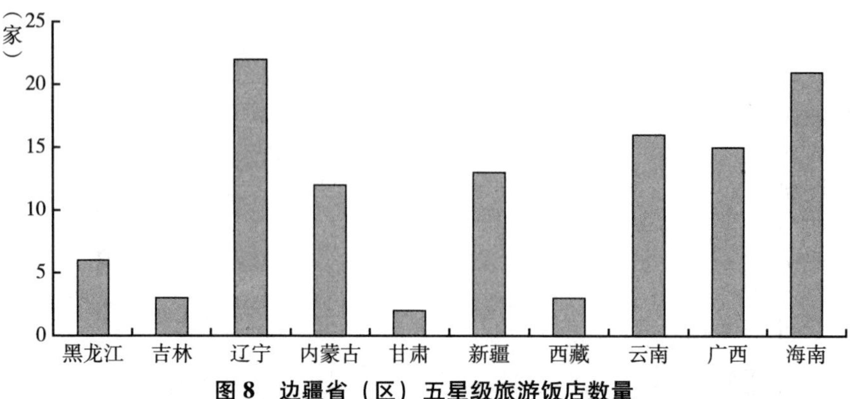

图 8　边疆省（区）五星级旅游饭店数量

资料来源：文化和旅游部网站，https：//sjfw. mct. gov. cn/site/dataservice/home。

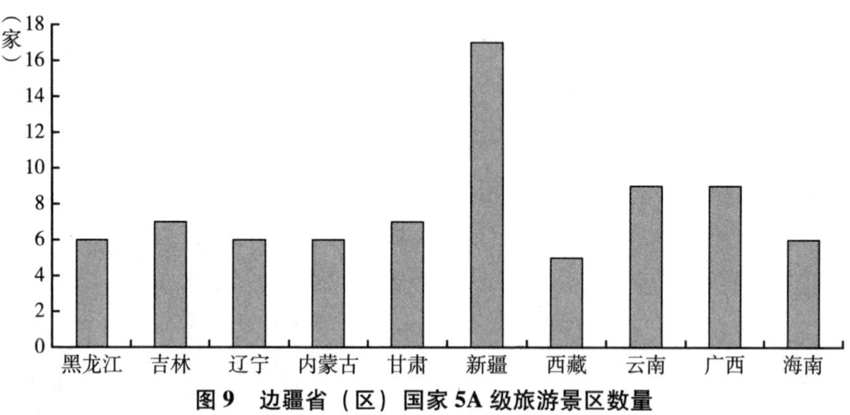

图 9　边疆省（区）国家 5A 级旅游景区数量

资料来源：文化和旅游部网站，https：//sjfw. mct. gov. cn/site/dataservice/home。

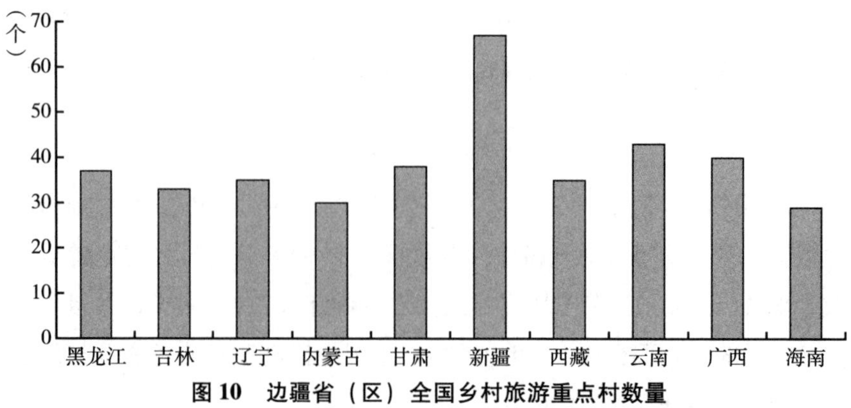

图 10　边疆省（区）全国乡村旅游重点村数量

资料来源：文化和旅游部网站，https：//sjfw. mct. gov. cn/site/dataservice/home。

三　边疆地区文化与旅游融合发展模式的总结
——以云南茶文化资源与旅游融合发展为例

本报告总结了文化与旅游融合发展的三种模式，即依托“会展节庆”“古村古镇”“文化遗迹”推动文化与旅游融合发展，并以云南茶文化资源与旅游融合发展为例进行说明。

（一）依托“会展节庆”推动文化与旅游融合发展

通过举办会议、展览、博览会、交易会、文化节庆等社会活动可以推动文化与旅游融合发展。这种模式主要发生在经济发展水平较高、资源要素集聚、区位条件优越、人流量较大、配套服务体系完善的区域性中心城市，能为文化与旅游融合发展提供良好的产业基础和资源要素集聚平台。

比如，昆明中心城区是云南的政治、经济、科技、文化、金融、创新中心，也是著名的国际旅游城市和会展城市，以及茶文化孕育发展的重地，[①]具有人才资源和各类创新平台集聚的优势。同时，昆明拥有云南茶文化博物馆、海湾茶业国际文化交流中心，并定期举办中国云南普洱茶国际博览交易会、中国昆明国际农业博览会、中国-南亚博览会、中国国际旅游交易会、中国昆明国际旅游节等众多展会活动。这些展会活动除了进行茶叶贸易之外，还会开展茶艺师大赛、茶艺表演、品茗知味、制茶体验、茶歌舞表演、茶文化艺术鉴赏、名家讲座、学术研讨等，有很高的文化和观光游览价值，成为茶文化展示交流的重要平台，以及茶文化与旅游融合发展的重要载体。

此外，文化交流活动可以在各地区进行巡回展示交流，形成流动的文化旅游交流传播模式，如由中国普洱茶行业的领军企业大益集团发起的大益嘉年华活动等。大益嘉年华是云南较为著名的大型茶文化主题交流活动，它以

① 沈雪梅等：《论昆明在普洱茶发展中的地位与作用》，《茶业通报》2008 年第 3 期。

每年一个主题城市、每年一届主题活动，在全国乃至全球城市巡回举办的方式，建立了全球茶人茶友沟通交流和分享的平台，推动中国茶文化走向世界，成为流动的茶文化交流传播模式。比如，首届大益嘉年华推出了“发现茶道之美”系列主题活动，包括茶道摄影、茶艺术创意设计、中日韩茶文化交流等；广州大益嘉年华以“都市茶恋”为主题，通过挖掘茶与都市人息息相关的生活方式，展现真实鲜活的茶生活，使人们体会到茶文化与生活的融合，并推出中国第一部以茶为主题的微纪录片——《都市茶恋》；勐海大益嘉年华以“勐海归寻”为主题，举办了大益茶道院首部“茶庭剧”公演、茶道师大赛、匠心传统手工制茶体验、大益茶经营论坛等活动。之后，大益嘉年华正式升级为“益友节”，在勐海、西安双城举办了多项活动，包括西安迎宾盛典、公益奉茶、大益文学国际论坛、中日韩国际茶文化交流展、探秘茶源头、职业茶道师大赛等活动。这些活动都在一定程度上推动了文化与旅游的融合发展。

（二）依托“古村古镇”推动文化与旅游融合发展

依托历史文化资源丰富的古村、古镇推动文化与旅游融合发展的模式，主要应用于历史文化底蕴深厚、民俗文化丰富的乡村、古镇或古城。

比如，勐海县位于西双版纳州西部，古茶树遍布境内布朗、贺开、南糯、帕沙、勐宋、章朗、曼糯等各个山区，是世界上保存古茶园面积最大、茶树品种最多的古茶区；聚居着布朗族、傣族、拉祜族、哈尼族等世居民族，在种茶、制茶、用茶、贸茶等茶事活动中，形成了多姿多彩的制茶工艺、饮茶习俗、茶歌茶舞等民族茶文化，每个少数民族茶村寨都是别具特色的茶文化体验馆和博物馆，有“世界茶树王之乡”“世界茶树资源博物馆”之称。在此丰富的资源基础上，勐海县大力推进“中国普洱茶第一县”建设，以茶文化旅游目的地为目标，重点打造贺开、老班章、老曼峨、南糯、帕沙、那卡等名山，不断挖掘贺开拉祜古茶文化、南糯山哈尼古茶文化、布朗古茶文化、茶马古道文化等资源，着力建设贺开古茶园、大益庄园等精品茶庄园；支持社会组织建设茶艺馆，发展和规范茶馆茶庄，积极开展茶事、茶艺活动，通过茶艺表演和培训传播茶文化；办好勐海茶王节，开展茶叶采摘、加工技能大赛、“斗茶”大赛、民族茶俗表演、茶文化论坛等茶文化活动；依托西双版纳旅游西环线，改造勐海县境内“一线串七大茶山”（即南糯山、帕沙、贺开、邦盆、新班章、老班章、老曼峨七座古茶山）茶文化旅游交通环线，构建与景洪市“半小时或一小时旅居经济圈”，以此推动茶文化与旅游融合发展。

澜沧县位于横断山脉怒山山系南段，是世界拉祜之根、千年古茶之源，民族风情独特，神话传说、诗歌舞蹈丰富多彩，被评为“中国健康养生休闲度假旅游最佳目的地”“全国人文生态旅游基地”“中国乡村民宿发展示范县”等。澜沧县的景迈山山川秀美、茶林密布、少数民族古村寨星罗棋布，是集自然生态、人文艺术于一体的“茶文化历史博物馆”，为茶文化旅游发展提供了良好的资源基础。依托景迈山独特的自然和人文资源，柏联集团借鉴法国葡萄酒庄园模式，打造了集茶叶种植生产、加工仓储、旅游体验、文化传承、品牌运营于一体的柏联普洱茶庄园。集团深入挖掘茶文化内涵，注重茶文化历史的收集整理，寻访、回购诸多老茶，建立老茶博物馆，使普洱茶的百年经典和精神文化回归故土；坚持尊重和保护地域文化，创造贴近自然的健康生活美学，开发创立柏联茶道、柏联香道、柏联瑜伽、柏联温泉、茶 SPA、有机茶餐等；依托柏联精品酒店发展高端定制旅游，如万亩古茶园的茶山朝圣，翁基、糯干古村寨观光，参与体验茶祖庙祭祀茶祖活动、春秋两季“生命的收藏”活动，亲自在制茶坊压制普洱茶并存放在茶仓，定制独一无二的庄园原产地茶窖；积极参加国际茶文化交流活动，通过茶道寻求世界性的共同语言，向世界展示中国茶文化，促进不同文化间的对话与融合，使之成为云南乃至中国对外文化交流的名片。2023 年，普洱景迈山古茶林文化景观被列为世界文化遗产，为茶文化与旅游进一步融合发展奠定了基础。

（三）依托“文化遗迹”推动文化与旅游融合发展

文化遗迹是历史的重要见证，是不可逆转和再生的文化资源，具有地域性和不可移动性，因此成为重要的旅游资源。依托著名的历史文化遗迹推动文化与旅游融合发展的模式主要应用于文化遗迹分布较为集中且具有较高历史文化价值的地区。通过对区域文化遗产的保护和开发，可以将地方历史串联、延伸为一个整体，从而唤醒地方历史记忆、延续历史文脉、激发民众的地方认同感。

比如，宁洱县是古普洱府的所在地、茶马古道源头，茶山茶园资源丰富，拥有困鹿山皇家古茶园、磨黑镇新寨古茶园、小高场古茶园、雅鹿村古茶园、茶源山古茶园等，有汉族、哈尼族、彝族、拉祜族、佤族、傣族、布朗族等民族聚居，人文景观和民俗资源多姿多彩。宁洱县境内有三段保存较为完好的茶马古驿道遗址，即那柯里古驿道、茶庵塘古驿道、孔雀屏古驿道，可作为茶马古驿道展示体验区。那柯里古驿道位于宁洱县那柯里村，是古普洱府茶马古道上的重要驿站，有保存较为完好的百年荣发马店、风雨桥、碾子房、洗马台、马灯、马跳石等历史遗迹。通过“文创+旅游”的积极探索，那柯里村的空置房间、厨艺、农副产品、人文景观等，逐渐被开发为民宿、马帮美食、民族特色演艺等。普洱艺术村、乡愁书院、宁洱县美术家协会写生基地、普洱绝版木刻农民版画培训中心、普洱学院那柯里绝版木刻教学学生创业创新实践基地等文创团队的入驻给那柯里村带来了新的生机，吸引了大量艺术家和爱好者的到来；与此同时，村民积极参与文创产业，制作手工艺品、打造文创空间，开展普洱茶加工制作、土陶制作等体验活动，不断释放文创活力。茶庵塘古驿道位于宁洱县民主村茶庵塘坡头，是古普洱府昆明通往京城的第一个驿站，现保存修复了从茶庵塘至磨黑段的古道原貌，以及接官厅、茶庵塘石牌坊、茶馆、马店等历史遗迹资源。孔雀屏古驿道位于磨黑镇东北 4 千米处，现存全长约 27 千米，曾是思茅区至昆明五尺官道的必经之地。茶马古道、驿站及其所包含的历史遗迹资源，与周边林木葱郁、景色秀丽的自然环境共同成为天然的古驿道遗址展示区。通过对茶马古道的线路走向、发展历史等进行讲解，可以感受到茶马古道马帮商旅的盛况，以及作为文化交流大走廊、民族感情大通道的茶马古驿道的繁盛景象，成为人们了解茶马古驿道的平台和窗口。

剑川县位于横断山中段、“三江并流”自然保护区南端，有白族、汉族、彝族、回族、纳西族等世居民族，其中白族人口占总人口的91.6%，白族传统民居建筑和风俗习惯保存良好。剑川县的沙溪古镇寺登街是茶马古道上唯一幸存的古集市，曾是藏族马帮的客栈和商贸交易的主要场所，拥有戏台、马店、寺庙、寨门等茶马古道传统集市风貌，是连接西藏和南亚地区的相对完备的集市，可作为茶马贸易集市展示区。① 其中，民居建筑仍保留了前铺后院、三坊一照、四合五天井等格局；兴教寺是目前保存规模最大的白族“阿托力”佛教寺院；魁星阁古戏台在结构、木雕和建筑形式等方面独具特色；明涧哨马帮古道、马坪关古道、石鳌桥、玉津桥等古道、古桥保存较为完整。此外，剑川古城内有保存完好的明清时期的街区、茶马古道商业街——北门街，景风公园内有明清古建筑群、民族博物馆，石宝山内有石钟山石窟等文化景观资源。剑川县至今仍是白族文化最为活跃的地方之一，石宝山歌会节、游太子会民俗节日、白族霸王鞭、火把节、本主崇拜等民俗活动丰富且具有一定的影响力，书法对联、古乐和语言、剑川木雕等非物质文化遗产保护传承较好，汉藏文化和白族文化互相碰撞，儒教、佛教、商业马帮文化相互交融，可共同展现各国马帮北进川藏、南下东南亚物资集散和交易的繁荣景象，以及各民族宗教文化汇聚一堂的历史风貌，历史文化遗迹与独特民俗风情吸引了大量游客。

综上所述，依托“会展节庆”“古村古镇”“文化遗迹”可以推动文化与旅游融合发展，同时促进边疆地区产业转型升级、铸牢中华民族共同体意识。

四　问题和展望

当前，边疆地区文化与旅游融合发展还存在以下几点问题。

① 王丽萍：《滇藏茶马古道：文化遗产廊道视野下的考察》，中国社会科学出版社，2012，第202~205页。

第一，边疆地区文化与旅游融合的深度不够。边疆地区虽然拥有丰富的文化资源，但是它们并没有得到深入的挖掘和开发，很多文化资源并没有被转化为有效的旅游产品。游客在边疆地区的旅游活动大多数仍停留在游览观光的层面，而没有深入的文化体验，对游客文化教育的功能并没有充分发挥。

第二，边疆地区文化旅游资源整合能力不足。边疆地区的文化资源开发较为零散，在打造文化旅游新业态、文化休闲度假区、乡村文化旅游线路开发等方面，模式和内容较为单一，同质化水平较高，并且仍然存在文化旅游资源开发无序、旅游线路设计不科学、缺乏景观廊道建设等问题。此外，边疆地区缺乏系统、完善的文化旅游融合发展规划，使得文化资源的保护和旅游开发之间存在一定的矛盾，不利于文化旅游的可持续发展。

第三，基础公共服务不足和人才缺失。边疆地区的旅游基础设施建设和服务管理水平有待提高，从上文 5A 级旅游景区、五星级旅游饭店等的统计结果可以看出，部分拥有丰富旅游资源的边疆省（区），并没有相应的高质量的旅游基础设施和服务体系，这就在一定程度上影响了游客的旅游体验以及边疆省（区）作为旅游目的地的吸引力。与此同时，边疆地区缺乏高素质、复合型的人才，使得高质量的文化旅游产品开发、文化旅游品牌打造等都受到影响。

对此，本报告提出以下几点建议。第一，激活基层活力，让人人都参与边疆地区文化与旅游融合发展的进程。基层民众既是文化与旅游融合发展的利益目标对象，也是其发展的创造者和参与者，激活基层民众活力和主观能动性，可以解决边疆地区文化与旅游融合发展内生动力不足的问题。主人翁意识可以驱使基层民众主动学习文化与旅游融合发展的相关知识和技能，积极探索文化与旅游融合发展的独特途径。这种做法不仅确保了边疆地区文化旅游的真实性和原真性，对游客产生更加强大的吸引力，还会反过来进一步增强边疆地区基层民众的民族文化认同感，推动铸牢中华民族共同体意识。

第二，以“互联网”为抓手，推动边疆地区文化与旅游融合发展的模式变革。借助大数据、云计算、互联网、物联网等信息技术，在管理监测、益民服务、形象推广、产品营销等方面实行精细化管理，突破地理空间的限制，消除信息壁垒，促进人力、物力、信息、能源、资金等资源要素的有序流动和高效配置，实现对闲置分散文化资源的整合、分享和有效协同，全面提升边疆地区文化旅游的管理和服务水平，推动边疆地区文化旅游发展模式创新和变革，培育满足个性化、多元化消费需求的文化旅游新业态，形成智能化、网络化、服务化的“互联网+”文化与旅游融合发展的生态体系。

第三，注重文化旅游人才的培育。人才是边疆地区文化与旅游融合发展的引领者和推动者，其专业水平和创新能力影响文化旅游的发展水平以及文化的交流与传播。因此，应明确文化旅游人才类型，借助东西协作发展平台建立文化旅游人才培育系统。与此同时，积极打造边疆地区文化旅游品牌，完善文化旅游服务体系，增强游客的文化体验。

专题篇

B.6
对口支援与中国边疆地区经济发展*
——以西藏、新疆为例

李曦辉　段朋飞　王贵铎**

摘　要： 本报告通过系统梳理中国特色对口支援政策的历史背景和演进逻辑，回顾了对口支援在不同历史时期的使命任务，挖掘“一带一路”倡议与对口支援的互动逻辑，阐释对口支援的理论内涵及促进受援地经济增长的理论机制。运用1990~2020年32个地级市（州、地区）面板数据，通过多期双重差分法研究了对口支援对西藏、新疆经济增长的影响。结果表明：第一，对口支援政策的实施促进了受援地的经济增长，推动了西藏、新疆各地级市

* 本报告系国家社会科学基金重大项目“中国特色社会主义少数民族经济发展及其国际比较研究”（19ZDA173）、国家社会科学基金项目“中华民族共同体视域下教育援藏援疆政策的实施及发展研究”（CMA220323）、普洱学院拔尖创新团队“兴边富民与民族地区共同现代化创新团队”（2023PEXYCXTD002）阶段性成果。

** 李曦辉，中央民族大学管理学院教授，主要研究方向为民族经济学、区域经济学、工商管理；段朋飞（通讯作者），普洱学院经济管理学院副院长、副教授，主要研究方向为区域经济学、对口支援、餐饮经济与管理；王贵铎，中央民族大学经济学院，主要研究方向为区域经济学。

（州、地区）的发展；第二，“一带一路”倡议对对口支援政策促进西藏、新疆经济增长具有正向调节效应，当受援地是“一带一路”节点城市时，对口支援政策促进西藏、新疆经济增长的作用更强。本报告不仅丰富和拓展了对口支援政策效果评估的相关研究，而且将“一带一路”倡议作为调节变量对对口支援政策的经济效果进行了评估，为对口支援政策的进一步实施和完善提供了参考。

关键词： 对口支援　“一带一路”倡议　多期双重差分　边疆地区

对口支援是中国特色社会主义社会独有的重大实践，对于解决区域发展不平衡不充分的矛盾、推动各民族共同走向社会主义现代化具有重要现实意义，具有历史与现实的必然性。对口支援既体现了中华优秀传统文化的历史基因，又体现了中国特色社会主义制度优越性，[①] 是中华民族伟大复兴过程中满足集体利益诉求和国家具体措施供给的畅通弥合，有利于各民族交往交流交融，铸牢中华民族共同体意识。“一带一路”倡议建立了国内国际双向互联互通机制，不仅推动边疆地区对外开放，同时推动边疆内地一体化。[②] “一带一路”倡议与对口支援在促进区域协调发展方面形成有效衔接，有力地助推边疆地区经济社会发展。在对口支援政策实施过程中，受援地的商品生产、流通、交换、消费离不开通信、交通基础设施等的畅通，通道的畅通带来经济贸易的繁荣。[③] 因此，“一带一路”倡议使对口支援促进经济增长的作用得到进一步加强。

① 赵明刚：《中国特色对口支援模式研究》，《社会主义研究》2011 年第 2 期；钟开斌：《对口支援：起源、形成及其演化》，《甘肃行政学院学报》2013 年第 4 期；李瑞昌：《界定“中国特点的对口支援”：一种政治性馈赠解释》，《经济社会体制比较》2015 年第 4 期；李曦辉：《对口支援的分类治理与核心目标》，《区域经济评论》2019 年第 2 期。

② 朱金春：《“一带一路”视域下的边疆内地一体化》，《中央民族大学学报》（哲学社会科学版）2018 年第 3 期。

③ 金碚：《安全畅通：中国经济的战略取向》，《南京社会科学》2020 年第 6 期。

中华人民共和国成立后，党中央经过长期实践，创新探索出一条中国特色帮扶边疆地区经济发展之路。例如，通过干部援藏援疆、工程援藏援疆、医疗援藏援疆、教育援藏援疆等多项措施促进西藏、新疆经济社会发展。自1979年4月全国边防工作会议提出对口支援边疆地区以来，对口支援西藏、新疆（以下简称“对口援藏援疆”）是覆盖范围大、涉及人员广、各项投入多、持续时间长，且具有中国特色的全面性对口支援模式。据有关部门统计，援藏干部累计超过1.2万人，项目资金投入累计700多亿元，工程项目累计1.5万多项。援疆干部累计超过2万人，项目资金投入累计2000多亿元，工程项目累计2万多项。中央于1994年7月和1996年3月分别拉开了大规模对口支援西藏和对口支援新疆的序幕。① 2013年“一带一路”倡议的提出，为对口支援边疆地区经济发展带来了新机遇，边疆地区成为对外开放的最前沿。② 习近平总书记在中央第七次西藏工作座谈会上，指出了全国对口支援西藏是“党中央的一贯政策”，“必须长期坚持”，在总结过去经验的基础上“开创援藏工作新局面”。③ 此外，习近平总书记在第三次中央新疆工作座谈会上提出要提升对口支援新疆综合效益，必须“长期坚持对口援疆”。④ 两个重要会议表明了党中央对对口援藏援疆工作长期坚持、久久为功的决心。习近平同志在党的二十大报告中指出，支持“民族地区加快发展，加强边疆地区建设”。⑤ 新时代对口援藏援疆需要坚持资金项目向民生倾斜、向基层倾斜、向重点地区倾斜，助力边疆受援地巩固拓展脱贫攻坚成果、促进边疆受援地乡村振兴，不断推动各民族共同走向社会主义现代

---

① 胡茂成：《中国特色对口支援体制实践与探索》，人民出版社，2014。

② 任维德：《“一带一路”战略下的对口支援政策创新》，《内蒙古大学学报》（哲学社会科学版）2016年第1期。

③ 《习近平在中央第七次西藏工作座谈会上强调：全面贯彻新时代党的治藏方略　建设团结富裕文明和谐美丽的社会主义现代化新西藏》，中国政府网，2020年8月29日，https：//www.gov.cn/xinwen/2020-08/29/content_5538394.htm。

④ 《习近平在第三次中央新疆工作座谈会上发表重要讲话》，中国政府网，2020年9月26日，https：//www.gov.cn/xinwen/2020-09/26/content_5547383.htm。

⑤ 《习近平：高举中国特色社会主义伟大旗帜　为全面建设社会主义现代化国家而团结奋斗——在中国共产党第二十次全国代表大会上的报告》，中国政府网，2022年10月25日，https：//www.gov.cn/xinwen/2022-10/25/content_5721685.htm。

化。将对口支援与各项政策有效衔接，提升政策的倍增效应。

对口支援经过40多年的发展形成了丰富的实践案例和理论成果。学者们从不同学科背景和研究视角出发，对对口支援进行了深入研究。从实践和理论两个方面产生了丰富的研究成果。从对口支援的内涵和特征来看，有学者借鉴联合国开发计划署关于援助的定义，认为省际援助是对共享的繁荣、集体的安全和共同的未来的投资。① 也有学者基于礼物交换的隐喻，认为对口支援是一种政治性馈赠；② 或者认为对口支援拓展了府际关系，建立一种新型央地关系，拓展横向政治经济联系，是一种新型府际关系；③ 另有学者认为对口支援是纵向转移支付基础上的横向转移支付，④ 是一种“先富带后富”的具有中国特色的政策模式。⑤ 从对口支援分类方面来看，有学者基于政策工具的不同，将其分为人才对口支援、财政对口支援、项目对口支援3种方式；⑥ 也有学者基于受援地的不同特征，将其归纳为贫困地区的发展性对口支援（比如东西扶贫协作、原中央苏区振兴发展等）、基本公共服务欠发达地区专项性对口支援（医疗、教育对口支援等）、重大工程实施地区补偿性对口支援（比如三峡工程、南水北调工程实施地的对口支援等）、特殊民族地区全面性对口支援（比如对口支援西藏、新疆等民族地区）、严重灾害地区应急性对口支援（比如汶川地震、新冠疫情等）5种类型。⑦ 综上所述，学者们从对口支援的内涵解释和分类归纳两个方面为本报告提供了基础理论支撑。当前，对口支援这项公共政策对边疆地区经济增长的影响成为重

---

① 靳薇：《西藏：援助与发展》，西藏人民出版社，2010。

② 李瑞昌：《界定“中国特点的对口支援”：一种政治性馈赠解释》，《经济社会体制比较》2015年第4期。

③ 杨龙、李培：《府际关系视角下的对口支援系列政策》，《理论探讨》2018年第1期。

④ 徐明、刘金山：《省际对口支援如何影响受援地区经济绩效——兼论经济增长与城乡收入趋同的多重中介效应》，《经济科学》2018年第4期。

⑤ 黄基鑫等：《从全面小康到共同富裕：对口支援的作用、经验与展望》，《经济与管理研究》2022年第2期；王禹澔：《中国特色对口支援机制：成就、经验与价值》，《管理世界》2022年第6期。

⑥ 靳薇：《西藏：援助与发展》，西藏人民出版社，2010。

⑦ 李曦辉：《对口支援的分类治理与核心目标》，《区域经济评论》2019年第2期。

要的研究课题，有学者从医疗卫生对口支援[①]、教育对口支援[②]、基础设施对口支援[③]、项目对口支援[④]发挥了重要的政策效能方面进行研究，但多为通过案例总结进行定性评价与通过描述统计进行定量研究，科学的因果推断方法应用较少。“一带一路”倡议作为对口支援发挥政策效应的重要变量，学界研究较少，尤其是“一带一路”倡议促进对口支援政策与受援地经济效果评估方面。因此，本报告首先系统梳理中国特色对口支援政策的发展历程，总结在不同发展阶段对口支援的使命任务和主要措施，其次进一步分析“一带一路”倡议下对口支援政策对边疆地区经济发展影响的理论机制。最后通过多期双重差分法研究了对口支援对西藏、新疆经济增长的影响以及“一带一路”倡议对对口支援政策与边疆地区经济增长的关系的调节效应。科学评估了中国特色对口支援政策与西藏、新疆经济增长之间的因果关系，为对口支援政策的进一步实施和完善提供了参考。

一　对口支援政策发展历程

恩格斯在《家庭、私有制和国家的起源》中运用唯物史观进行分析，以共同体的联合力量和集体行动弥补个人自卫能力的不足，随着生产力的发展，人类群体认同关系沿着血缘、地缘和文化的顺序阶梯式前进，最终实现

---

① 葛海燕等：《上海市医疗卫生系统对口支援都江堰市灾后重建效果定性评价》，《环境与职业医学》2014 年第 8 期；陈琦等：《北京市对口支援社区卫生服务政策的短中期效果评价》，《中国全科医学》2009 年第 21 期。

② 解群：《试析我国高校对口支援政策评估问题及对策》，《国家教育行政学院学报》2013 年第 9 期；曹宇莲、哈巍：《振兴中西部高等教育路在何方？——高校对口支援效果评估》，《中国高教研究》2022 年第 12 期；李曦辉、黄基鑫：《教育援藏援疆与铸牢中华民族共同体意识》，《民族教育研究》2022 年第 1 期。

③ 黄书雷、方行明、全诗凡：《交通信息高度联通下的西南地区旅游增长新特征及其验证》，《云南财经大学学报》2020 年第 7 期；赵昕、茶洪旺：《信息化发展水平与产业结构变迁的相关性分析》，《中国人口·资源与环境》2015 年第 7 期。

④ 谢炜：《对口支援：“项目制”运作的梯度适配逻辑》，《中国行政管理》2022 年第 4 期；马戎：《新疆对口支援项目实施情况的调查分析》，《中央民族大学学报》（哲学社会科学版）2014 年第 1 期。

世界大同。[①] 滕尼斯认为共同体是以血缘共同体为初始状态，而后发展为区域地缘共同体这种更大规模的共同体，在此基础上进一步形成人与人之间的关系，从而最终对共同的栖居地产生归属感、对共同生活的人产生信任，形成信仰共同体的理想类型。[②] 随着共同体的扩展，国家在维护共同体方面承担重要作用。除了水利工程之外，国家还要实现备荒救灾。基于 2000 多年的积累，清朝建立了一套中央严格管控的常平仓、社仓和义仓“三位一体”备荒体系，用于赈济。[③] 除了为应对自然灾害能够形成稳定的共同体之外，经济活动也能使共同体逐渐稳固。伴随大一统政治秩序的建构，秦汉王朝进一步统一货币、统一度量衡和经济律法，建立全国道路系统，加强各区域、各族群间的经济互动，密切中原和边疆地区的经济联系，初步形成全国性统一经济体系。汉朝中原与边疆的贸易主要通过官府管理下的边关互市开展，农牧经济的互补性使汉匈双方都有通关市的需求。西域都护府建立后，丝绸之路连接了中原物产（丝绸、铁器等）与西域物产（马、驴、骆驼、葡萄、胡桃等）的贸易往来。关市贸易密切了民族关系，推动了大一统经济体系的建立。隋唐时期，周边政权通过朝贡贸易加强与中原政权的经济联系。农牧经济深度融合，边疆地区生产力水平迅速提高。茶马贸易是西南地区经济交流的重要形式，增强经济互补性，使西部地区各民族经济融入国内统一大市场。通过历史上的经济活动可以看出，各民族之间的经济关系为经济一体化发展奠定了基础。可以看出，对口支援孕育于中华民族共同体的形成过程，从萌芽探索、确立发展到拓展深化，在促进边疆地区经济发展方面积累了丰富的实践经验。

（一）社会主义革命和建设时期：对口支援的萌芽探索

中华人民共和国成立以来，中央政府在全国一盘棋思想的指导下，

① 〔德〕恩格斯：《家庭、私有制和国家的起源》，人民出版社，1999，第 35、133~134 页。

② 〔德〕斐迪南·滕尼斯：《共同体与社会》，林荣远译，商务印书馆，1999。

③ 陈志武：《文明的逻辑：人类与风险的博弈》，中信出版社，2022。

依靠计划经济体制进行全国性资源配置，解决社会主要矛盾，采取有计划的帮扶模式，以解决边疆地区人民的生存保障和发展不稳定不平衡问题。党的八大根据我国社会主义改造基本完成后的形势，提出国内主要矛盾是人民对经济文化迅速发展的需要同当前经济文化不能满足人民需要的状况之间的矛盾，全国人民的主要任务是集中力量发展社会生产力，实现国家工业化，逐步满足人民日益增长的物质和文化需要。① 在该时期解决社会主要矛盾的形势下，国家要求各行各业都来支援农业，1952 年驻屯新疆的人民解放军组织起来帮扶农业生产合作社，分别创下冬小麦、春小麦和单季稻的单位面积产量全国纪录。1953 年，《关于发展农业生产合作社的决议》，进一步指明引导个体农民经过具有社会主义萌芽的互助组到半社会主义性质的初级社，再到完全社会主义性质的高级社。一些地方开始涌现“工农结合，城乡互助，厂县、厂社协作”的支援模式。中央始终以帮助西藏加快发展、缩小差距为根本方针，组织各部门和发达省市在人财物和技术等方面对口援藏。此后《山西日报》在 1960 年 3 月 20 日发表社论，对 50 年代末以来，山西经纬纺织机械厂与张庆曙光公社建立厂社直接联系的对口协作关系，在机械农具、技术人才及生产基地等方面采取的“对口支援、一包到底”的举措进行了充分肯定。这也是历史上第一次提出对口支援的概念。② 在支援西藏、新疆的建设方面，援藏的实践主要围绕生存条件的改善，包括实施一系列优惠政策，给予西藏大量的财政补贴、专项补助和重点项目建设投资，并组织各部门和发达省市在人财物和技术等多方面援藏，修通康藏公路、青藏公路，建成当雄机场等基础设施，为日后西藏发展奠定了基础。在援疆的实践上，1962 年农垦部部长王震和上海市政府号召上海知识青年支援新疆建设，为新疆的开发建设提供了大量人才。③ 另外，中央政

① 《中共中央关于党的百年奋斗重大成就和历史经验的决议（全文）》，中国政府网，2021 年 11 月 16 日，http：//www. gov. cn/xinwen/2021-11/16/content_ 5651269. htm。

② 《厂厂包社对口支援——论工业支援农业技术改造的新形势》，《山西日报》1960 年 3 月20 日。

③ 易海涛：《社会经济史视野下上海青年支援新疆缘起研究（1962—1966）》，《中国经济史研究》2019 年第 3 期。

府把东南沿海较发达地区的一些企业、工业搬迁至新疆，这在一定程度上改变了当时新疆落后的状况。①

（二）改革开放和社会主义现代化建设新时期：对口支援的确立发展

改革开放和社会主义现代化建设新时期，党面临新的时代背景，带领全国人民继续探索中国社会主义现代化的正确道路，通过解放和发展生产力，张扬经济理性，采取区域非均衡发展战略，为实现中华民族伟大复兴提供充满新的活力的体制保证和快速发展的物质条件。② 中央确定“以经济建设为中心”的基本路线，建设小康社会成为新时期经济社会发展的目标。1984 年 10 月，邓小平在中央顾问委员会第三次全体会议上的讲话指出：“真正到了小康的时候，人的精神面貌就不同了。物质是基础，人民的物质生活水平好起来，文化水平提高了，精神面貌会有大变化。”③

改革开放后，随着工业的发展，物质不断丰富，人民群众的需要在一定程度上得到满足。党的十一届六中全会对社会主要矛盾做出新的判断，人民群众日益增长的物质文化需要同落后的社会生产之间的矛盾，是由其矛盾的主要方面——落后的社会生产决定的。经历了对口支援萌芽探索阶段后，国家逐渐将其制度化。1979 年 7 月，党中央批转的乌兰夫同志在全国边防会议上的报告，明确实行对口支援边疆民族地区。④ 1983 年 8 月，卫生部拟定湖北、湖南、广东、河南、四川、安徽、浙江、山西、陕西、辽宁、吉林、黑龙江 12 省支援西藏的卫生事业。1992 年，教育部开启了国家重

---

① 胡茂成：《中国特色对口支援体制实践与探索》，人民出版社，2014。

② 《中共中央关于党的百年奋斗重大成就和历史经验的决议（全文）》，中国政府网，2021 年 11 月 16 日，http：//www. gov. cn/xinwen/2021-11/16/content_ 5651269. htm。

③ 中共中央文献研究室：《十二大以来重要文献选编》（中），中央文献出版社，2011，第 80 页。

④ 国家民委政策研究室：《国家民委民族政策文件选编（1979—1984）》，中央民族学院出版社，1988，第 242~243 页。

大工程实施地区补偿性对口支援实践。中央确定从 1997 年起由内地 7 个省市和中央及国家有关部门对口支援新疆的 7 个地州和 17 个区直单位，选派首批 200 多名援疆干部，这一阶段以内地与新疆各民族干部与群众开展交往交流交融的形式为主。1998 年，中国遭受了特大洪水灾害，国家组织各省市以及中央部门、国有企业支援灾区。开启了严重灾害地区应急性对口支援实践。2001 年拉开了高等教育领域对口支援的序幕。2008 年，在“5·12”汶川地震受灾地区恢复重建中，开展了“一省帮一重灾县”对口支援。2009 年下半年的防控甲型 H1N1 流感的对口支援，2010 年“4·14”青海玉树地震后的对口支援等进一步丰富了应急性对口支援的实践经验。该时期对口支援首次以政策形式确定，初步形成多层次、宽领域、深化合作的新格局。国家先后对援藏、援疆做出了新的部署，支援领域从经济领域进一步扩大到文化、教育、医疗、卫生等社会领域，并且组织内地省市支持西藏开展 43 项工程建设，被人们誉为高原上的“43 颗明珠”。这是对以往完全依赖中央政府对西藏发展建设进行全额拨付局面的改变和尝试，由内陆兄弟省市共同参与支持西藏的发展建设，通过特定工程项目的施工建设，建成后以“交钥匙”方式无偿交由西藏当地使用，使各族人民群众的生活得到巨大改善。在中央主导下，部分中央部门、内地省市及个别中央企业参与支持西藏开展 62 项工程建设，在国家统一协调下，采取“内地两三个省市对口支援西藏一个地市的办法”，在硬件和软件建设上全方位支援西藏，密切西藏与内地的经济、社会、文化联系。① 该时期对口支援新疆的重点也是在改善民生等基本公共服务方面。②

① 李曦辉：《援藏与西藏经济社会 50 年变》，《中央民族大学学报》（哲学社会科学版）2000 年第 5 期。

② 杨富强：《“对口援疆”政策回顾及反思——以 1997 年至 2010 年间政策实践为例》，《西北民族大学学报》（哲学社会科学版）2011 年第 5 期；辛亚超、郑嘉禹：《新中国成立以来中央援疆工作的历史考察与实践经验》，《新疆大学学报》（哲学社会科学版）2023 年第 4 期。

（三）中国特色社会主义新时代：对口支援的拓展深化

党的十八大以来，中国特色社会主义进入新时代。党的十九大指出，新时代我国社会主要矛盾是人民日益增长的美好生活需要和不平衡不充分的发展之间的矛盾。在新时代，对口支援的内涵和外延得到扩展，在过去全面性对口援藏援疆，三峡库区重大工程移民搬迁，汶川地震等灾害应急，医疗、卫生、教育对口支援等基础上，扩展出脱贫攻坚对口支援、“组团式”对口支援、东北振兴战略下的对口合作、革命老区的对口支援等形式。对口援藏援疆方面，2014 年中央召开第二次新疆工作座谈会，会议要求援疆省市需要牢固树立“全国一盘棋思想”，将对口援疆上升到“国家战略”的地位，要求“必须长期坚持”。相比以前历次中央西藏工作座谈会、新疆工作座谈会关于对口支援方面，强调更多的是经济发展的自我发展和可持续发展方面的支援。2015 年，中央召开第六次西藏工作座谈会，推进决胜全面建成小康社会。会议首次提出了“治藏方略”，要求继续搞好对口支援西藏工作，并对全国援藏的对口支援关系进行了适度调整，着力解决经济社会发展过程中遇到的各类问题，突出了党的十八大以来治藏的新亮点，注重改善民生和突出“人”的作用。通过把资金和项目重点投向民生与社会事业、农牧业与基础设施等领域，注重改善民生和保护生态环境，突出精准扶贫工作，着力帮助各族群众解决就业、教育、住房等基本民生问题，确保全面建成小康社会。以对口支援、共建“一带一路”等为契机，形成平衡充分的区域发展模式，实现全国区域间的经济平衡和充分发展。[①]“一带一路”倡议进一步强化边疆地区城市间的互联互通。同时，加强了对口支援双边合作，促进边疆地区与内陆地区融为一体。[②]

对口支援政策在不同发展阶段的重要标志和主要措施如表 1 所示。

---

① 李曦辉：《对口支援的分类治理与核心目标》，《区域经济评论》2019 年第 2 期。

② 《中共中央　国务院关于建立更加有效的区域协调发展新机制的意见》，中国政府网，2018 年 11 月 18 日，https：//www. gov. cn/gongbao/content/2018/content_ 5350042. htm。

表 1　对口支援政策在不同发展阶段的重要标志和主要措施

	1949~1978 年	1979~2012 年	2013 年至今
发展阶段	对口支援的萌芽探索:确立满足生存需要为主的目标	对口支援的确立发展:确立满足享受需要为主的目标	对口支援的拓展深化:确立满足发展需要为主的目标
重要标志	《山西日报》在 1960 年 3 月 20 日发表社论,提出对口支援的概念	1979 年 4 月 25 日,乌兰夫在全国边防工作会议上做报告;同年 7 月 31 日,党中央批转该报告,对口支援工作被正式确立;1994 年 7 月,对口支援西藏开启;1996 年 3 月,对口支援新疆开启	在过去全面性对口援藏援疆、三峡库区重大工程移民搬迁、汶川地震等灾害应急、医疗卫生教育对口支援等基础上,扩展出脱贫攻坚对口支援、"组团式"对口支援、东北振兴战略下的对口合作、革命老区的对口支援等多种形式。"一带一路"倡议与对口支援的有效衔接
主要措施	1952 年,驻屯新疆的人民解放军组织起来帮扶农业生产合作社,分别创下冬小麦、春小麦和单季稻的单位面积产量全国纪录。1953 年,《关于发展农业生产合作社的决议》,进一步指明引导个体农民经过具有社会主义萌芽的互助组到半社会主义性质的初级社,再到完全社会主义性质的高级社。在西藏通过干部援藏,修建公路、机场等基础设施,建立邮电、银行等公共机构,为西藏发展奠定基础。在新疆,中央采取了工业企业搬迁以及知识青年支援等方式	组织内地省市支持西藏开展 43 项工程建设,由内陆兄弟省市共同参与支持西藏的发展建设,通过特定工程项目的施工建设,建成后以"交钥匙"方式无偿交由西藏当地使用,使各族人民群众的生活得到巨大改善。在中央主导下,部分中央部门、内地省市及个别中央企业参与支持西藏开展 62 项工程建设,在国家统一协调下,采取"内地两三个省市对口支援西藏一个地市的办法",在硬件和软件建设上全方位支援西藏,密切西藏与内地的经济、社会、文化联系。该时期对口支援新疆的重点也是在改善民生等基本公共服务方面	长期坚持对口支援政策,从"输血"到"造血",增强受援地自我发展能力和摆脱制度性依赖,从对口支援到对口合作,注重改善民生和突出"人"的作用。把资金和项目重点向民生与社会事业、农牧业与基础设施等领域倾斜,注重改善民生和保护生态环境,突出精准扶贫工作,着力帮助各族群众解决就业、教育、住房等基本民生问题,确保全面建成小康社会。"一带一路"倡议实施后,受援地的基础设施投资力度加大、资源配置更加优化、能源开发更加合理、贸易服务往来更加频繁等,从各个维度上促进了少数民族经济外向型经济结构升级

二　理论分析与研究假说

通过梳理对口支援发展历程可以看出，随着社会主要矛盾的变化，对口支援政策供给也发生变化，对口支援的侧重点从物质层面的对口支援逐渐向物质层面和精神层面相结合的方向发展，对口支援以提高交通、通信等基础设施，组团式教育支援和组团式医疗支援公共服务水平等方式，为受援地经济发展创造条件。本节进一步分析对口支援、“一带一路”倡议和边疆地区经济增长的关系（见图 1）。支援地通过投入人力、物力和财力，促进西藏、新疆经济社会发展。“一带一路”倡议建立了双向互联互通机制，不仅推动边疆地区的对外开放，同时推动边疆地区与内陆地区一体化发展。“一带一路”倡议与对口支援形成有效衔接，进一步强化了对口支援的政策效应。在促进要素流动方面，对口支援通过促进禀赋发达地区和禀赋落后地区之间的要素流动，进而推动地区经济增长。杨富强分析了对口援疆的政策成效，主要从人才、资金和项目三个方面进行分析，得出对口支援提高了受援地政府治理能力、基本公共服务水平，进而带动受援地经济发展的结论。[①] 郑丽丽以江西省为例进行了分析，她认为对口支援通过输血方式促进受援地经济增长，同时增强受援地自我发展能力，进而促进其经济增长。[②] 刘金山和徐明的研究认为，通过对受援地公共基础设施投资和产业配套基础设施投资畅通融资渠道，通过提升劳动生产率和增加就业岗位，提高个人收入水平，最终带来经济增长速度的提升。[③] 徐明通过比较对口支援省际横向转移支付与中央纵向转移支付，证明了对口支援提高了

---

① 杨富强：《“对口援疆”政策回顾及反思——以 1997 年至 2010 年间政策实践为例》，《西北民族大学学报》（哲学社会科学版）2011 年第 5 期。

② 郑丽丽：《对口支援政策实施绩效及对策分析——以江西省为例》，《黑龙江民族丛刊》2012 年第 5 期。

③ 刘金山、徐明：《对口支援政策有效吗？——来自 19 省市对口援疆自然实验的证据》，《世界经济文汇》2017 年第 4 期。

农户收入水平和消费水平。[①] 据此，提出假说 1。

假说 1：对口支援政策有助于边疆地区经济增长

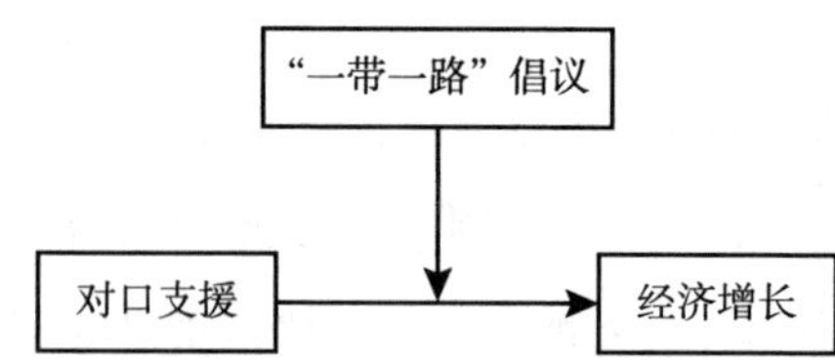

图 1　对口支援、"一带一路"倡议和边疆地区经济增长的关系

从生产力和生产关系来看，"一带一路"倡议通过优化资源配置促进地区生产力的发展，也通过政策沟通和民心相通优化了地区间的生产关系；[②] 从区域协调发展来看，边疆地区作为国内国际双循环的重要节点，连接着国内市场和国际市场，"一带一路"倡议为国家和地方通过对口支援政策工具调整项目工程推动我国区域协调发展提供了方向；从产业方面来看，"一带一路"倡议对边疆地区有效承接产业转移和发挥其产业功能提供了新的政策空间；从府际关系来看，"一带一路"倡议为东中西横向府际关系区域协调发展提供了新导向。[③] 另外，金碚论证了通信和交通等基础设施的畅通与经济发展之间的正向联系，基础设施的互联互通有助于生产要素和商品的畅通运行，从而促进地区经济增长。[④] "一带一路"倡议打通了边疆地区从内向型经济向内-外型结合经济发展模式，从边缘地带、后发地区转向对外开放的前沿阵地，为地区经济发展提供了新动力。[⑤] 综上所述，"一带一路"

---

① 徐明：《省际对口支援与农户生活水平提升——基于消费视角的实证检验》，《财经研究》2022 年第 2 期。

② 赵忠秀：《"一带一路"是推动构建人类命运共同体的重要实践》，《中国经济时报》2023 年 10 月 25 日。

③ 任维德：《"一带一路"战略下的对口支援政策创新》，《内蒙古大学学报》（哲学社会科学版）2016 年第 1 期。

④ 金碚：《畅通是经济发展的基本路线》，《武汉科技大学学报》（社会科学版）2022 年第 6 期。

⑤ 李曦辉、雷聪：《少数民族经济发展的中国经验》，《北方民族大学学报》2020 年第 6 期。

倡议加强了边疆地区通信和交通等基础设施的互联互通，畅通了国内国际发展的走廊通道，融合了信息流、物流、资金流，进而促进边疆地区经济的发展。据此，提出假说2。

假说2："一带一路"倡议对对口支援政策与边疆地区经济增长的关系具有正向调节效应

三　研究设计

（一）模型设定、数据来源与样本说明

1994年中央第三次西藏工作座谈会的召开拉开了全面性对口援藏工作的序幕。随后，1996年中央做出了开展对口援疆工作的决定。因此，本报告将1995年在西藏以及1997年在新疆正式开始推进的全面性对口支援工作视为政策性准自然实验，通过多期双重差分法考察其政策实施效果。具体而言，将西藏和新疆接受对口支援的地级行政区作为处理组，选取西部地区其余省份地级行政区作为控制组。基准回归模型见公式（1）：

$$Y_{it} = \alpha_0 + \alpha_1 Treat_{it} + \sum_k \alpha_k Control_{it} + \delta_i + \eta_t + \varepsilon_{it} \tag{1}$$

其中，被解释变量Y_{it}表示i市（州、地区）在t年的经济发展水平。核心解释变量$Treat_{it}$表示对口支援政策的虚拟变量，若i市（州、地区）在t年接受对口支援，则$Treat_{it}$取1，否则取0；系数α_1表示对口支援政策实施对西藏、新疆经济发展水平提升产生的平均效应。$Control_{it}$表示一系列可能影响经济发展水平的控制变量，包括产业结构以及社会消费水平。δ_i和η_t分别表示地级市（州、地区）个体固定效应和时间固定效应，ε_{it}为随机扰动项。

本报告以1990~2020年我国西部地区32个地级行政区的面板数据考察对口支援政策对西藏、新疆经济发展水平提升产生的影响，所用数据来自历年《中国城市统计年鉴》、各地级市（州、地区）统计年鉴以及各地级市（州、地区）国民经济和社会发展统计公报。其中处理组样本剔除没有对口

支援省市结对关系、行政区划调整较大或数据缺失较多的地级行政区，控制组样本选取西部地区经济发展、产业结构、自然资源、地理环境及国家政策与处理组各样本相近且未接受全面性对口支援的地级行政区。①

（二）变量设置

1. 被解释变量与核心解释变量

被解释变量为各地级行政区的经济发展水平，以各地级市（州、地区）历年的人均实际 GDP 来表示。核心解释变量用一个随时间和地区变化的对口支援政策的处理变量 *Treat* 表示。

2. 控制变量

为控制其余对地方经济发展水平产生影响的因素，选取产业结构（*Ind*）和社会消费水平（*Cons*）分别控制产业结构因素和消费因素的影响，分别用第二产业增加值占 GDP 的比重和社会消费品零售总额表示。关于其他影响经济社会发展的主要因素，考虑到西藏、新疆各地级行政区早年在统计口径及统计指标方面的差异，人口层面的指标不列入控制变量；在经济层面，西藏、新疆财政和固定资产投资方面自给率较低，主要来自对口支援政策及中央横向转移支付，这种特殊情境下财政和固定资产投资相关指标的列入会影响估计的准确性。此外，关于模型可能存在的内生性问题，本报告采用的双重差分模型对个体固定效应和时间效应进行了控制，在一定程度上可以削弱变量的内生性。

3. 调节变量

将 32 个地级市（州、地区）分为“一带一路”节点城市和非节点城市，非“一带一路”节点城市取 0，“一带一路”节点城市取 1。调节效应模型参考江艇文章中调节变量为虚拟变量时的设定。② 主要变量及其含义如表 2 所示。

---

① 李曦辉：《对口支援的分类治理与核心目标》，《区域经济评论》2019 年第 2 期。

② 江艇：《因果推断经验研究中的中介效应与调节效应》，《中国工业经济》2022 年第 5 期。

表 2　主要变量及其含义

变量名称	变量含义及单位
PGDP	人均实际 GDP(元)
Ind	第二产业增加值占 GDP 的比重(%)
Cons	社会消费品零售总额(万元)
BRI	是否为“一带一路”节点城市

四　实证结果与分析

(一)基准回归结果及分析

表 3 反映了对口支援政策实施以来对受援地各地级行政区经济发展水平提升的平均效应。从基准回归结果来看，对口支援政策的实施对西藏、新疆各受援地的人均实际 GDP 的增长产生了显著的正向影响，对口支援政策在整体上促进了西藏、新疆经济发展水平的提升。对口支援政策通过生产生活资源要素的配置和基本公共服务、基础设施建设方面的投入，为西藏、新疆经济发展提速，进而缩小了地区经济发展水平的差距。以上结果充分表明，对口支援政策对受援地经济增长具有促进作用，假说 1 成立。

表 3　对口支援对西藏、新疆各地级市（州、地区）经济增长的影响

变量名称	*lnPGDP*	
	(1)	(2)
Treat	0.5521*** (12.98)	0.4921*** (12.17)
控制变量	否	是
个体固定效应	是	是
时间固定效应	是	是
常数项	6.9718*** (142.32)	4.4872*** (13.47)
样本数	992	992
R^2	0.9211	0.9303

注：括号内为 t 统计量的值；***、**、*分别表示在 1%、5%、10%的水平上显著。余同。

（二）平行趋势检验与安慰剂检验

1. 平行趋势检验

平行趋势假设成立与否关乎着双重差分模型估计结果是否可靠，即在对口支援政策对西藏、新疆产生外部冲击前，处理组和对照组的经济发展水平的增长趋势不存在显著差异，政策实施后，相较对照组，处理组经济发展水平的增长趋势明显加快。本报告构建处理变量 *Treat* 的共 33 期的虚拟变量 *xh*，考察对口支援政策是否符合平行趋势假定。具体模型设定如下：

$$Y_{it} = \alpha_0 + \sum_j \alpha_j xh_j + \sum_k \alpha_k Control_{it} + \delta_i + \eta_t + \varepsilon_{it} \quad (2)$$

其中 xh_1表示对口支援政策实施前 7 年，xh_8表示对口支援政策实施当期，xh_{33}表示对口支援政策实施后 25 年，其余年份以此类推。从图 2 平行趋势检验结果来看，对口支援政策实施前处理组和对照组对应的 *xh* 虚拟变量系数在 99%的置信区间下均不显著；对口支援政策实施后，回归系数在最后两期虽然为正，但并不显著，一方面是新冠疫情的外部冲击导致的；另一方面，对口支援实施多年，当下对经济发展水平的提升作用已经有限，需要及时进行调整。总体来看，处理组和对照组关于对口支援政策基本符合平行

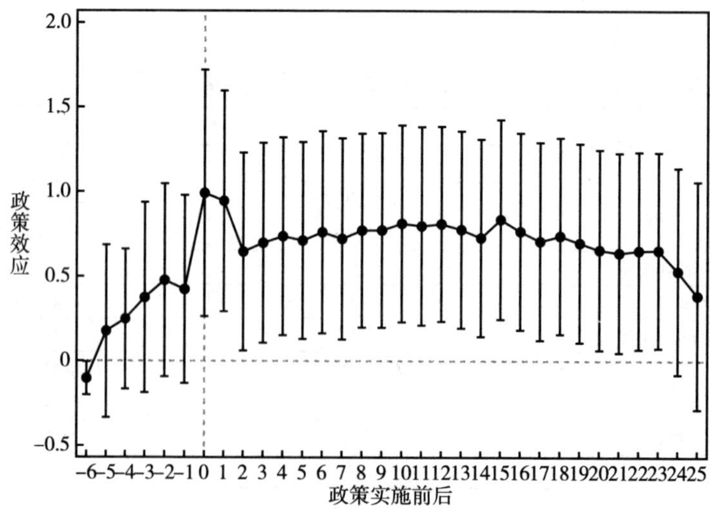

图 2　实际人均 GDP 平行趋势

趋势假设，且对口支援的经济增长平均效应在政策开始实施后保持长期显著。

2. 安慰剂检验

安慰剂检验的基本思路是总样本中按照随机抽样方式选择处理组的样本以及政策实施时间，共进行 1000 次抽样回归估计，最后将对口支援的随机政策冲击回归系数的 p 值以概率密度图进行展示。图 3 为安慰剂检验结果，估计系数对应的 p 值绝大部分大于 0.1，图中右侧虚线基准回归的系数不包含在核密度曲线内。因此，可以验证对口支援的随机政策冲击的影响并不显著，前文研究结果可靠。

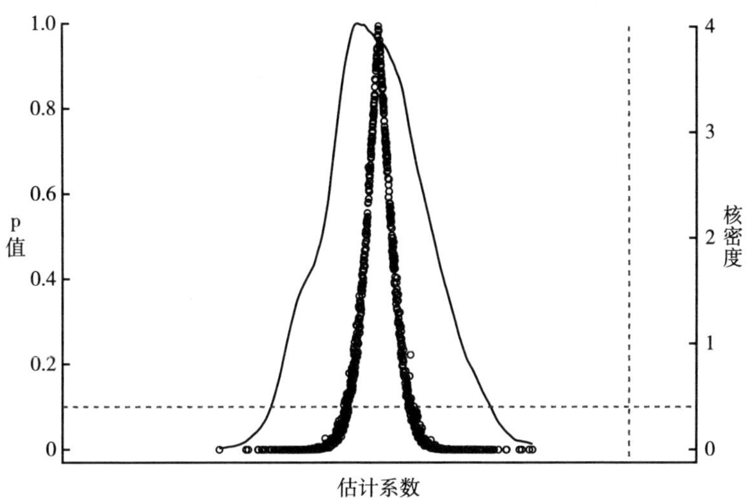

图 3　随机政策冲击安慰剂检验

（三）稳健性检验

1. 控制非平行趋势

本报告借鉴孙琳琳等①、李曦辉等②的做法，在公式（1）的基础上分

① 孙琳琳、杨浩、郑海涛：《土地确权对中国农户资本投资的影响——基于异质性农户模型的微观分析》，《经济研究》2020 年第 11 期。

② 李曦辉等：《对口支援的政策逻辑与经济效果评估——以对口援藏援疆为例》，《管理世界》2023 年第 9 期。

别控制了整体时间趋势、控制变量时间趋势以及样本个体的时间趋势产生的影响。分别用时间趋势变量代替模型中的时间固定效应，排除由模型整体时间趋势导致的差异；以控制变量与时间趋势项的交互项代替公式（1）中的控制变量，排除由控制变量的时间趋势导致的差异；在公式（1）的基础上加入个体固定效应 *id* 与时间趋势项 *year* 的交互项，排除由各地级市（州、地区）的时间趋势导致的差异。根据表 4 稳健性检验结果中模型（1）、模型（2）、模型（3）的检验结果，在控制各类非平行趋势后，核心解释变量回归系数依旧显著为正。

2. 控制竞争性政策干扰

中央对西藏、新疆的纵向财政转移支付在各地级市（州、地区）的具体分配金额并未公开，且西部大开发政策于 2000 年全面实施，在一定程度上排除了中央财政转移支付的影响，参考徐明[①]在研究中的做法，参照对口支援政策处理变量的构造方式，本报告用西部大开发政策的处理变量 $Treat_1$ 衡量中央财政转移支付及西部大开发政策的影响。从表 4 中模型（4）的检验结果来看，在控制竞争性政策后，处理变量 *Treat* 的系数依旧显著为正。

3. 排除异常值影响

为了排除异常值的影响，本报告对被解释变量进行 1%的缩尾处理后，进行回归分析。从表 4 模型（5）的检验结果来看，在进行缩尾处理后，核心解释变量 *Treat* 的系数依旧显著为正。整体来看，模型通过了各类稳健性检验，前文基准回归结果可靠。

表 4　稳健性检验结果

变量名称	（1）	（2）	（3）	（4）	（5）
Treat	0.4600*** （13.12）	0.5072*** （10.94）	0.4998*** （11.33）	0.4921*** （12.17）	0.4787*** （11.99）
year	0.0598*** （14.33）				

① 徐明：《省际对口支援与农户生活水平提升——基于消费视角的实证检验》，《财经研究》2022 年第 2 期。

续表

变量名称	(1)	(2)	(3)	(4)	(5)
Control · *year*	否	是	否	否	否
id · *year*	否	否	是	否	否
$Treat_1$	否	否	否	是	否
控制变量	是	是	是	是	是
个体固定效应	是	是	是	是	是
时间固定效应	否	是	是	是	是
常数项	-114.8016*** (-14.34)	4.7059*** (12.89)	-4.9912 (-0.5791)	4.4872*** (13.47)	4.5538*** (13.85)
样本数	992	992	992	992	992
R^2	0.9272	0.9305	0.9555	0.9303	0.9316

（四）“一带一路”倡议调节效应分析

基于前文的理论分析，对口支援由一开始的项目援助、人才援助发展到后来的全面性对口支援，自“一带一路”倡议实施后，又建立了双向互联互通机制。这不仅推动边疆地区的对外开放，同时推动边疆地区与内陆地区一体化发展。“一带一路”倡议与对口支援在促进区域协调发展方面形成有效衔接。将“一带一路”倡议作为调节变量，研究“一带一路”倡议与对口支援的共同作用对边疆地区经济发展水平的影响。下面通过构建多期双重差分模型基础上的调节效应模型来检验影响路径。

表 5　“一带一路”倡议对对口支援政策与边疆地区经济增长的影响

变量名称	“一带一路”节点城市	非“一带一路”节点城市
Treat	0.5522*** (8.99)	0.3659*** (7.46)
控制变量	是	是
个体固定效应	是	是
时间固定效应	是	是

续表

变量名称	“一带一路”节点城市	非“一带一路”节点城市
常数项	3.6421 *** (7.49)	5.4859 *** (12.09)
样本数	589	403
R^2	0.9105	0.9612
组间差异检验 p 值	0.095 *	

注：组间差异检验 p 值根据交互模型的 Chow 检验的估计结果计算得到。

从表 5 的结果来看，当调节变量是“一带一路”倡议时，受援地无论是否为节点城市，对口支援的政策效应都显著，但是受援地为节点城市时，对口支援政策对受援地经济增长的拉动作用更强。具体来看，当受援地为“一带一路”节点城市时，平均效应为 0.5522 且在 1%的显著性水平下显著；当受援地为非“一带一路”节点城市时，平均效应为 0.3659 且在 1%的显著性水平下显著。这说明“一带一路”倡议对对口支援政策与边疆地区经济增长的关系具有正向调节效应，假说 2 得以验证。表明“一带一路”倡议对对口支援政策与边疆地区经济增长的关系发挥的作用具有十分重要的地位和意义。

（五）小结

本报告使用 32 个地级行政区的平衡面板数据，通过多期双重差分法检验了对口支援政策对西藏、新疆各受援地地级行政区经济发展水平产生的影响；同时，通过多期双重差分模型基础上的调节效应模型对对口支援与“一带一路”倡议的共同作用进行了更加深入的研究。研究结果表明：（1）对口支援政策的实施促进了受援地的经济增长，推动了西藏、新疆各地级市（州、地区）的发展；（2）“一带一路”倡议对对口支援政策促进西藏、新疆经济增长的关系具有正向调节效应，当受援地是“一带一路”节点城市时，对口支援政策促进西藏、新疆经济增长的作用更强。

根据研究结论得到如下政策启示。第一，对口支援政策在推动边疆民族地区经济增长方面发挥重要作用。过去，对口支援的模式主要是人、财、物、基础设施建设等方面“输血”式支援，要想激发受援地发展潜能，就必须实现从“输血”模式到“造血”模式的转变。从“人”的角度来看，要做好教育、医疗、技术人才的“引”“用”“留”工作。一方面，要充分发挥各类引进人才的传帮带作用，培养西藏、新疆本土人才。另一方面，在引进、用好人才的基础上，为他们提供良好的待遇，让人才进得来、留得住。从“财”的角度来看，优化对口支援横向转移支付的资金配置，形成与纵向转移支付的互补机制，结合受援地资源禀赋、产业禀赋，因地制宜进行精准化支援。第二，“一带一路”倡议强化了对口支援政策在推动边疆民族地区经济增长方面的作用。“一带一路”倡议与对口支援政策有效衔接，通过加强“一带一路”核心区建设，发挥规模与范围经济优势，以增强西藏、新疆与“一带一路”倡议区内城市的产业联动，将对外互联互通和边疆内地一体化结合起来。另外，加大受援地和“一带一路”节点城市的新型基础设施建设力度，通过新质生产力赋能受援地产业发展、劳动力素质提升以及要素资源优势的转化，推动受援地经济增长，不断满足受援地人民对美好生活的向往。

五　总结与展望

从秦汉大一统王朝的建立到隋唐朝贡体系的完善再到清朝“三位一体”的备荒体系，在经济往来以及与自然抗争的过程中，中华民族共同体逐渐稳固，历史上中华民族共同体与自然灾难斗争的互助经验，以及中华人民共和国成立后相互协作、结对帮扶的探索共同为对口支援政策的形成奠定基础，边疆地区人民物质生活条件基本得到保障。改革开放以来的对口支援政策正式确立，边疆地区人民物质生活水平和精神生活水平得到提高，新时代对口支援实践又在不断拓展和深化，边疆地区人民对美好生活的向往成为政策实施重点。随着“一带一路”倡议的深入，边疆地区发挥通道桥梁作用，进一步增强了对口援藏援疆的政策效果，为受援地人民提供必要的物质生存保

障、精神享受支撑和可持续发展支持。“一带一路”倡议对对口支援政策促进西藏、新疆经济增长的关系具有正向调节效应，当受援地城市是“一带一路”节点城市时对口支援政策促进西藏、新疆经济增长的作用更强。

本报告梳理了中国特色对口支援政策形成的历史背景和发展历程，以西藏、新疆为例探讨了“一带一路”倡议背景下对口支援对边疆地区经济增长的影响并进行实证检验，为对口支援推动受援地经济增长提供了新的理论和经验依据，同时补充了现有研究的不足。对口支援是一项需要长期坚持的政策，未来需要做好与西部大开发、兴边富民行动等政策的有效衔接，发挥中国特色对口支援在促进各民族交往交流交融、铸牢中华民族共同体意识方面的作用。

B.7
中国边疆地区口岸建设与经济发展

梁双陆*

摘　要：　中国边疆省（区）正按照“一带一路”愿景与行动的规划和部署，主动融入六大经济走廊建设，依托边境口岸，加快建设面向共建“一带一路”国家和地区的开放平台，建设产业园区，发展落地加工，承接东部地区的产业转移，成为当前中国空间经济中的“边缘增长中心”和投资热土。陆地边境口岸进出口贸易增长已快于全国外贸进出口，要素集聚力明显增强，但口岸的开放型经济功能发挥低于预期，口岸经济发展还存在较大差异性，广西和云南的陆地边境口岸在体制机制创新探索下发展相对较好，新疆和内蒙古的口岸经济亟待从通道经济向产业集聚区升级，黑龙江、吉林、辽宁、西藏的边境口岸功能发挥不足，口岸经济发展相对缓慢，亟待推进体制机制创新，增强口岸经济功能。

关键词：　“一带一路”　沿边口岸　口岸经济

“一带一路”建设中的中国边疆口岸，是构建“陆海内外联动、东西双向互济”高水平开放格局的“边缘增长中心”。自改革开放以来，中国边疆口岸经济经历了边境贸易、次区域合作、国际口岸城市建设等发展阶段，早在1992年，我国对外开放战略从沿海向沿边、沿江推进，实施了

* 梁双陆，云南大学经济学院教授，主要研究方向为空间经济学与中国边疆经济发展、次区域国际经济一体化等。博士研究生胡冰璇，硕士研究生张书豪、牛夏利、锁亚熊、张淑雁、赵晓琳参与了本报告撰写工作。

沿边开放战略，陆续批准黑河、绥芬河、珲春、满洲里、二连浩特、伊宁、博乐、塔城、畹町、瑞丽、河口、凭祥、东兴、丹东等14个城市为沿边开放城市，建立了14个国家级边境经济合作区，口岸经济开始起步。边疆省（区）依托陆地边境口岸，从边境贸易起步，不断将贸易深入周边国家腹地，再扩大到更广的国际区域、次区域，边境口岸是这个时期边疆省（区）对外开放的窗口和贸易基地。2001年中国加入世界贸易组织（WTO），按照WTO规则，边境贸易被严格约束在边境地区小额贸易和边民互市贸易上，边疆省（区）依托边境口岸，与周边国家开展更宽领域的跨境经济合作，边境口岸成为边疆省（区）开展跨境贸易、跨境旅游、国际技术经济合作的重要通道和枢纽。2013年，国家主席习近平分别提出建设“丝绸之路经济带”和“21世纪海上丝绸之路”的重大倡议。2015年3月，国家发展改革委、外交部、商务部联合发布的《推动共建丝绸之路经济带和21世纪海上丝绸之路的愿景与行动》（以下简称“‘一带一路’愿景与行动”），对全国各大区域和省份都做出了主动服务和融入“一带一路”的定位与部署。2013年，国家明确提出加快沿边地区开发开放的意见，之后陆续设立国家级边境经济合作区，出台若干政策措施支持沿边重点地区开发开放，把边境经济合作区打造为中国深化与周边国家和地区合作的重要平台。随着“一带一路”建设深入推进，陆地边境口岸从开放窗口逐步演变为具有内生动力的国际口岸城市、边缘增长中心。在新发展格局构建中，国家确立了边境口岸是国内国际双循环交汇点的定位，发展目标是“口岸布局合理、设施设备先进、建设集约高效、运行安全便利、服务完备优质、管理规范协调、危机应对快速有效、口岸经济协调发展的中国特色国际一流现代化口岸”。①

① 《国家“十四五”口岸发展规划》，中华人民共和国海关总署网站，2021年9月17日，http：//jinan. customs. gov. cn/customs/302249/zfxxgk/zfxxgkml34/3896488/index. html。

一　口岸经济的一般特征及当前中国边疆地区口岸经济发展格局

（一）口岸经济发展的一般特征

综观国内外边境口岸和口岸经济发展状况，一般具有以下四个基本特征。

1. 经济要素在边境口岸快速流动

边境口岸作为物流、人流、信息流、资金流等经济要素的跨境出入口，具有天然的要素快速流动性。进出口商品在过境后快速转运离开，旅客在口岸出入境后快速离去，国际商贸信息伴随客商的跨境流动快速交汇、交易和分享，国内资本在边境口岸跨境流动后成为国际资本快速流向境外各地追逐获利空间。开放条件下的边境口岸是要素跨境流动最活跃的空间，是经济开放效应的最直接体现。

2. 以轻资产服务业态为主

口岸经济起源于跨境商品交换，商贸服务业是典型代表，边境口岸往往贸易公司云集，贸易公司本身就是轻资产的商业模式，商品流通领域行业准入门槛相对较低，企业数量众多，大中小企业汇集，行业集中度较低，竞争激烈。相比重资产模式，轻资产模式更适合边境口岸的市场环境。会聚在边境口岸的贸易公司一般不直接持有投资物业，避开沉淀资金多、回报周期长的重资产弱点，充分发挥轻资产模式的存货、固定资产比重低，资产周转速度快，营运效率高的优势。

3. 受地缘政治和地缘经济不确定性影响

口岸经济发展受双边和多边国际关系直接影响。口岸经济本身就是地缘经济的一部分，在区域和次区域国际经济合作中，口岸发挥合作开放纽带和桥梁的功能。不同区域和次区域的地缘政治和地缘经济格局差异大，口岸经济面临地缘政治经济的不确定性，不确定性的强弱取决于口岸出入境双边或多边关系的好坏。党的十八届三中全会以来，中国与周边国家深入推进共建

“一带一路”，以周边为基础加快自由贸易区建设，大幅降低边境口岸的地缘政治经济不确定性。

4. 跨境协调机制具有复杂性

口岸经济发展面临国内中央政府与地方政府、国内中央政府与邻国中央政府、国内地方政府与邻国地方政府之间的复杂关系。欧洲小国林立，口岸众多，发展成熟的口岸经济（如丹麦和瑞典两国政府跨境合作区域奥瑞桑德的生物医药谷）是建立在良好的多层协调机制和制度安排基础上的。我国发展相对较好的霍尔果斯、瑞丽、磨憨等国际口岸城市也在积极探索内外协调机制。发展缓慢的口岸受到协调机制不完善的影响较为突出。

（二）中国边疆地区口岸经济总体发展格局

随着共建“一带一路”的深入推进，我国陆地边境口岸的功能从沿边开放的“窗口”“通道”向“枢纽”“加工基地”转变，口岸经济形态发生了根本性变革，从边境贸易向开放型经济转变，重点加强开发开放试验区、自由贸易试验区、沿边产业园区、国际口岸城市等开放平台的建设，使边疆口岸经济发展的内生动力增强。

1. 多类型开放平台支撑的陆地边境口岸开放体系正在形成

截至2023年底，全国陆地边疆经国家批准国家级边境口岸124个，其中，航空口岸23个、铁路口岸14个、公路口岸68个、水运口岸17个、步行口岸1个、输油管道口岸1个。在124个国家级口岸中，黑龙江最多，有27个，是中国边境口岸经济发展最早的省份，其次是新疆和内蒙古，均有20个，云南有19个，吉林有16个，广西有12个，辽宁有5个，西藏有5个。还有二类口岸33个，边民互市点（贸易区）82个。依托这些边境口岸，国家批准设立了沿边重点开发开放试验区9个，其中广西3个、云南2个、内蒙古2个、新疆1个、黑龙江1个；设立自由贸易试验区5个，分别在广西、云南、新疆、黑龙江、辽宁，批准实施面积合计659.25平方千米；设立综合保税区13个；建设国际口岸城市9个，分别是广西凭祥，云南河口、磨憨、瑞丽，新疆霍尔果斯、阿拉山口，内蒙古满洲里，黑龙江黑河，辽宁丹东；经国务院批准与周边国家建立跨境经济合作区 2 个，分别是中哈霍尔果斯国际边境合作中心、中国老挝磨憨-磨丁经济合作区，除此之外，还有 17 个国家级边境经济合作区和 7 个省级边境经济合作区；跨境电子商务综合试验区已覆盖 8 个陆地边疆省（区）。这些集国家优惠政策和体制机制创新试验使命于一体的地区，成为中国在“一带一路”建设中重要的对外开放平台，在构建新发展格局中，它们被赋予重要的内引外联功能。

2. 自2013年以来陆地边疆口岸开放型经济稳步发展

自 2013 年以来，陆地边疆口岸的开放从面向周边国家和地区逐步扩大到共建“一带一路”国家和地区，虽然贸易进出口额、出入境人员数量、出入境交通工具等指标并未出现爆发式增长，但增速高于全国对外贸易进出口额。中国边疆地区口岸进出口总额从 2013 年的 1184.75 亿美元提高到 2021 年的 2172.43 亿美元（见表 1），年均增长 7.9%，比全国贸易进出口总额年均增速高 3.2 个百分点。其中，出口额年均增长 8.3%，比全国出口额增速高 3.1 个百分点；进口额年均增长 7.5%，比全国进口额年均增速高 3.3 个百分点。2013~2019 年，边疆地区口岸进出口总额年均增长 6.7%，比全国对外贸易进出口总额同期增速高 5.1 个百分点。其中，出口额年均增长 6.5%，比全国出口额年均增速高 4.0 个百分点；进口额年均增长 6.8%，比全国进口额年均增速高 5.7 个百分点。这反映出“一带一路”倡议给边疆地区口岸贸易乃至中国对外贸易带来了增长空间。新冠疫情发生后，我国积极出台激励措施稳外贸，边疆地区口岸进出口总额在 2020 年出现下滑。虽然 2021 年实现高速增长，但增速低于全国对外贸易进出口总额增速。

从进出境货运量、出入境人数、出入境交通工具数看，疫情之前保持了中高速增长，进出境货运量从 2013 年的 1.62 亿吨上升至 2019 年的 2.48 亿吨，年均增长 7.4%，出入境人数从 2013 年的 5495.46 万人次增至 2019 年的 9257.32 万人次，年均增长 9.1%；出入境交通工具数从 2013 年的 809.76 万辆提高到 2019 年的 1532.10 万辆（见图 1），年均增长 11.2%，可以看出边疆地区口岸在我国对外开放中发挥着越来越重要的作用。受疫情影响，陆地边境口岸成为严格管控关口，2021 年进出境货运量下降到 2.04 亿吨，出入境人数下降到 556.92 万人次，出入境交通工具数下降到 369.33 万辆。边疆地区口岸经济的脆弱性和受地缘经济、地缘政治影响的特征表现得十分突出。

表 1　2013~2021 年中国边疆地区口岸进出口情况

单位：亿美元，%

年份	出口额	出口额增速	进口额	进口额增速	进出口总额	进出口总额增速
2013	557.74	11.1	627.01	3.2	1184.75	7.0
2014	742.95	33.2	764.44	21.9	1507.40	27.2
2015	591.64	-20.4	583.05	-23.7	1174.69	-22.1
2016	549.94	-7.0	492.69	-15.5	1042.60	-11.2
2017	635.79	15.6	599.12	21.6	1234.92	18.4
2018	723.40	13.8	899.09	50.1	1622.49	31.4
2019	812.28	12.3	931.48	3.6	1743.72	7.5
2020	798.98	-1.6	801.82	-13.9	1600.80	-8.2
2021	1055.05	32.0	1117.38	39.4	2172.43	35.7

资料来源：历年《中国口岸年鉴》。

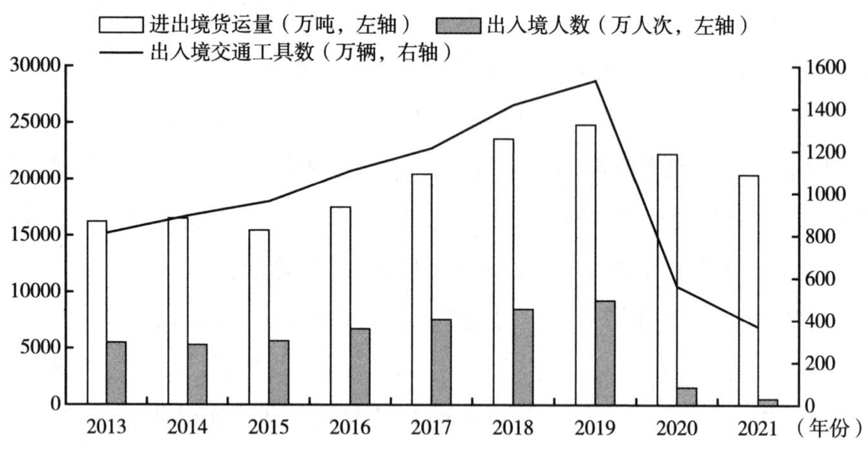

图 1　2013~2021 年中国边疆地区口岸运行态势

资料来源：历年《中国口岸年鉴》。

3. 边疆地区口岸经济异质性强，结构分异大

我国边疆地区各个口岸毗邻的国家经济发展水平、经济体制和开放程度

不同，口岸所在地的自然条件、人文条件差异较大，口岸开放面向的区域不同，国家海关给予的进出口商品类型也存在显著差异，进出口加工基地的产业侧重点不同，虽然都是面向共建“一带一路”国家和地区的，但各口岸的开放模式存在较大差异。因此，异质性强是中国边疆地区口岸经济的突出特点，分类指导是国家调控边疆地区口岸经济的重要原则。

中国与共建“一带一路”国家和地区的贸易、投资、技术经济合作存在突出的结构性分异，新加坡、越南、泰国等东盟国家占比较大，其他地区占比较小。因此，边疆地区口岸经济也呈现广西、云南占比较大且近年来整体提高，新疆、内蒙古、黑龙江占比居中，西藏、吉林、辽宁占比偏小的特点（见图 2 和图 3）。在面向共建“一带一路”国家和地区的开放进程中，广西的防城港、辽宁的丹东由于具有沿海和沿边的双重优势，口岸经济发展潜力巨大。

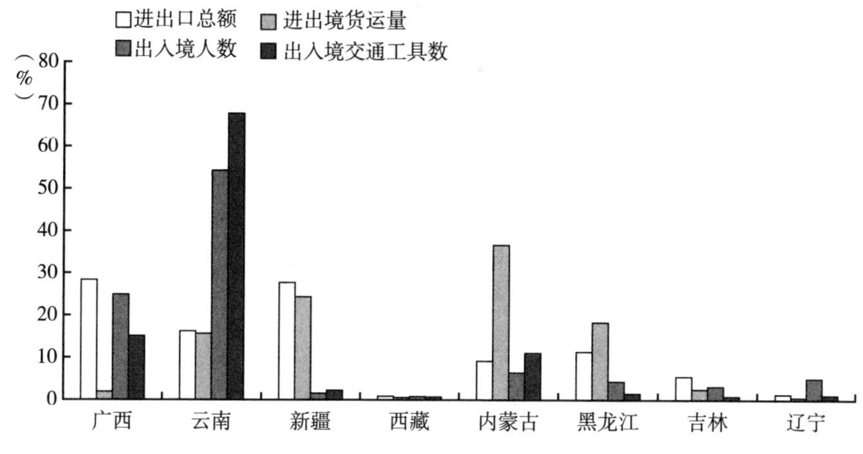

图 2　2019 年边疆各省（区）口岸经济占比

资料来源：《中国口岸年鉴（2020 年版）》。

4. 处于通道经济向园区集聚经济转型升级的过程中

在“一带一路”的“五通”建设中，设施联通先行，是六大经济走廊建设的基础保障，10 年来，共建“一带一路”国家的铁路、公路、航空、油气管道、电网、通信设施不断扩展延伸，联通的国家和地区越来越多，而

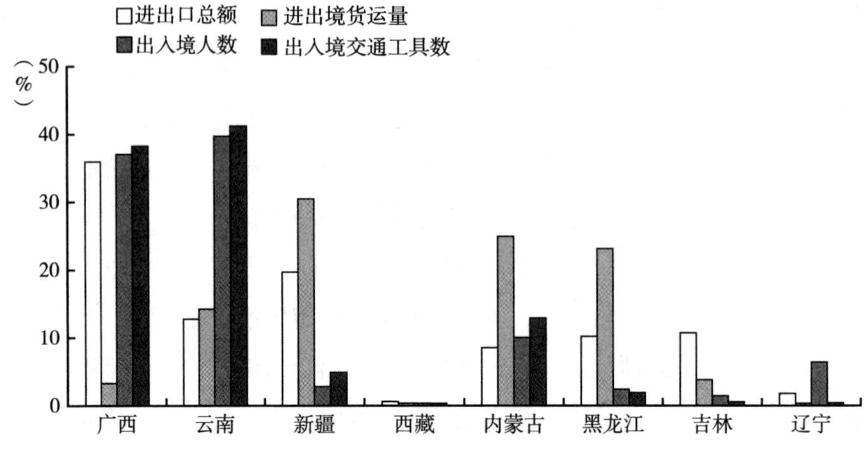

图 3　2021 年边疆各省（区）口岸经济占比

资料来源：《中国口岸年鉴（2022 年版）》。

中国统筹推进平安、效能、智慧、法治、绿色“五型”口岸建设，各个重要货物出入境口岸依托自贸试验区开展制度创新探索，大多以压缩通关时间、简化通关手续等通关便利化措施为主，其效应呈现在边境口岸，就是通道经济规模越来越大。渝新欧、义新欧、郑新欧等中欧班列和陆水联运、海公铁联运等模式创新，将陆地边境口岸置于更加重要的通道关境和换装站场，通道经济成为当前边疆地区口岸经济的主要形态。但离国家赋予沿边地区在“一带一路”建设中的功能定位和边疆省（区）对口岸建设的愿景，还有很大差距。在当前国际政治经济秩序深刻调整和全球产业链供应链加速重构的背景下，国家正进一步完善政策体系，引导产业有序转移，以保障国家产业链供应链安全。边疆省（区）正在通过建设沿边产业园区，努力承接东部沿海地区的产业转移，努力推动边疆地区口岸从通道经济向园区集聚经济转型升级。

（三）当前中国边疆地区口岸经济发展瓶颈

在中央和边疆省（区）党委、政府的大力推动下，中国边疆地区口岸经济正在驶入快车道，但远没有实现其功能定位，总体上处于发展初期，仍有三大发展瓶颈亟待突破。

一是口岸经济的脆弱性强，内外预期差异大。虽然国家和边疆省（区）对沿边地区、边境口岸的期望很高，但口岸经济具有脆弱性特征，边境口岸的居民和市场主体则预期较低。受周边国家和地区各种因素的影响，地方官员能力弱、信用程度低、规则有效执行力弱、投资主体对口岸经济发展的预期不够乐观。

二是口岸经济的通道性强，集聚度低。目前，中国边境口岸还处于大通道开通初期，通道经济是主体形态，通道经济在边境口岸的溢出效应较弱。国际口岸城市、国际陆港、沿边产业园区等能够集聚跨境经济要素的载体和平台，还处在从规划走向部署实施的过程中。要素在边境口岸集聚程度较低。

三是地方涉外权限小，制度创新难度大。涉及海关、边防、边检、外交、动植物检疫等国际事务都属于中央事权，由中央直管，赋予地方政府的涉外权限很小，尽管存在一定的委托代理机制，但委托代理链条过长。通关、贸易、投资、劳动力等要素跨境流动过程出现的问题得不到及时解决，发展壮大过程中的体制机制创新难度大，自主性不强，中央政策落地的“最后一公里”制约突出。

二　自2013年以来中国各边疆省（区）口岸经济发展态势

自“一带一路”倡议提出以来，中国边疆地区口岸摆脱了地域性约束，面向共建“一带一路”国家和地区，主动服务和融入“一带一路”愿景与行动中的新亚欧大陆桥、中蒙俄、中国－中亚－西亚、中国－中南半岛、中巴、孟中印缅六大经济走廊建设，是中国边疆地区口岸经济发展最快的时期，但与国家的战略目标要求和各边疆省（区）的战略定位实现还有较大距离。

（一）广西

在“一带一路”愿景与行动中，明确给广西的定位和部署是“发挥广西与东盟国家陆海相邻的独特优势，加快北部湾经济区和珠江-西江经济带开放发展，构建面向东盟区域的国际通道，打造西南、中南地区开放发展新的战略支点，形成21世纪海上丝绸之路与丝绸之路经济带有机衔接的重要门户”。在此定位下，广西充分发挥既沿海又沿边的区位优势，主动服务和融入西部陆海新通道，加快推进中新互联互通南向通道建设，突出特色，大力发展口岸经济，成为陆地边境口岸功能发挥较好、口岸经济发展较有成效的省份。

1. 广西的陆地边境口岸体系

截至2023年，在广西的陆地边境形成了以12个国家级口岸为主的沿边开放口岸体系。其中，公路口岸有8个，分别是友谊关、东兴、水口、龙邦、平孟、爱店、峒中、硕龙；铁路口岸有1个，为凭祥铁路口岸；航空口岸有3个，分别是南宁航空口岸、桂林航空口岸、北海航空口岸。此外，还有科甲、岳圩、平而关3个二类口岸及27个互市贸易点。国家在凭祥设立了综合保税区，是我国装备制造业整车出口东盟地区的主要陆路口岸、中越电子产品物流供应链的关键节点以及广西高附加值产品进出口的主要口岸。批准设立了东兴、凭祥、百色3个重点开发开放试验区。批准设立了中国（广西）自贸试验区，实施范围达119.99平方千米，涵盖3个片区：南宁片区46.80平方千米（含南宁综合保税区2.37平方千米）、钦州港片区58.19平方千米（含钦州保税港区8.81平方千米）、崇左片区15.00平方千米（含凭祥综合保税区1.01平方千米）；广西有5个边境经济合作区，其中，东兴、凭祥为国家级边境经济合作区，防城、靖西、龙州为省级边境经济合作区，正在推进中国东兴-越南芒街、中国凭祥-越南同登跨境经济合作区建设。新时代的广西正在着力推进智慧口岸建设，充分发挥防城港作为国际门户港的功能，代管东兴市，着力推进将凭祥建设成为现代化国际口岸城市。

2. 广西发展口岸经济的制度创新

广西依托中国（广西）自贸试验区，努力推进制度创新，积极探索以智慧口岸建设推进口岸经济发展。广西陆路边境口岸货运量主要集中在友谊关、东兴、峒中 3 个口岸，其中友谊关口岸货运量占一半以上。2017~2018 年，受国家关于加强对“第三国”商品管控政策的影响，货运量整体呈下降态势，随后逐渐恢复，在新冠疫情的影响下，增速大幅放缓。自 2015 年以来，国家先后批复同意设立凭祥重点开发开放试验区、百色重点开发开放试验区、中国（崇左）跨境电子商务综合试验区。中国（广西）自贸试验区崇左片区落户凭祥，铜精矿“保税混矿”全国试点落户防城港，商务部同意将凭祥出口商品采购中心纳入全国市场采购贸易试点，东兴、凭祥、龙州、宁明纳入全国第一批边民互市落地加工试点县（市、区）。广西边境地区贸易创新发展平台不断增多。

在友谊关建设智慧口岸，打造全国边境陆路口岸智慧高效通关示范，力争实现两个“24 小时”，即货物 24 小时不间断、无人化、智能化通关，南宁-河内“园对园、企对企、生产线对生产线”24 小时运抵，不断推动申报、监管、运输等各方面创新升级，先后探索实施“集中申报”、“无纸化申报”、“App 移动申报”、大车“整进整出直通加工厂区”“互市商品分类监管分层查验”等经验做法，率先推动边民互市商品落地加工，加快推进市场平台建设，促进商品市场流通，形成以“东兴经验”“凭祥经验”为代表的边贸转型升级“广西经验”，得到商务部的肯定。通过改革创新，广西口岸服务效能不断提高，2022 年广西口岸进口整体通关时间全国排名第一，出口整体通关时间全国排名第八。近三年集装箱进出口成本降幅超过三成。口岸便利化、信息化水平提升，与共建“一带一路”国家和地区，特别是东盟国家进行了“单一窗口”数据对接。服务政府决策、外贸新业态、RCEP 服务等国际贸易全链服务功能持续拓展，智慧口岸项目升级，无纸化和电子化水平进一步提升。

此外，中国（广西）自贸试验区还在建设面向东盟的金融开放门户、跨境电商综合试验区以及中马“两国双园”升级版等方面推出多项改革举措，进一步打造高能级开放平台。

3. 广西边境口岸经济已处于龙头地位

自 2013 年以来，广西边境口岸对外贸易呈快速发展的态势，进出口总额从 2013 年的 432.47 亿美元增加至 2019 年的 839.19 亿美元，年均增长 11.7%，疫情期间也实现高速增长，2021 年提高到 1320.38 亿美元（见表 2）。不含水运的陆地边境口岸进出口总额从 2013 年的 162.01 亿美元提高到 2021 年的 781.55 亿美元（见表 3）。广西陆地边境口岸的出口额远大于进口额，2021 年出口额是进口额的 2 倍，但进口额的增长速度远高于出口额。广西的陆地边境口岸进出口额增长速度较快，已成为陆地边境口岸对外贸易的主体省份。2019 年广西陆地边境口岸进出口总额占边疆省（区）的 28.35%，位居第一，2021 年占比提高到 35.90%，仍位居第一。广西作为既沿海又沿边的省份，充分发挥"沿海+沿边"的区位条件，在"一带一路"建设尤其是西部陆海新通道建设中发挥积极作用。全区口岸的进出境货运量增速也在不断加快，但出入境人数和出入境交通工具数受疫情影响严重，大幅下滑（见图 4）。

广西陆地边境口岸的进出境货运量从 2013 年的 238.68 万吨提高到 2019 年的 478.74 万吨，年均增长 12.3%，之后提高到 2021 年的 672.96 万吨。但出入境人数受疫情影响严重，2013～2019 年年均增长 14.3%，2020 年和 2021 年下降较大；出入境交通工具数也受到严重影响，2013～2019 年年均增长 18.2%，2020 年和 2021 年下降较大（见图 5）。2019 年广西陆地边境口岸进出境货运量占边疆省（区）的 1.92%；2021 年占比提高到 3.29%。2019 年广西出入境人数占比为 24.89%，居于第 2 位；2021 年占比提高到 37.07%，仍是第 2 位。2019 年广西出入境交通工具数占比为 15.10%，也居于第 2 位；2021 年占比提高到 38.29%，依然是第 2 位。2016～2021 年，广西边境小额贸易进出口额连续 6 年位列全国第一。边民互市贸易受到国家加强对"第三国"商品的管控政策影响及新冠疫情影响，进出口额逐年下降，2021 年恢复增长。在各口岸中，凭祥口岸和友谊关口岸所在的凭祥市对外贸易进出口额位列口岸所在城镇第一，且总量远超其他口岸所在城镇，其次是东兴口岸所在的东兴市和爱店口岸所在的宁明县。

表 2　2013~2021 年广西口岸对外贸易进出口情况（含水运）

单位：亿美元，%

年份	出口额	出口额增速	进口额	进口额增速	进出口总额	进出口总额增速
2013	199.21	31.3	233.26	-9.9	432.47	5.4
2014	243.44	22.2	162.29	-30.4	405.72	-6.2
2015	269.75	10.8	225.33	38.8	495.08	22.0
2016	220.84	-18.1	195.27	-13.3	416.11	-16.0
2017	261.13	18.2	267.24	36.9	528.37	27.0
2018	386.83	48.1	366.26	37.1	753.09	42.5
2019	398.27	3.0	440.92	20.4	839.19	11.4
2020	469.74	18.0	446.78	1.3	916.52	9.2
2021	608.74	29.6	711.64	59.3	1320.38	44.1

资料来源：历年《中国口岸年鉴》。

表 3　2013~2021 年广西口岸对外贸易进出口情况（不含水运）

单位：亿美元，%

年份	出口额	出口额增速	进口额	进口额增速	进出口总额	进出口总额增速
2013	151.72	54.3	10.29	37.9	162.01	53.1
2014	170.61	12.5	33.75	228.0	204.36	26.1
2015	198.70	16.5	107.29	217.9	305.99	49.7
2016	160.35	-19.3	43.72	-59.3	204.07	-33.3
2017	197.35	23.1	48.30	10.5	245.65	20.4
2018	275.14	39.4	145.99	202.3	421.13	71.4
2019	320.41	16.5	173.95	19.2	494.36	17.4
2020	405.04	26.4	170.74	-1.8	575.78	16.5
2021	523.44	29.2	258.11	51.2	781.55	35.7

资料来源：历年《中国口岸年鉴》。

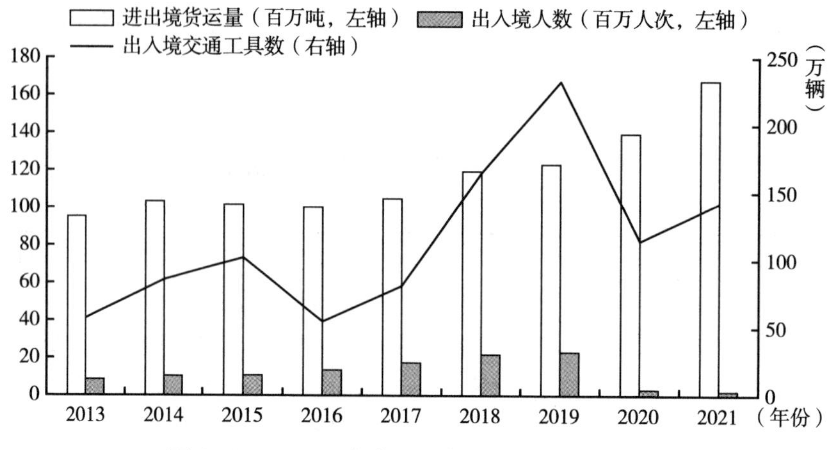

图 4　2013~2021 年广西口岸运行态势（含水运）

资料来源：历年《中国口岸年鉴》。

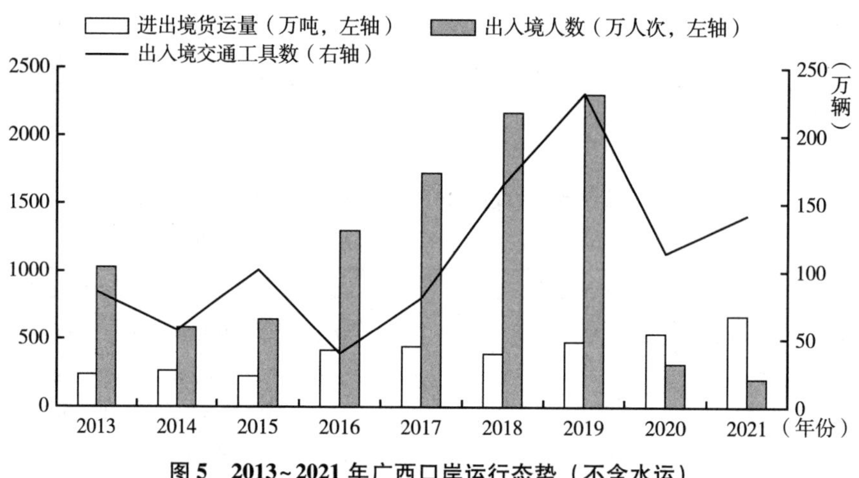

图 5　2013~2021 年广西口岸运行态势（不含水运）

资料来源：历年《中国口岸年鉴》。

（二）云南

在“一带一路”愿景与行动中，明确给云南的定位和部署是“发挥云南区位优势，推进与周边国家的国际运输通道建设，打造大湄公河次区域经济合作新高地，建设成为面向南亚、东南亚的辐射中心”。在此定位下，云南是专门把口岸经济作为发展战略实施的省份。云南省委确立了“3815”战略发展目标，大力发展资源经济、口岸经济和园区经济，专门在国土空间规划中部署了沿边开放城镇带，全方位推进面向南亚、东南亚辐射中心建设。

1. 云南的边境口岸体系

截至2023年，云南有经国务院批准的对外开放口岸19个。其中，航空口岸有4个，分别是昆明、西双版纳、德宏、丽江航空口岸；铁路口岸有2个，分别是河口、磨憨铁路口岸；水运口岸有2个，分别是思茅港和景洪港水运口岸；公路口岸有11个，分别是都龙、天保、河口、金水河、勐康、磨憨、打洛、孟定、瑞丽、畹町、腾冲公路口岸。还有是盈江、章风、南伞、孟连、沧源、片马、田蓬等7个二类口岸及21个经海关批准的边民互市点。国家依托这些口岸，批准设立了中国（云南）自贸试验区，实施范围达119.86平方千米，涵盖3个片区：昆明片区76.00平方千米（含昆明综合保税区0.58平方千米）、红河片区14.12平方千米、德宏片区29.74平方千米。设立了瑞丽重点开发开放试验区和勐腊（磨憨）重点开发开放试验区；与老挝合作设立了中国老挝磨憨-磨丁跨境经济合作区，正在推进中国河口-越南老街、中国瑞丽-缅甸木姐跨境经济合作区建设；批准设立了瑞丽、畹町、河口、临沧4个国家级边境经济合作区和麻栗坡、孟连2个省级边境经济合作区。依托区位、交通和政策优势，云南正在努力承接东部沿海地区的国内产业转移，加快建设河口、磨憨、瑞丽3个国际口岸城市。

2. 云南发展口岸经济的制度创新

云南的口岸经济从边民互市和边境小额贸易发展到现在的进出口加工园区和口岸城市，集聚功能和自生能力不断增强，制度创新是口岸经济发展驶入快车道的推动力。

制度创新之一：昆明托管磨憨口岸。这是云南最具创新性的可推广可复制模式。中老铁路开通运营后，云南推进了省会城市昆明与西双版纳州的联动发展。2022年4月，省委、省政府做出昆明全面托管西双版纳州磨憨镇的重大决策部署。昆明全面、整体、长期托管磨憨镇全域，赋予托管区更大的经济社会管理权限，进一步压缩审批层级，提高管理效能；采取“管委会+公司”管理运营模式，引入央企、省属企业和社会资本；2030年前，托管区的税收地方留成部分全部用于托管区发展；托管区叠加了中国（云南）自贸试验区昆明片区、昆明经开区、昆明综合保税区、磨憨-磨丁合作区“四区”政策优势。昆明主城5区和安宁市结对帮扶磨憨6个行政村，共建边境幸福村。

制度创新之二：沿边自贸试验区先行先试。自2019年8月挂牌成立云南自贸试验区以来，云南立足沿边跨境特色，不断探索制度创新成果53项，其中云南首创46项。如创新高效便捷跨境车险服务模式，探索“分段代驾”跨境运输模式，构建进口农副产品第三方溯源体系，等等。在德宏片区创新实施“一口岸多通道”管理模式，梯度推进中缅双边银行的银行间代理行清算模式；在红河片区自主创新“电商跨境+边民互市”出口模式。新增磨憨、河口、天保为泰国过境第三国进出口水果口岸。开展跨境农畜产业合作新模式，全国首个“跨境动物疫病区域化管理试点”政策落地。加快口岸指定监管场地建设，创新“出境低风险竹木草制品检疫监管”模式，采取符合条件的农产品、水产品快速检验检疫模式，试行动植物及其产品检疫审批负面清单制度等。

制度创新之三：务实包容的边境地方协调合作机制。在国家支持下，云南与周边国家和地区深入合作，努力打造对方能接受的合作新模式。云南与越南北部老街、河江、莱州、奠边四省联合工作组机制于2007年6月建立，目前进入新的发展阶段；2021年5月18日，云南与越北四省省委书记会晤机制正式启动，成为中越地方交流合作的重要平台；滇越双方还举行了中国云南与越南河内海防老街广宁五省市经济走廊合作会议（已举行10次）；河口县与老街市合作每年轮流举办中国河口-越南老街边交会（已举办23届）。滇老双方于2004年建立了中国云南-老挝北部合作机制，中老铁路开通后，增设中老铁路综合运营开发小组，进一步推进铁路、公路等基础设施建设及经贸、农林、替代种植、能源投资、人文交流、边境管理等领域合作。临沧、保山、德宏等边境地区与缅甸边境地区的合作交流不断深化，在共建“一带一路”、中缅经济走廊和中缅印度洋新通道上，不断巩固深化中缅贸易投资互利合作。

3. 云南边境口岸正在快速成长为“边缘增长中心”

自 2013 年以来，云南边境口岸对外贸易呈现快速发展的态势。进出口总额从 2013 年的 118.46 亿美元增加至 2019 年的 282.84 亿美元，年均增长 15.6%。其中，出口额年均增长 9.2%，进口额年均增长 23.4%。之后受疫情影响，2021 年云南边境口岸进出口总额下滑到 278.11 亿美元（见表 4）。2019 年云南的边境口岸进出口总额在边疆省（区）中占比为 16.22%，处于第 3 位；2021 年占比下降到 12.80%，仍居第 3 位。2013～2019 年云南的边境口岸进出境货运量年均增长 27.5%，出入境数年均增长 9.4%，出入境交通工具数年均增长 12.9%。受疫情影响，2020～2021 年云南的进出境货运量、出入境人数和出入境交通工具数均出现大幅下降（见图 6），导致云南边境口岸经济占比明显下降，进出境货运量占比从 2019 年的 15.64%下降到 2021 年的 14.26%，居于第 4 位。出入境人数占比从 2019 年的 54.24%下降到 2021 年的 39.73%，但一直处于第 1 位。出入境交通工具数占比从 2019 年的 67.80%下降到 2021 年的 41.25%，但始终处于第 1 位。可以看出，在前述制度创新的驱动下，云南的边境口岸正在快速成长为“边缘增长中心”，积累多年的势能正在转变为高水平对外开放的新动能。

动能之一：产业快速集聚。在产业园区整合提升的基础上，云南正在加快沿边产业园区建设，仅 2023 年，瑞丽市沿边产业园区环山工业园片区预计完成工业总产值 14.1 亿元，同比增长 308.69%。沿边地区的省级产业园区成为承接产业转移的新高地，初步形成绿色食品、纺织服装、电子信息制造、装备制造、生物医药、有色金属冶炼、珠宝加工、现代物流等产业快速集聚的态势。2024 年 1 月 22 日在昆明举行的以“大力承接产业转移，促进沿边产业园区高质量发展”为主题的沿边产业园签约大会，共形成 104 项合作成果，涉及装备制造、生物医药、绿色能源、电子信息等领域，签约金额达 4224.81 亿元。2023 年，磨憨外出开展招商推介 13 次，精准对接企业

40余家，签订投资协议13个，协议总金额约67亿元。

动能之二："增长发动机"加快建设。城市是现代经济增长的"发动机"，是要素集聚的基础。省委、省政府陆续出台了支持磨憨、瑞丽国际口岸城市建设若干政策和支持河口县高质量跨越式发展的意见。磨憨、河口、瑞丽等国际口岸城市正在加快建设，成为要素集聚的首选地。昆明托管磨憨顺利完成移交后，重点项目加速推进，119个项目加速落地，2023年实施项目85个，总投资达222.43亿元。

动能之三：物流集散降低集聚成本。云南正在加快构筑连接两洋的滇缅印欧陆海联运通道，形成"枢纽+通道+网络"的多层次物流枢纽运输体系。昆明正在抓紧实施昆明-磨憨陆港型枢纽设施"一体化"等5项专项行动。在物流枢纽方面，以红河、德宏、西双版纳为引领，带动保山、临沧、芒市、腾冲、普洱、怒江及文山打造沿边物流枢纽发展带。正在加快推进磨憨跨境公铁联运物流中心项目建设，推进瑞丽、磨憨口岸物流基础设施建设，尽快建成孟定清水河口岸集装箱堆场及换装场项目，加快推进临沧清水河-缅甸-印度洋"海公铁"联运常态化运行；新建河口北-山腰准轨铁路联络线。

表4　2013~2021年云南口岸对外贸易进出口情况

单位：亿美元，%

年份	出口额	出口额增速	进口额	进口额增速	进出口总额	进出口总额增速
2013	73.40	53.4	45.06	106.8	118.46	70.1
2014	92.16	25.6	65.44	45.2	157.59	33.0
2015	76.74	-16.7	48.97	-25.2	125.70	-20.2
2016	71.60	-6.7	67.28	37.4	138.88	10.5
2017	92.62	29.4	95.23	41.5	187.85	35.3
2018	104.90	13.3	139.20	46.2	244.10	29.9
2019	124.09	18.3	158.75	14.0	282.84	15.9
2020	135.78	9.4	132.62	-16.5	268.40	-5.1
2021	122.48	-9.8	155.63	17.4	278.11	3.6

资料来源：历年《中国口岸年鉴》。

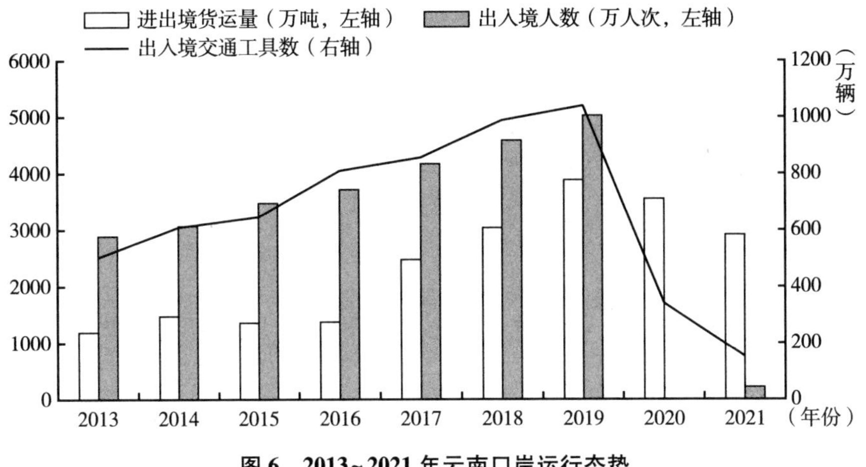

图 6　2013~2021 年云南口岸运行态势

资料来源：历年《中国口岸年鉴》。

（三）西藏

在“一带一路”愿景与行动中，明确给西藏的定位和部署是“推进西藏与尼泊尔等国家边境贸易和旅游文化合作”。在国家支持的基础上，西藏为全面提升对外开放水平、参加孟中印缅经济走廊建设、构建环喜马拉雅经济合作带和融入“一带一路”建设，对口岸发展建设进行了系统部署。总体思路为“提升口岸基础设施建设、完善口岸经济贸易功能、增强外贸进出口能力建设、依托园区平台在开放型外向型经济上有所突破”。

1. 西藏的边境口岸体系

中华人民共和国成立以来，西藏先后与印度、尼泊尔等国签署通商和交通协议，相继在西藏开放了拉萨航空口岸、普兰公路口岸、吉隆公路口岸、樟木公路口岸、里孜公路口岸，日屋（陈塘）口岸也被纳入国家“十四五”口岸开放工作计划。其中，拉萨口岸、普兰口岸、吉隆口岸、樟木口岸为国家级陆地通商口岸（亚东口岸因印方原因未正式开通，仅可进行有限的边境贸易）；里孜口岸、日屋（陈塘）口岸为双边性二类口岸。其中，吉隆、樟木、亚东、里孜、日屋（陈塘）公路口岸位于日喀则市，拉萨航空口岸处于南山市，普兰公路口岸处于阿里地区。并且 7 个边境口岸中有 6 个是中尼口岸，1 个为中印口岸。西藏还有 15 个边民互市点。总体来看，西藏边境口岸少、建设晚、发展较慢且分布不平衡。

2. 口岸贸易规模较小且不断下降

受到自然地理条件限制，西藏的口岸经济规模较小。自 2013 年以来，西藏口岸的进出口规模较小，且以出口为主，由于出口额不断下降，进出口规模也不断下降。2013~2021 年，西藏口岸进出口额由 20.53 亿美元下降到 6.22 亿美元，年均降幅高达 13.9%。其中，出口额从 20.02 亿美元下降到 3.49 亿美元；进口额高速增长，2013~2021 年年均增长 23.3%。受到 2015 年“4·25”尼泊尔地震的影响，2016 年进出口额急速下降，为 6.69 亿美元，同比减少 82.3%。随着灾后重建工作的顺利进行，至 2018 年开始回升。但受新冠疫情影响，西藏口岸进出境货运量急剧下降，2020 年进出口贸易额仅为 3.10 亿美元（见表 5）。

表 5　2013~2021 年西藏口岸对外贸易进出口情况

单位：亿美元，%

年份	出口额	出口额增速	进口额	进口额增速	进出口总额	进出口总额增速
2013	20.02	13.9	0.51	-28.0	20.53	12.3
2014	20.43	2.0	0.83	62.7	21.26	3.6
2015	31.62	54.8	6.21	648.2	37.83	77.9
2016	5.34	-83.1	1.35	-78.3	6.69	-82.3
2017	4.15	-22.3	2.26	67.4	6.41	-4.2
2018	4.32	4.1	2.86	26.5	7.18	12.0
2019	5.43	25.7	1.64	-42.7	7.07	-1.5
2020	1.88	-65.4	1.22	-25.6	3.10	-56.2
2021	3.49	85.6	2.73	123.8	6.22	100.2

资料来源：历年《中国口岸年鉴》。

2013~2014 年，西藏口岸进出境货运量由 17.80 万吨增加至 18.99 万吨，增长 6.69%。受“4·25”尼泊尔地震影响，2015 年西藏口岸进出境货运量仅为5.15万吨，其中，进口额为0.13万吨，减少70.26%；出口额为5.02万吨，减少63.50%。同期全区口岸出入境人数由164.07万人次（含边民）小幅下降至159.49万人次。受“4·25”尼泊尔地震的影响，2015年出入境人数为48.32万人次，减少69.70%。出入境交通工具数为14297辆，同比减少62.68%。其中，机动车13747辆，减少63.76%；飞机550架次，增加44.36%（图7）。随着震后修复，樟木口岸、普兰口岸恢复口岸货运通道功能。2019年西藏进出境货运量、出入境人数和出入境交通工具数分别为27.85万吨、27.49万人次、36418辆。但受到2020年初新冠疫情影响，吉隆口岸、普兰口岸一度关闭，进出境货运量、出入境人数和出入境交通工具数急速下降。

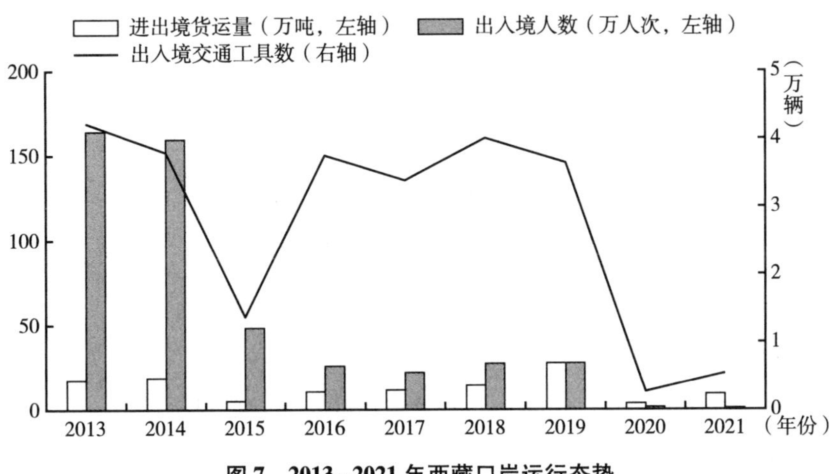

图7　2013~2021年西藏口岸运行态势

资料来源：历年《中国口岸年鉴》。

3. 基础设施不断完善，贸易便利化水平有所提高

自2013年以来，西藏重点实施了拉萨航空口岸联检楼升级改造、海关视频监控系统、边检信息处理与应急指挥中心，吉隆口岸国门及联检楼、停车场、进出口货物查验场及隔离中心、备勤用房，樟木口岸检验检疫中心、进出口货物查验场、边检信息处理与应急指挥中心、口岸管委会综合楼、国门区域综合整治，普兰口岸国门、斜尔瓦旅检现场联检楼及备勤用房、货物

联检现场等改扩建项目，扩建了日屋（陈塘）口岸边贸市场，建成了吉隆县至热索的公路，援助尼泊尔修建了莎拉公路、拉踏旱码头等相关设施，口岸发展的基础条件得到改善。

西藏口岸联检部门认真贯彻各项改革要求，努力提升监管和服务水平，积极推进电子口岸建设，切实支持地方经济社会发展。联检部门落实"三互""三个一"等贸易便利化举措，开展"一地备案、全国报检，一地施检、全国互认，一地签证、全国放行"的全国检验检疫通关一体化改革，实施"属地申报、口岸验放""选择申报、口岸验放""属地申报、属地验放"等通关便利措施，积极参与丝绸之路经济带海关区域通关一体化改革。樟木口岸和拉萨航空口岸已开始应用电子口岸网络。

（四）新疆

在"一带一路"愿景与行动中，明确给新疆的定位和部署是"发挥新疆独特的区位优势和向西开放重要窗口作用，深化与中亚、南亚、西亚等国家交流合作，形成丝绸之路经济带上重要的交通枢纽、商贸物流和文化科教中心，打造丝绸之路经济带核心区"。口岸在新疆经济中具有重要地位，新疆为此专门制定口岸建设方案，打造口岸经济带，确立的目标是"以融入'一带一路'建设为支撑，以加快形成陆海内外联动、东西双向互济的对外开放格局为目标，优化口岸布局，完善口岸功能，发展口岸经济，推进口岸通关便利化，规范口岸综合治理，不断提升口岸在发展内陆开放型经济，促进与'一带一路'共建国家和地区政策沟通、设施联通、贸易畅通、资金融通、民心相通中的桥梁和纽带作用"。力争到 2026 年"基本建成设施完善、通行顺畅、管理规范的现代化口岸体系，'通道经济'向'口岸经济''产业经济'转变"。

1. 新疆的边境口岸体系

截至 2023 年，新疆有经国务院批准的对外开放口岸 20 个。其中，航空口岸有 3 个，分别是乌鲁木齐、喀什和伊宁；铁路口岸有 2 个，分别是阿拉山口和霍尔果斯；公路口岸有 15 个，其中中蒙边境口岸有 4 个，分别是老爷庙、乌拉斯台、塔克什肯和红山嘴公路口岸，中哈边境口岸有 7 个，分别是霍尔果斯、吉木乃、巴克图、都拉塔、阿黑土别克、木扎尔特和阿拉山口公路口岸，中吉边境口岸有 2 个，分别是吐尔尕特和伊尔克什坦公路口岸，中巴边境口岸有 1 个，即红其拉甫公路口岸，中塔边境口岸有 1 个，即卡拉苏公路口岸。其中，阿黑土别克和木扎尔特公路口岸未开通使用；伊宁航空口岸于 2016 年 8 月 3 日经国务院批准对外开放，目前正在建设中，未正式对外开放。此外，新疆还有 12 个二类口岸，是一类口岸的补充和延伸，发挥积极作用。国家批准新疆设立塔城重点开发开放试验区；批准设立的中哈霍尔果斯国际边境合作中心，是我国与其他国家建立的首个跨境经济贸易合作区；批准设立的中国（新疆）自贸试验区实施范围达 179.66 平方千米，包含乌鲁木齐片区 134.60 平方千米（含新疆生产建设兵团第十二师 30.80 平方千米与乌鲁木齐综合保税区 2.41 平方千米）、喀什片区 28.48 平方千米（含新疆生产建设兵团第三师 3.81 平方千米与喀什综合保税区 3.56 平方千米）、霍尔果斯片区 16.58 平方千米（含新疆生产建设兵团第四师 1.95 平方千米与霍尔果斯综合保税区 3.61 平方千米）；批准设立伊宁、博乐、塔城、吉木乃 4 个国家级边境经济合作区。

2. 新疆口岸经济发展相对缓慢

新疆口岸是典型的国际大通道，目前进出境货运量高，但进出口规模没有得到相应提高。自 2013 年以来，新疆边境口岸对外贸易呈缓慢发展态势，进出口总额从 2013 年的 417.64 亿美元提高到 2019 年的 482.84 亿美元，年均增长 2.5%。受疫情影响，2021 年进出口总额下降到 428.06 亿美元（见表 6）。新疆的霍尔果斯口岸和阿拉山口口岸是我国面向共建“一带一路”国家和地区的重要出境口岸。2019 年新疆边境口岸进出口总额占边疆省（区）的 27.69%，居于第 2 位；2021 年占比下降到 19.70%，仍是第 2 位。

新疆边境口岸的进出境货运量增长缓慢，2013~2019 年年均增长 3.6%，受疫情影响增速下降，出入境人数和出入境交通工具数则受疫情影响严重，出现大幅下滑（见图 8）。2013~2019 年出入境人数整体有所下降，年均下降 5.8%；2013~2019 年出入境交通工具数年均增长率仅为 0.3%。2019 年新疆边境口岸进出境货运量占边疆省（区）的24.31%，居于第2位；2021年占比提高到30.46%，上升至第1位。新疆口岸的出入境人数占比从2019年的1.52%提高到2021年的2.82%，排名从第7位上升到第5位；出入境交通工具数占比从2019年的2.26%提高到2021年的4.91%，居于第4位。

表6　2013~2021年新疆口岸对外贸易进出口情况

单位：亿美元，%

年份	出口额	出口额增速	进口额	进口额增速	进出口总额	进出口总额增速
2013	181.51	14.7	236.13	12.6	417.64	13.5
2014	226.40	24.7	234.97	-0.5	461.37	10.5
2015	202.86	-10.4	162.14	-31.0	365.00	-20.9
2016	241.37	19.0	130.49	-19.5	371.86	1.9
2017	245.70	1.8	160.88	23.3	406.58	9.3
2018	250.35	1.9	213.80	32.9	464.15	14.2
2019	264.10	5.5	218.74	2.3	482.84	4.0
2020	169.46	-35.8	169.33	-22.6	338.79	-29.8
2021	238.10	40.5	189.96	12.2	428.06	26.3

资料来源：历年《中国口岸年鉴》。2021年数据来自华经情报网。

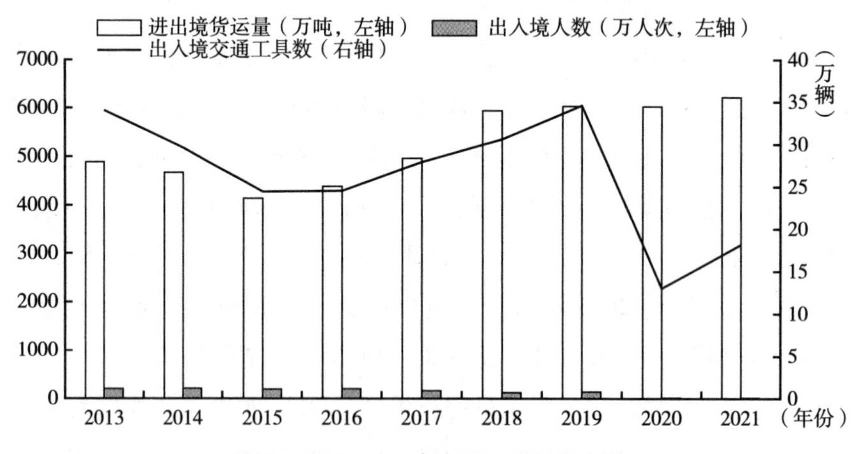

图8　2013~2021年新疆口岸运行态势

资料来源：历年《中国口岸年鉴》。

3. 新疆口岸对所在地经济支撑作用较弱

新疆的边境口岸在地形地貌特征、功能定位、接壤国家、通关条件和国家赋予的政策等方面差异较大，不同口岸的经济发展水平也有较大差异。部分口岸经济实力较强，能够带动地方经济发展，部分口岸发展滞后，尚未发挥对地方经济发展的带动作用。新疆的口岸经济集中在霍尔果斯口岸和阿拉山口口岸，霍尔果斯口岸是边境陆路口岸发展的典范，2013~2021年进出口总额增长了2.8倍。作为集公路、铁路、航空（在建）、管道运输于一体的口岸，霍尔果斯口岸对霍城县和伊犁州直属县市经济的带动作用十分突出。阿拉山口作为集公路、铁路、管道运输于一体的综合性口岸，经济发展速度快，过货量、进出口总额不仅在新疆常年居于首位，也在全国边境陆路口岸中排名第一，依托阿拉山口口岸建立的博乐边境经济合作区、阿拉山口综合保税区、边民互市贸易区等功能区，使2013~2021年阿拉山口口岸进出口总额也增长了2.8倍，带动博乐市经济快速发展。吉木乃、巴克图、都拉塔口岸对地方经济发展的带动作用也较强，其他口岸带动作用则十分有限。总体上看，新疆的边境口岸经济功能较为薄弱，与其所处区位、功能和战略定位不相称，还有很大的发展空间。

（五）内蒙古

在“一带一路”愿景与行动中，明确给内蒙古的定位和部署是“发挥内蒙古联通俄蒙的区位优势……推进构建北京-莫斯科欧亚高速运输走廊，建设向北开放的重要窗口”。内蒙古的口岸经济发展是立足“两个屏障”、“两个基地”和“一个桥头堡”的战略定位，深度融入共建“一带一路”倡议，全面参与中蒙俄经济走廊建设，服务和融入新发展格局，以优化口岸功能布局、完善口岸基础设施建设、加快区内外口岸地区协同发展、提升口岸经济发展质量、扩展对外开放平台功能、持续优化营商环境、健全口岸安全防控体系为主要任务，构建自治区口岸新发展格局。

1. 内蒙古的边境口岸体系

截至2023年，内蒙古有经国务院批准的对外开放口岸20个。其中，航空口岸6个，分别是呼和浩特白塔、满洲里西郊、海拉尔东山、鄂尔多斯伊金霍洛、包头东河、二连浩特赛乌素国际机场；铁路口岸有2个，分别是满洲里、二连浩特口岸；公路口岸有12个，分别是满洲里、二连浩特、策克、甘其毛都、满都拉、珠恩嘎达布其、额布都格、阿日哈沙特、阿尔山、黑山头、室韦、乌力吉口岸。内蒙古形成了多方位、立体化的口岸开放格局。其中，对俄边境口岸有4个，对蒙边境口岸有10个，国际航空口岸有6个。国家批准设立了满洲里、二连浩特2个重点开发开放试验区，正在积极申请设立中国（内蒙古）自由贸易试验区。国家在内蒙古设立了3个综合保税区，分别是满洲里、呼和浩特、鄂尔多斯综合保税区；设立了4个保税物流中心（B型），分别是乌兰察布七苏木、巴彦淖尔、包头、赤峰保税物流中心（B型），通辽保税物流中心（B型）设立评估工作已经启动；批准设立了满洲里、二连浩特2个边境经济合作区。

2. 内蒙古口岸经济发展相对缓慢

内蒙古口岸是我国面向共建"一带一路"国家和地区开放的国际大通道，目前处于出入境货运量高，但贸易规模没有相应提高的局面。自2013年以来，内蒙古的边境口岸进出口额总体呈缓慢上升的发展态势，从2013年的125.47亿美元提高到2019年的159.92亿美元，年均增长4.1%。2021年进出口总额出现高速增长，达到185.42亿美元（见表7）。内蒙古的边境口岸贸易在边疆省（区）中占比不高，2019年为9.11%，2021年下降到8.53%，排名从第5位下降至第6位。2013~2019年内蒙古边境口岸的进出境货运量年均增长5.0%，出入境人数年均增长3.8%，出入境交通工具数年均增长4.9%。受疫情影响，2020年和2021年进出境货运量、出入境人数和出入境交通工具数均出现大幅下降（见图9），导致内蒙古边境口岸经济占比有所下降。2019年内蒙古口岸进出境货运量在边疆省（区）的占比为36.66%，居于第1位；2021年占比下降到24.94%，排名降至第2位；出入境人数占比从2019年的6.44%上升到2021年的10.04%，居第3位；出入境交通工具数占比从11.07%上升到12.96%，居于第3位。

表 7　2013~2021 年内蒙古口岸对外贸易进出口情况

单位：亿美元，%

年份	出口额	出口额增速	进口额	进口额增速	进出口总额	进出口总额增速
2013	35.16	-6.4	90.31	-4.9	125.47	5.6
2014	37.59	6.9	97.04	7.5	134.63	7.1
2015	27.44	-27.0	81.80	-15.7	109.24	-18.9
2016	27.95	1.9	82.72	1.1	110.67	1.3
2017	33.78	20.9	100.26	21.2	134.04	21.1
2018	39.61	17.3	115.19	14.9	154.80	15.5
2019	45.53	14.9	114.39	-0.7	159.92	3.3
2020	39.76	-12.7	100.19	-12.4	139.95	-12.5
2021	60.82	53.0	124.60	24.4	185.42	32.5

资料来源：根据各年《中国口岸年鉴》中呼和浩特海关与满洲里海关数据汇总计算所得，人民币兑美元汇率为当年汇率中间价。

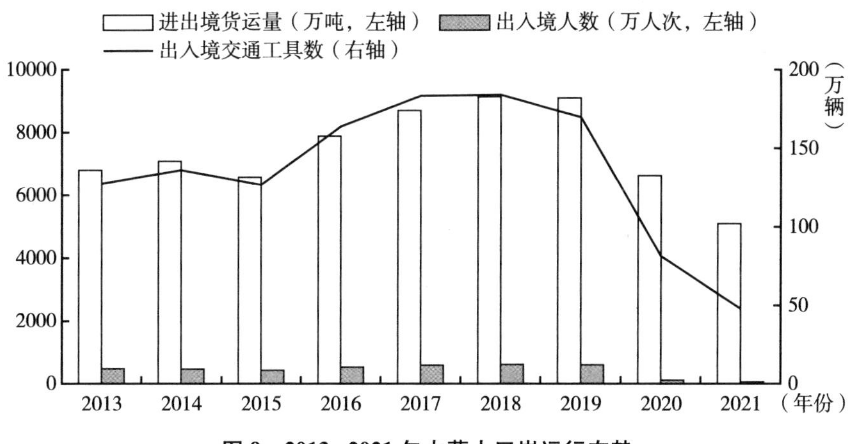

图 9　2013~2021 年内蒙古口岸运行态势

资料来源：历年《中国口岸年鉴》。

3. 内蒙古口岸仍是中蒙俄经贸合作的重要通道

中蒙俄经济走廊沿线三国经济和产业互补性强，中国出口的轻工、电子产品在俄罗斯和蒙古国两国有较大的市场份额和增长空间，其资源性产品能够满足我国消费升级带来的需求。中欧班列开通后，正在由规模增长向高质量升级。2023 年中欧班列开行 1.7 万列，运送货物 190 万标箱，其中经满洲里铁路口岸通行中欧班列 5001 列，运送货物 54 万标箱，同比分别增长 3.0%、16.0%；经二连浩特铁路口岸通行中欧班列 3294 列，运送货物 37.5 万标箱，同比分别增长 30.8%、39.4%。是内蒙古扩大中蒙俄贸易、发展口岸经济的良好基础。

内蒙古坚持边腹互动、协同有序发展的原则，发挥口岸和腹地优势。通过物流带贸易、贸易带产业，实现口岸与腹地在功能与产业之间合作的协同发展，形成“口岸+腹地”的联动发展模式。“十三五”期间，内蒙古依托满洲里、二连浩特、甘其毛都等主要陆路口岸，推进了一批关键性物流枢纽和经济合作区建设，其中满洲里铁路物流园区和综合保税区、二连浩特换装站等物流节点设施在口岸地区发挥了良好的货物集散和中转功能。在口岸腹地一批国际物流枢纽已具备较强的物流服务能力。总体上讲，内蒙古的口岸经济初步形成了依托交通通道，在节点城市集聚要素资源发展产业，依托通道向沿线进行产品辐射的发展模式，但总体上与其区位条件和战略定位还有很大差距。

（六）黑龙江

在“一带一路”愿景与行动中，明确给黑龙江的定位和部署是“完善黑龙江对俄铁路通道和区域铁路网，以及黑龙江、吉林、辽宁与俄远东地区陆海联运合作，推进构建北京-莫斯科欧亚高速运输走廊，建设向北开放的重要窗口”。从规划来看，黑龙江已进入推进口岸经济高质量发展的阶段。发展的重点是完善现代口岸体系，推动口岸互联互通，创新“岸产城”一体化融合发展，打造以口岸为引领、口岸经济区为支撑、口岸集疏通道为纽带的现代化口岸体系。着力推进口岸资源优化配置、差异化布局，大力发展口岸集群，促进“岸产城”融合，打造沿边口岸经济发展带。支持地方依托口岸发展经济。支持地方依托重点口岸通道优势，推动建设海关特殊监管区、边境经济合作区、跨境合作区、自由贸易试验区及现代物流园区等平台和载体，打造集综合加工、商贸流通、现代物流、文化旅游于一体的口岸经济增长极。加强与俄方边境重点口岸开展务实合作，建立健全双边口岸合作机制，推动双边重点口岸通关能力尽快实现匹配以及跨境基础设施互联互通。

1. 黑龙江的边境口岸体系

截至2023年，黑龙江有经国务院批准的对外开放口岸27个。其中，航空口岸有4个：哈尔滨太平、齐齐哈尔三家子、牡丹江海浪、佳木斯东郊国际机场。水运（河港）口岸有13个：哈尔滨、佳木斯、富锦、同江、抚远、饶河、萝北、嘉荫、逊克、孙吴、黑河、呼玛、漠河河港口岸。公路口岸有6个：东宁、绥芬河、密山、虎林、黑瞎子岛（客运）、黑河公路口岸。铁路口岸有3个：绥芬河、同江、哈尔滨铁路口岸。步行口岸有1个，即黑河步行口岸。其中，有19个是黑龙江对俄边境口岸，有10个是边民互市贸易区。国家批准设立绥芬河-东宁重点开发开放试验区，批准设立哈尔滨、黑河、绥芬河、同江4个跨境电商综合试验区。国务院于2019年8月批准设立中国（黑龙江）自贸试验区，实施范围达119.85平方千米，涵盖3个片区：哈尔滨片区79.86平方千米，黑河片区20.00平方千米，绥芬河片区19.99平方千米（含绥芬河综合保税区1.8平方千米）。在此基础上，黑龙江授牌批复成立跨境经济合作试验区，定位为完善对外开放合作园区体系，打造跨境产业链和产业集聚带，建设境内外联动、上下游衔接的跨境产业合作基地，设立黑河、绥芬河、东宁3个片区；黑河加快建设向北开放战略平台城市。

2. 黑龙江口岸经济发展缓慢

黑龙江的口岸在沿边开放口岸中发挥重要作用。自2013年以来，黑龙江口岸对外贸易总体呈波动发展态势，进出口总额从2013年的221.23亿美元下滑到2019年的197.69亿美元，年均下降1.9%。受疫情影响，2020年进出口总额有所下降。2021年进出口总额增长至221.33亿美元（见表8）。黑龙江口岸的对外贸易在边疆省（区）中处于中游水平。2019年黑龙江口岸进出口总额占边疆省（区）的11.33%，2021年占比为10.18%，排名从第4位下降至第5位。自2013年以来，黑龙江口岸的进出境货运量呈稳步增长态势，从2013年的2661.8万吨提高到2019年的4543.0万吨。2013~2019年年均增长9.3%。2021年进出境货运量提高到4724.0万吨。2013~2019年，黑龙江口岸出入境人数持续上升，年均增长5.3%。但2020年和

2021 年受疫情影响，出入境人数急剧下降。2013～2019 年出入境交通工具数年均增长 5.5%，受疫情影响，2020 年和 2021 年出现大幅下降（见图 10）。黑龙江边境口岸进出境货运量占比从 2019 年的 18.30%上升到 2021 年的 23.13%，均居于第 3 位；出入境人数占比从 2019 年的 4.37%下降到 2021 年的 2.41%，排名从第 5 位下降至第 6 位；出入境交通工具数占比从 2019 年的 1.53%提高到 2021 年的 1.92%，均居于第 5 位。

表 8　2013～2021 年黑龙江口岸对外贸易进出口情况

单位：亿美元，%

年份	出口额	出口额增速	进口额	进口额增速	进出口总额	进出口总额增速
2013	75.49	36.9	145.74	0.2	221.23	10.3
2014	173.40	129.7	215.60	47.9	389.00	75.8
2015	32.68	-81.2	86.69	-59.8	119.37	-69.3
2016	22.42	-31.4	71.71	-17.3	94.13	-21.2
2017	29.95	33.6	91.22	27.2	121.17	28.8
2018	18.46	-38.4	175.92	92.9	194.38	60.4
2019	23.91	29.5	173.78	-1.2	197.69	1.7
2020	20.82	-12.9	134.31	-22.7	155.13	-21.5
2021	30.03	44.2	191.30	42.4	221.33	42.7

资料来源：历年《中国口岸年鉴》。

3. 边境口岸的经济辐射带动作用有限

黑龙江边境口岸的经济带动作用多局限于县（市、区），辐射范围有限。由于特殊的地理位置，黑龙江对俄口岸所在地区经济发展滞后，基础设施陈旧，交通不便，进口的能源、矿产等商品在口岸地区的落地较为困难，出口的机电等产品难以在口岸地区进行规模化生产。各对俄边境口岸的经济发展很不平衡，在进出境货运量、出入境人数和进出口总额上，各口岸间均存在较大差距。如绥芬河口岸以其优越的地理位置和便利的交通条件，在中俄贸易中发展迅速，货运量、客运量远超其他口岸；而逊克口岸、虎林口岸等规模较小，又因缺乏口岸经济发展的区位优势，加上基础设施不够完善且

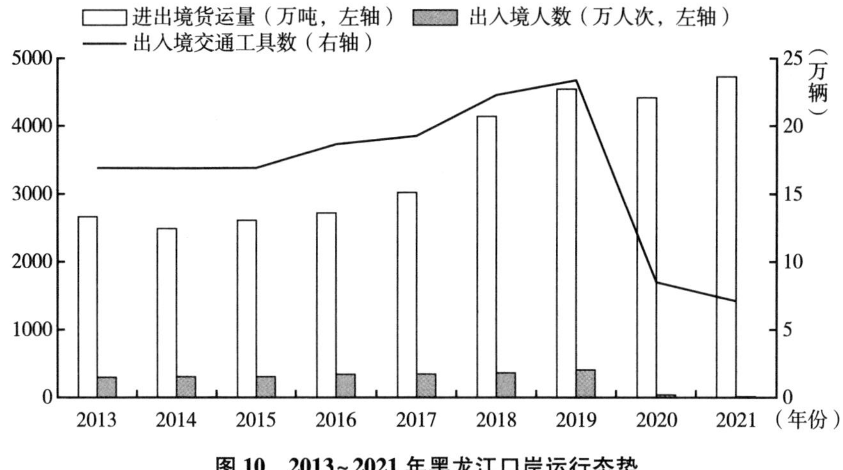

图 10　2013~2021 年黑龙江口岸运行态势

资料来源：历年《中国口岸年鉴》。

人口不足，难以形成一定的市场规模，目前仅是对俄的过货通道。部分口岸所在城市和地区的政策、规划与中蒙俄经济走廊的定位不匹配，口岸层次难以提高；黑龙江对俄口岸的地理位置相近，物产相似，相邻口岸之间的竞争突出，同质化等问题较为突出。

（七）吉林

在“一带一路”愿景与行动中，明确给吉林的定位和部署是加强与俄远东地区陆海联运合作，建设向北开放的重要窗口。围绕这一定位，吉林进一步出台政策文件，明确建设枢纽型口岸，推进高水平开放平台升级，优化全省口岸营商环境，推动实施更高水平跨境贸易便利措施，促进对外贸易稳定健康发展，稳步推动口岸经济发展。

1. 吉林的边境口岸体系

截至 2023 年，吉林经国务院批准的对外开放口岸有 16 个。其中，航空口岸 2 个：长春、延吉航空口岸。铁路口岸 3 个：集安、图们、珲春铁路口岸。公路口岸 11 个：南坪、珲春、圈河、长白、临江、三合、开山屯、古城里、沙坨子、集安、双目峰公路口岸。还有 1 个二类口岸，即老虎哨水运口岸。其中，中朝边境口岸12个，中俄边境口岸2个。依托边境开放口岸，吉林早在1992年和2015年经国务院批准设立珲春和和龙两个边境经济合作区。吉林批准成立集安、临江2个边境经济合作区。早在2012年4月经国务院批复设立的中国图们江区域（珲春）国际合作示范区面积约90平方千米，包括国际产业合作区、边境贸易合作区、中朝以及中俄珲春经济合作区四大板块。经国务院批复设立中国（延吉）、中国（吉林）2个跨境电子商务综合试验区。国务院批准设立中韩（长春）国际合作示范区。国家批准吉林设立长春兴隆、珲春综合保税区。

2. 吉林口岸经济发展滞后

自2013年以来，吉林的口岸进出口总额波动较大，2020年前进出口总额保持稳定，2021年进出口总额突然出现大幅增长（见表9）。2021年进出口总额增长144.1%，其中，出口额增长269.8%，进口额增长121.0%。吉林口岸的进出境货运量保持了较快增长，从2013年的243.70万吨增长到2018年的789.50万吨，2019年下降到619.73万吨，2020年又快速增长至1077.53万吨，2021年下降至779.60万吨，2013~2019年年均增长速度为16.8%。2013~2019年吉林口岸出入境人数呈较快增长态势，年均增长9.8%，后由于疫情影响，吉林对朝口岸基本没有人员和货物通行，对俄口岸客运通道关闭，2019~2021年出入境人数大幅下降（见图11）。吉林口岸出入境交通工具数整体呈下降态势，2013~2019年年均下降8.2%，2020年和2021年受疫情影响大幅下降。吉林口岸经济在边疆省（区）口岸经济中的占比处于中游水平，2019年口岸进出口总额占比为5.51%，2021年占比提高到10.7%，排名从第6位上升至第4位；进出境货运量占比从2019年的2.49%提高到2021年的3.81%，均居于第5位；出入境人数占比从2019年的3.16%下降到2021年的1.46%，排名从第5位降至第7位；出入境交通工具数占比从2019年的0.88%下降至2021年的0.56%，均处于第7位。近年来，吉林不断优化口岸布局，长白、古城里、沙坨子、集安、双目峰公路口岸顺利通过国家验收，升级为国家级口岸，大安港水运口岸退出吉林口岸序列，珲春口岸成为边境贸易合作的重要物流枢纽。推动吉林中欧班列建设及完善，确保“长满欧”“长春-汉堡”班列持续运行，开通“长珲欧”班列。扩大内贸货物跨境运输业务范围，珲春经罗津港到中国南方城市的内贸货物跨境运输航线稳定运营，珲春-扎鲁比诺-宁波内贸货物跨境运输业务稳定开展。2023 年 5 月，经中国海关总署联合三部委批复，同意吉林进一步扩大内贸货物跨境运输业务，增加俄罗斯符拉迪沃斯托克（海参崴）港作为内贸货物中转口岸，通过将俄罗斯符拉迪沃斯托克港作为中转口岸，中国东北地区的大宗货物可以更加高效地运输到南方港口，从而降低物流成本。

表 9　2013~2021 年吉林口岸对外贸易进出口情况

单位：亿美元，%

年份	出口额	出口额增速	进口额	进口额增速	进出口总额	进出口总额增速
2013	13.24	1.1	85.01	11.6	98.25	10.0
2014	15.86	19.8	101.00	18.8	116.86	18.9
2015	14.48	-8.7	76.14	-24.6	90.62	-22.5
2016	15.18	4.8	80.31	5.5	95.49	5.4
2017	24.38	60.6	86.86	8.2	111.24	16.5
2018	19.59	-19.6	88.01	1.3	107.60	-3.3
2019	19.74	0.8	76.33	-13.3	96.07	-10.8
2020	14.80	-25.0	80.47	5.4	95.27	-0.8
2021	54.73	269.8	177.81	121.0	232.54	144.1

资料来源：历年《中国口岸年鉴》。

珲春综合保税区于 2019 年通过验收并封关运行，之后实现了快速发展。2023 年 1~10 月，珲春综合保税区进出口总额为 7.90 亿美元，同比增长 38.8%。吉林口岸功能逐渐丰富，国务院于 2018 年 10 月批复同意兴隆铁路口岸集装箱场站为汽车整车进口口岸，将助力吉林形成完整的汽车产业链，有效提高长春至欧洲国际运输大通道的货运量；原国家质检总局于 2018 年 3 月批复同意图们口岸为鲜活食用水生动物进境指定口岸，为引进海产资源、开展转化利用提供了有效政策保障，口岸功能的丰富将进一步促进长春

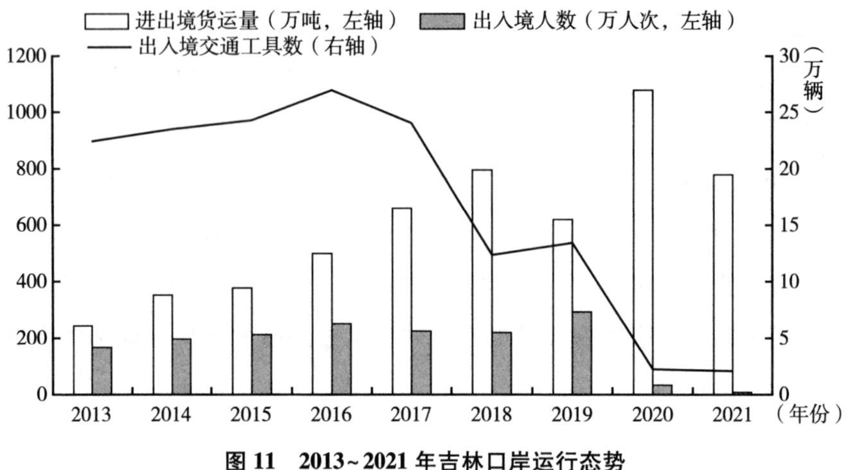

图 11　2013~2021 年吉林口岸运行态势

资料来源：历年《中国口岸年鉴》。

内陆地区外向型经济发展。2021 年 6 月 7 日经国务院批复，增设长春航空口岸为药品进口口岸。

3. 吉林口岸经济发展基础和条件相对薄弱

吉林口岸基础设施及查验配套设施建设滞后。长春、延吉航空口岸候机楼面积不足，查验通道少，检验设施不足，旅客通关滞留现象严重。图们、集安、珲春铁路口岸基础设施改造进展缓慢，设备落后、装备不齐、货物承载能力和换装能力弱。边境公路口岸普遍存在国境桥超期服役不堪重负、安全隐患多，海关、检验检疫查验场地不配套，旅客候检场地狭小，查验仪器设备配备不足、现场查验模式老，查验过程长，准确率低等问题，影响了通关速度。口岸建设缺乏长效机制，不能满足口岸经济发展需要。受周边国家体制机制的影响，对方口岸通关渠道不畅。口岸信息资源共享机制建设有待加强。口岸经济发展缓慢，带动作用发挥不充分。边境公路口岸远离经济中心城市，口岸区域难以形成物流带。边境地区现有的经济开发区、经济合作区、出口贸易加工区，主体作用发挥不充分，区内缺乏主导商品，物资总量小，领域不宽，出口结构粗放，竞争力不强，境外资源开发规模仍然偏小，导致口岸整体功能发挥不足。

（八）辽宁

在“一带一路”愿景与行动中，明确给辽宁的定位和部署是加强与俄远东地区陆海联运合作，建设向北开放的重要窗口。辽宁既沿海又沿边，是我国边疆省（区）中唯一处于优先开发区域的省份。辽宁对边境口岸赋予了重要地位，专门制定出台了《辽宁省口岸发展三年行动方案（2022—2024）》，对包括陆地边境口岸在内的口岸体系进行了部署，以进一步发挥口岸对外向型经济发展的引领作用，助力辽宁高质量打造对外开放新前沿，重点围绕优化口岸营商环境、补齐口岸建设短板、统筹推进“五型”口岸建设、加强口岸联防建设、积极推动口岸经济发展等方面要求，细化成具有针对性和可操作性的具体任务。

1. 辽宁的陆地边境口岸体系

辽宁陆地边境口岸主要集中在丹东，丹东也是中国海岸线的北端起点，位于东北亚的中心地带，是东北亚经济圈与环渤海、黄海经济圈的重要交汇点，是一个以工业、商贸、物流、旅游为主体的沿江、沿海、沿边城市。丹东基础设施完备，形成了海、陆、空立体交通体系，在沿江、沿海口岸线上，拥有各类口岸 9 个，其中，一类口岸 5 个：铁路、公路、海港、界河、输油管道口岸。还有二类口岸 4 个。早在 1992 年，国家就在丹东边境线上，设立了丹东边境经济合作区，是当时国家 14 个边境经济合作区之一。丹东还是沿海开放城市，拥有港口、铁路、公路、管道、机场 5 种类型口岸。丹东是中国对朝贸易最大的口岸城市、国家特许经营赴朝旅游城市，是亚洲唯一一个同时拥有边境口岸、机场、高铁、河港、海港、高速公路的城市，区域级流通节点城市。国家批准设立了中国（辽宁）自贸试验区，实施范围达 119. 89 平方千米，涵盖大连片区 59. 96 平方千米（含大连保税区 1. 25 平方千米、大连出口加工区 2. 95 平方千米、大连大窑湾保税港区 6. 88 平方千米）、沈阳片区 29. 97 平方千米、营口片区 29. 96 平方千米。

2. 辽宁口岸经济占比较小且增长缓慢

辽宁既有沿海口岸又有沿边口岸，如果包含沿海口岸，辽宁的口岸经济是边疆省（区）中最发达的（见表 10 和图 12），甚至超过广西，但本报告主要研究陆地边疆口岸经济，所以着重分析剔除水运部分的沿边口岸经济。自 2013 年以来，辽宁陆地边境口岸进出口规模较小，发展缓慢，2021 年出现高速增长（见表 11），2013~2019 年，陆地口岸进出口总额在 20~30 亿美元，年均增长 1.4%，其中，出口额年均增长 3.9%，进口额年均下降 0.06%。但 2021 年进出口总额增长 60.7%，其中，出口额增长 92.0%，进口额增长 33.1%。2019 年辽宁陆地口岸进出口总额占边疆省（区）的比重很小，为 1.31%，居于第 7 位，2021 年占比为 1.80%。辽宁陆地口岸的进出境货运量总体上处于下降态势，2013~2019 年年均下降 3.5%。之后受疫情影响，2020 年和 2021 年大幅下降，口岸基本处于封闭状态。出入境人数和出入境交通工具数也出现大幅下滑（见图 13）。2019 年辽宁陆地边境口岸进出境货运量占边疆省（区）的 0.57%，2021 年占比为 0.03%，处于第 7 位；出入境人数占比从 2019 年的 5.05%提高至 2021 年的 6.41%，处于第 4 位；出入境交通工具数占比从 2019 年的 1.11%下降至 2021 年的 0.08%，排名从第 6 位下降至第 7 位。

表 10　2013~2021 年辽宁口岸对外贸易进出口情况（含水运）

单位：亿美元，%

年份	出口额	出口额增速	进口额	进口额增速	进出口总额	进出口总额增速
2013	582.80	0.2	735.80	2.8	1318.60	1.6
2014	620.02	6.4	769.88	4.6	1389.90	5.4
2015	561.41	-9.5	594.11	-22.8	1155.52	-16.9
2016	505.31	-10.0	539.48	-9.2	1044.79	-9.6
2017	549.22	8.7	668.10	23.8	1217.22	16.5
2018	626.86	14.1	797.76	19.4	1424.62	17.0
2019	577.41	-7.9	813.19	1.9	1390.60	-2.4
2020	486.82	-15.7	785.02	-3.5	1271.84	-8.5
2021	618.75	27.1	989.64	26.1	1608.39	26.5

资料来源：历年《中国口岸年鉴》。

在“一带一路”建设中，丹东既有陆地口岸，又有沿海口岸，具有重要地位。丹东是中国与朝鲜之间的重要通道和交流窗口，丹东对朝鲜的进出口额占丹东进出口总额的 13%（2020 年）。丹东也是中国与韩国、日本等亚洲国家贸易往来的重要通道。截至 2020 年底，丹东已累计对朝投资 24 亿元，主要涉及制造业、农业、旅游等领域。2022 年，国务院印发《关于同意辽宁丹东港口岸扩大开放的批复》，同意丹东港口岸扩大开放，开放范围包括大东港区 63926 米岸线，共 18 个泊位，对辽宁沿海经济带“黄海翼”的对外开放、对外交往与经贸合作产生积极影响。

表 11　2013~2021 年辽宁口岸对外贸易进出口情况（不含水运）

单位：亿美元，%

年份	出口额	出口额增速	进口额	进口额增速	进出口总额	进出口总额增速
2013	7.20	-10.8	13.95	-6.9	21.15	-8.3
2014	6.51	-9.6	15.81	13.3	22.32	5.5
2015	7.13	9.5	13.82	-12.6	20.95	-6.1
2016	5.72	-19.8	15.11	9.3	20.83	-0.6
2017	7.85	37.2	14.10	-6.7	21.95	5.4
2018	11.03	40.5	18.11	28.4	29.14	32.8
2019	9.08	-17.7	13.90	-23.2	22.98	-21.1
2020	11.44	26.0	12.94	-6.9	24.38	6.1
2021	21.96	92.0	17.22	33.1	39.18	60.7

资料来源：历年《中国口岸年鉴》。

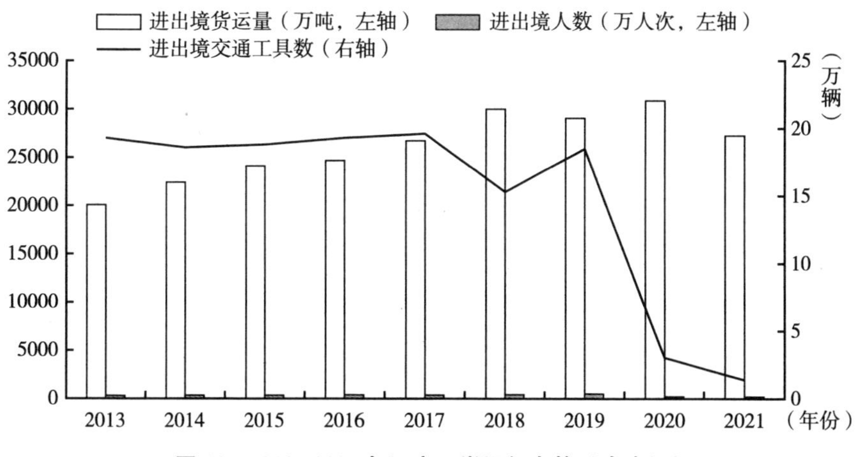

图 12　2013~2021 年辽宁口岸运行态势（含水运）

资料来源：历年《中国口岸年鉴》。

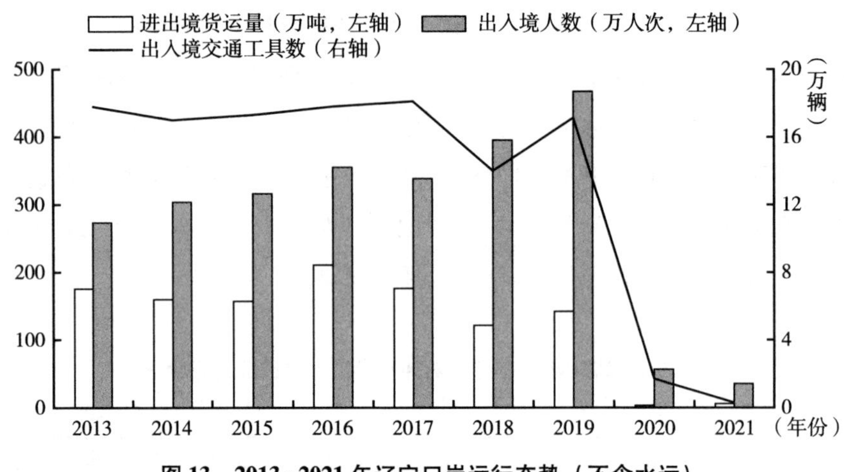

图 13　2013~2021 年辽宁口岸运行态势（不含水运）

资料来源：历年《中国口岸年鉴》。

三　结论与建议

（一）结论

本报告以口岸经济特征探讨为基点，同时以自 2013 年以来中国陆地边境口岸进出口总额、进出境货运量、出入境人数、出入境交通工具数等可量化指标的变化以及国家和边疆省（区）依托口岸设立的对外开放平台为依据，分析了我国边疆口岸经济总体发展格局和 8 个边疆省（区）的陆地边境口岸体系、为发展口岸经济而开展的改革创新、发展特点和存在的困难。通过分析得出以下几点结论。

一是边境口岸作为开放条件下要素和商品出入境流动的节点，口岸面向的国家与区域的经济发展水平不一，决定了口岸经济具有经济要素在边境口岸快速流动、口岸经济形态以轻资产服务业态为主、受地缘政治和地缘经济不确定性影响、跨境协调机制具有复杂性等四个一般性特征。

二是“一带一路”建设使我国陆地边境口岸对外贸易得到快速发展，

增速明显快于全国对外贸易进出口增速，要素跨境流动速度明显加快，边界屏蔽效应逐步减弱，开放效应逐步增强。

三是我国陆地边境口岸在陆海内外联动、东西双向互济的新开放格局中被赋予更高的地位和功能定位，国家和边疆省（区）都依托边境口岸建设了众多开放平台，这些平台的功能和优势尚未得到充分发挥，发展潜力巨大。

四是各边疆省（区）在融入“一带一路”愿景与行动规划部署的六大经济走廊中，边疆地区口岸经济发展差异性较大。广西和云南的口岸经济在制度创新下呈现良好的发展态势，在面向东盟、南亚、东南亚和环印度洋地区开放，在主动融入中国-中南半岛经济走廊、孟中印缅经济走廊、中缅经济走廊、西部陆海新通道建设的过程中，开放前沿的功能正在增强；新疆和内蒙古的口岸长期处于我国对外贸易的陆路运输大通道节点上，口岸经济发展潜力巨大，但目前通道经济是口岸经济的主要形态，主动融入中巴经济走廊、中国-中亚-西亚经济走廊、新亚欧大陆桥、中蒙俄经济走廊建设的举措和成效还不突出，对要素集聚的吸引力还不强，从通道经济向产业经济、产业园区转型升级面临诸多体制机制障碍；黑龙江、吉林、辽宁的口岸经济规模小，发展缓慢，基础设施也相对薄弱，内引外联地发挥向北开放的重要窗口作用还不够，创新不足；西藏的口岸受自然条件制约严重，口岸经济发展尚未起步。

（二）建议

基于以上分析结论，建议重点推进以下几方面工作。

一是以构建周边命运共同体理念加快推进跨境经济合作区构建。进一步加强与口岸开放面向国家的协调与沟通，在重点口岸推进与周边国家的跨境经济合作区构建，充分研究与周边不同国家构建命运共同体的利益汇合点，测算出跨境经济合作区建设会给对方国家带来的收益与损失，有效支撑跨境经济合作区的协调与沟通。以跨境经济合作区有效承接我国长三角、珠三角等地区的产业转移。

二是加快边境地区国际航空口岸机场建设，打造具有保税功能的临空产业园区。立足辐射共建“一带一路”国家和地区的航空口岸网络构架，优先加快推进沿边州（市、盟）已有机场、边境地区的机场升级为国际口岸机场，建设航空保税监管区和保税功能区，打造临空产业园区，力争早日接入联通境外的空中走廊，削弱陆路过境边界屏蔽效应。

三是鼓励各地创新探索“口岸+腹地”联动模式，将通道经济转化为产业经济。在国家层面统一采取“边疆口岸+”的国际陆港“岸城”联动发展模式，鼓励边境口岸所在城市的开发区、自贸试验片区、产业园区等，主动对接东部沿海地区产业园区，联合建立“飞地”，创新体制机制，增强口岸的落地加工能力。

四是持续推进二类口岸升级改造，增强口岸关境外要素集聚和关境内产业设施配套功能。增强我国边境口岸关境外国家口岸要素吸引力，增强打造两国命运共同体的动力。

五是打造口岸金融发展新模式，创新口岸经济新业态和融资保障措施。一类口岸吸引商业性金融集聚，二类口岸吸引村镇银行进驻，引导开发性金融资金支持市政公用设施和公共服务设施建设，吸引进出口金融资金支持口岸进出口业务发展，鼓励城市商业金融资金支持口岸产业链金融服务。围绕口岸实体经济创新金融产品，将口岸金融打造为口岸经济新业态。

六是创新口岸协调机制，提升地方涉外对接协调权限。提高边疆省（区）各级政府的涉外权限，优化涉外事权的委托代理机制。鼓励边疆省（区）各级政府在口岸建立执行层工作对接机制，强化口岸事务对接功能。高配口岸地区党政领导，提升口岸地区政府的服务能力。

B.8 中国边疆地区的区域发展态势及对策建议

宋周莺　管　靖*

摘　要： 边疆地区是我国区域协调发展战略的重要组成部分，是国家对外开放及推进“一带一路”建设的重要门户，是维护国家安全和边疆地区稳定的重要载体，是构建国内国际双循环相互促进的新发展格局的重点地区。改革开放40多年来，我国从沿海到沿江沿边，从东部地区到中西部地区，初步形成了全方位、多层次、宽领域的对外开放格局。但随着百年未有之大变局加速演进，如何进一步推动边疆地区发展，成为我国推动区域发展及推进高水平对外开放必须重视的问题。本报告利用多源数据，从边疆省份和边境地区（县域）两个尺度，通过定性与定量相结合的方法，分析了我国边疆地区的自然环境、经济社会发展态势及对外开放平台建设进展，分析其机遇与挑战，进而提出未来边疆地区深度融入“一带一路”建设的相关对策建议。研究发现，自2010年以来边疆地区经济社会发展及对外开放平台建设取得长足发展，但受制于自然环境及区位条件，其社会经济发展整体落后于全国平均水平，对外开放平台还有待进一步完善。在未来发展中，边疆地区应积极促进对外贸易发展，推进双向投资合作，充分利用国内国际两个市场，系统建设边境对外开放平台，强化边境重点城镇建设。

关键词： “一带一路”　边疆地区　对外开放

---

* 宋周莺，中国科学院地理科学与资源研究所中国科学院区域可持续发展分析与模拟重点实验室，中国科学院大学资源与环境学院，主要研究方向为经济地理与区域发展；管靖，中国科学院地理科学与资源研究所中国科学院区域可持续发展分析与模拟重点实验室，中国科学院大学资源与环境学院。

边疆地区作为国家对外开放的重要门户，在维护国家安全稳定方面发挥着不可替代的作用；边疆地区作为我国区域发展的重要组成部分，亦是推进区域协调发展的攻坚区域。① 随着“一带一路”倡议的不断推进，边疆地区在我国构建全方位对外开放新格局中的作用不断增强，边疆地区在党的二十大提出的深入实施区域协调发展战略、推进高水平对外开放中具有重要意义。

边疆地区是推进“一带一路”建设的重要区域。“一带一路”是新时期我国区域协调发展和对内对外开放相结合、推动发展向中高端水平迈进的重大举措。边疆地区是“一带一路”建设的重要组成部分，承担连接南北东西国际大通道、扩大内陆开放的历史使命，关乎我国全方位对外开放的新格局。目前，我国对外开放形成了从沿海到沿江沿边、从东部到中西部地区梯次开放的格局，但内陆沿边开放的水平仍然较低，已经成为构筑开放型经济新体制的一个关键短板。随着“一带一路”倡议的实施，边疆地区将真正从“末端”区位成为“前沿”区位，从而带动沿边开放进入一个新阶段。

边疆地区是维护国家安全和边疆稳定的关键区域。近年来，边疆地区发展面临的地缘政治环境日趋复杂，进一步深入推进边疆地区发展成为我国地缘政治战略的重要环节。同时，边疆地区是我国保持边疆稳定和民族团结的工作重点。目前，各种不稳定因素尚且存在，边疆地区稳定的基础仍很脆弱，形势依然严峻复杂。在这种态势下，深入推进西部大开发、加快边疆地区及民族地区的经济和社会发展是维护民族地区稳定的有效手段，是保持沿边地区繁荣的重要基础。

边疆地区是全面建设社会主义现代化国家新征程的重点区域，是我国区域协调发展战略的重要组成部分。我国大部分边疆地区，具有面积广、边境线长、人口稀少、少数民族集中、经济社会发展水平较低等特征。2020 年底，西部地区与全国同步进入小康社会，实现了全面脱贫，

① 刘卫东等：《中国的特殊经济空间》，科学出版社，2022。

但内部发展差距较大；巩固脱贫攻坚成果、推进乡村振兴的任务仍然比较严峻。只有进一步提高沿边发展水平，推动更多优质生产要素和先进生产力向边疆地区转移，建立更加公平可持续的社会保障制度，加快构建城乡一体化发展体制机制，才能保障我国开启全面建设社会主义现代化国家的新征程。

基于此，本报告从经济、社会、开放平台等方面入手，分析我国边疆地区发展态势并提出相关建议，以期在“一带一路”倡议背景下为优化边疆地区发展格局、维护边疆稳定和民族团结提供支撑。

一　边疆省份发展态势

中国陆地边界线 2.28 万千米，是世界上陆地边界线最长和邻国最多的国家，边疆地区发展态势复杂。中国同邻国接壤的省份包括辽宁、吉林、黑龙江、内蒙古、甘肃、新疆、西藏、云南、广西等 9 个省和自治区（以下简称“边疆省份”）。考虑到研究数据的可获取性和研究时间的连贯性，以 2010~2022 年为研究时限。①

（一）边疆省份的经济发展态势

1. 经济水平稳步提升，但整体发展仍相对滞后

边疆省份经济水平呈现上升趋势，但其增长动力趋缓、区域间差异加大。如表 1 和表 2 所示，2010~2022 年，边疆 9 省（区）地区生产总值由 76025.16 亿元大幅增至 167435.50 亿元，人均 GDP 由 27461.77 元上升至 61493.87 元，经济发展水平显著提升。但边疆省份地区生产总值与人均地区生产总值年均增速分别为 6.80%和 6.95%，分别低于全国平均增速 2.01 个百分点和 1.95 个百分点，可见边疆省份经济增长动力仍相对滞后。与此同时，边疆省份地区生产总值占 GDP 的比重从 17.40%下降到 13.91%，R

① 由于数据的可获取性，部分指标分析时间前后与样本容量略有出入。

值也从 0.89 波动下降至 0.72，可见边疆省份与我国其他省（区、市）的差距呈扩大态势。

随着边疆省份经济发展水平逐渐提升，其区域内部差异逐渐缩小。2010~2022 年，沿边 9 省（区）地区生产总值的变异系数从 0.60 缩小至 0.49，人均地区生产总值的变异系数从 0.43 下降至 0.24。2010 年以来，西南和西北沿边省（区）经济增长迅速，逐渐缩小与东北边疆省份的差距。例如，2010~2022 年，长期发展滞后的西藏地区生产总值以高达 12.71%的年均增速从 507.46 亿元上升至 2132.60 亿元，是地区生产总值增长最快的边疆省份。其次，云南地区生产总值以 12.26%的年均增长率从边疆省份经济规模的第 6 位上升至第 2 位；新疆地区生产总值以 10.36%的年均增速从边疆省份第 7 位上升至第 5 位。

表 1　2010~2022 年边疆省份地区生产总值及其占比

单位：亿元，%

地区	2010 年地区生产总值		2014 年地区生产总值		2018 年地区生产总值		2022 年地区生产总值	
	绝对值	占比	绝对值	占比	绝对值	占比	绝对值	占比
全　国	437041.99	100.00	684349.42	100.00	914707.46	100.00	1203462.20	100.00
边疆省份	76025.16	17.40	120757.88	17.65	134197.22	14.67	167435.50	13.91
辽　宁	18457.27	4.22	28626.58	4.18	25315.35	2.77	28975.10	2.41
内蒙古	11672.00	2.67	17770.19	2.60	17289.22	1.89	23158.60	1.92
黑龙江	10368.60	2.37	15039.38	2.20	16361.62	1.79	15901.00	1.32
广　西	9569.85	2.19	15672.89	2.29	20352.51	2.23	26300.90	2.19
吉　林	8667.58	1.98	13803.14	2.02	15074.62	1.65	13070.20	1.09
云　南	7224.18	1.65	12814.59	1.87	17881.12	1.95	28954.20	2.41
新　疆	5437.47	1.24	9273.46	1.36	12199.08	1.33	17741.30	1.47
甘　肃	4120.75	0.94	6836.82	1.00	8246.07	0.90	11201.60	0.93
西　藏	507.46	0.12	920.83	0.13	1477.63	0.16	2132.60	0.18

资料来源：历年《中国统计年鉴》。

表 2　2010~2022 年边疆省份人均地区生产总值及其与全国人均地区生产总值的比值

单位：元

地区	2010 年人均地区生产总值		2014 年人均地区生产总值		2018 年人均地区生产总值		2022 年人均地区生产总值	
	绝对值	R 值	绝对值	R 值	绝对值	R 值	绝对值	R 值
全　国	30808.00	1.00	46912.00	1.00	65534.00	1.00	85698.00	1.00
边疆省份	27461.77	0.89	43656.37	0.93	48687.45	0.74	61493.87	0.72
辽　宁	42355.00	1.37	65201.00	1.39	58008.00	0.89	68775.00	0.80
内蒙古	47347.00	1.54	71046.00	1.51	68302.00	1.04	96474.00	1.13
黑龙江	27076.00	0.88	39226.00	0.84	43274.00	0.66	51096.00	0.60
广　西	20219.00	0.66	33090.00	0.71	41489.00	0.63	52164.00	0.61
吉　林	31599.00	1.03	50160.00	1.07	55611.00	0.85	55347.00	0.65
云　南	15752.00	0.51	27264.00	0.58	37136.00	0.57	61716.00	0.72
新　疆	25034.00	0.81	40648.00	0.87	49475.00	0.75	68552.00	0.80
甘　肃	16113.00	0.52	26433.00	0.56	31336.00	0.48	44968.00	0.52
西　藏	17027.00	0.55	29252.00	0.62	43398.00	0.66	58438.00	0.68

注：R 值=人均地区生产总值/全国人均地区生产总值。

资料来源：历年《中国统计年鉴》。

2. 产业结构逐渐优化，但第三产业发展有待提升

边疆省份产业发展迅速，但第二产业增长仍缺乏动力。2010~2022 年，边疆省份第一产业产值从 9054.60 亿元上升至 23037.00 亿元，第二产业产值从 28512.30 亿元上升至 63705.40 亿元，第三产业产值从 25352.70 亿元上升至 80693.10 亿元，产业结构从“二三一”向“三二一”转型。

从产业增速来看，边疆省份产业增长仍与全国平均水平有较大差异。2010~2022 年，边疆省份三次产业年均增速分别为 8.09%、6.93%和 10.13%，第一产业增速高于全国平均增速 0.91 个百分点，而第二产业和第三产业低于全国平均增速 1.08 个百分点和 0.90 个百分点。从产业结构来看，2010~2022 年，边疆省份第一产业占比从高于全国平均水平 5.06 个百分点扩大至 6.46 个百分点；第二产业占比从低于全国 1.18 个百分点扩大至 1.87 个百分点；而 2022 年第三产业占比低于全国平均水平 4.59 个百分点（见表 3）。

表 3　2010 年和 2022 年边疆省份三次产业结构占比

单位：%

地区	2010 年			2022 年		
	第一产业	第二产业	第三产业	第一产业	第二产业	第三产业
全　　国	9. 33	46. 50	44. 18	7. 30	39. 92	52. 78
边疆省份	14. 39	45. 32	40. 29	13. 76	38. 05	48. 19
辽　　宁	10. 57	51. 68	37. 75	8. 96	40. 57	50. 46
内 蒙 古	13. 39	41. 71	44. 90	11. 46	48. 54	40. 00
黑 龙 江	15. 55	49. 90	34. 55	22. 70	29. 24	48. 06
广　　西	19. 17	40. 52	40. 31	16. 23	33. 99	49. 78
吉　　林	14. 48	38. 78	46. 74	12. 92	35. 41	51. 67
云　　南	14. 10	42. 24	43. 66	13. 86	36. 16	49. 98
新　　疆	18. 66	46. 26	35. 08	14. 14	40. 98	44. 87
甘　　肃	11. 98	48. 44	39. 58	13. 53	35. 22	51. 25
西　　藏	12. 63	30. 22	57. 15	8. 45	37. 73	53. 82

资料来源：国家统计局。

从劳动力与产值的关系入手，基于泰尔指数测算边疆地区的产业投入产出情况。① 如表 4 所示，边疆省份产业泰尔指数从 2010 年的 0. 3063 下降至 2022 年的 0. 1860，说明边疆省份劳动力结构与产业结构的协调发展取得了较大的进展。具体而言，云南产业合理化进程较快，合理化程度从第 9 位上升至第 5 位。黑龙江、甘肃、广西的合理化进程紧随其后，泰尔指数降幅分别为 0. 20、0. 19 和 0. 17，未来产业协调发展的能力较强。然而，吉林的产业合理化指数不降反升，使其产业地位受到一定的挑战。

① 泰尔指数计算公式：$TL=\sum_{i=1}^{n}\left(\frac{Y_i}{Y}\right)\ln\left(\frac{Y_i}{Y}/\frac{L_i}{L}\right)$，其中，$Y_i/Y$ 表示第 i 产业产值占三次产业总产值的比重；L_i/L 表示第 i 产业就业人数占三次产业总就业人数的比重；n 表示产业部门数，在本报告中按三次产业划分，故取 3。

表 4　2010~2022 年边疆省份产业泰尔指数

地区	2010 年	2014 年	2018 年	2022 年
全　国	0.2045	0.1348	0.1268	0.1032
边疆省份	0.3063	0.2341	0.2163	0.1860
辽　宁	0.1915	0.1156	0.1633	0.1654
内蒙古	0.3127	0.2068	0.2469	0.3124
黑龙江	0.2932	0.1767	0.0632	0.0895
广　西	0.2521	0.2562	0.2609	0.0818
吉　林	0.1913	0.1537	0.1523	0.2402
云　南	0.4859	0.3894	0.3373	0.2409
新　疆	0.3659	0.2280	0.2188	0.2982
甘　肃	0.4530	0.5130	0.2942	0.2666
西　藏	0.3889	0.3089	0.2695	0.2832

资料来源：国家统计局。

（二）边疆省份的对外经贸发展态势

1. 对外贸易取得长足发展，但面临逆差挑战

自 2010 年以来，边疆省份对外贸易在波动中快速发展，逐渐成为我国对外贸易的重要驱动力。2010~2022 年，边疆省份进出口总额由 2015.58 亿美元增至 4707.07 亿美元，年均增速达 7.32%，略高于全国平均增速（6.47%）。具体而言，2010~2014 年边疆省份进出口总额保持年均 11.20% 增速；自 2015 年以来，受国内供给侧结构性改革以及贸易保护主义抬头的影响，边疆省份乃至全国的对外贸易形势面临日益严峻的挑战，出口额从 2014 年的 3082.37 亿美元降至 2016 年的 2339.16 亿美元。随着“一带一路”建设深入推进、兴边富民行动及边境对外开放平台建设，2017~2019 年边疆省份进出口总额从 2749.12 亿美元增至 3401.24 亿美元，占全国进出口总额的比重也从 6.69%上升至 7.43%。但 2020 年全球新冠疫情使各国不同程度地加大了对跨边界流动要素的管控力度，边疆省份进出口总额下降至 3130.73 亿美元，占全国进出口总额的比重回落至 6.72%；得益于有效的疫

情防控措施及经济发展，2022 年边疆省份进出口总额回升至 4707.07 亿美元，占全国进出口总额的比重也上升至 7.46%（见图 1）。

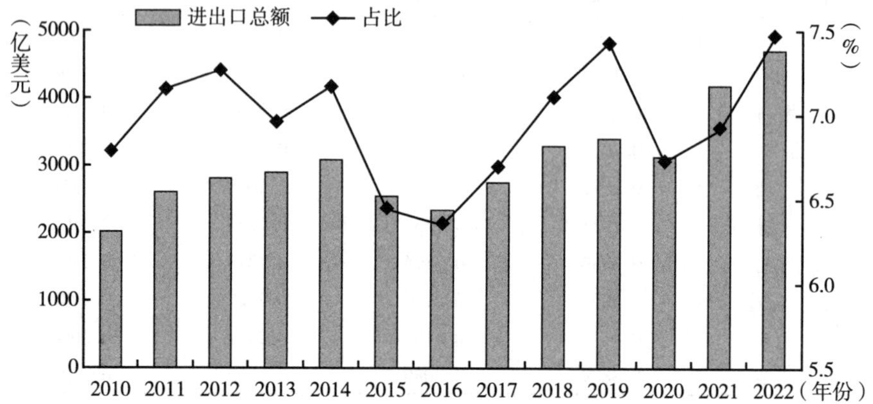

图 1　2010~2022 年边疆省份进出口总额及其占全国进出口总额的比重

资料来源：中华人民共和国海关总署。

边疆省份长期处于贸易逆差状态，且这种国际收支结构呈加强态势。2010 年，边疆省份出口额达 863.12 亿美元，进口额为 1152.46 亿美元，贸易逆差为 289.34 亿美元；2022 年，出口额增至 1909.52 亿美元，进口额增至 2797.55 亿美元，贸易逆差为 888.03 亿美元。2010~2022 年，边疆省份进口规模年均增速为 7.67%，高于出口规模年均增速 0.83 个百分点。这反映出边疆省份在吸纳跨境要素上的能力有所增强，逐渐成为我国参与全球生产分工和国际贸易的重要窗口；但长期贸易逆差不利于边疆地区国际储备增长及本地产业发展。具体来看，2010~2022 年，辽宁、广西贸易逆差分别从 94.06 亿美元和 64.99 亿美元上升至 286.80 亿美元和 265.39 亿美元，逆差规模增长明显；黑龙江贸易逆差增长最快，年均增速高达 24.31%。得益于尼泊尔国内对传统劳动密集型商品的需求，西藏是为数不多贸易顺差的边疆省份；[①] 2022 年新疆贸易顺差规模高达 51.22 亿美元（见表 5）。

① 《西藏积极发展外贸经济综述》，人民政协网，2017 年 12 月 28 日，https://www.rmzxb.com.cn/c/2017-12-28/1915323.shtml。

表 5　2010~2022 年边疆省份对外贸易进出口情况

单位：亿美元

地区	2010 年		2014 年		2018 年		2022 年	
	出口额	进口额	出口额	进口额	出口额	进口额	出口额	进口额
全　国	15777. 54	13962. 44	23422. 93	19592. 35	24866. 82	21357. 34	35936. 01	27159. 99
边疆省份	863. 12	1152. 46	1257. 10	1825. 27	1224. 88	2064. 42	1909. 52	2797. 55
辽　宁	429. 43	523. 49	556. 61	697. 28	579. 90	760. 86	646. 11	932. 91
内蒙古	43. 57	73. 25	64. 00	88. 95	74. 81	123. 54	120. 74	208. 36
黑龙江	85. 06	98. 33	121. 67	172. 57	48. 16	189. 20	82. 75	263. 47
广　西	65. 25	130. 24	130. 43	318. 45	177. 14	430. 20	404. 13	669. 52
吉　林	45. 07	125. 17	62. 46	207. 91	55. 87	159. 55	79. 80	150. 91
云　南	51. 08	52. 25	105. 17	93. 97	105. 29	166. 49	254. 02	263. 68
新　疆	125. 55	88. 09	175. 50	213. 39	153. 82	193. 23	290. 10	238. 88
甘　肃	12. 75	61. 13	20. 80	31. 86	25. 89	39. 01	28. 50	69. 63
西　藏	5. 38	0. 52	20. 47	0. 88	4. 01	2. 34	3. 38	0. 19

资料来源：中华人民共和国海关总署。

2. 吸引外资规模有限，面临较严峻挑战

自 2010 年以来，边疆省份实际利用外资水平持续走低。2010~2021 年，边疆省份外商直接投资额从 306. 99 亿美元降至 100. 41 亿美元，年均增速为 -9. 66%。具体来看，辽宁、吉林、广西是边疆省份吸引外商直接投资的主要省份。2010 年辽宁实际利用外资金额达 207. 50 亿美元，占边疆省份的 67. 59%；随着边疆省份对外开放体系多元化发展，2021 年辽宁实际利用外资金额占比下降至 31. 84%，而吉林、广西等实际利用外资金额占比分别从 2010 年的 4. 17%和 2. 97%上升至 30. 47%和 16. 37%。

从外商直接投资增速来看，边疆省份实际利用外资规模经历了两次断崖式下降。第一次是 2015 年前后，降幅高达 49. 84%，这一方面可能是由于实际利用外资的统计口径发生了变化，另一方面是在逆全球化势力愈演愈烈的背景下国际投资环境不断恶化。第二次是 2019 年以来的中美经贸摩擦叠加新冠疫情。同期，边疆省份实际利用外资金额占比从 2010 年的

17.35%下降至2015年的8.37%，在2019年进一步下降至4.59%，2021年仅剩3.76%（见图2）。可见，相比于东部沿海地区，边疆省份在我国吸纳外资的格局中日渐式微，对国际资本的吸引能力相对较弱，改善营商环境的任务艰巨。

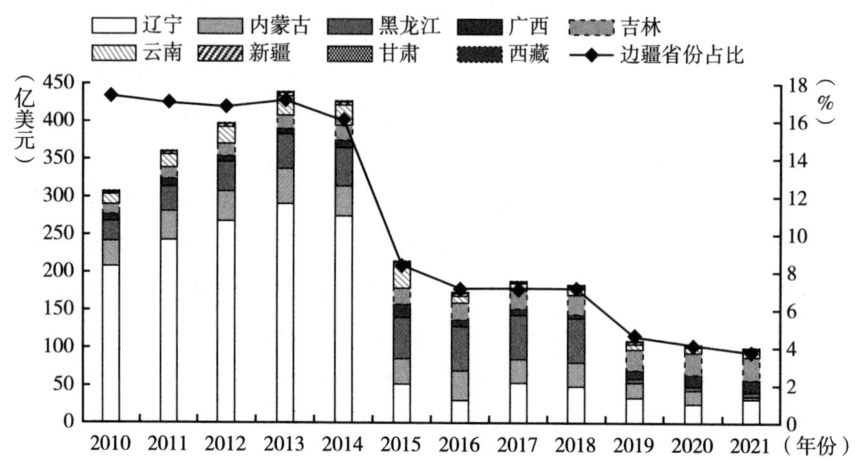

图2　2010~2021年边疆省份实际利用外资金额及其在全国的占比

资料来源：基于国家统计局、各省（区）统计年鉴、前瞻数据库等数据整理。

（三）边疆省份的城镇化建设进展

2010~2021年，边疆省份城镇人口占总常住人口的比例从47.18%上升至60.02%，人口城镇化进程稳步推进。然而，与全国城镇化进程相比，边疆省份城镇化动力仍稍显不足。2010年，全国人口城镇化率为50.33%，高于边疆省份人口城镇化率3.15个百分点，2021年进一步扩大至4.65个百分点。边疆省份地理环境较为恶劣，基础设施建设难度较大，建设用地供给能力较小，给城镇化进程造成了不小的阻碍；同时，边疆省份交通成本往往较高，远离市场中心，不利于产业集聚，进而延缓了城镇集约化发展的进度。边疆省份内部的城镇化差异则呈缩小态势，9省（区）城镇化率变异系数从2010年的0.28下降至2021年的0.19。

可见，随着国家和社会对边疆省份产业发展与城镇建设的重视，欠发达地区的城镇化进程开始加快推进，边疆各省（区）的城镇建设差距正在缩小，“以边境市为引领，构建以边境重要节点城市和小城镇为支撑、临边集镇为节点、抵边村寨为支点，沿边境线辐射延伸的城镇带”。[①]

具体而言，一方面，东北地区是边疆省份中城镇化的引领者。辽宁、内蒙古、黑龙江和吉林长期位居边疆省份城镇化进程的前列，人口城镇化率分别从 2010 年的 62.10%、55.50%、55.67% 和 53.33% 上升至 2021 年的 72.81%、68.21%、65.70%和 63.37%（见表 6），其城镇化水平超过全国平均水平（除吉林外），但近年来其城镇化速度放缓。另一方面，西藏、甘肃、云南等城镇化水平较低的地区也进入快速发展阶段，城镇化率年均增长 4.46%、3.60%和 3.57%，远超全国平均增长水平（2.30%），是推动边疆省份城镇化进程的新兴动力来源。

（四）边疆省份的社会发展态势

1. 医疗卫生条件不断改善

医疗卫生硬件设施和软件环境显著改善。2010~2021 年，边疆省份每万人医疗卫生机构床位数从 38.84 张/万人上升至 72.03 张/万人，年均增速为 5.78%，略高于全国平均增速（5.71%），反映出边疆省份医疗硬件条件得到显著改善，且人均硬件存量并不弱于全国平均水平，这是在沿边地区发展中实现基本公共服务均等化目标与全覆盖理念的关键着力点之一。[②]

同期，边疆省份每万人拥有卫生技术人员数从 44.83 人/万人上升至 81.07 人/万人，年均增速为 5.53%，同样高于全国平均增速（5.26%），并实现了对全国平均卫生技术人员规模的超越，在一定程度上反映了边疆省份

---

① 《国务院办公厅关于印发兴边富民行动“十三五”规划的通知》，中国政府网，2017 年 6 月 6 日，https://www.gov.cn/zhengce/content/2017-06/06/content_5200277.htm。

② 《国务院关于印发“十三五”推进基本公共服务均等化规划的通知》，中国政府网，2017 年 3 月 1 日，https://www.gov.cn/zhengce/content/2017-03/01/content_5172013.htm。

表 6　2010~2021 年边疆省份人口城镇化率

单位：%

地区	2010 年	2011 年	2012 年	2013 年	2014 年	2015 年	2016 年	2017 年	2018 年	2019 年	2020 年	2021 年
全　国	50.33	51.75	53.02	54.41	55.68	57.26	58.77	60.17	61.44	62.66	63.84	64.67
边疆省份	47.18	48.49	49.74	50.98	52.18	53.53	54.75	55.94	57.15	58.19	59.28	60.02
辽　宁	62.10	64.06	65.65	66.46	67.05	68.05	68.87	69.48	70.26	71.22	72.15	72.81
内蒙古	55.50	57.04	58.40	59.84	60.96	62.09	63.38	64.61	65.52	66.46	67.50	68.21
黑龙江	55.67	56.48	56.87	58.05	59.23	60.47	61.10	61.90	63.45	64.61	65.59	65.70
广　西	40.00	41.89	43.48	45.11	46.54	47.99	49.25	50.58	51.83	52.97	54.19	55.07
吉　林	53.33	53.39	54.52	55.73	56.81	57.63	58.75	59.70	60.87	61.64	62.65	63.37
云　南	34.70	36.58	38.48	39.99	41.22	42.93	44.64	46.28	47.44	48.66	50.04	51.04
新　疆	43.02	43.73	44.21	44.95	46.80	48.76	50.41	51.90	54.01	55.53	56.53	57.24
甘　肃	36.13	37.26	38.78	40.48	42.28	44.23	46.07	48.14	49.70	50.70	52.22	53.33
西　藏	22.67	22.65	22.86	23.97	26.15	28.79	31.47	33.24	33.90	34.63	35.79	36.61

资料来源：各省（区）统计年鉴。

医疗软环境的卓越提升，也是加强公共卫生人才队伍建设的重要实践内容。① 具体而言，东北地区在医疗硬件环境上更具比较优势。2021 年，作为我国老工业基地，黑龙江、辽宁、吉林位居边疆省份每万人医疗卫生机构床位数指标的前 3 位，这与其较为完备的城镇化建设进程相呼应。在医疗服务队伍的建设方面，云南、甘肃和广西在每万人拥有卫生技术人员数指标上具有较大幅度的增长，年均增速分别为 8.81%、7.38%和 7.28%。

表 7　2010 年和 2021 年边疆省份医疗卫生相关指标情况

单位：张/万人，人/万人

地区	每万人医疗卫生机构床位数		每万人拥有卫生技术人员数	
	2010 年	2021 年	2010 年	2021 年
全　国	36.38	66.99	45.32	79.64
边疆省份	38.84	72.03	44.83	81.07
辽　宁	48.00	76.74	55.00	79.00
内蒙古	38.10	69.42	51.00	88.00
黑龙江	41.60	83.37	50.00	80.00
广　西	27.00	63.34	36.00	78.00
吉　林	42.20	74.34	51.00	92.00
云　南	34.70	70.42	32.00	81.00
新　疆	53.70	71.89	57.00	77.00
甘　肃	33.30	73.56	37.00	81.00
西　藏	30.10	53.69	34.00	70.00

资料来源：各省（区）统计年鉴。

城乡医疗卫生水平的差距呈现缩小的趋势。边疆各省（区）城市与乡村每万人医疗卫生机构床位数之比均呈下降趋势。其中，西藏城乡医疗水平的差距较大，2011 年其城市每万人医疗卫生机构床位数是乡村地区的 3.35 倍，2021 年城乡每万人医疗机构床位数之比为 3.08。黑龙江紧随其后，2011 年城市与乡村每万人医疗卫生机构床位数之比为 2.87，2021 年城乡每

① 《〈“十四五”卫生健康人才发展规划〉解读》，中国政府网，2022 年 8 月 18 日，https：//www.gov.cn/zhengce/2022-08/18/content_ 5705886.htm。

万人医疗卫生机构床位数之比下降了 1.12，其降幅仅次于云南。同期，云南是边疆省份医疗卫生公共服务均等化水平排名上升位次最多的省份，并与吉林、新疆共同成为 2021 年城乡医疗水平协调发展程度较好的示范区，三者城乡倍差关系的下降趋势较为显著，2011~2021 年城市与乡村每万人医疗卫生机构床位数之比年均增速分别为-6.30%、-5.83%和-3.55%。

在每万人拥有卫生技术人员数方面，同样是云南的城乡差距缩小幅度最大，年均增速为-5.67%，但其医疗均等化水平排序仅从第 8 位上升至第 6 位，未来其乡村地区在医疗技术人才的引进与培育上还需加大力度，在公共服务的区域辐射能力上还有待进一步加强。西藏也表现出医疗服务能力向城市集中的显著特征，其乡村人均拥有卫生技术人员规模仅有城市地区的 30.82%，在边疆省份中仍属于城乡医疗水平协调发展难度最大的地区之一。但可喜的是，其城乡关系在医疗资源分配的表现上正逐步向着相互协调的趋势发展，2011~2021 年其城市与乡村每万人拥有卫生技术人员数之比下降 1.24，成为该指标降幅第二大的边疆省（区）（见表 8）。

表 8　2011~2021 年边疆省份城市与乡村医疗卫生指标情况

省(区)	城市与乡村每万人医疗卫生机构床位数之比			城市与乡村每万人拥有卫生技术人员数之比		
	2011 年	2016 年	2021 年	2011 年	2016 年	2021 年
辽　宁	2.40	2.44	1.42	2.55	2.94	1.87
内蒙古	2.50	2.59	1.56	2.38	2.65	1.68
黑龙江	2.87	2.86	1.75	2.41	2.34	1.71
广　西	1.93	1.78	1.33	2.21	2.21	1.72
吉　林	2.06	2.35	1.13	1.69	2.09	1.14
云　南	2.53	2.35	1.32	3.12	3.33	1.74
新　疆	1.78	1.82	1.24	2.12	2.40	1.74
甘　肃	1.84	1.90	1.48	2.03	2.17	1.76
西　藏	3.35	3.53	3.08	4.48	4.07	3.24

资料来源：各省（区）统计年鉴、历年《中国卫生健康统计年鉴》等。

2. 教育事业取得长足发展

边疆省份基础教育事业稳步推进，取得较好成效。首先，2011~2021 年边疆省份15岁以上文盲率从4.88%波动下降至3.74%，说明了沿边地区文化教育普及程度正在逐步提升，也从侧面反映了义务教育政策在偏远地区的具体落实与大力推动，教育在保障人民群众融入社会生活、加速民族文化交流交融等方面正在发挥积极的作用。然而，边疆省份教育普及进程仍滞后于全国平均水平，在推行现代化教育进程中，偏远地区可能面临不同于非沿边地区的现实困境。其次，2011~2021年边疆省份平均受教育年限从8.74年上升至9.51年，反映了边疆省份基础教育事业建设水平的提升，也验证了边疆省份国民素质以及人力资源水平的显著提升。这种提升虽然以0.85%的年均增速稳步发展，但整体上仍慢于全国平均增速（0.93%），且与全国平均受教育年限的差距逐渐加大。其中，北部地区和东北地区边疆省份的基础教育建设相对较好，2021年辽宁、内蒙古、吉林的平均受教育年限分别为10.23年、10.03年和10.08年，均超过全国平均受教育年限（见表9）。

表9　2011~2021年边疆省份基础教育事业建设相关指标情况

单位：%，年

地区	15岁以上文盲率			平均受教育年限		
	2011年	2016年	2021年	2011年	2016年	2021年
全　国	5.21	5.28	3.21	8.85	9.13	9.71
边疆省份	4.88	5.02	3.74	8.74	9.02	9.51
辽　宁	2.28	1.69	1.11	9.47	9.97	10.23
内蒙古	4.37	4.66	3.66	9.23	9.68	10.03
黑龙江	2.62	3.60	2.15	9.11	9.37	9.93
广　西	4.07	3.79	2.82	8.61	8.76	9.24
吉　林	2.23	2.47	1.31	9.10	9.51	10.08
云　南	8.71	8.83	4.93	7.69	7.99	8.77
新　疆	3.58	3.78	3.47	9.18	9.10	9.60
甘　肃	9.76	8.70	9.11	8.15	8.45	8.86
西　藏	29.54	41.10	34.27	5.51	5.09	6.44

资料来源：各省（区）统计年鉴、历年《中国教育统计年鉴》等。

边疆省份高等教育事业建设快速推进，得到显著改善。2010~2021年，边疆省份每百万人口高等学校平均在校生数和每百万人口普通高等学校专任教师数指标呈上升趋势，分别从 15118.48 人与 926.89 人上升至 25256.58 人与 1245.74 人，年均增速高达 4.78%与 2.72%，均高于 3.64%与 2.51%的全国平均增速。可见，在国家和社会对培育高素质人才的重视之下，边疆省份高等教育事业进入快速发展时期。学生生源从滞后全国平均水平 1613.39 位高等学校学生/百万人，发展至超越全国平均水平 471.88 位高等学校学生/百万人，师资资源与全国平均水平的差距从 80.27 位高等学校专任教师/百万人缩小至 76.75 位高等学校专任教师/百万人。

具体而言，边疆各省（区）高等教育事业发展的差距明显，东北地区边疆省份的高等教育发展相对较好，而西南沿边地区相对滞后。2021 年，吉林的每百万人口高等学校平均在校生数高居榜首，达 31814.74 人，而黑龙江、辽宁紧随其后，三者分别是西藏每百万人口高等学校平均在校生数的 2.82 倍、2.49 倍和 2.47 倍。值得庆幸的是，近年来西南边疆地区的高等教育事业也在不断追赶之中。云南、广西每百万人口高等学校平均在校生数年均增速高达 8.01%和 7.12%，具有强劲的后发优势。高等学校教师的发展也存在上述省际差异。2021 年，吉林、黑龙江、辽宁的每百万人口普通高等学校专任教师数位居前三，分别是西藏的 2.35 倍、2.10 倍和 2.01 倍。然而，在近年来高校不断扩大招生规模的背景下，普通高等学校师生比呈现一定的下降趋势。2010~2021 年，边疆省份普通高等学校师生比从 0.10 下降至 0.07，下降速度甚至快于全国平均增速（见表 10），反映了边疆省份对教师队伍建设的迫切需求，需要加强沿边偏远地区对人才的培育和吸引力度。

表 10 2010 年和 2021 年边疆省份高等教育事业建设相关指标情况

单位：人

地区	每百万人口高等学校平均在校生数		每百万人口普通高等学校专任教师数		普通高等学校师生比	
	2010 年	2021 年	2010 年	2021 年	2010 年	2021 年
全　国	16731.87	24784.70	1007.16	1322.49	0.10	0.08
边疆省份	15118.48	25256.58	926.89	1245.74	0.10	0.07
辽　宁	20118.86	27864.74	1312.00	1480.26	0.11	0.08

续表

地区	每百万人口高等学校平均在校生数		每百万人口普通高等学校专任教师数		普通高等学校师生比	
	2010 年	2021 年	2010 年	2021 年	2010 年	2021 年
内蒙古	15024.27	21116.67	942.56	1125.00	0.10	0.08
黑龙江	18760.76	28131.20	1153.14	1545.60	0.11	0.09
广　西	12310.20	26225.93	687.64	1123.68	0.09	0.06
吉　林	19817.98	31814.74	1237.71	1734.74	0.11	0.09
云　南	9539.33	22262.26	575.84	942.43	0.09	0.06
新　疆	11496.57	21460.02	755.15	969.49	0.11	0.07
甘　肃	14902.34	24634.54	812.50	1301.20	0.09	0.07
西　藏	10366.67	11284.15	733.33	737.70	0.11	0.10

资料来源：各省（区）统计年鉴、历年《中国教育统计年鉴》等。

（五）边疆省份的对外开放平台建设

1. 口岸

边疆口岸体系日益完善，口岸功能整体得到增强，但受疫情影响较大。2011~2020 年，边疆省份口岸由 83 个上升至 119 个，占全国口岸总数的 38.02%，成为仅次于沿海口岸数量的重要类别，是我国口岸体系越发不可或缺的组成部分。其中，公路口岸分布最为广泛，2020 年公路口岸占边疆省份口岸总数的 58.82%，是边疆口岸体系的中坚力量。其次为空运口岸，数量占比为 16.81%，基本保证了边疆省份均具有接入国际航空运输网络的重要端口。受到自然环境和地理条件的约束，内河和铁路口岸的分布具有明显的空间集聚特征，前者主要集中在东北边疆地区，后者以东北地区为主，以西南和西北等地区为辅。

随着口岸体系的完善，边疆省份口岸的客货运规模逐渐扩大。首先，2011~2020 年边疆省份进出口货运量从 2011 年的 9992.86 万吨上升至 2020 年的 20445.50 万吨，年均增速为 8.28%，高于全国口岸 7.62%的年均增速。可见，货运功能在边疆口岸体系中扮演关键角色。其次，边疆口岸出入境人员数量从2011年的1996.33万人次上升至2019年的7061.85万人次，年均增速高达17.13%，远超同期沿海口岸（3.49%），但低于内陆口岸（24.03%）的增长速度；作为货物与客源的运输载体，边疆口岸出入境运输工具的规模也有较大幅度增长，2011～2019年年均增速8.68%。然而，受新冠疫情的影响，各国加大了对非必要人员流动的管控力度，延长了口岸跨境行为的查验流程，只保留了口岸货运开放的部分功能以满足基本的社会运行的物质需要。因此，边疆口岸的出入境人员和出入境运输工具数量呈现大幅下滑，2020年边疆口岸出入境人员规模仅为2019年的15.87%，2020年边疆口岸的出入境运输工具数量仅为2019年的40.47%。

表11　2011年和2020年我国各类口岸进出口货运量、出入境人员和出入境运输工具指标情况

区域	进出口货运量(万吨)		出入境人员(万人次)		出入境运输工具(万班次)	
	2011年	2020年	2011年	2020年	2011年	2020年
内陆	4471.55	193.64	2286.52	583.48	13.56	11.28
边疆	9992.86	20445.50	1996.33	1120.69	486.02	382.82
沿海	197036.33	388950.65	37269.96	11073.26	1991.53	968.43
总计	211500.74	409589.79	41552.81	12777.43	2491.11	1362.53

资料来源：根据历年《中国口岸年鉴》整理。

新疆、内蒙古、黑龙江等边疆省份的沿边口岸在货运功能上具有较大优势，而云南、广西、内蒙古在人员与运输工具出入境上保持较大流量。首先，2011～2020年，随着西部地区加快融入“一带一路”倡议引领下的开放格局之中，新疆边境口岸进出口货运量从3189.96万吨上升至6270.81万吨，年均增速为7.80%，使其跃升至边疆省份货物贸易往来规模第一大省（区）。在中蒙俄经济走廊建设的推动下，内蒙古边境口岸在货运功能上也得到了长足发展，其进出口货运量从4674.72万吨上升至6241.55万吨。在图们江次区域合作的国际框架下，黑龙江边境口岸成为进出口货运量增长最快的地区，其进出口货运量从724.56万吨上升至4414.80万吨，年均增速高达 22.24%，使其跻身边疆省份进出口货运规模前三。

其次，云南口岸在边境人员流通体系中长期扮演关键角色。2019 年，云南边境口岸出入境人员规模达 3683.32 万人，是 2011 年的 5.42 倍，但在 2020 年发生骤降，仅为 2011 年水平的 95.60%，但仍占据该指标的首位。广西、内蒙古紧随其后，出入境人员规模分别从 2011 年的 252.00 万人和 398.53 万人上升至 2019 年的 1762.03 万人和 599.95 万人，但同样由于疫情的影响整体回落至 2011 年之前的水平。

最后，随着面向南亚、东南亚的国际大通道加快建设，西南地区边境口岸出入境运输工具数量呈现高速增长态势，以广西、云南为代表，二者边境口岸出入境运输工具数量分别从 2011 年的 0.57 万班次和 288.10 万班次上升至 2019 年的 56.93 万班次和 640.25 万班次，远高于边疆省份出入境运输工具 8.68%的年均增速。一方面，反映了跨境基础设施的升级改造，与外贸配套设施的日渐完善；另一方面，表明海关监管模式的不断创新，通关便利化水平的稳步提升，总体上说明我国沿边口岸开放步伐不断加快，人文交流持续走深走实，边疆省份的区域性服务能力得到显著提升。

2. 边境经济合作区

边境经济合作区被学界认为是继经济特区、经济开发区等以后城市开发的又一种形式，是一种在我国边疆省份建立的，发展边境贸易及进出口加工，进而促进两国经济合作与发展的特殊经济区。就广义而言，这是一种由国家政策支持的边境经济合作形式。[①] 建立边境经济合作区的目的是更好地利用边疆省份独特的地缘优势，内引外联，增强相邻两国间的经济、贸易合作，拉动沿边地区发展。[②] 作为沿边开放的重要载体和平台，边境经济合作区在提升沿边开放水平、增进与周边国家经济合作交流、打造边疆经济增长点、促进边疆省份民族团结与社会稳定等方面作出了重要

---

① 胡伟、于畅：《区域协调发展战略背景下中国边境经济合作区发展研究》，《区域经济评论》2020 年第 2 期。

② 张梦瑶：《中缅边境经济合作区区域旅游合作模式构建与路径选择》，硕士学位论文，云南财经大学，2014。

贡献，逐渐发展成为沿边开发开放的前沿阵地。

目前，我国已设立17个边境经济合作区（见表12）。从时间演进来看，边境经济合作区经历了由“集中批设期”到“单点批设期”，再到“政策调整期”的发展历程。1992年是我国边境经济合作区建设元年，也是边境经济合作区设立的高峰期，当年先后有13个国家级边合区被批准设立。此后直至2011年，国家层面才以单点批设的形式逐渐新增了相关边境经济合作区。自2015年以来，边境经济合作区的发展进入政策调整期，对新设边境经济合作区的准入条件、审核标准等进行规范和明确。

表12　我国17个边境经济合作区基本情况

所在省(区)	名称	批准时间	面向国家
内蒙古	满洲里边境经济合作区 二连浩特边境经济合作区	1992年9月 1993年6月	俄罗斯、蒙古国
辽　宁	丹东边境经济合作区	1992年7月	朝鲜
吉　林	珲春边境经济合作区 和龙边境经济合作区	1992年3月 2015年3月	朝鲜
黑龙江	黑河边境经济合作区 绥芬河边境经济合作区	1992年3月 1992年3月	俄罗斯
广　西	凭祥边境经济合作区 东兴边境经济合作区	1992年9月 1992年9月	越南
云　南	畹町边境经济合作区 河口边境经济合作区 瑞丽边境经济合作区 临沧边境经济合作区	1992年9月 1992年9月 1992年12月 2013年9月	缅甸、越南
新　疆	伊宁边境经济合作区 博乐边境经济合作区 塔城边境经济合作区 吉木乃边境经济合作区	1992年12月 1992年12月 1992年12月 2011年9月	哈萨克斯坦

资料来源：依据商务部等公开信息整理。

3. 跨境经济合作区

跨境经济合作区是指在两国边境附近划定特定区域，赋予该区域特殊的财政税收、投资贸易以及配套的产业政策，并分地区进行跨境海关特殊监管，吸引人流、物流、资金流、技术流、信息流等各种生产要素在此集聚，加快该区域发展步伐，进而通过辐射效应带动周边地区发展。跨境经济合作区往往采用“两国一区、境内关外、自由贸易、封关运作”的管理方式，实现“一线放开、自由流动、二线管住、高效运行”，有利于生产要素的有序自由流动，推动区域资源合理高效配置，促进边疆省份参与国内国际双循环，进一步深化两国边境贸易合作，共同打造开放、包容、均衡、普惠的区域经济合作架构。因此，相较于传统的边境经济合作区，跨境经济合作区内的商品能够更加便利地进入对方市场和第三国市场，更能广泛利用两个或多个国家的资源，进而实现互利共赢。

目前，我国正式批准设立的跨境经济合作区仅有 3 家。[①] 其中，中哈霍尔果斯国际边境合作中心是我国首个与其他国家建立的跨境经济合作区，也是上海合作组织框架下区域合作的示范区。在管理模式上，中哈霍尔果斯国际边境合作中心以“跨国经济合作开发区”“边境自由贸易区”为合作模式，以“一线放开、二线监管”为基本原则，通过在跨境经济合作区中对要素的加工和转化实现增值，减少运输至腹地制造中心的距离成本，提升进出口加工业的循环效率，进一步吸引更多企业、人员、机构等集聚，进而实现边界由“屏蔽效应”向“中介效应”的转型升级。在业态功能上，其主要功能是贸易洽谈、商品展示和销售、仓储运输、金融服务以及举办各类区域性国际经贸洽谈会等，中方配套区域进一步补充出口加工、保税物流、仓储运输等功能，旨在建设成为投资自由、贸易自由、人员出入自由、高度开放的综合性国际贸易中心。[②] 在开放水平上，截至 2022 年，中哈霍尔果斯国际边境合作中心中方区累计入出区人数达到 3396.96 万人次，累计实现通关贸易额 575.25 亿元。其中，

---

① 《〈中国跨境经济合作区进展报告 2018〉发布推荐会成功举办》，中央民族大学经济学院网站，2019 年 12 月 13 日，https：//eco. muc. edu. cn/info/1117/2238. htm。

② 张晔、毕燕茹：《中哈霍尔果斯国际边境合作中心——区域经济合作新模式》，《石河子大学学报》（哲学社会科学版）2009 年第 1 期。

2022年入出区总人数达80.516万人次，通关贸易额达24.80亿元；疫情前的2019年全年入出区总人数达659.77万人次，通关贸易额达104.85亿元。①

中国老挝磨憨-磨丁跨境经济合作区位于中国云南省和老挝南塔省交界地带，地处中老铁路、昆曼国际公路以及老挝南北公路的关键节点，是中国与中南半岛的交通枢纽之一，在深化中老两国全面战略合作伙伴关系和共同推进中国-中南半岛经济走廊建设中具有重要地位。2016年3月，经国务院正式批复，中国老挝磨憨-磨丁经济合作区正式成立，成为中国与毗邻国家共同建立的第二个跨境经济合作区。② 2021年12月，中老铁路开通运营后，磨憨成为同时拥有国家一类公路和铁路口岸的重要交通枢纽，是中国通往老挝唯一的国家级陆路口岸。2022年11月，经商务部等8部门批准，中国老挝磨憨-磨丁跨境经济合作区获批国家进口贸易促进创新示范区。中国老挝磨憨-磨丁跨境经济合作区正在成为“一带一路”面向东南亚的关键枢纽，建设中国-东盟自由贸易区的最佳结合区，推动中国与东盟国家经贸往来和经济合作的重要交汇点。

中蒙二连浩特-扎门乌德经济合作区既是我国对蒙古国开放的重要门户，又是发展外向型经济的重要枢纽。2019年6月，中蒙两国正式签署《关于建设中蒙二连浩特-扎门乌德经济合作区的协议》，③ 成为中蒙共建跨境经济合作区的重要里程碑，是落实两国领导人共识、加强“一带一路”倡议与蒙古国“发展之路”战略对接的重要举措。从二连浩特-扎门乌德入手建立经济合作区，将实现两国边疆地区贸易与投资的良性发展，为边境贸

---

① 《探访中哈霍尔果斯国际边境合作中心，感受口岸边贸经济强劲复苏》，国际在线，2023年2月20日，https://news.cri.cn/20230220/30ebddeb-707e-9f7a-e447-af58b24e47a3.html。

② 《国务院正式批复设立中国老挝磨憨-磨丁经济合作区》，西双版纳傣族自治州人民政府网站，2016年3月31日，https://www.xsbn.gov.cn/xsbnzswj/17343.news.detail.dhtml?news_id=421656。

③ 《中蒙两国政府签署关于建设中蒙二连浩特-扎门乌德经济合作区的协议》，商务部新闻办公室网站，2019年6月4日，http://www.mofcom.gov.cn/article/ae/ai/201906/20190602869903.shtml。

易的规范化、制度化发展发挥“先行先试”的作用。其中，合作区总规划面积达 18 平方千米，区内采取“两国一区、境内关外、封闭运行”模式，旨在打造集国际贸易、物流仓储、进出口加工、电子商务、旅游娱乐及金融服务等多功能于一体的综合开放平台。[①]

4. 重点开发开放试验区

相比于边境经济合作区，跨境经济合作区直接面向海关监管、企业交流、信息共享、沟通对话、纠纷调解、争端仲裁等国际事务，是国际“软联通”的重要实验基地和政策前沿，为体制机制实现协调发展与相互联通提供了机遇。而在普通的要素流动和经济活动中，这种制度、体制、机制的“软联通”几乎被限制在边界之外，难以实现更大范围、更深层次、更高级别的对话协商、经验借鉴、学习互动、社会交流。然而，跨境经济合作区同时涉及更多的关于政府沟通协商、地缘主权利益、经济税权分离、基层权力下放、规模设施建设等重大议题，既需要充分利用市场机制的“运作能量”，更需要激发政府组织的“治理能量”，尤其是金融、财税、补贴、监管等政策的大力支持。因此，跨境经济合作区的建设不可能一蹴而就。在此背景下，重点开发开放试验区可以作为由边境经济合作区向跨境经济合作区升级的中间过渡形态，对推进跨境经济合作具有极其重要的现实意义。

重点开发开放试验区是我国政府提出的一个政策创新区域。其主要任务：一是发挥先行先试的优势，积极推进边境管理、财税金融管理、跨境合作、土地管理、行政及人才管理等体制机制创新；二是拓展国际交流合作，提高对外贸易水平，推进全方位、宽领域、多层次对外开放；三是把基础设施建设放在优先位置，加强国际综合运输通道、国际航运、国际物流体系、口岸设施、城市基础设施建设；四是充分利用两个市场、两种资源，加快特色优势产业发展，增强试验区自我发展能力；五是坚持统筹城乡发展，加快

① 《中蒙经济合作区》，二连浩特人民政府网站，2023 年 10 月 30 日，http：//www.elht.gov.cn/c/2023-10-30/92639.shtml。

城镇化和新农村建设，深入推进兴边富民行动，保障和改善民生；六是加强生态建设和环境保护，加强资源集约节约利用，严格控制落后产能和低水平重复建设。[①] 可见，重点开发开放试验区是进一步提升沿边地区对外开放水平、深化我国与周边国家多领域交流与合作的重要平台，在某种程度上可视为对边境经济合作区的改造升级以及对跨境经济合作区的过渡衔接，也是继续推进西部大开发、加快沿边地区开发开放、维护边疆地区稳定繁荣的区域性扶持政策（见表 13）。

表 13　我国 9 个重点开发开放试验区名单

单位：平方千米

省(区)	名称	设立时间	规划面积
广　西	广西东兴重点开发开放试验区	2012 年 7 月	1226
	广西凭祥重点开发开放试验区	2016 年 8 月	2028
	广西百色重点开发开放试验区	2020 年 3 月	36300
云　南	云南瑞丽重点开发开放试验区	2012 年 7 月	1420
	云南磨憨重点开发开放试验区	2015 年 7 月	4505
内蒙古	内蒙古满洲里重点开发开放试验区	2012 年 7 月	732
	内蒙古二连浩特重点开发开放试验区	2014 年 6 月	401
黑龙江	绥芬河-东宁重点开发开放试验区	2016 年 4 月	1284
新　疆	新疆塔城重点开发开放试验区	2020 年 12 月	15951

资料来源：依据相关政府部门网站及相关公开资料整理。

二　边境地区发展态势与问题

在政治学的视角下，陆地边疆省（区）下辖的具有国境线的县级行政区称为边境地区。[②] 因此，本报告进一步选择边境县级行政单元（以下简称

① 《发展改革委：我国启动重点开发开放试验区建设》，中国政府网，2012 年 8 月 17 日，https：//www. gov. cn/jrzg/2012-08/17/content_ 2206113. htm。

② 方盛举、张增勇：《总体国家安全观视角下的边境安全及其治理》，《云南社会科学》2021 年第 2 期。

“边境地区”）作为研究对象，即9个边疆省份中的139个边境县级行政单元。①

（一）边境地区的自然条件

我国边境地区的海拔较高、地形起伏较大，对城市建设发展较为不利。采用地理空间数据云提供的30米DEM数字高程数据，选取800米、1800米、3500米作为断裂点，② 对边境地区适宜人类居住、开展经济生产活动、发展与建设城市的区域进行分析，发现边境适宜人类生产生活的区域仅占68%，而有21.3%的地区海拔在3500米以上，地势起伏较大，山地和高原众多，平原较少，不利于人类开展生产活动、城镇发展经济。例如，西藏、新疆等边境地区大部分位于或横跨青藏高原、帕米尔高原，位于我国地势的第一级阶梯；内蒙古、云南边境地区大部分也是高原、山地，位于我国地势的第二级阶梯。

（二）边境地区的经济发展态势

1. 经济规模优势不足

我国边境地区经济发展水平呈上升趋势，但普遍较不发达。2010年，边境县域地区生产总值之和为5284.09亿元，仅占全国GDP比重的1.33%。2020年，边境县域地区生产总值规模上升至10221.31亿元，2010~2020年年均增速为7.04%，经济水平有所提升。然而，其地区生产总值占比下降至1.03%，从侧面说明边境地区经济发展动力相对不足，与全国平均水平的差距仍在扩大。

具有经济优势的边境县域主要集中在新疆、云南、东北等地。2020年，在发达农牧业和现代物流业的加持下，新疆哈密市伊州区成为我国边境地区经济水平最高的县级行政区，地区生产总值达454.99亿元。与

① 由于数据的可获取性，部分指标分析时间前后与样本容量略有出入。

② 杨海艳：《我国人居适宜性的海拔高度分级研究》，硕士学位论文，南京师范大学，2013；王兰辉、吴瑞：《我国陆地边疆人口空间分布与地形关系》，《地理空间信息》2011年第5期。

此同时，新疆的可克达拉市、霍尔果斯市、奇台县、博乐市也跻身全国边境县域经济前十，地区生产总值分别为 210.55 亿元、193.89 亿元、177.62 亿元和 174.10 亿元，成为带动边境地区经济发展的重要引擎。由于边境口岸对经济发展具有较大的影响，云南边境县域经济发展相对较好。其中，景洪市、腾冲市、芒市和瑞丽市的经济水平位列边境县域的第二、第三、第九和第十一。同时，云南其他边境县域在经济水平第二梯队中也占据重要地位。在边境地区经济水平前三十的县级行政区中，云南有 13 个县级行政区跻身其中，数量占比高达 43.33%，地区生产总值占前三十县级行政区的比重为 40.95%。得益于老工业基地的雄厚基础，东北地区的东部边境也有经济发展较为突出的县级行政区。辽宁的东港市 2020 年地区生产总值达 219.40 亿元，位列全国边境县级行政区前五；黑龙江的虎林市、密山市和穆棱市地区生产总值分别为 159.97 亿元、140.95 亿元和 131.19 亿元；吉林的浑江区地区生产总值为 144.74 亿元。此外，其他边境地区的经济发展表现一般。例如，内蒙古仅有阿拉善左旗和满洲里市等地尚有可观的经济实力，其地区生产总值分别为 246.46 亿元和 141.49 亿元。

2. 经济增长潜力较大

2010~2020 年，以新疆为代表的西北边境以及以云南和西藏为代表的西南边境是经济增长潜力较大的地区。西藏边境县域，如噶尔县、札达县、普兰县、错那市、洛扎县和岗巴县等地的经济增长动力较为强劲，年均增速达 37.10%、17.99%、17.66%、17.27%、17.10% 和 17.03%。而河口瑶族自治县和瑞丽市、西盟佤族自治县和孟连傣族拉祜族佤族自治县等云南边境地区的经济基础相对较好，同时保持较强的经济活力，年均增速分别为 19.52%、19.24%、19.03%和 17.14%。此外，新疆的伊吾县、乌恰县和阿克陶县分别以 21.45%、21.30%和 17.30%的年均增速，使经济规模从第 104 位、第 115 位和第 109 位，上升至第 57 位、第 98 位和第 83 位，可见，未来这些地区具有较大的发展潜力。

（三）边境地区的社会发展态势

1. 人口规模进一步增长的潜力较小

受自然环境和经济发展水平的影响，边境地区的人口规模普遍偏低。2010 年，边境地区各县人口之和为 2319.08 万人，仅占全国总人口的 1.69%。2020 年，边境地区人口规模下降至 2282.97 万人，占全国总人口的比重下降至 1.62%。可见，边境地区常住人口较少，存在一定程度的人口空心化现象，人口流失现象的问题日益严峻。此外，沿边地区还存在民族结构复杂、分散居住等特征，加剧了人口增长缓慢且流动性较大的问题。

从城镇规模来看，形成了“以中等城市为引领、以Ⅰ型小城市为潜力，以Ⅱ型小城市为主体”的城镇体系。2020 年仅有 3.60% 的县域单元人口规模在 50 万人以上，分别为新疆伊州区、叶城县，云南景洪市、腾冲市，以及辽宁东港市，大多具有较高的经济发展水平，达到中等城市水平。边境地区有 43 个县域人口在 20 万（含）~50 万人，达到Ⅰ型小城市水平，具有一定的发展潜力。例如，广西的靖西市，云南的澜沧拉祜族自治县、芒市，辽宁的振兴区，人口规模分别为 48.92 万人、44.15 万人、43.99 万人和 42.35 万人。由于微观生产以及城镇分散分布，20 万人以下的Ⅱ型小城市是边境地区城镇体系的主体，占比为 66.19%，大多处于自然环境较恶劣、经济发展落后的地区。

我国边境地区县域人口规模的区域差异性较大。其中，受交通、经济发展环境、出海便利程度的限制，西藏等高原地区的边境人口增长较为缓慢，[①] 2020 年全区仅有 37.65 万人，与 2010 年相比仅增加 4.30 万人。其中，札达县、日土县、岗巴县和普兰县等人口仅有 0.85 万人、1.12 万人、1.13 万人和 1.22 万人。而得益于“一带一路”倡议框架下的经济走廊建设，云南、广西等西南边境地区，辽宁等东部沿边地区，以及新疆等部分西北县域的人口规模相对集中，有利于未来进一步实现高水平的城镇化建设。

---

① 由于甘肃省仅有肃北蒙古族自治县属于沿边地区，与其他省份的可比性较小，所以此处暂未考虑其参与分析。

2. 基建设施建设相对滞后

本报告用路网密度衡量边境地区基础设施的建设情况。[①] 以 OSM 道路数据集为基础，利用 ArcGIS 进行裁剪、相交分析与汇总统计，得到沿边各县域道路密度。[②] 结果显示，我国沿边县域路网平均密度为 0.11 千米/平方千米，远低于全国路网密度 0.37 千米/平方千米。[③] 可见，边境地区基础设施建设整体上相对滞后。一是边境地区往往地形地貌复杂，基础设施建设难度大、成本高、周期长。二是边境县域处于全国交通网络的末梢，通达性较差，快速通道匮乏，运输能力不足，物流成本较高。三是受到地方经济条件和财政税收的限制，已建成的路网也存在建设标准较低、抗灾能力较差、养护投入不足等问题。

具体而言，边境地区基础设施建设进度与其经济水平密切相关。其中，东北地区的边境县域基础设施建设相对较好。例如，辽宁的振兴区、元宝区、东港市和振安区，黑龙江的鸡东县和绥芬河市，吉林的图们市和浑江区等地，路网密度分别为 2.76 千米/平方千米、1.49 千米/平方千米、0.76 千米/平方千米和 0.68 千米/平方千米，0.67 千米/平方千米和 0.55 千米/平方千米，0.65 千米/平方千米和 0.43 千米/平方千米，远高于沿边地区乃至全国平均道路密度。同时，西南边境上的部分县域也具有一定的路网基础。其中，云南瑞丽市、芒市、陇川县和孟连傣族拉祜族佤族自治县等经济基础相对较好的边境县域同时具有较高的基础设施水平，其路网密度分别为 1.89 千米/平方千米、0.88 千米/平方千米、0.61 千米/平方千米和 0.49 千米/平方千米，是沿边地区平均水平的 16.58 倍、7.68 倍、5.33 倍和 4.31 倍；在当地口岸对要素流动性需求的驱动下，广西的东兴市（1.15 千米/平方千米）、凭祥市（0.63 千米/平方千米）、防城区（0.50 千米/平方千米）也具有一定规模的交通体系，进而推动口岸经济高质量发展。

---

① 即某县路网总长度/该县行政区划面积。

② 其中道路包括高架及快速路、城市主干道、城市次干道、城市支路、内部道路、人行道路、自行车道、郊区乡村道路。

③ 此处全国平均路网密度暂未将台湾省纳入计算。

3. 公共服务水平偏低

边境地区公共服务水平普遍偏低。边境地区面积广大、人口稀少，教育、医疗、养老、文化体育、就业等公共服务设施建设成本较高，运营难度较大，地方财政支撑力不足，导致基本公共服务设施建设水平滞后，基本公共服务与覆盖人口不匹配、不经济的矛盾十分突出。①

2010~2020 年，边境地区教育水平由相对偏低不断迈向高质量发展。自改革开放以来，边疆教育以民族教育的形式得到中央的大力扶持，进入当代边疆教育发展黄金时期。② 20 世纪末，国家提出西部大开发战略，提到加大对西部民族地区、山区、牧区和边境地区义务教育的财政支持力度、扩大西部地区招生规模、实施对西部地区教育的“对口支援”。2004 年，③ 国务院发布《国家西部地区“两基”攻坚计划（2004—2007 年）》，致力于实现西部地区基本普及九年义务教育、基本扫除青壮年文盲。④ 边境地区基础教育得到长足发展，2010 年边境地区县域中小学师生比为 0.0603，虽然仍低于相关标准要求的 0.0689，⑤ 但也与全国 0.0604 的平均水平十分接近。此外，国家和各级政府进一步加大了对边境地区教育事业的支持力度。《国家中长期教育改革和发展规划纲要（2010—2020 年）》指出，“加大对革命老区、民族地区、边疆地区、贫困地区义务教育的转移支付力度”“支持边境县和民族自治地方贫困县义务教育学校标准化建设”。⑥ 自 2010 年中央新疆工作

① 窦红涛、齐亚楠、贾若祥：《支持边境地区加快发展的思路和对策》，《中国发展观察》2020 年第 21 期。

② 刘华林：《国家治理现代化视域下边境“国门”教育发展研究》，《西北民族大学学报》（哲学社会科学版）2021 年第 4 期。

③ 王鉴：《中国少数民族教育政策体系研究》，民族出版社，2011，第 24 页。

④《国务院办公厅关于转发教育部等部门〈国家西部地区“两基”攻坚计划（2004—2007 年）〉的通知》，中国政府网，2014 年 2 月 16 日，https：//www.gov.cn/gongbao/content/2004/content_62693.htm。

⑤ 根据《关于统一城乡中小学教职工编制标准的通知》，将县镇、农村中小学教职工编制标准与城市标准统一，即高中教职工与学生比为 1∶12.5、初中为 1∶13.5、小学为 1∶19。考虑到数据的可获取性以及指标的简洁性，此处统一以中小学师生比刻画边境地区教育水平，并取上述文件要求中三者的平均值作为参考标准。

⑥《国家中长期教育改革和发展规划纲要（2010—2020 年）》，中国政府网，2010 年 7 月 29 日，https：//www.gov.cn/jrzg/2010-07/29/content_1667143.htm。

座谈会召开以来，新疆双语教育提升为国家战略，并连续 5 年实施“双语教师特设岗位计划”，累计招聘中小学教师 6 万多名，与此同时，通过实施“中小学少数民族双语教师培训工程”等项目，培训各类教师 24 万人次，有效缓解双语教育结构性短缺难题。① 自 2016 年以来，广西共投入资金 9.74 亿元，支持边境地区 1601 个义务教育项目学校建设，新建、维修改造校舍面积 50.44 万平方米，有效改善边境地区学校办学条件，推动边境地区义务教育均衡发展，边境地区县域义务教育学校标准化程度得到显著提高。② 2017 年，《兴边富民行动“十三五”规划》的发布，将“边境地区教育事业”摆在“优先发展”的位置，加强边境地区师资特别是科学教师和科技辅导员培训，选派优秀教师驻边支教，支持当地教师队伍建设。因此，2020 年边境地区中小学师生比显著上升至 0.0761。③ 在内蒙古等北部边境以及吉林、辽宁等东部边境长期维持较高教育水平的同时，西部边境地区中小学师生比得到了普遍提升。但需要注意的是，这种师生比的提升有可能来自人口流失导致的在校学生数量下降。大部分边境地区仍面临经费不足、保学控辍任务重的难题，学校标准化建设水平相对滞后，师资队伍质量不高且不稳定。④

2010~2020 年，边境地区医疗条件也得到了较大程度的改善。边境地区每万人医院、卫生院床位数由 2010 年的 30.36 床/万人上升至 2020 年的 56.27 床/万人⑤，年均增速为 6.36%。而根据《中国卫生健康统计年鉴》，2010 年和 2020 年全国每万人医院、卫生院床位数分别为 35.8 床/万人和 64.6 床/万人，年均增速为 6.08%。可见，边境地区虽然在绝对量上与全国

① 《新疆双语教育体系基本形成》，人民网，2015 年 9 月 7 日，http://edu.people.com.cn/n/2015/0907/c1053-27552864.html。

② 《广西八举措推进边境地区教育发展》，中华人民共和国国家民族事务委员会网站，2020 年 8 月 28 日，https://www.neac.gov.cn/seac/xwzx/202008/1142464.shtml。

③ 数据基于《中国县域统计年鉴》整理，县级缺失数据由移动平均法估计或由省级层面代替。

④ 《关于提升边境地区义务教育质量，维护边境安全的提案》，中国民主促进会网站，2020 年 9 月 1 日，https://www.mj.org.cn/wzt/2020wztjsj/2020jy/202009/t20200901_231185.htm。

⑤ 部分县域无法获取医疗床位数相关数据，故排除在本次统计之外，具有有效数据的县域共计 135 个。

平均水平仍有一定差距，但其增长动力的发展前景较为乐观。同期，边境地区每万人卫生技术人员数从 19.56 人/万人上升至 26.02 人/万人，[①] 在医疗人才队伍的建设上取得了可喜的成绩。然而，其 2.89%的年均增长率仍低于全国平均增速（5.60%），致使边境地区与全国人均卫生技术人员规模的差距进一步拉大，这一差距从低于全国 24.34 人/万人扩大至低于全国 49.68 人/万人。可见，相对于医疗床位等硬件条件，医疗人员等软性环境的建设更加具有挑战性。

（四）边境地区的城镇体系建设

1. 边境地区城镇区域较为分散

边境城市是以边境地域特征为依据划分的一类城市，主要指处于各国陆疆边境地区靠近国境线的、具有一定规模并以非农业人口为主的，一定地域内政治、经济和文化的中心。为便于分析和研究，本节将所有县级行政区统称为边境城市。

2020 年底，我国边境地区共设立 140 个边境城市，包括 83 个县、34 个县级市、15 个旗和 8 个市辖区。从空间分布情况来看，我国边境城市主要分布在中蒙（27 个）、中俄（26 个）、中缅（20 个）边境，其次为中哈（17 个）、中朝（15 个）、中印（14 个）、中越（14 个）边境，而我国在与尼泊尔（7 个）、吉尔吉斯斯坦（5 个）、巴基斯坦（2 个）、不丹（2 个）、塔吉克斯坦（2 个）边境上的城镇相对较少。其中，新巴尔虎左旗、新巴尔虎右旗、珲春市、勐腊县、定结县、亚东县、察隅县、普兰县、温宿县、塔什库尔干塔吉克自治县、布尔津县共 11 个县级行政区与两个或两个以上邻国接壤。从省级层面来看，在我国 9 个边疆省（区）中，边境城市集中分布在新疆（35 个）、云南（25 个）、内蒙古（20 个）、黑龙江（18 个）、西藏（18 个）等省（区），而吉林（10 个）、广西（8 个）、辽宁（5 个）、甘肃（1 个）的边境城市相对较少，

① 部分县域无法获取卫生技术人员相关数据，本次统计具有有效数据的县域仅有 55 个。

仅占边境城市总数的 17.14%。

边境城市是推进“一带一路”建设的重要支点，特别是建设六大经济走廊、构建全方位对外开放格局的重要平台。深化边境城市布局、加快边境口岸城镇发展，有助于提升边境地区对外开放水平，促进边境地区人口的稳定、发展与繁荣。

2. 边境地区城镇化进程较缓慢

我国边境地区的城镇面积增长较快，但土地城镇化进程仍较为缓慢。2010 年，我国边境地区县域城镇面积达 2588.21 平方千米，2020 年增长至 3822.06 平方千米，年均增速高达 3.98%，高于全国城镇面积平均增速（2.76%），反映出边境地区土地城镇化逐渐加快的趋势。但边境地区土地城镇化仍面临较大挑战。一方面，边境地区城镇面积占行政区域总面积的比重仍然较小，2010 年和 2020 年土地城镇化率①仅有 0.13%和 0.20%，远低于 0.99%和 1.29%的全国平均水平。另一方面，边境地区城镇土地面积在全国体系中的地位也相对较低。2010 年，边境地区城镇土地面积仅占全国的 2.77%。2020 年，边境地区对全国城镇土地面积的贡献率也仅有 3.11%。

具体而言，我国边境地区县域土地城镇化水平相对较高的地区密集分布于东北边境，其次为西南边境，近年来西北边境较有起色。2010 年，遥感图像解析显示，辽宁丹东市的振兴区、元宝区、东港市、振安区的土地城镇化率高达 27.47%、15.55%、6.42%和 2.66%，广西的东兴市和凭祥市、云南的瑞丽市和孟连傣族拉祜族佤族自治县建设用地占比分别为 3.79%和 1.17%、1.65%和 1.25%，在边境地区土地城镇化进程中处于相对领先的位置。2020 年，以辽宁为代表的东北边境城镇依然维持较高的土地城镇化率。广西的东兴市和凭祥市以及云南的瑞丽市土地城镇化率进一步上升至 6.13%、2.75%和 4.70%。与此同时，新疆的可克达拉市、奇台县、霍尔果斯市、察布查尔锡伯自治县等地的城镇化进程取得较大幅度增长，其土地城镇化率分别达到 2.01%、0.58%、0.58%和 0.52%，侧面印证了我国向西开

① 即城镇土地面积/该行政区划总面积。

放战略和兴边富民行动为当地城镇建设带来的积极影响，但仍与边境相对发达城镇具有较大差距。此外，受生态任务与地理条件的影响，西部边境等地的城镇化建设难度较大、推进迟缓。例如，西藏整体与全国平均土地城镇化率的差异从 2010 年的-0.98%扩大至 2020 年的-1.26%。

总体来看，边境地区城镇化水平长期低于全国平均水平且差距不断拉大，面临城镇化发展滞后、动力不足的困境。城镇化水平较高的边境地区主要聚焦于行政等级高、交通便利的县域，例如满洲里、丹东、白山等地，或是边境口岸发达、边境贸易繁荣的县域，如绥芬河、二连浩特、瑞丽、凭祥等地。分维度来看，经济城镇化水平较高的县域主要集中在吉林、辽宁和内蒙古西部地区；人口城镇化水平较高的县域主要集聚在内蒙古西部、东部以及新疆北部；社会城镇化水平较高的县域主要分布在内蒙古西部、新疆北部和西南地区。①

三　边疆地区面临的挑战与机遇

（一）国际地缘环境局势复杂，边境地区成为关键抓手

从国际整体地缘格局来看，少数西方国家对我国的战略围堵呈上升态势，沿边地区开发开放的外部干扰加大。一方面，长期来看，国际霸权主义势力试图全方位地围堵和遏制新兴发展中国家的崛起，继续诋毁和干扰“一带一路”建设，使我国周边地缘政治形势更加严峻复杂。另一方面，我国综合国力不断提升，国际政治经济版图呈现“东升西降”“南起北落”的态势，世界经济和战略重心加速向亚太地区转移。因此，在百年未有之大变局的背景下，边境地区成为我国抵御外部干扰的首道屏障，是维护地区安全与社会稳定的重要抓手，在我国深入参与国际治理体系重构中扮演的角色愈加具有能动性和创造性。

① 宋周莺、虞洋：《中国边境地区的城镇化可持续发展态势》，《经济地理》2019 年第 5 期。

从边境地区的地缘环境来看，局部摩擦冲突仍无法撼动和平稳定的宏观大局，短期震荡波动无法掩盖向好发展的长期趋势。总体而言，和平与发展仍是广泛的国际共识和思想主流，沟通与谈判仍是有效的外交形式和处理方案。与此同时，在亲、诚、惠、容周边外交理念的指导下，边境地区越发深入地参与国际经济贸易体系，地缘经济越发成为我国地缘活动的重点内容。因此，我国沿边地区开发开放有利于促进地缘经济的深化发展，同时稳固周边地缘政治环境，形成睦邻友好、互惠互利的地缘氛围。

（二）全球经贸合作形势恶化，边境地区迎来发展窗口

随着世界经济持续低迷、各种不稳定事件频出，对经济全球化质疑的声音越来越大。近年来，美日欧等发达经济体进入战略收缩期，“以邻为壑”的保护主义政策不断蔓延，民粹主义呈抬头趋势。同时，国际资本市场遭受重创，全球供应链出现断裂，世界经济面临多重危机和不确定性，新兴市场及发展中经济体复苏受到巨大影响。

然而，综观全球经济发展态势，共建“一带一路”国家发展潜力巨大，总体上仍是全球经济增长相对稳定的区域。2013～2022 年，我国与共建“一带一路”国家进出口总额累计达 19.1 万亿美元，年均增长 6.4%，这个增速既高于同期我国外贸整体增速，也高于同期全球贸易增速。[①] 其中，2022 年，中国与共建“一带一路”国家进出口总额近 2.9 万亿美元，占同期中国外贸总值的 45.4%，较 2013 年提高了 6.2 个百分点。[②] 在“西边不亮东边亮”的大格局下，边境地区面向共建“一带一路”国家的开发开放也有可能迎来“窗口期”，边境地区建立并超越“核心-边缘”结构的进程进入重大历史时机。[③]

---

① 《数据梳理共建“一带一路”10 年来亮眼成绩单》，央视网，2023 年 10 月 11 日，https：//news. cctv. com/2023/10/11/ARTIa03H9zKZns1WPHJwVrSA231011. shtml。

② 《共建“一带一路”：构建人类命运共同体的重大实践》，中国政府网，2023 年 10 月 10 日，https：//www. gov. cn/zhengce/202310/content_ 6907994. htm。

③ 刘卫东、Michael Dunford、高菠阳：《“一带一路”倡议的理论建构——从新自由主义全球化到包容性全球化》，《地理科学进展》2017 年第 11 期；宋周莺、车姝韵、杨宇：《“一带一路”贸易网络与全球贸易网络的拓扑关系》，《地理科学进展》2017 年第 11 期。

（三）构建双循环新发展格局，边境地区贡献重要力量

边境地区成为我国构建国内国际双循环的重要区域。首先，我国经济发展已进入新的发展阶段。在“新常态”的背景下，支撑我国快速发展的传统动能逐渐减弱，而新动能全面发挥作用尚待时日。其中，我国边境地区与毗邻国家在资源和经济结构上的互补程度较高，具有较强的新兴发展驱动力，特别是能源、交通、电信、农业、化工、纺织、科技创新等领域，形成了巨大的产能合作潜力。

其次，我国沿边开发开放、内陆对外开放高地建设、向西开放战略等工作已陆续展开，但边境地区开发开放水平仍与东部及内陆地区存在较大差距。在此背景下，推进沿边地区开发开放与高质量发展，有利于进一步拓展我国对外开放的对话领域与合作区域，帮助毗邻国家提升工业生产能力，同时反哺中国国内产业升级，打造安全可控、尊重互信的跨国生产网络。

最后，我国经济增量巨大，仍将是世界经济增长的重要贡献者。在科技创新引领下，我国经济保持平稳较快发展，共建“一带一路”国家特别是毗邻国家越来越希望搭乘中国经济发展的快车，实现自我发展。在条件允许的情况下，还可以通过推进区域经济一体化，为我国经济增长开拓新空间，进而推动形成国内国际双循环相互促进的新发展格局。

四　边疆地区深度融入“一带一路”建设的对策建议

（一）系统建设边境开放平台，整合沿边开发政策制度

在沿边的跨境经济合作区建设“原产地”工业园，可以在很大程度上解决产业转型、升级与稳增长、保就业之间的矛盾。通过跨境经济合作区建设推动中国与毗邻国家和地区的产能合作，有利于充分利用国内国际两个市场，形成国内国际双循环相互促进的新发展格局。可以重点推进霍尔果斯、磨憨-磨丁、二连浩特-扎门乌德等国家级跨境经济合作区的深度完善；进

一步支持瑞丽-木姐、东兴-芒街、凭祥-同登、龙邦-茶岭等省级跨境经济合作区的建设升级。

进一步推进国家关于支持沿边重点地区开发开放、兴边富民行动实施，加强边境经济合作区和重点开发开放试验区建设，支持符合条件的重点边境经济区申请设立综合保税区等海关特殊监管区域，建设成为边疆省份面向中亚、东南亚、蒙古国和俄罗斯的边境进出口资源加工基地、商贸中心、现代物流中心和信息交流中心，吸引国内外资金、技术和劳动力等资源在重点边境经济区集聚，进而带动沿边地区产业发展与地方就业。

提升口岸检疫、保税、仓储能力，进一步深化与毗邻国家开放平台的合作。积极对接毗邻国家，推进满洲里、二连浩特、阿拉山口、河口、凭祥等铁路站场的改造，提高铁路口岸的换装能力，实现联检互认、信息共享，完善通关服务功能；继续支持霍尔果斯、阿拉山口、甘其毛都、策克、磨憨、腾冲、瑞丽等公路口岸基础设施建设，提升人流通行和货物吞吐能力。

（二）加强区域基础设施建设，构建跨境物流大通道

根据“一带一路”建设框架，重点加强新疆、云南、广西、内蒙古、西藏等边境省份的软硬件建设，提高交通基础设施的管理水平、服务质量、通关效率，充分发挥沿边地区的地缘优势，打通向西、向南、向北的跨境运输物流通道，进一步深化中国与中亚地区、俄罗斯、巴基斯坦、缅甸、孟加拉国、印度等的制度型开放与合作。

新疆可以进一步加强霍尔果斯、阿拉山口等重点陆路口岸建设，完善配套通关、仓储和物流设施；配合共建“一带一路”，增强中国西部地区与西亚、南亚的陆路经济联系，保障地缘经济安全。内蒙古可以完善满洲里、二连浩特等铁路物流中转功能，加快甘其毛都、策克、满都拉等口岸城镇的基础设施建设。云南可以配合中老铁路建设，加快建设中老国际通道；借助中越泛亚铁路建设，推进以河口为代表的城镇基础设施的改造升级，深化与中南半岛互联互通和区域经济合作；构建昆明与东南亚、南亚和欧美大城市的便捷航空网络。广西可以依托西部陆海新通道建设，推进北海、钦州、防城

港等地扩大开放；进一步加强对东兴、凭祥等地货物贸易、金融保险、海关优化、人员流动等方面的政策支持。西藏可以积极推进樟木、吉隆等口岸的基础设施升级改造，打造中尼物流大通道。

（三）推动边境贸易提质增量，推动外向型经济发展

优化对外贸易模式，降低初级能源、原材料的贸易比重，发展本地出口加工贸易，大力推进服务贸易和边境贸易发展。进一步完善已有出口加工区配套设施建设，改善加工贸易配套条件，提高产业层次，拓展加工深度，提高出口商品附加值比重，推动加工贸易转型升级。鼓励加工贸易企业进一步开拓国际市场，加快形成加工贸易与边境贸易合理互补、比较优势明显、区域特色鲜明的贸易发展格局。

积极推动与毗邻国家和地区的经贸合作，向西利用亚欧博览会、中国-欧盟投资贸易科技合作洽谈会等平台，积极推动与中亚、西亚、俄罗斯乃至整个欧洲的经贸合作；向南以泰国、新加坡、印度尼西亚、印度等为突破口，依托广西和云南，加快推进中国-东盟自贸区建设。新疆重点加强与中亚、俄罗斯经贸合作；内蒙古、黑龙江、吉林、辽宁等边疆省份主要加强与俄罗斯、中东欧和欧盟的经贸合作；西藏重点加强与尼泊尔的经贸合作；云南、广西以与东南亚、南亚地区的经贸合作为主。

积极引进外资，制定利用外资的战略和规划，增强沿边地区吸引外资的能力。积极优化边疆省份的营商环境，完善金融等相关基础设施，加强投资“硬环境”建设；健全政策法规，放宽准入条件，减少股权限制，保护投资者权益，提升服务水平，加强投资“软环境”建设。坚持对外投资与引进外资并重，充分挖掘地方企业的龙头带动作用、当地民营企业的内在能动，鼓励和支持地方企业通过境外并购、股权置换、建立研发中心等形式，在符合他国法律法规和相关政策的条件下，与周边国家共同开发当地资源和国际市场。

（四）完善边境城镇体系建设，提升公共服务水平

完善边境城镇体系的总体布局与顶层设计，以中等城镇的核心节点为引

领，以边境小城镇为主体依托，形成边境地区要素集聚高地，打造边缘增长极，带动沿边地区整体发展。依托重点开放平台，培育和建设一批富有活力的边境重点口岸、边（跨）境经济合作区、边境自由贸易区，强化边境节点城市在对外开放、区域发展、国土安全等领域的多重功能，提升边境城镇的要素集聚和流通功能，增强资源要素的本地转化能力，发挥边境核心城市的辐射作用，进一步形成与完善分工有序、相互支撑、良性互动的边境城镇体系，带动沿边地区开发开放高质量发展，发挥兴边富民、稳边固边的作用。

围绕促进城乡融合发展，科学规划边境城镇体系的空间布局，推动人口与产业的适度集聚。以兴边富民行动、共建“一带一路”、西部大开发、乡村振兴等为机遇，推动一批边境城镇和乡村在市政设施、产业支撑、综合整治、模式创新等城镇化建设方面提档升级，尤其是住房保障、卫生医疗、基础教育、社会养老等公共服务的强化与完善，吸引居民向边境抵边公路、边民互市贸易点适度集中，帮助边境城镇实现由“廊道”向“枢纽”的身份转变。① 同时，协调推进边疆稳固、生态安全、睦邻合作，确保重要交通走廊、能源通道安全，落实军民融合与共建战略，完善边境城镇组织形态，形成总体均衡、各有侧重、因地制宜、协调联动的边境城镇发展大格局。以人民安全为宗旨，坚定维护国家主权和领土完整，有力回击外部势力干涉我国内政和损害我国主权、安全、发展利益的行径。②

（五）建立边境共同治理机制，实现深层次区域合作

随着人类命运共同体思想的深入人心，越来越多的国家和地区认识到“以邻为壑”的传统治理方案并不符合当今和平、发展、合作、共赢的历史潮流。因此，寻求构建多方参与的协商共建机制成为新时代边境治理行动的重要目标。

---

① 宋周莺、祝巧玲：《中国边境地区的城镇化格局及其驱动力》，《地理学报》2020 年第 8 期。

② 《十四、坚决维护国家主权、安全、发展利益——关于新时代坚持总体国家安全观》，中国共产党新闻网，2019 年 8 月 9 日，http：//theory. people. com. cn/n1/2019/0809/c40531 - 31284761. html。

边疆省份应充分发挥其与邻国交往交流“先行先试”的区位优势，加强与邻国的政策沟通，建立多层次、常态化、可持续的协商对话机制，激发跨境企业、民间团体、非政府组织等多主体参与协调国际事务的积极性，及时化解矛盾，妥善处理分歧，分享沿边开发开放的成果，形成互利互惠、相互依存的格局，让人类命运共同体共识在周边友邻国家落地生根。在具体措施上，应扎实推进中哈、中蒙、中老跨境经济合作区制度建设和规划落实，积极推动中越、中俄、中缅、中尼就跨境经济合作区达成共识、形成方案，使跨境经济合作成为推动兴边富民的重要力量，使沿边地区成为新时期深化睦邻合作的前沿阵地。①

① 《高质量推进兴边富民　促进边疆地区现代化》，中国社会科学网，2023 年 3 月 10 日，https：//www. cssn. cn/jjx/jjx_ jjxp/202303/t20230310_ 5602492. shtml。

B.9
中国沿边地区发展的新特点、新趋势及发展导向

安树伟　姚　鹤*

摘　要：　沿边地区在中国区域发展格局中具有重要作用，不仅是中国落实“一带一路”倡议的重要地区，更在维护国家安全和边境稳定方面具有重要意义。近年来，中国沿边地区发展呈现新特点与新趋势，贸易额快速增长，人民生活水平不断提高，基础设施建设不断完善，与共建“一带一路”国家合作不断深化，但也存在综合实力与沿海地区仍有差距、内部发展不均衡等问题。因此，沿边地区对外要扩大开放，深度融入共建“一带一路”格局，对内要加强区域性中心城市建设，提升都市圈、城市群能级，实施轴带引领战略，形成沿边半环形经济带，分类推进沿边地区发展。

关键词：　沿边地区　“一带一路”　共同富裕

中国位于欧亚大陆东部，陆地边界线全长2.2万千米，是世界上陆地边界线最长和邻国最多的国家之一，也是边界情况最复杂的国家之一。沿边地区作为中国与其他国家交界的陆地边境地区，战略地位突出，对促进中国区域协调发展和维护国土安全具有重要作用。将省级行政单位作为研究的空间尺度，沿边地区包括辽宁、吉林、黑龙江、内蒙古、新疆、西藏、云南和广西8个省级行政区，① 面积为548.52万平方千米，占中国陆地面积的

* 安树伟，首都经济贸易大学城市经济与公共管理学院二级教授，北京市人民政府参事，主要研究方向为区域经济与城市经济；姚鹤，河北省蠡县行政审批局干部。

① 甘肃与蒙古国的边境线较短，本报告将其归为内陆地区。

57.14%，2024年常住人口为24550万人、地区生产总值为17.32万亿元，分别占全国的17.43%、12.84%。沿边地区长期以来面临自然条件较差、地广人稀、人口流失严重、经济发展落后等问题。[①] 改革开放以后，中国高度重视沿边地区发展，实施了“兴边富民行动计划”，2013年国务院发布《关于加快沿边地区开发开放的若干意见》，提出加快沿边地区开发开放试验区建设；2015年国家发展改革委、外交部、商务部联合发布《推动共建丝绸之路经济带和21世纪海上丝绸之路的愿景与行动》，2015年国务院发布《国务院关于支持沿边重点地区开发开放若干政策措施的意见》等，为重塑沿边地区对外开放格局提供了契机。近年来，沿边地区经过长时间的政策扶持和发展，经济发展迅速、城镇化率不断提升、基础设施不断完善，逐渐成为中国对外开放、交流的新门户和实施“一带一路”倡议的重点区域。在“一带一路”建设的背景下，未来中国区域格局的总体态势将是东西两翼带动中部崛起，从而形成面向全球的“沿海—内陆—沿边”全面开放格局。[②]

一　沿边地区发展的新趋势

在深化改革开放和共建“一带一路”的背景下，近年来沿边地区呈现出进出口贸易快速增长、经济受突发公共卫生事件影响较大、居民生活水平稳步提升、互联互通设施不断完善等新趋势。

（一）进出口贸易持续增长

2015~2022年，中国沿边地区的进出口总额、外商投资企业投资总额和外商投资企业数均呈上升态势，对外贸易持续发展。2020~2022年，沿边地区外商投资企业数年均增速为0.43%，相较2015~2020年的增速（2.91%）

---

① 刘慧、程艺：《“一带一路”建设对中国沿边地区发展影响的区域分异》，《区域经济评论》2018年第6期。

② 安树伟：《改革开放40年以来我国区域经济发展演变与格局重塑》，《人文杂志》2018年第6期。

进一步放缓。2020~2022 年，进出口总额年均增长速度达到 15.06%，明显超过 2015~2020 年的增长速度（5.12%），外商投资企业投资总额增长速度明显加快（见图 1）。这表明随着中国对外开放的逐渐深化，虽然新冠疫情对人员流动限制很大，但对资本流动的约束较少，沿边地区进出口总额快速增长，积极引进外商投资，外商在沿边地区的投资更加集中。

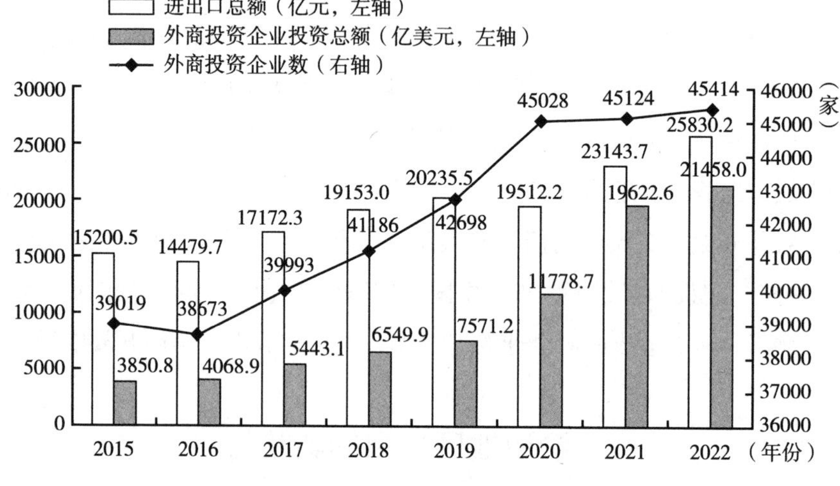

图 1　2015~2022 年沿边地区对外贸易主要指标

资料来源：根据相关年份《中国统计年鉴》整理。

（二）突发公共卫生事件对出入境人员的影响显著大于对货物的影响

中国沿边地区与国际市场地理位置距离较近，随着“一带一路”建设的持续推进和对外开放政策的实施，沿边地区开放口岸数量逐渐增多。2014~2019 年，沿边地区口岸货运量由 49288.6 万吨增加到 64078.5 万吨；经过口岸出入境人员由 5887.1 万人次增加至 8228.5 万人次。但是自 2020 年以来，沿边口岸受新冠疫情冲击，口岸货运量和出入境人员均呈下降趋势。2019~2021 年，口岸货运量由 64078.5 万吨下降至 55734.4 万吨，下降了 13.0%；出入境人员由 8228.5 万人次下降到 519.3 万人次，下降了 93.7%（见图 2）。疫情对出入境人员的影响显著大于对进出口货物的影响。

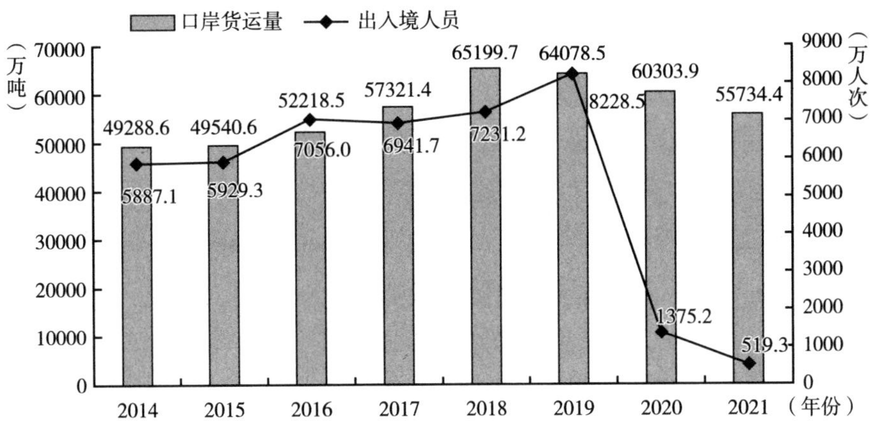

图 2　2014~2021 年沿边地区口岸货运量和出入境人员情况

资料来源：根据相关年份《中国口岸年鉴》整理。

（三）居民收入水平和城镇化率持续提升，但与全国的差距持续扩大

2022 年，沿边地区居民人均可支配收入为 29859.0 元，城镇化率为 61.16%，与 2015 年相比，居民人均可支配收入增加 58.9%，城镇化率上升 6.69 个百分点。2020~2022 年沿边地区居民人均可支配收入年均增长率为 6.29%，比 2015~2020 年年均增长率下降了 0.77 个百分点。2015~2022 年，沿边地区居民人均可支配收入与全国平均水平的差距由 3172.5 元扩大到 7024.3 元。城镇化率与全国平均水平的差距由 2.86 个百分点扩大到 4.06 个百分点（见图 3）。从沿边地区各省份来看，2015~2022 年，西藏的人均可支配收入增长速度最快，年均增速为 11.75%，辽宁和吉林年均增长速度较慢，分别为 5.64%、5.93%。2022 年，沿边地区城镇化率高于全国平均水平的有辽宁、黑龙江、内蒙古，城镇化率分别为 73.00%、66.21%、68.06%。

（四）内外联通的基础设施不断完善

近年来，沿边地区不断加强基础设施建设，改善对内对外交通情况。一

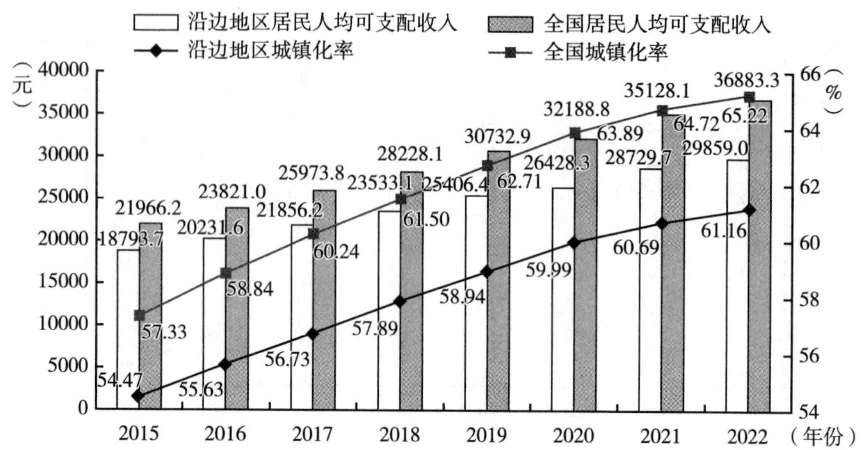

图 3　2015~2022 年全国与沿边地区居民人均可支配收入和城镇化率

资料来源：根据相关年份《中国统计年鉴》整理。

是沿边地区交通里程不断增加。2019~2022 年，沿边地区公路、高速公路建设速度加快，投入运营里程数大幅提升，分别增加了 163786.1 千米、11251.61 千米（见图 4）。随着铁路运营里程的大幅增加，货运量也随之增长，区域内人流、物流、资金流、信息流等要素的流动性逐渐增强。截至 2022 年底，新疆 3 条进出疆高速公路大通道全部打通，全区 108 个县（市）中有 95 个县（市）实现通高速（一级）公路，占比突破 87%；① 云南实现 120 个县通高速公路、13 个州（市）通铁路，新建成高速公路 302 千米，13 个支线机场提升改造，交通通达能力显著提升。② 二是对外联通通道不断畅通。2023 年黑龙江、吉林、辽宁和内蒙古交通运输厅签署《东北三省一区协同推进交通运输高质量发展行动倡议》，倡议共建东北陆海大通道，畅通与东北亚地区贸易往来。云南与越南、老挝分别开通多条国际客货运输线路，中

① 《2022 年新疆维吾尔自治区公路水路交通运输行业经济运行分析报告》，新疆维吾尔自治区交通运输厅网站，2023 年 1 月 16 日，https：//jtyst. xinjiang. gov. cn/xjjtysj/jttj/202304/9a33252b9c644bad9610baaef3999ebd. shtml。

② 《2023 年全省交通运输工作报告》，云南省交通运输厅网站，2023 年 2 月 24 日，http：//jtyst. yn. gov. cn/html/2023/jiaotonggongzuobaogao_ 0725/129433. html。

老铁路货物运输线路覆盖老挝、泰国、越南、缅甸等 12 个共建“一带一路”国家。2023 年，中国完成中哈、中蒙国际道路运输协定的修订以及中土国际道路运输协定的签署，成功开展中蒙俄沿亚洲公路网 4 号线国际道路运输试运行，中蒙俄经济走廊建设再添新通道。

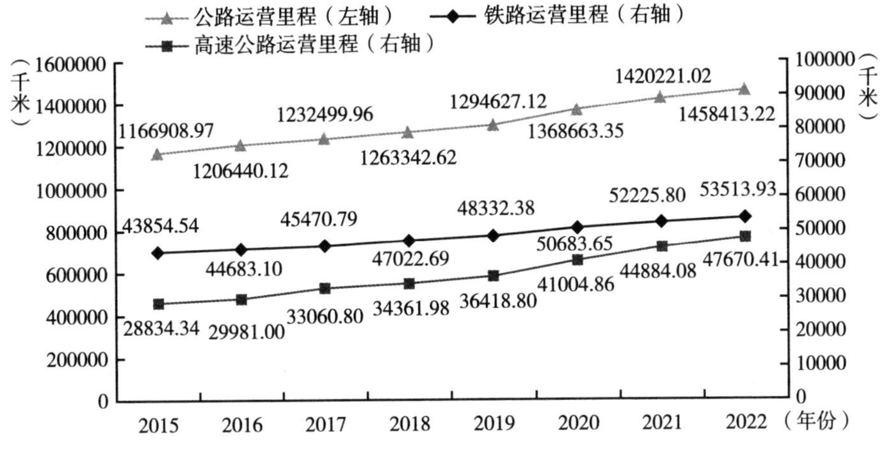

图 4　2015~2022 年沿边地区交通基础设施

资料来源：根据相关年份《中国统计年鉴》整理。

（五）经济发展水平与沿海地区的相对差距开始缩小，但绝对差距还在扩大

从沿边地区与沿海地区的人均地区生产总值差距来看，其经济的绝对差距在扩大、相对差距在缩小。2015~2022 年，沿边地区人均地区生产总值由 37824.51 元增加至 63053.13 元，增长 66.70%，但与沿海地区的绝对差距由 29381.34 元增加至 46654.81 元，增长 58.79%。同时，沿海地区与沿边地区的人均地区生产总值比值由 1.78 : 1（沿边地区 = 1，下同）下降至 1.74 : 1，虽然 2015~2017 年有短暂的上升，但 2017 年后相对差距持续下降（见图 5）。

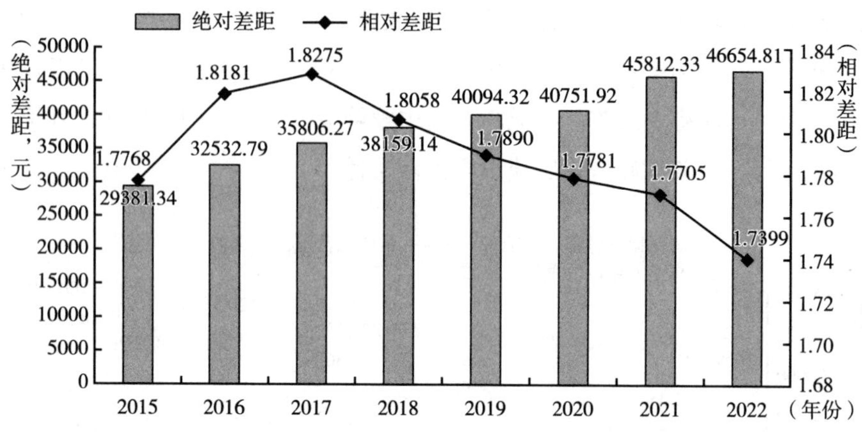

图 5　2015~2022 年沿边地区与沿海地区的人均地区生产总值差距

说明：沿海地区包括河北、北京、天津、山东、江苏、上海、浙江、福建、广东、海南。考虑数据可得性，本报告沿海地区数据不包括台湾、香港和澳门。

资料来源：根据相关年份《中国统计年鉴》整理。

二　沿边地区发展的新特点

与沿海、内陆地区相比，近年来沿边地区对外合作以落实“一带一路”倡议为重点，依托国家战略开展丰富多样的对外合作。但是，沿边地区存在区域发展不平衡、都市圈和城市群发展不充分等问题。

（一）以“一带一路”建设为重点，积极开展对外合作

沿边地区具有对外合作的优势，近年来以“一带一路”建设为重点，积极开展对外合作。其中，东北部和北部沿边地区通过中蒙俄经济走廊和东北亚陆海大通道，西部和西南部沿边地区主要通过新亚欧大陆桥、中国-中亚-西亚、中巴经济走廊，南部沿边地区主要通过 21 世纪海上丝绸之路、中国-中南半岛经济走廊、孟中印缅经济走廊和西部陆海新通道等开展与周边国家之间的经济合作。

自“一带一路”倡议提出以来，沿边地区对外交流逐渐增加。2022 年

沿边地区对外贸易进出口总额达 3061.32 亿美元，比 2013 年增长 37.8%。2013~2022 年，广西与共建“一带一路”国家进出口总额由 1115.1 亿元增长到 3459.4 亿元，年均增长 13.40%；新疆进出口总额从 1708.1 亿元增长到 2463.6 亿元，年均增长 4.15%。此外，沿边地区依托“一带一路”倡议加大招商引资力度，2013~2022 年，沿边地区外商投资企业投资总额由 3245 亿美元稳步增长到 21458 亿美元，年均增长 23.35%，比全国平均增速高 2.02 个百分点，进出口贸易的发展为沿边地区经济发展注入强劲动力。同时，西北、东北、西南沿边地区与周边共建“一带一路”国家对外交流不断增强，广泛开展了多领域合作，教育、人文交流逐渐增多。

（二）对外经济合作类型多样

沿边地区位于中国陆上边缘地带，与邻国陆地接壤，对外经济合作区类型多样。首先，2023 年沿边地区中国自由贸易试验区建设逐渐完备，随着国家新批复中国（新疆）自由贸易试验区，沿边 8 个省份已有 5 个省份获得中国自由贸易试验区的批复。同时随着“一带一路”的深化和对外开放政策的实施，截至 2021 年底，沿边地区共有航空口岸 25 个、铁路口岸 14 个、公路口岸 70 个。其次，沿边地区还建设了边境经济合作区、综合保税区、跨境电子商务综合试验区、跨境经济合作区等多种类型的经济合作区，逐渐形成“对外开放口岸-边境经济合作区-中国自由贸易试验区”的对外经济合作体系（见表 1）。

表 1　沿边地区中国自由贸易试验区、边境经济合作区及对外开放口岸基本情况

单位：个

地区	中国自由贸易试验区	边境经济合作区	对外开放口岸				
			水运	航空	铁路	公路	合计
辽宁	中国(辽宁)自由贸易试验区	丹东边境经济合作区	9	2	1	1	13
吉林	—	珲春边境经济合作区、和龙边境经济合作区	—	2	3	11	16
黑龙江	中国(黑龙江)自由贸易试验区	黑河边境经济合作区、绥芬河边境经济合作区	13	4	3	7	27

续表

地区	中国自由贸易试验区	边境经济合作区	对外开放口岸				
			水运	航空	铁路	公路	合计
内蒙古	—	满洲里边境经济合作区、二连浩特边境经济合作区	—	6	2	13	21
新疆	中国(新疆)自由贸易试验区	伊宁边境经济合作区、博乐边境经济合作区、塔城边境经济合作区、吉木乃边境经济合作区	—	3	2	14	19
西藏	—	—	—	1	—	4	5
云南	中国(云南)自由贸易试验区	畹町边境经济合作区、河口边境经济合作区、瑞丽边境经济合作区、临沧边境经济合作区	3	4	2	12	21
广西	中国(广西)自由贸易试验区	凭祥边境经济合作区、东兴边境经济合作区	6	3	1	8	18
全国	22	17	129	81	21	82	—

资料来源：根据《中国口岸年鉴 2022》整理。

（三）区域发展不平衡突出

因为不同的地理条件及历史传统，沿边地区各省（区）经济发展的基础及发展态势仍然存在一定的差距。从人均地区生产总值来看，沿边各省（区）人均地区生产总值差距较大，如 2022 年内蒙古的人均地区生产总值为 96474 元，分别为黑龙江、广西、西藏的 1. 89 倍、1. 85 倍、1. 65 倍。从产业结构来看，2022 年各地区产业结构有所不同，但总体来看第三产业所占比重最大，东北和北部沿边地区、南部沿边地区明显高于西部和西南部沿边地区。从人民生活水平来看，辽宁、内蒙古的居民人均可支配收入明显高于沿边地区其他省份，尤其是高于西部和西南部沿边地区。从城乡居民收入差距来看，东北沿边地区收入差距较小（见表 2）。

表 2　2022 年沿边地区各省份主要经济指标

地区	人均地区生产总值（元）	产业结构	居民人均可支配收入（元）	城乡收入差距（农村居民=1）	恩格尔系数（%）
辽宁	68775	9.0：40.6：50.4	36088.8	2.21：1	31.6
吉林	55347	12.9：35.4：51.7	27974.5	1.96：1	30.6
黑龙江	51096	22.7：29.2：48.1	28345.5	1.89：1	31.2
内蒙古	96474	11.5：48.5：40.0	35920.6	2.36：1	28.1
新疆	68552	14.1：41.0：44.9	27062.7	2.32：1	32.2
西藏	58438	8.5：37.7：53.8	26674.8	2.68：1	36.2
云南	61716	13.8：36.2：50.0	26936.8	2.78：1	32.3
广西	52164	16.2：34.0：49.8	27980.7	2.28：1	32.0
沿边地区合计	62931	13.9：37.7：48.4	29859.0	2.32：1	31.4
全国	85698	7.3：39.3：53.4	36883.28	2.45：1	30.5

资料来源：根据《中国统计年鉴 2023》整理。

2015~2022 年沿边地区各省（区）恩格尔系数和居民人均可支配收入均有明显变化，2015 年东北和北部沿边地区的居民人均可支配收入明显高于其他地区，但近年来增速慢于其他沿边地区。同时恩格尔系数均表现为上升趋势，说明近年来沿边地区人民生活水平的提升速度趋缓。2015~2022 年，西藏恩格尔系数有较大幅度下降，居民人均可支配收入增长较快，说明居民生活水平提升迅速；云南和广西的恩格尔系数也有所下降，居民人均可支配收入也有所提升（见图 6）。

（四）都市圈和城市群发育程度较低

都市圈的形成早于城市群，是城市群的初期形态。根据黄艳和安树伟的测算，中国共有 29 个都市圈，其中只有 7 个位于沿边地区，分别是昆明都市圈、大连都市圈、长春都市圈、沈阳都市圈、南宁都市圈、哈尔滨都市圈和乌鲁木齐都市圈。[①] 沿边地区都市圈发育数量较少且均处于发育

① 黄艳、安树伟：《中国都市圈：识别、特征与发展态势》，《中国投资》2022 年第 Z2 期。

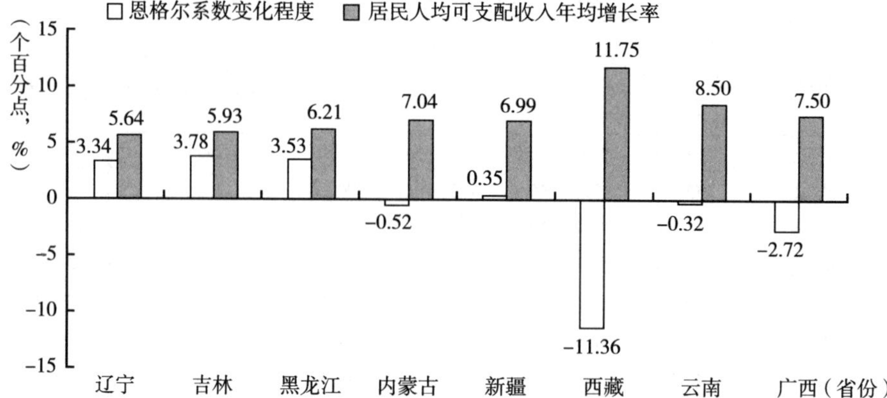

图 6　2015~2022 年沿边地区恩格尔系数变化程度和居民人均可支配收入年均增长率

资料来源：根据相关年份《中国统计年鉴》整理。

期和萌芽期，未形成都市圈的竞争态势，各都市圈经济总量较低，且对周围区域的带动作用有限。从都市圈核心城市量级来看，沿海地区都市圈核心城市量级大部分属于Ⅰ级和Ⅱ级，而沿边地区则属于Ⅲ级和Ⅳ级，都市圈核心城市量级较低，进而影响城市群的进一步形成与发展。根据国家"十四五"规划，涉及沿边地区的城市群共有 6 个，分别是辽中南城市群、哈长城市群、呼包鄂榆城市群、天山北坡城市群、滇中城市群、北部湾城市群。沿边地区的 6 个城市群与京津冀、长三角、粤港澳三大城市群相比具有较大的差距。

三　沿边地区在我国区域经济中的功能

与中国沿海、内陆地区相比较，沿边地区位于中国大陆国界的边缘，战略地位突出，少数民族较多，经济、社会、文化发展不平衡，在落实"一带一路"倡议、推进共同富裕、实现区域协调发展、维护国家主权安全、形成高质量的经济格局中具有重要作用。

（一）沿边地区是国家对外交流、落实“一带一路”倡议的重要区域

沿边地区是国家对外交流、落实“一带一路”倡议的重要区域。一是沿边地区位于中国边境地带，与周边相邻国家直接相接，是中国与邻国之间交流与合作的重要门户和纽带，促进了跨境贸易、投资合作和人文交流的开展。二是沿边地区与周边国家有良好的经济合作基础，经济密切相连，有丰富的合作机会和较大的合作潜力。加强沿边地区与邻国的经济合作，有利于深化贸易往来、投资合作和产业对接，推动跨境经济合作的深入开展。三是沿边地区是“一带一路”倡议的关键区域。“一带一路”建设的六大经济走廊和21世纪海上丝绸之路建设是以中国沿边地区和沿海港口为起点的，经中亚、俄罗斯、东南亚、南亚等地，向西亚、地中海、印度洋以及欧洲延伸。[①] 沿边地区是连接东盟国家、南亚、中亚、俄罗斯等的起点，对中国与其他国家和地区的贸易畅通和人文交流有重要作用。

（二）沿边地区是缩小区域发展差距、实现区域协调发展的关键区域

区域协调发展战略是新时期国家重要战略之一，是推动中国经济高质量发展的重要抓手。沿边地区多为欠发达地区，与沿海发达省份在经济发展、居民收入、公共设施方面均有较大差距，其内部由于资源禀赋、地理环境、历史条件不同，经济社会发展水平也存在差距。2022年沿海地区的人均地区生产总值、人均教育经费支出分别为沿边地区的1.75倍、1.28倍（见表3）。沿边地区的发展，对实现区域协调发展意义重大。因此，沿边地区作为中国需要支持的特殊类型地区，是实现区域协调发展的关键，这就需要更加重视沿海、内陆与沿边地区经济的协调发展。

---

① 李光辉、高丹：《新时代发展边疆经济的新思考》，《东北亚经济研究》2020年第3期。

表 3 2022 年沿海地区、内陆地区和沿边地区主要指标

地区	地区生产总值（亿元）	人均地区生产总值（元）	居民人均可支配收入(元)	进出口总额（亿美元）	人均教育经费支出(元)	人均医疗卫生机构床位数（张/万人）
沿海地区	622185.7	109987.2	47249.8	49522.8	4292.7	60.0
内陆地区	417810.2	70019.3	30657.5	9317.1	3261.1	76.1
沿边地区	155666.0	62931.3	29859.0	3861.3	3349.9	73.4

注：内陆地区包括山西、陕西、宁夏、甘肃、青海、四川、贵州、重庆、河南、湖北、湖南、安徽、江西 13 个省份。

资料来源：根据《中国统计年鉴 2023》整理。

（三）沿边地区是兴边富民、实现共同富裕的优先区域

中国是社会主义国家，共同富裕是中国式现代化的重要特征之一，沿边地区是兴边富民、实现共同富裕的优先区域。一是沿边地区处于中国与邻国的边境交界地带，由于其位置偏远、历史欠账多、周边环境影响等，沿边地区基础设施建设水平滞后，经济社会发展、人民生活水平相对滞后。自 1999 年以来，中国实施了以“富民、兴边、强国、睦邻”为宗旨的“兴边富民行动”，为沿边地区带来了良好的发展机遇，但沿边地区仍是中国经济洼地，基础设施建设与沿海地区相比存在一定的差距，社会不稳定因素较多。二是沿边地区面积约占全国的 57%，2024 年人口占全国的 17.4%，人均可支配收入仅为沿海地区的 62.6%，城乡居民收入差距较大，实现全体人民共同富裕的任务艰巨。2023 年 6 月，习近平总书记在呼和浩特听取内蒙古自治区党委和政府工作汇报时指出：“从全国来看，推动全体人民共同富裕，最艰巨的任务在一些边疆民族地区。这些边疆民族地区在走向共同富裕的道路上不能掉队。”① 因此，加快沿边地区发展，提高沿边地区人均收入水平，是保障人民安居乐业的重要条件，对兴边富民、实现共同富裕具有重要作用。

---

① 《时政新闻眼丨习近平在内蒙古考察，这些话语令人深思》，新华网，2023 年 6 月 9 日，http：//www.xinhuanet.com/politics/2023-06/09/c_ 1129682292.htm。

（四）沿边地区是实现民族团结、维护国家安全的重要区域

党的十八大以来，习近平总书记对维护国家安全、经略周边做出一系列重大决策，做出“治国先治边”的重要指示。沿边地区战略地位重要、少数民族聚集、资源禀赋突出，其安全关系整个国家的社会稳定和长治久安，是民族团结和维护国家安全的重要区域。一是沿边地区是中国少数民族聚集地区。沿边省（区）第七次全国人口普查少数民族人口所占比重为26.99%，比全国平均水平高18.10个百分点。沿边地区民族众多，各民族习惯、生活信仰不同，某些地区民族宗教问题还比较突出，是中华民族团结的重要区域和铸牢中华民族共同体意识的重要阵地。二是沿边地区处于两国或多国的交界区，是与周边国家经济合作和交往的前沿。同时，沿边地区是国家安全屏障的第一道防线，相邻各国政治制度、经济发展水平不同，民族、宗教问题错综复杂，西南地区国界线存在历史遗留问题，给中国沿边地区带来许多不稳定因素。因此，沿边地区也是捍卫中国主权安全和领土完整的前沿阵地，在维护国家经济安全、社会安全、文化安全中具有重要作用。

四　未来沿边地区发展重点

未来沿边地区对外应扩大开放，深度融入共建“一带一路”，对内应培育区域性中心城市，提升都市圈和城市群能级，加强轴带引领，建立沿边环形经济带。

（一）加强开放合作，深度融入共建“一带一路”

一是加强与各国政策协调，促进多方面对外交流。应加强与相关国家政府的政策协调，完善沿边地区开放合作的政策框架，支持与保障跨境贸易、投资和人员流动的便利化。加强沿边地区与邻国教育、文化、旅游等人文领域的交流与合作，增进邻国、边民间的信任和友谊。二是完善沿边地区重点开发开放试验区、边境经济合作区、跨境经济合作区功能。加快沿边省

（区）自由贸易试验区建设，探索“自由贸易试验区+经济技术开发区”协同发展模式，持续拓展贸易空间，推进边境地区传统贸易、新型贸易、服务贸易、数字贸易协调发展，构建更高水平开放型经济新体制，形成高水平沿边开放新支点。三是深度参与“一带一路”经济合作走廊建设。目前，中国与共建“一带一路”国家“六廊六路多国多港”的互联互通架构基本形成，中欧班列、西部陆海新通道等大通道基本完成，应充分利用这六条经济合作走廊深入开展与共建“一带一路”国家贸易、金融合作，形成沿边经济开放新格局。

（二）以点带面，加强区域性中心城市建设

区域性中心城市是指在都市圈和城市群之外，人口规模较大、经济实力较强、城市功能较完善、腹地范围较广，具有较好的承载力，可以集聚较多的产业与人口，能够在国家和区域经济、社会、文化、科技发展中发挥重要作用的城市。中国沿边地区占全国近六成的土地面积，只承载了全国不到两成的常住人口，城镇体系不完善，都市圈和城市群密度较低且发育缓慢，对沿边地区的带动作用有限。应加快区域性中心城市建设，通过聚集人口、创造就业岗位、提供公共服务促进沿边地区新经济增长点形成。在根据其经济实力、人口规模、腹地范围、战略地位等因素，准确识别沿边地区区域性中心城市的基础上，对不同阶段的区域性中心城市分类施策。根据邬晓霞、安树伟对区域性中心城市的识别，呼和浩特等成熟期的区域性中心城市应增强集聚能力，畅通与周围地区的交通通道，向都市圈中心城市发展。① 对于柳州、桂林、曲靖等成长期、培育期区域性中心城市应加强城区的人口集聚能力，发展壮大优势产业，推动其经济实力增强。拉萨、喀什分别是西藏的首府和南疆最大的城市，对地区经济的支撑作用明显，但其与区域性中心城市的经济差距较大，发展基础较弱，属于萌芽期的区域性中心城市，应加强城市建设，增强自身经济实力。

---

① 邬晓霞、安树伟：《中西部区域性中心城市的识别与发展方向》，《改革》2022 年第 10 期。

（三）提升都市圈和城市群核心城市能级，以更好地带动外围地区发展

目前沿边地区都市圈和城市群发育尚不完全，存在能级较低、辐射范围小、对周围地区经济发展带动能力弱等问题。根据安树伟、李瑞鹏提出的核心城市带动外围地区发展的三要素理论，[①] 都市圈和城市群核心城市对外围地区的带动作用取决于核心城市辐射能力、外围地区承接能力、核心城市与外围地区要素流动通道是否畅通 3 个要素。沿边地区应着力培育乌鲁木齐都市圈、南宁都市圈、哈尔滨都市圈 3 个培育期都市圈，壮大长春都市圈、昆明都市圈、大连都市圈、沈阳都市圈 4 个发育期都市圈，促进都市圈进一步耦合发展成为城市群。首先，应不断增强核心城市经济实力，提高核心城市综合承载能力和资源优化配置能力，加大科技创新力度和促进创新协同发展，强化核心城市对周边地区的辐射带动作用。其次，畅通对外要素通道，不仅畅通地区间交通的“硬联通”，更要减少行政壁垒，促进人流、物流、资金流的顺畅流动。最后，增强外围地区的承接能力，缩小与核心城市的差距，承接核心城市产业转移，培育形成现代化的都市圈和城市群。

（四）加强轴带引领，建立沿边半环形经济带

经济轴带是中国区域发展空间布局的主要形式，形成发展轴有助于区域发展增长极由点连接成轴，最大限度发挥辐射带动作用，对构建新发展格局和优化国土空间布局具有重要的战略意义。沿边地区面积广大，应加强轴带引领，逐步形成沿边半环形经济带。从鸭绿江口到北仑河口的沿边开放地区，选取核心城市或重要节点，以沿边城市和对外口岸为依托，构建北起辽宁丹东，南至广西东兴的经济发展轴带。[②] 这一环形经济带战略地位突出，一是可以利用沿边半环形经济带吸纳人口、集聚产业，促进沿边地区的经济

---

① 安树伟、李瑞鹏：《城市群核心城市带动外围地区经济增长了吗？——以京津冀和长三角城市群为例》，《中国软科学》2022 年第 9 期。

② 安树伟、肖金成：《区域发展新空间的逻辑演进》，《改革》2016 年第 8 期。

增长，推进区域协调发展。二是有助于加强沿边地区与邻国的经济联系，推动跨境贸易、投资和合作，促进资源优势互补、产业链条衔接，发挥对外开放的先锋作用。三是和沿海、内陆地区共同组成“三纵四横一沿边”的国土空间开发结构。

五　分类施策推动沿边地区发展

中国沿边省（区）之间发展基础不同，具有不同的发展特征，面临的问题也不同，按照地理区位、资源禀赋、经济发展基础以及对外交往功能，将其分为东北部和北部、西部和西南部、南部三类沿边区域，每一类区域的发展方向和重点均有不同。

（一）东北部和北部沿边地区

东北部和北部沿边地区包括辽宁、吉林、黑龙江、内蒙古，地形平坦，国土面积为199.14万平方千米，北部与俄罗斯、蒙古国接壤，东部与朝鲜相邻，拥有8893千米陆上国界线，占中国陆上国界线的40.4%。2024年地区生产总值为89765.4亿元，常住人口为11889万人，三次产业结构比为11.4∶35.5∶53.1。东北部和北部沿边地区位于东北亚的中心位置，是连接中国内陆与东北亚其他国家的重要区域，也是中国面向东北亚开放的重要区域。近年来东北亚地区国际形势较为宽松，中国与周边国家经贸关系不断加强，对外深度合作有较好的基础。

1.继续建设面向东北亚的跨境开放通道

应抓住地理位置优越的优势，完善交通基础设施建设，通过东北亚陆海新通道，推进各种要素充分流动。加强交通网络互联互通。提升哈尔滨、长春、沈阳、大连、呼和浩特机场面向东北亚的功能，畅通空中运输通道。加强国际客货班列运营和双向对开，推动东北亚大通道建设。辽宁应拓展以沈阳、大连机场为主体的国际航线网络，构建东北亚空港枢纽。吉林应稳步推进“滨海2号”国际交通走廊建设，加快中俄珲（春）马（哈林诺）铁路扩能改造，推进中蒙俄大通道建设。黑龙江应会同俄罗斯推动绥芬河-格罗杰阔沃跨境铁路扩能改造工程，推动同江中俄跨江铁路大桥、黑河公路大桥投入运营。内蒙古应配合国家建设二连浩特-乌兰巴托-乌兰乌德中线铁路升级改造，推动铁路口岸和跨境公路建设。[①] 推进民航、铁路、公路、水运等多种交通运输枢纽的有机衔接。

2. 深度参与东北亚的次区域合作

东北部和北部沿边地区应结合已有的交通、产业基础和地理、政策优势，提高与俄罗斯、东北亚地区的合作层级，深度参与东北亚国家间合作，构建全方位、多层次的开放格局。一是提升中蒙俄经济走廊建设水平，推动东北亚合作提质升级。抓住当前“冰上丝绸之路”机遇，加快东北亚陆海新通道建设，打造向北开放重要桥头堡。依托中蒙俄经济走廊，加快东北亚陆海新通道建设，形成铁路环廊，将中国的“海赤乔”国际次区域合作金三角、黑龙江“哈大齐”、吉林“长吉图经济区”和辽宁“沈阳经济区”“沿海经济带”等发展战略与蒙古国的“发展之路”、俄罗斯的“欧亚经济联盟”和“远东开发”串联叠加，助力东北亚经济圈建设。[②] 二是加快与东北亚国家开展多领域双边合作，发挥大图们倡议等作用，推进中国与俄罗斯、蒙古国在基础设施、电力能源、先进制造业等领域开展广泛合作，推动

---

① 《辽宁省人民政府关于印发〈辽宁省国民经济和社会发展第十四个五年规划和二〇三五年远景目标纲要〉的通知》，辽宁省人民政府网站，2021年3月30日，https://www.ln.gov.cn/web/zwgkx/zfwj/szfwj/zfwj2011_148487/5707988A77744C8BA6A039712A1B55FB/；《吉林省人民政府关于印发吉林省国民经济和社会发展第十四个五年规划和2035年远景目标纲要的通知》，吉林省人民政府网站，2021年3月17日，http://xxgk.jl.gov.cn/PDFfile/202103/7983210.pdf；《黑龙江省人民政府办公厅关于印发黑龙江省“十四五”综合交通运输体系发展规划的通知》，黑龙江省人民政府网站，2022年1月5日，https://www.hlj.gov.cn/hlj/c111009/202201/c00_30640994.shtml；《内蒙古自治区人民政府关于印发自治区国民经济和社会发展第十四个五年规划和2035年远景目标纲要的通知》，内蒙古自治区人民政府网站，2021年2月10日，https://www.nmg.gov.cn/zwgk/zfxxgk/zfxxgkml/202102/t20210210_887052.html。

② 李瑞峰：《用“东北陆海新通道”打造向北开放重要桥头堡的建议》，《北方经济》2023年第6期。

中国与俄罗斯的中俄原油管道、中俄东线天然气管道、亚马尔液化天然气项目等能源项目稳步建设。同时紧抓中日、中韩关系改善的新契机，以全新视野深化与日本、韩国的地方多元化交流与合作。

3. 创造良好的合作环境

东北部和北部沿边地区应破除体制机制障碍，吸引更多优质外部要素资源，高水平打造东北亚开放平台，为地区经济发展注入活力。一是持续深化改革，破除僵化的体制机制。政府应简政放权提高行政效率，改善营商环境、投资环境，降低企业发展成本，吸引外国企业来此投资建厂，促进本地企业对外交流。二是制定和完善保护投资者合法权益的法律制度，加大知识产权保护力度，进一步坚持市场主体平等和竞争中性原则，稳定外资预期，吸引外资企业投资。三是高水平、高标准建设中国（辽宁）自由贸易试验区和中国（黑龙江）自由贸易试验区，充分发挥自由贸易试验区的对外开放功能。

（二）西部和西南部沿边地区

西部和西南部沿边地区包括新疆、西藏，地貌类型复杂多样，以高原和盆地为主，国土面积达 286.22 万平方千米，陆上国界线达 9542 千米，占中国陆上国界线的 43.4%，西部与俄罗斯、哈萨克斯坦、吉尔吉斯斯坦、塔吉克斯坦、巴基斯坦、印度等 11 个国家接壤，有较多边境口岸。2024 年地区生产总值为 23299 亿元，常住人口为 2993 万人，三次产业结构比为 12.1∶39.3∶48.6。西部和西南部沿边地区是中国少数民族集聚的区域，也是中国领土争端严重、国际关注的热点地区，是维护国家安全、边疆安全的第一道防线。保稳定、促发展是该地区未来的重点和核心。

1. 发挥地区通道功能，积极融入“一带一路”建设

新疆和西藏应借力“一带一路”倡议，坚持走出去、引进来战略，发挥地区通道作用，促进“通道经济”向“产业经济”转化。新疆应持续发挥亚欧大陆桥和中欧班列的作用，扩大新疆与丝绸之路经济带合作伙伴合作，强化人员物资集散功能。利用新疆拥有较多口岸的优势，释放阿拉山口、霍尔果斯、巴克图、红其拉甫等重要口岸的开发潜力，形成口岸连点成线格局，建设跨境产

业园区，推进口岸区域优势产业发展，将口岸优势转变成经济优势，同时推进丝绸之路经济带北、中、南通道建设，加快乌鲁木齐国际航空枢纽建设，打造空中丝绸之路。西藏应着力于融入孟中印缅经济走廊，构建内外结合、优势互补、互利共赢的沿边开放经济带，与南亚国家共同打造环喜马拉雅经济合作带。加强西藏与南亚地区"硬联通"和"软联通"，加强吉隆、普兰、樟木等口岸的交流能力，支持西藏航空公司、喜马拉雅航空公司做大做强，建设对外交往"空中走廊"。[①] 同时加强与中亚、南亚国家的"软联通"，开展"环喜马拉雅"国际合作论坛等项目，促进地区间全方位深层次交流合作。

2. 巩固脱贫攻坚成果，加快城镇化进程

新疆、西藏曾长期存在集中连片的贫困地区，虽然在 2020 年已实现现行标准下的全面脱贫，但进一步巩固脱贫成果和兴边富民对维护民族团结、边疆巩固、地区稳定具有重要意义。一是对新疆、西藏脱贫地区要巩固脱贫攻坚成果，实现同乡村振兴有效衔接，建立健全防止返贫动态监测和帮扶机制，及时掌握脱贫边缘人口情况，防止大规模返贫现象发生。二是对有发展基础的地区，应加快新型城镇化建设，推进农村人口向城镇转移，提高城镇综合承载力，加快城镇特色优势产业发展，发挥城镇对农村地区的带动作用。新疆应坚持走以人为本、产城融合、兵地一体、民族团结、和谐稳定的发展道路，[②] 西藏应推进沿边、沿江、沿景区、沿交通干线的新型城镇化建设，优化城市空间布局。[③]

3. 保障沿边地区长治久安

中国西部和西南部沿边地区是国际关注区域，面临严峻的反分裂斗争形

---

① 《西藏自治区国民经济和社会发展第十四个五年规划和二〇三五年远景目标纲要》，西藏自治区发展和改革委员会网站，2021 年 3 月 29 日，http：//drc. xizang. gov. cn/xwzx/daod/202103/t20210329_ 197641. html。

② 《新疆维吾尔自治区国民经济和社会发展第十四个五年规划和 2035 年远景目标纲要》，新疆维吾尔自治区人民政府网站，2021 年 6 月 3 日，https：//www. xinjiang. gov. cn/xinjiang/c112287/202306/471fb1d3f65a4098828066585fb35d1d. shtml。

③ 《西藏自治区国民经济和社会发展第十四个五年规划和二〇三五年远景目标纲要》，西藏自治区发展和改革委员会网站，2021 年 3 月 29 日，http：//drc. xizang. gov. cn/xwzx/daod/202103/t20210329_ 197641. html。

势，是中国对外开放的前沿地带，要加大力度维护该地区的安全稳定和长治久安。一是坚决维护国家主权和领土安全。在对外开放的过程中，警惕分裂国家的行为，以和平方式解决边疆领土争端，维护西藏与新疆的安全稳定。二是推进战略决策机制和应急能力建设，加强针对新疆和西藏突发事件的反应、决断和处理能力。建立完善的中枢系统、支持系统、应急反应系统，维护新疆、西藏的社会稳定。[①] 三是坚持和完善民族区域自治制度，处理好自治与统一的关系，尊重当地少数民族特色，按照民族平等原则，保障新疆和西藏充分发挥各族人民当家作主的制度优势，促进各族人民团结，维护区域大局稳定。

（三）南部沿边地区

南部沿边地区地理纬度较低，包括云南、广西，国土面积为 63.16 万平方千米，拥有陆上国界线 4756 千米，与缅甸、老挝、越南接壤。2024 年常住人口为 9668 万人，地区生产总值为 60183.5 亿元，地区产业结构比为 14.9：32.6：52.5。南部沿边地区紧邻东南亚及南亚国家，是中国少数民族分布最广泛的地区，矿产资源、旅游资源十分丰富，是通往南亚、东南亚重要的陆上通道，地理位置优越，且云南、广西均有中国自由贸易试验区，陆地边境口岸众多，与东盟国家贸易合作频繁，目前正在转变为中国对外开放与国际合作的前沿，未来经济发展潜力巨大。

1. 发挥西部陆海新通道作用，推进陆海双向开放

南部沿边地区是中国面向东南亚、南亚地区的重要区域，也是 21 世纪海上丝绸之路的核心区。南部沿边地区与东南亚、南亚地区有较多的贸易往来，是中国与东盟国家交流合作的重要区域，应结合西部陆海新通道，推进陆海双向开放，扩大与亚洲、欧洲等国家的贸易往来和交流合作。一是围绕西部陆海新通道，统筹电力等基础设施布局，扩展与东南亚、南亚国家的贸

① 王海洲、许智琴、宋德星：《西藏社会稳定与国家安全研究》，江苏人民出版社，2020，第 386~390 页。

易渠道，共同打造中国-东盟多式联运体系，形成多向连通、衔接国际的集成大通道。二是积极融入21世纪海上丝绸之路建设，激发地区向海活力，推进陆海双向开放。在大力建设陆地开放口岸的同时，加强边境港口建设，推动北部湾港、防城港、钦州港等重要港口基础设施数字化升级，提升通道出海口功能，拓展向欧洲、非洲等长距离运输航线。三是推进陆海双向联动，促进港口、口岸建设与区域内部各产业园区、经济园区联合发展，推动各生产要素在口岸、港口集聚，打造口岸、港口和产业园区“双口双园”发展模式，高水平建设港口。

2. 以多类型经贸合作区为重点，深化与东盟国家的合作

南部沿边地区与东盟国家陆海相邻，是中国与东盟国家交流合作的前沿和重要窗口，且均拥有中国自由贸易试验区、边境经济合作区和边境口岸。在商务部确认考核的20个境外经贸合作区中，有8个在东盟国家，东南亚是境外经贸合作区最为密集的地区。南部沿边地区应以中国自由贸易试验区、边境经济合作区和边境口岸为重点，在多个方面与东南亚、南亚国家开展合作。高质量构建开放合作新平台，提升与毗邻国家次区域合作支撑能力。云南应以中国（云南）自由贸易试验区为引领，以滇中新区、瑞丽国家重点开发开放试验区、勐腊（磨憨）重点开发开放试验区、中老磨憨-磨丁经济合作区为重点，以国家级经济技术开发区、综合保税区、边境经济合作区为支撑，以国家级口岸为窗口，构建优势互补、协同发展的高质量开放合作新平台。[①] 广西应加强开放合作平台的引领作用，高标准建设中国（广西）自由贸易试验区，打造中国-东盟博览会、中国-东盟商务与投资峰会升级版，推进中国-东盟信息港建设，形成对外开放高质量新平台。[②]

---

① 《云南省国民经济和社会发展第十四个五年规划和2035年远景目标纲要》，国家发展和改革委员会网站，2021年5月8日，https：//www. ndrc. gov. cn/fggz/fzzlgh/dffzgh/202105/t20210508_ 1279410. html。

② 《广西壮族自治区人民政府关于印发广西壮族自治区国民经济和社会发展第十四个五年规划和2035年远景目标纲要的通知》，广西壮族自治区人民政府网站，2021年4月19日，http：//www. gxzf. gov. cn/zfwj/zzqrmzfwj_ 34845/t8687263. shtml。

六　促进沿边地区发展的对策建议

（一）加快现有政策落地，逐步实现与周边国家的政策对接

近年来，中央和地方陆续出台了支持沿边地区经济发展、基础设施建设、民生保障等方面的政策，但目前实施过程中存在政策落实不到位、衔接不顺畅、与周边国家政策不协同的问题，应进一步促进相关政策落地实施、逐步实现与周边国家的政策对接。一是地方政府应充分考虑当地经济发展优势、对外合作现状、社会民生等情况，在充分保持与中央政策一致的前提下，制定更加灵活、有针对性的政策，以满足当地发展的实际需求。二是地方政府应保证政策落到实处，加大金融支持力度，发挥政策激励作用，确保政策实施有力有效。三是促进沿边地区和邻国的政策对接，强化沿边地区与邻国的经济合作，建立起互利共赢的合作机制，减少贸易壁垒，促进跨境贸易和投资便利化，为沿边地区融入国家发展大局提供有力支持。

（二）大力发展沿边地区各项民生事业，设法留住外来人才

人才是推动地区发展的重要因素之一，而沿边地区的人才储备对发展至关重要。因此，为实现沿边地区经济发展，必须加强对教育的投入，培养人才，留住外来人才，实现人才兴边。一是政府应加大对沿边地区高等教育、职业教育和技能培训的支持力度，引进先进教育力量，提高教育资源的配置水平。二是进一步实施兴边富民行动，加大对基础设施建设的投入力度，建设现代化的交通、能源、水利等设施，加强社会服务和民生保障，提供更加优质的教育、医疗、养老等公共服务，提供更加广阔的发展空间和更加优厚的待遇，为人才在沿边地区创业和发展提供良好的环境和条件。三是应建立健全人才培养与使用的激励机制，激发人才的创新创业潜能，推动沿海和内陆人才向沿边地区集聚。

（三）创新驱动产业升级，培育沿边优势特色产业

产业是地区持续发展的根本，要结合当地的资源禀赋和产业特点，积极培育沿边地区特色优势产业，提升地区经济的核心竞争力。一是探索建立创新发展示范区，确定重点发展领域和重点支持项目，示范区内应加强创新资源整合和创新要素供给，促进科技创新成果的转化和应用，实现现有优势产业的优化升级，以产业升级推动外贸升级。二是加快新质生产力发展。加大对新兴产业的扶持力度，优化产业结构，重点发展数字经济、生物医药、新能源等具有前景的新兴产业，培育新的经济增长点。加快推进关键技术、关键产业补短板强弱项，提升产业链、供应链韧性和安全水平，催生新产业、新模式、新动能，培育新的经济增长点。三是培育生态产业、旅游业等生态友好型产业，实现沿边地区绿色发展。

（四）持续开展双向交流与合作

一是要开展与周边国家多方面交流，深化经济合作。沿边地区与邻国的联系密切，开展与周边国家的多方面交流是促进地区经济合作的重要途径。积极落实“一带一路”倡议，深化与周边国家经济合作。加快国际合作示范区建设，促进资源要素充分流动。支持重点开发开放试验区先行先试，推进跨境电子商务综合试验区建设，鼓励跨境电商企业发展，拓展对外开放新空间。加强与周边国家的多领域交流合作，丰富与邻国的文化交流方式，拓展沿边地区的市场空间和资源获取渠道，通过承办博览会、峰会等，加强科技、人文、教育等方面的交流互鉴，为地区经济的创新发展注入新的动力。争取用和平方式解决周围边界争端，为地区经济的跨国合作创造更加良好的外部环境。

二是加强与沿海、内陆地区的经济合作，积极融入国内大循环。加强沿边地区与沿海地区、内陆地区的经济联系，促进资源、市场和技术等要素的有效配置和互补，加强产业对接与合作，实现产业链、供应链、价值链的深

度融合。优化物流通道，降低物流成本，提高货物运输效率，促进沿海、内陆地区资本投资建厂，推动沿边地区产品向外流动。加强与沿海发达地区科技创新合作，共建科技创新平台，提高沿边地区创新能力和竞争力。加强金融合作，提供多样化金融产品和服务，支持沿边企业发展。

B.10
沿边地区融入“一带一路”建设的形势、问题与对策建议

申现杰*

摘　要： 自“一带一路”倡议提出以来，沿边地区开放发展取得了较大成效。但受远离内地市场、周边国家相邻地区发展滞后等因素综合影响，沿边地区普遍存在产业发展基础较弱、基础设施支撑不足、对外贸易规模不大等一系列问题。近年来，周边国家持续深化与我国的经贸合作，为沿边地区开放发展带来新机遇。推进沿边地区深度融入“一带一路”建设，应在积极推动与周边国家共同编制合作规划的基础上，持续加大中央对沿边地区高水平开放政策的支持力度，鼓励沿边地区与周边国家相邻地区探索合作机制，建设全面合作示范区等开放载体，推动双方沿边地区政策对接与基础设施标准统一，共筑产业链供应链分工合作体系。

关键词： 沿边地区　“一带一路”　合作体制　合作示范区

共建“一带一路”不仅促进中国与共建国家和地区间的贸易规模快速增长，也密切了共建国家和地区间的产业链供应链合作关系，促进共建国家和地区经济发展和民生福祉改善，也为我国沿边地区借助“一带一路”提高对外贸易投资水平、加快形成内陆开放高地带来了发展契机。

---

* 申现杰，中国宏观经济研究院副研究员，主要研究方向为区域经济、区域发展战略与宏观经济。本报告内容仅为作者观点，不代表所在单位。

一　沿边地区融入“一带一路”建设的成效与存在的问题

共建“一带一路”拓展了我国陆海两大方向开放的空间，使得我国广大内陆地区特别是沿边地区成为扩大开放的前沿门户。

（一）沿边地区融入“一带一路”建设的主要成效

自“一带一路”倡议提出以来，沿边各省（区）各自发挥优势，以融入“一带一路”建设为契机，以高水平开放带动经济高质量发展，取得了较大成效。

1. 对外投资大幅增长

自“一带一路”倡议提出以来，广西、云南、西藏、新疆、甘肃、内蒙古、黑龙江、吉林、辽宁等9个沿边省（区）对外投资取得较大成效。2013~2022年，沿边9省（区）进出口总额从2904.3亿美元上升到3947.1亿美元，引进外资投资总额从3310亿美元上升到21868亿美元，对外投资存量从223.8亿美元上升到601.2亿美元，外商投资企业数量从4.1万家上升到4.7万家。共建“一带一路”国家和地区间的经贸合作已成为沿边省（区）对外贸易的新增长点。内蒙古、黑龙江、广西、云南、新疆5省（区）边境线较长，口岸较多，又是“一带一路”重要经济走廊建设的枢纽门户，与共建“一带一路”国家贸易已成为其对外贸易的主要部分。2022年，新疆、黑龙江、广西、内蒙古、云南对共建“一带一路”国家进出口总额占全省（区）进出口总额的比重分别为82.5%、78.6%、53.5%、61.4%、61.7%,[①] 均在50%以上。

① 2013~2022年，云南对共建“一带一路”国家进出口额从126.5亿美元增加至308.7亿美元，占全省进出口额的比重从49.0%增加至61.7%。10年来，内蒙古与共建“一带一路”国家年均进出口额增长率达到11.0%。2023年，全区对共建“一带一路”国家进出口额达1522.1亿元，占同期全区进出口总额的77.4%。

2. 沿边开放门户地位凸显

随着“一带一路”的深入推进，沿边地区的区位交通和对外开放地位得到显著提升，实现了从开放末梢向开放前沿的转变，成为与相邻国家开放合作的枢纽门户。新疆成长为中国通往中亚与欧洲的门户。阿拉山口与霍尔果斯双口岸通行中欧班列数量占全国的五成以上。2023 年，新疆对中亚五国进出口总值达 2836.7 亿元，占新疆进出口总值的 79.4%。其中，新疆对中亚五国出口额达 2465.7 亿元，出口规模居全国首位。内蒙古是我国向北开放的重要桥头堡。内蒙古满洲里口岸和二连浩特口岸分别是中欧班列东线和中线通道的主要进出境口岸，全国近一半的中欧班列从内蒙古过境。2023 年，内蒙古对蒙古国进出口总额达 699.0 亿元，对俄罗斯进出口总额达 346.6 亿元，对蒙古国和俄罗斯进出口总额占全区进出口总额的比重为 53%。黑龙江成为衔接俄罗斯远东地区与我国东北地区的重要枢纽。2022 年黑龙江对俄罗斯进出口总额占我国对俄进出口总额的 14.5%，占全省进出口总额的 69.9%。广西、云南对周边国家相邻地区的辐射带动力稳步提升。广西对外贸易第一大伙伴连续 25 年为越南，与越南贸易额常年占广西对外贸易总额的 1/3 左右。2023 年，广西对越南进出口总额达 2539.5 亿元，规模创下历史新高，占广西该年进出口总额的比重为 36.6%。云南对南亚、东南亚国家进出口总额从 2015 年的 886.6 亿元增长到 2023 年的 1257.8 亿元，增幅达 41.9%。

3. 产业集聚效应日趋明显

依托特色资源、区位交通与沿边开放政策优势，沿边各主要省份积极推动创新创业，主动承接东部沿海地区产业转移，产业集聚效应加速提升。2014~2022 年，沿边 9 省（区）企业法人单位数从 141.8 万家上升至 388.2 万家，内蒙古、广西、云南、西藏、新疆企业法人单位数分别增长 214%、230%、255%、266%、216%，高于全国平均增速。2022 年辽宁、吉林、黑龙江企业法人单位数比 2014 年增长 78%、137%、170%，低于全国平均增速。需要指出的是，2022 年黑龙江与新疆企业法人单位数比 2021 年增长 39.45%、26.48%，分别高出全国平均增速 24.93 个百分点和 11.96 个百分点。从第二产业来看，2013~2022年内蒙古、广西、云南、西藏、新疆企业法人单位数分别增长246%、270%、289%、249%、296%，除东北三省相对较低外，均高于同期的全国平均增速。2022年，黑龙江与新疆第二产业企业法人单位数比2021年增长36.65%、26.91%，分别高于全国平均增速22.99个百分点和13.25个百分点。自2022年俄乌冲突发生以来，俄罗斯、中亚五国对华贸易额的增加，推动黑龙江、新疆产业集聚。

4. 互联互通能力大幅提升

包括中蒙俄、新亚欧大陆桥、中国-中亚-西亚、中国-中南半岛、中巴和孟中印缅在内的“一带一路”六大经济走廊是“一带一路”的战略支柱和区域经济合作网络的重要框架，10多年来，“一带一路”六大经济走廊建设的不断推进使沿边省（区）对外互联互通能力、贸易投资便利化水平大幅提升，为更好融入亚欧大市场提供了基础支撑。中蒙俄、中哈、中吉乌跨境公路铁路以及跨境大桥，霍尔果斯、阿拉山口、二连浩特、满洲里等口岸扩能改造与多式联运体系建设等基础设施项目建设，以及黑龙江、新疆自由贸易试验区的设立，大幅提升了贸易通道便利化水平，增强了沿边地区与周边国家互联互通能力。中老铁路、中泰铁路、中巴喀喇昆仑公路等基础设施建设以及云南自由贸易试验区、广西自由贸易试验区的设立，大幅提升了我国西南、中南沿边地区与中南半岛国家的贸易投资便利化水平。随着通道效应、枢纽效应、集聚效应的持续显现，云南、广西等沿边省（区）对越南、老挝、缅甸等相邻国家边境地区的经济辐射力、带动力、影响力得到大幅提升。

（二）沿边地区融入“一带一路”建设的短板

长期以来，沿边地区由于受远离内地市场与周边国家发展滞后等因素的综合影响，普遍存在产业发展基础较弱、基础设施支撑不足、对外贸易规模不大等一系列问题。

1. 畅通效率有待提升

基础设施互联互通效率不高，主要体现在以下两个方面。一是俄罗斯、蒙古国、哈萨克斯坦、吉尔吉斯斯坦、塔吉克斯坦、越南、老挝、缅甸等周边国家与我国相邻地区相比，境内公路、铁路等级偏低，标准不统一，与我国沿边地区联通设施滞后，运输支撑能力落后于我国沿边省（区）。口岸设施相对陈旧，货物检查和通关效率相对较低。例如，穿越蒙古国全境直达二连浩特的铁路虽是干线，但单线运行，年运输设计能力仅为1600万吨，且牵引机车和车皮数量明显不足。蒙古国公路等级水平不高，与我国公路严重不匹配。即便俄罗斯相对其他国家基础较好，但与俄罗斯欧洲地区不同，俄罗斯远东地区基础设施陈旧落后，口岸功能与我国不匹配，公路、铁路及口岸功能设施建设滞后，通行条件差、通关效率低、通关时间长等问题十分突出，难以满足中俄贸易持续扩大的需求。二是我国沿边省（区）部分口岸规模较小，基础设施和功能也不强，集疏运体系难以适应发展要求。一些口岸功能设施落后，跨境运输通道不足，货物集散区和商贸物流园区等配套服务功能不强，联检查验功能布局不合理。

2. “软环境”亟待改善

我国与周边国家存在政策对接、设施标准（规则）等“软环境”不匹配问题。一是开放政策不对等。近年来，中央和沿边省（区）政府出台了一系列对外开放优惠政策，但沿边国家和地区没有或缺少与之相匹配、相呼应的政策，我国沿边口岸开放和通关便利化政策措施与监管手段相对灵活务实，对方国家出入境管理门槛较多、手续烦琐、审批时间长、货物人员往来不便。二是标准差异性大。我国与周边国家法律制度、监管体系、技术标准差异性较大，如关税、边检、跨境运输、检验检疫等方面标准不一致，影响彼此沿边省（区）的跨境合作。例如，俄罗斯、哈萨克斯坦、蒙古国铁路多采取宽轨模式，越南铁路为窄轨模式，由于不同标准等造成国际“接轨”困难，使中蒙俄跨境、中哈跨境、中越跨境运输、物流以及商贸发展受到很大局限。三是营商环境不匹配。一些国家地方政府部门对合同合约、协议计划的遵守意识不强、执行力较弱，政策不连贯、不稳定，办事程序复杂，周期长等都影响项目按计划实施和企业长期经营信心的提振。受政府行政管理体制与政府层级不同的影响，我国沿边地区与周边国家和地区在开放政策协

调方面存在落实难问题。

3. 开放支撑能力较弱

尽管沿边地区拥有自由贸易试验区、边境经济合作区、跨境经济合作区、综合保税区以及边民互市贸易区等开放载体，受跨境地区双边发展水平层次较低和要素集聚规模不足等限制，沿边地区开放规模和开放层次都有待提升。一是多数口岸仅是“过货通道”。沿边口岸普遍加工贸易滞后，进出口商品加工制造、口岸商贸物流、口岸保税仓储等规模较小。边境贸易商品以低附加值的加工产品为主，多数边境口岸通关货物以农副产品、资源性产品、生活用品、建材、机床配件等低端和低附加值产品为主。二是开放平台分工不合理。沿边省（区）与周边国家边境线较长，开放平台基本遍布所有沿边县市，多而散，产业布局缺乏全省统一规划，主导产业不突出，与周边口岸的贸易商品结构雷同。三是口岸所在地（州）缺乏产业支撑和拉动。沿边地区无论是我国境内的地（州），还是周边国家的城市，普遍发展较为落后，导致口岸经济发展与腹地产业、工业园区联动性不足，难以形成产业集聚效应，以致无法对口岸开放经济的流量与体量形成坚实支撑。四是外贸配套服务能力不足。沿边地区金融、现代物流、研发、信息咨询等落后于全国平均水平，外贸综合服务企业数量较少、服务价格高于沿海和其他内陆地区，服务信息化水平有待提升。具有国际视野、掌握多门外语的外向型、综合性人才数量相对较少，难以适应开放发展要求。

4. 产业发展能力弱

产业缺链、短链问题已成为制约沿边省（区）发展开放经济的主要问题之一。以新疆纺织服装产业为例，新疆具有棉花、化纤等原材料优势，但纺织服装产业由于印染布料、制衣、配饰等关键环节不足，纺织服装产业主要集中在产业链前端，中端、后端发展相对不足，尤其是缺乏布料生产、服装设计、配饰装配、服装生产、贸易代理等环节，使得新疆棉纺织产品不得不通过高运输成本输往东部沿海地区进行深加工。此外，新疆资源能源加工业向下游精深加工环节延伸不足，原材料不能就地加工成制成品出口或运往内地。再以广西、云南沿边地区为例，沿边地（州）

综合交通体系日趋完善，产业园区基础设施体系较为健全，但是多数产业园区入驻企业偏少，产业规模不大，承接产业的效果不强，亟待通过政策鼓励予以改善。

二　沿边地区融入“一带一路”建设的形势

外部环境尤其是地缘政治格局与经济格局的变化是推动区域功能调整的重要因素。当前世界经济进入动荡期，俄乌冲突、巴以冲突等引发的地缘政治经济环境日趋复杂，需要沿边省（区）积极谋划、前瞻布局，以更好融入“一带一路”纵深发展大局。

（一）俄罗斯持续深化对华经贸关系为东北沿边地区对俄开放合作创造更大契机

2022 年初俄乌冲突爆发后，欧美等西方国家在 2014 年克里米亚危机后对俄罗斯制裁的基础上，加大了对俄罗斯经济、能源、国防军工等领域的全方位制裁力度。在此背景下，为应对欧美日围堵、缓解地缘政治压力、增加博弈筹码，俄罗斯开始积极发展对华贸易投资合作，推动远东地区开发开放。2022 年和 2023 年中俄双边贸易额达到 1902.71 亿美元、2401.00 亿美元，同比分别增长 29.3%、26.2%。从中俄贸易结构来看，能源等原材料出口在俄对华出口中占比较高。我国对俄出口主要以机电产品为主，如汽车、手机、家电、工程机械等。包含黑龙江、内蒙古东部地区在内的我国东北沿边省（区）与俄罗斯远东地区接壤，合作基础深厚，区位优势突出，经济互补性强。随着中俄经贸关系不断深化，两国间和两国地方之间的合作机制也将日益完善，这将为我国东北沿边地区融入“一带一路”建设提供更大契机。尤其是伴随俄远东地区蕴藏的巨大经济价值和战略价值的逐渐释放，东北沿边省（区）将成为中俄在远东地区深入合作的门户枢纽，为深化新时代中俄全面战略协作伙伴关系提供空间。

（二）中亚国家与中国经贸合作水平大幅提升为西北沿边地区对外开放提供坚实支撑

俄乌冲突削弱了俄罗斯在中亚地区的博弈能力，美国、欧盟、印度、土耳其等国家（地区）和国际组织不断加大对中亚地区的战略投入。我国长期是中亚国家的主要贸易伙伴，是哈萨克斯坦、乌兹别克斯坦、土库曼斯坦、吉尔吉斯斯坦和塔吉克斯坦的第一大贸易伙伴和主要投资来源国。2023年，中国与中亚五国进出口总额达768亿美元，增长9.4%。从贸易结构来看，中国主要从中亚国家进口农产品、能源产品、矿产品，中亚国家主要进口我国的机电产品。在共建“一带一路”框架下，中国同中亚五国在互联互通、油气开采、加工制造等领域开展一系列卓有成效的务实合作，为中亚地区经济复苏注入强劲动力。随着我国与中亚国家进一步深化合作，共同推动跨里海国际运输走廊、中吉乌铁路等交通运输项目建设，以及在电子商务、农业科技、新能源产业及其他高科技领域的合作，将为新疆、甘肃等西北沿边省（区）更好融入“一带一路”建设带来更大的发展契机。

（三）中国与东盟经贸合作的深化为西南沿边地区更好融入“一带一路”带来更大机遇

东盟是“一带一路”重要的共建伙伴。自“一带一路”倡议提出以来，我国与东盟国家深入对接，在经贸投资、金融合作、互联互通、人文交流等方面都取得重大进展。自2013年以来，中国与东盟国家贸易年均增速8.8%，高出同期中国整体年均增速3.8个百分点。2023年，双边贸易继续增长，规模达6.41万亿元。东盟是“一带一路”最大的贸易、投资伙伴和合作典范。从中国与东盟贸易结构来看，我国与东盟产业链供应链的深度融合，如东盟电子元件、集成电路、汽车零配件等中间品连续多年保持我国中间品第一大贸易伙伴地位。东盟也是我国农产品和能源产品的重要来源地，中国棕榈油进口几乎全部来自印度尼西亚和马来西亚，印度尼西亚、缅甸分别是中国煤炭、锡矿砂第一大进口来源国。《区域全面经济伙伴关系协定》

（RCEP）生效实施、中国与东盟建立全面战略伙伴关系、西部陆海新通道建设的扎实推进，为我国与东盟相关国家进一步深化经贸合作提供了新动力，也为我国云南、广西更好融入“一带一路”建设带来了新的发展契机。

三　加快推进沿边地区更好融入“一带一路”建设的思路建议

国家赋予广西“‘一带一路’有机衔接的重要门户”、云南“面向南亚东南亚辐射中心”、新疆“向西开放的桥头堡”、内蒙古“向北开放的重要桥头堡”、黑龙江“向北开放新高地”等发展定位。沿边省（区）最大的发展机遇在“一带一路”，要顺应国内国际政治经济形势变化，紧抓周边国家持续深化与我国经贸合作往来的历史机遇，把推进沿边开放与更好融入“一带一路”建设有机衔接起来，以更高水平开放创新引领沿边省（区）经济社会高质量发展。

（一）与周边国家共同编制沿边地区整体性合作规划

从国家层面加强顶层设计，统筹谋划，整体推进。编制中俄、中蒙、中哈、中吉、中越等合作规划，明确合作双方的具体利益诉求、法律法规体系、市场运行体系以及发展的现实基础，增强对双方沿边地区经贸合作的政策性保护和政策性指引。在实际规划制定中可以借鉴《中国东北地区和俄罗斯远东及贝加尔地区农业发展规划》的合作模式，整合沿边省（区）开放发展中的优势资源，谋划一批口岸基础设施、能源资源加工等重大项目，在优化合作结构、层次和内容的基础上，优势互补、互利共赢，进而提升对接合作的便利化水平。

（二）健全与周边国家及其地方层面合作的体制机制

由我国与周边国家相关部门牵头，组成专门协调领导小组，加强部门协调配合，推动边境经济合作区相关决策部署落实落细，提高政策实施效率。

发挥不同沿边省（区）特殊地理位置优势，按照国家对沿边省（区）的相关定位，参考俄罗斯东方经济论坛，由各沿边省（区）每年举办由我国与周边国家高层领导参加的合作高峰论坛，探讨沿边地区基础设施互联互通、产业链供应链共建、地方合作机制建设、地方人文交流等议题。整合沿边省（区）产业集聚承载平台、资源要素耦合平台、国际商事服务平台等，建立地方合作平台和机制，持续推进贸易和投资自由化便利化，加快建立起适合企业跨国合作的新模式。

（三）推进跨境沿边地区标准与营商环境的有效对接

在合作中两国地方政府优化营商环境、完善服务接待政策，建立便捷化、便利化的服务体系。以双边地方政府为主导建立包含政府、市场、社会在内的协同发展体系，推动双方监管和法律制度体系完善，优化口岸综合服务及配套体系，提升公水铁航等基础设施标准的对接能力，支持周边国家地方政府与我国沿边省（区）政府建立标准统一的口岸管理体系。积极与周边国家地方政府沟通，在双方协调一致的基础上，建立健全运用互联网等技术手段进行边贸管理的统一制度规则体系，激发各类市场主体活力，全面提升双方政务服务水平与营商环境水平。

（四）支持沿边城市与周边国家共建全面合作示范区

以主动深度融入共建“一带一路”、积极参与“新亚欧大陆桥经济走廊”“中蒙俄经济走廊”“中国-中亚-西亚经济走廊”“中国-中南半岛经济走廊”“孟中印缅经济走廊”“中巴经济走廊”建设为出发点，充分释放新疆、内蒙古、黑龙江、云南、广西等省（区）作为我国与周边国家“一带一路”合作桥头堡的区位优势、历史优势、文化优势和产业优势，支持各沿边省（区）的地级市依托产业功能区建设我国与周边国家的全面合作示范区，开展金融、能源、农业、投资、科技五大领域合作，健全金融结算、合资企业注册、出口认证、商事仲裁、科技成果合作、大宗商品交易、进出口集散等功能。支持周边国家在示范区进行投资，熟悉我国制度规则体系，把示范区建设成为我国对周边国家全面合作的战略平台、深度合作互信的战略枢纽和创新合作的战略高地。

（五）着眼周边国家未来发展需求，前瞻布局相关产业

充分发挥沿边省（区）内陆开放门户优势，抓住东部地区产业转移、周边国家工业化与城市化发展机遇，着眼未来，提前布局相关产业，优化政策支持体系，推进各类要素和产业向沿边地区汇聚，与周边国家共建产业链供应链合作体系。持续壮大劳动密集型产业。大力承接纺织服装、电子消费、车辆装配等劳动密集型产业，促进加工贸易产业集群化发展。积极推进资源加工型产业。以产业园区合作为突破口，大力发展与工业化、城市化加速期相关的能源加工业、有色金属冶炼与加工业、绿色化工业、黑色金属冶炼与加工业、建材工业等资源加工业，增强对周边国家能源资源产品进口与深加工能力。培育战略性新兴产业与现代服务业。以战略性新兴产业为切入点，围绕关键环节，培育新材料、电子信息、生物医药、装备制造、节能环保等战略性新兴产业。鼓励沿边地（州）跨境电子商务综合试验区建设，引进跨境电商骨干企业和本土竞争力强的跨境电商企业，培育跨境电商产业集群。

（六）加大中央对沿边省（区）开放发展的政策支持力度

进一步争取中央政策支持，推动沿边地区从区域发展洼地向国家开放政策高地转变。加快推进沿边地区重大基础设施建设。加快建设以沿边口岸城市为核心节点的现代化、立体式国家级区域性综合交通枢纽。加快推进铁路货运专用线、普通铁路、高速铁路建设。强化运输政策支持。加大对龙头企业、冷链物流园区、加工配送中心、电商快递网络、铁路冷链运输等的补贴力度。争取中央在能源消费总量与碳排放指标上给予沿边地区一定倾斜，支持沿边地区依托清洁能源优势推动资源密集型产业全链条发展，允许沿边地区打造“发电低成本，供电低价位”发展格局。支持东部沿海地区在沿边

重点产业功能区建设“飞地”。支持沿边地区积极探索跨境产业合作试验区、自贸区、托管区等试点模式，支持沿边产业园区建设跨境电子商务基地，推进沿边地区与周边国家产业跨境合作。

参考文献

“东北地区陆海内外联动开放新格局研究”课题组：《东北振兴：构建陆海内外联动开放新格局》，中国发展出版社，2020。

高立伟：《中俄地方合作现状、制约因素及对策建议》，《东北亚经济研究》2022年第6期。

口岸观察：《云南口岸城市面临的“困境”与“对策”》，“学会观察”微信公众号，2022年9月5日。

B.11

共建“一带一路”倡议与中国边疆地区对外贸易高质量发展：特征、问题及对策

周茂　武家辉　操方舟　叶淇*

摘　要： 共建“一带一路”助推中国边疆地区由对外开放的边缘迈向前沿。进入新发展阶段，借助共建“一带一路”倡议实现边疆地区外贸高质量发展不仅能加快形成陆海内外联动、东西双向互济的全面开放新格局，同时可以加快构建以国内大循环为主体、国内国际双循环相互促进的新发展格局。本报告通过梳理2010~2019年中国边疆地区对外贸易高质量发展的特征事实，厘清当前存在的问题，并在共建“一带一路”背景下针对不同区域，围绕完善政策体系、推动转型升级、培育新优势、开拓新市场等方面，为进一步推进边疆地区对外贸易高质量发展提出对策建议。

关键词： 共建“一带一路”　对外贸易　边疆地区　高质量发展

党的二十大报告指出，“推动共建‘一带一路’高质量发展”是推进高水平对外开放、加快建设贸易强国的重要内容。2013年9月和10月习近平主席在访问哈萨克斯坦与印度尼西亚期间先后提出建设“丝绸之路经济带”和“21世纪海上丝绸之路”的重大倡议，从这一倡议的基本框架可以看出，

* 周茂，西南财经大学国际商学院教授、西南财经大学国际贸易研究所副所长、新发展格局与高水平对外开放研究团队负责人，主要研究方向为国际贸易、产业转型升级、国际投资、全球经济治理；武家辉，西南财经大学国际商学院博士研究生；操方舟，西南财经大学国际商学院博士研究生；叶淇，西南财经大学国际商学院博士研究生。

中国边疆地区是共建“一带一路”倡议的关键实施节点。东北、西北边疆与新亚欧大陆桥经济走廊、中蒙俄经济走廊、中国-中亚-西亚经济走廊和中巴经济走廊具有非常重要的经济关联性和经济合作辐射性，可以发挥独特的区位优势和向北、向西开放的重要窗口作用，深化与俄远东地区以及中亚、南亚、西亚等国家的合作；西南边疆是中国-中南半岛经济走廊构建的重要一环，可以成为21世纪海上丝绸之路与丝绸之路经济带有机衔接的重要门户，形成面向东南亚和南亚的辐射中心。[①] 边疆地区是对外联通的最佳空间，是与周边国家进行共商共建共享的衔接区域，是对外开放的枢纽地区，与周边国家在实施贸易自由化便利化方面具有得天独厚的条件。[②] 借助这种独特的地缘优势，边疆地区更容易实现与周边国家的深度经济融合，不仅有利于边疆地区打造对外开放新高地和共建“一带一路”重要枢纽及平台，而且共建“一带一路”倡议的国际公共产品属性也将得到充分挖掘，发挥各方发展潜力和比较优势，拓展合作空间，带动周边国家，特别是共建“一带一路”国家的共同繁荣发展。因此，在高质量共建“一带一路”背景下，研究如何推动我国边疆地区对外贸易高质量发展具有重要的理论和现实意义。目前，我国边疆地区的对外贸易增长态势明显，一方面，根据最新海关统计数据，2023年1~11月边疆地区[③]进出口总额为27315.70亿元，同比增长7.14%；其中出口额为12743.83亿元，同比增长7.38%，进口额为14571.87亿元，同比增长6.92%；另一方面，边疆地区在我国对外贸易整体格局中的作用日益凸显，2023年1~11月边疆地区进出口总额占我国进出口总额的比重为7.2%，出口额占比为5.9%，进口额占比为8.91%。同时，从各省（区）的情况来看，除辽宁、云南和甘肃的进出口总额有一定程度下降外，其余7省（区）均较2022年同期实现稳定增长，并高于全国平均

① 《经国务院授权　三部委联合发布推动共建“一带一路”的愿景与行动》，中国政府网，2015年3月28日，https://www.gov.cn/xinwen/2015-03/28/content_2839723.htm。

② 《“一带一路”倡议是中国边疆获得发展的重要平台和载体》，人民网，2020年1月14日，http://world.people.com.cn/n1/2020/0114/c1002-31548058.html。

③ 边疆地区包括黑龙江、吉林、辽宁、内蒙古、甘肃、新疆、西藏、云南、广西、海南。

增速，其中西藏和新疆增长速度最快，同比分别增长 146.25%、47.44%。可见，在高质量共建“一带一路”背景下，进一步促进边疆地区对外贸易高质量发展不仅能加快形成陆海内外联动、东西双向互济的全面开放新格局、建设更高水平开放型经济新体制，同时可以加快构建以国内大循环为主体、国内国际双循环相互促进的新发展格局。

一　共建“一带一路”背景下中国边疆地区对外贸易高质量发展的特征

（一）贸易规模稳步提升，共建“一带一路”的贸易促进效果明显，但存在贸易失衡情况

首先，边疆地区整体出口规模实现较大幅度提升，如表 1 所示，由 2010 年的 5904.10 亿元提高到 2019 年的 9551.07 亿元，增长率达 61.77%，特别是在共建“一带一路”倡议实施的 2014 年出口规模实现大幅提升，同比增长率（39.34%）远高于 2013 年（10.69%）。从边疆各省（区）的情况来看，除黑龙江、西藏外，其他 8 个省（区）在 2010~2019 年出口额均有明显提高，并且 2014 年的出口增长幅度较大，特别是内蒙古 2014 年的出口额同比增速高达 109.40%，是同期边疆地区出口额增长最高的省（区）。同时，边疆地区对共建“一带一路”国家[①]的出口规模增长较快，增长速度高于边疆地区的总出口增速，并且 2014 年增长幅度较大，同比增长 51.59%。其次，边疆地区的进口也表现出与出口类似的变化趋势。如表 2 所示，整体来看边疆地区进口规模有较大幅度提升，2019 年较 2010 年增长 118.12%，这一增速接近同期出口增速的两倍。共建“一带一路”倡议的提出也极大促进了边疆地区的进口，2014 年实现进口额 9311.41 亿元，同比增长 38.33%。从各省（区）情况来看，除甘肃外，其余 9 省（区）在这 10 年间的进口规模均得到较大幅度的提升，平均增长率为 140.25%，其中

---

① 参照以往研究常见的处理方式，本报告在数据测算过程中，以“一带一路”倡议在 2013 年首次提出时包含的 64 个共建国家为主要样本。

广西、云南和西藏的增速最高分别为354.26%、284.99%和222.57%，并且2014年除甘肃和新疆外其余省（区）的进口增速较快，平均增长率为82.09%。而对共建“一带一路”国家的进口也十分突出，2014年的进口额同比增长32.10%，是共建“一带一路”倡议提出后的最高增速。最后，从表1和表2的数据可以明显看出，边疆地区整体以及超过半数的省（区）存在贸易失衡的情况，即同期出口额低于进口额。边疆地区地理位置偏远，由于资金、技术和高端人才的相对匮乏，产业发展要素难以集聚，发展基础薄弱，这不仅在很大程度上限制了生产能力的提升，也意味着地区经济发展对外依赖性较强。

表1　2010~2019年边疆地区出口规模

单位：亿元

地区	2010年	2011年	2012年	2013年	2014年	2015年	2016年	2017年	2018年	2019年
内蒙古	197.60	250.03	188.72	187.57	392.77	350.08	290.12	330.89	378.33	376.60
辽宁	2503.84	2617.22	2766.18	2895.96	3518.93	3022.00	2771.92	3035.40	3213.61	3118.11
吉林	252.02	263.52	288.31	309.64	354.90	286.10	277.11	299.22	325.77	322.03
黑龙江	938.19	927.82	692.80	728.67	1065.07	496.62	331.73	352.98	293.97	346.96
广西	553.61	653.54	743.88	862.57	1494.51	1739.30	1516.95	1898.52	2175.37	2596.08
海南	130.92	135.34	149.76	161.52	271.35	232.37	139.81	295.62	297.74	344.01
云南	439.57	498.63	451.39	728.12	1154.31	1030.16	760.33	774.56	843.49	1036.63
西藏	45.79	61.41	160.14	150.97	129.00	36.24	31.24	29.31	28.57	37.44
甘肃	93.33	116.65	167.25	214.56	326.21	357.67	264.96	115.33	145.85	131.29
新疆	749.23	876.27	940.89	1009.60	1394.22	1080.45	994.99	1183.72	1040.49	1241.92
边疆地区	5904.10	6400.43	6549.32	7249.18	10101.27	8630.99	7379.16	8315.55	8743.19	9551.07
边疆地区与共建“一带一路”国家	2714.56	2836.00	3013.86	3669.95	5563.37	4520.16	3840.17	4258.44	4286.57	4873.92

资料来源：笔者根据中国海关统计数据库的相关数据计算而来。

表 2　2010~2019 年边疆地区进口规模

单位：亿元

地区	2010 年	2011 年	2012 年	2013 年	2014 年	2015 年	2016 年	2017 年	2018 年	2019 年
内蒙古	301.75	385.23	342.53	339.38	501.43	439.12	478.29	609.92	656.32	715.95
辽宁	2169.25	2353.01	2218.29	2237.44	3381.72	2802.88	2866.37	3707.27	4336.38	4106.17
吉林	722.31	884.07	947.08	872.74	1270.00	886.20	940.46	955.61	1037.28	975.74
黑龙江	516.00	1096.79	1072.36	1167.79	1324.30	804.94	761.90	928.68	1455.54	1513.39
广西	460.87	547.66	669.88	658.65	996.34	1445.41	1635.46	2013.33	1928.83	2093.56
海南	344.11	483.52	512.23	486.59	702.92	636.68	608.88	407.11	550.41	563.02
云南	333.54	358.42	528.55	437.80	664.44	490.06	556.52	807.92	1123.05	1284.10
西藏	3.50	10.66	4.02	2.10	9.48	20.31	20.44	29.35	18.95	11.29
甘肃	345.55	319.11	260.84	270.28	203.21	132.76	183.92	210.75	249.60	248.87
新疆	259.28	314.07	232.06	258.43	257.59	134.77	135.00	197.55	235.48	389.11
边疆地区	5456.16	6752.54	6787.84	6731.20	9311.43	7793.13	8187.24	9867.49	11591.84	11901.20
边疆地区与共建“一带一路”国家	1714.66	2745.80	2642.86	2737.16	3615.67	3187.23	3355.74	4022.24	5214.94	5663.37

资料来源：笔者根据中国海关统计数据库的相关数据计算而来。

（二）中间产品出口规模持续扩大，低成本技术产品为主要出口类型，新产品出口优势不强

首先，从出口规模及其占出口额的比重来看，如图 1 所示，中间品在我国边疆地区出口产品中占比最高，其出口规模由 2010 年的 2745.98 亿元逐步提升至 2019 年的 4778.17 亿元，特别是在 2014 年出现大幅提升，出口占比也相应提升并且在共建“一带一路”倡议实施后一直保持在 50%以上。资本品和消费品的出口规模分别由 871.68 亿元、2263.95 亿元增长至 1605.36 亿元、3043.21 亿元，并且受共建“一带一路”倡议的积极影响也十分明显，但消费品的出口占比呈现下降的趋势。这种以中间品为主的出口

特征表明边疆地区正在积极融入国际产业链、供应链，有利于持续释放出口潜力，同时为部分发展中经济体产业链的发展提供支撑，共享发展红利。其次，边疆地区出口产品主要为低资本技术密集型产品。如表3所示，初级产品、自然资源产品、低资本技术密集型产品、中资本技术密集型产品、高资本技术密集型产品的出口规模在2010~2019年均实现了较大幅度增长，其中高资本技术密集型产品的出口增速（153.10%）最快。除自然资源产品、低资本技术密集型产品、中资本技术密集型产品出口占比呈现下降趋势外，高资本技术密集型产品和初级产品出口占比呈上升趋势，特别是高资本技术密集型产品出口占比逐步从10.23%提升至16.14%，增长幅度较大。但是，低资本技术密集型产品在2010~2019年的出口规模和出口占比均为这5类产品中最高的，其出口占比一直在39%以上，是边疆地区最主要出口产品。再次，与传统产品相比，外贸新产品尚未形成可观的出口潜力。从出口规模来看，如图2所示，绿色产品、新产品和文化产品出口规模在2010~2019年实现了一定程度的增长，分别从935.64亿元、634.20亿元、66.17亿元增加至1763.18亿元、1115.30亿元、89.29亿元，并且绿色产品和新产品出口规模增长幅度均在2014年最大，可见这三类产品的出口规模都呈现一定的波动性。就产品出口占比而言，绿色产品出口占比实现提升，由15.85%波动上升至18.46%，而新产品的出口占比稳定在10%左右，文化产品出口占比则表现出明显的下降趋势。同时，2010~2019年三类产品的出口占比均低于同期的全国平均水平，体现出其出口优势和潜力尚未在边疆地区完全释放。最后，从共建“一带一路”国家的出口产品类型来看，如图3和图4所示，边疆地区对共建国家中间品、资本品的出口规模占比呈上升趋势，特别是中间品的出口占比在“一带一路”倡议提出的2014年提升十分明显，同比增速达到9.97%，远高于2013年的1.55%。同时，对非共建国家绿色产品、文化产品、新产品的出口占比高于共建国家，虽然对共建国家绿色产品的出口在“一带一路”倡议提出后有明显提升，但是在2016年又有所回落，这也体现出边疆地区对共建国家的外贸新产品出口尚未形成规模。

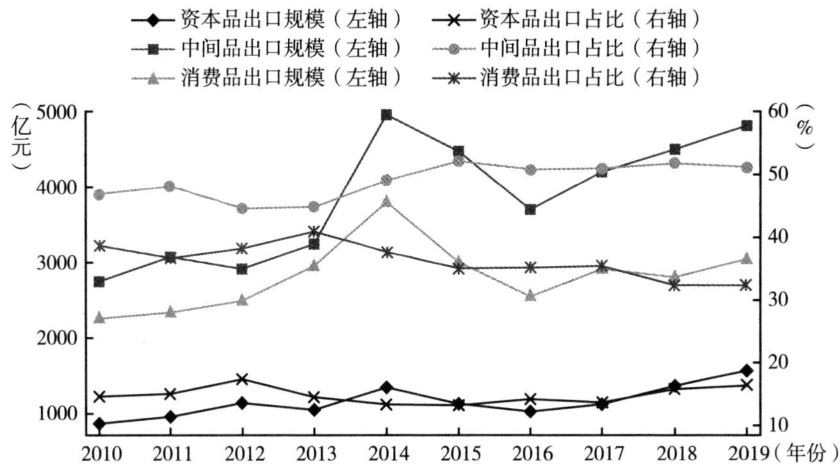

图 1　2010~2019 年边疆地区资本品、中间品和消费品出口规模及其占比

资料来源：笔者根据中国海关统计数据库的相关数据计算而来。

表 3　2010~2019 年边疆地区不同种类产品的出口情况

单位：亿元，%

年份	出口额					占出口总额的比重				
	初级产品	自然资源产品	低资本技术密集型产品	中资本技术密集型产品	高资本技术密集型产品	初级产品	自然资源产品	低资本技术密集型产品	中资本技术密集型产品	高资本技术密集型产品
2010	582. 24	867. 77	2526. 80	1278. 32	598. 58	9. 95	14. 82	43. 17	21. 84	10. 23
2011	610. 42	930. 83	2756. 69	1406. 20	636, 38	9. 63	14. 68	43. 48	22. 18	10. 04
2012	563. 35	841. 38	3097. 18	1364. 01	646. 03	8. 65	12. 92	47. 56	20. 95	9. 92
2013	521. 80	983. 98	3587. 05	1382. 78	720. 98	7. 25	13. 67	49. 84	19. 21	10. 02
2014	794. 83	1528. 94	4735. 58	1949. 70	1037. 75	7. 91	15. 22	47. 14	19. 41	10. 33
2015	888. 16	1340. 84	3674. 14	1712. 29	950. 63	10. 37	15. 65	42. 89	19. 99	11. 10
2016	911. 02	1060. 93	2964. 43	1459. 17	850. 17	12. 57	14. 64	40. 91	20. 14	11. 73
2017	1032. 15	1220. 66	3295. 21	1614. 89	1042. 55	12. 58	14. 88	40. 16	19. 68	12. 71
2018	984. 28	1129. 94	3433. 00	1775. 28	1321. 09	11. 39	13. 07	39. 72	20. 54	15. 28
2019	1015. 62	1178. 26	3869. 28	1806. 92	1514. 98	10. 82	12. 55	41. 23	19. 25	16. 14

资料来源：笔者根据中国海关统计数据库的相关数据计算而来。

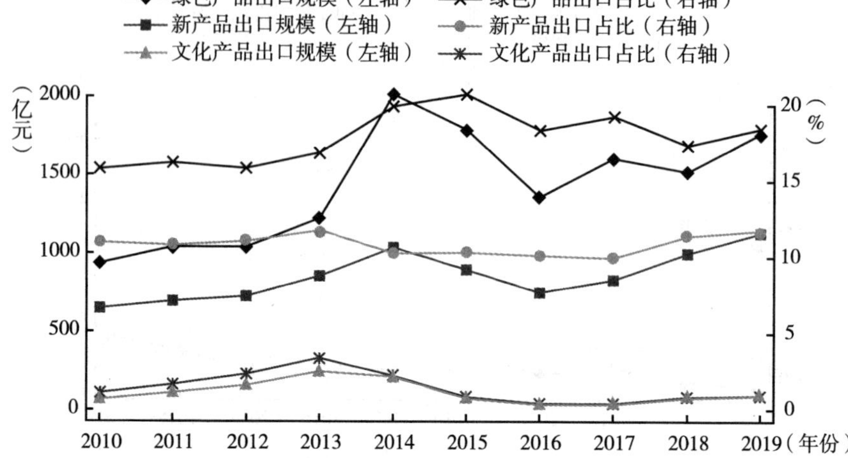

图 2　2010~2019 年边疆地区绿色产品、新产品和文化产品的出口规模及其占比

资料来源：笔者根据中国海关统计数据库的相关数据计算而来。

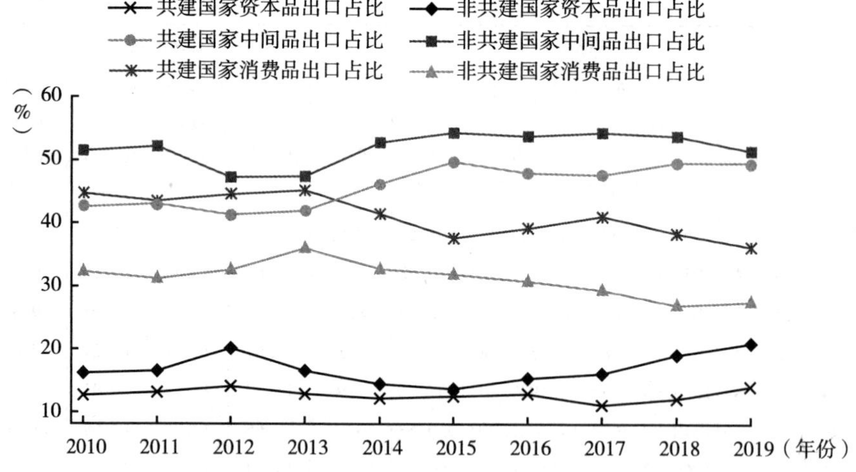

图 3　2010~2019 年边疆地区对共建和非共建国家资本品、中间品和消费品的出口占比

资料来源：笔者根据中国海关统计数据库的相关数据计算而来。

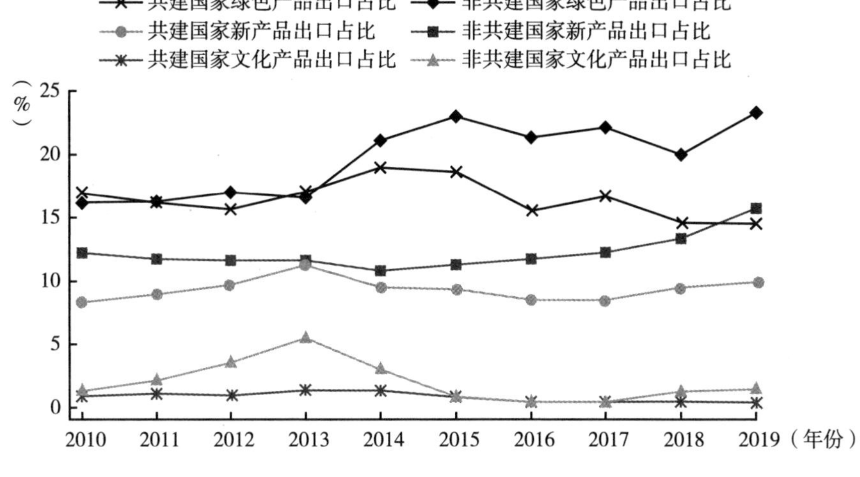

图 4　2010~2019 年边疆地区对共建和非共建国家绿色产品、新产品、文化产品的出口占比

资料来源：笔者根据中国海关统计数据库的相关数据计算而来。

（三）加工贸易为边疆地区的主要贸易模式，毗邻优势使边境小额贸易的作用越发明显

不同的贸易模式有其自身特点，边疆地区在要素禀赋、经济发展水平、外贸实践等方面与我国其他地区相比存在明显差异，因而在贸易模式侧重点上表现出较强的区域特色。一方面，从整体来看，如图 5 所示，加工贸易是边疆地区对外贸易的主要模式，占贸易总额的比重在 2010~2019 年一直保持在 25%以上，而加工贸易额也从 2010 年的 3102.71 亿元增长至 2019 年的 5473.53 亿元，增长率为 76.41%，并且共建“一带一路”倡议的实施对边疆地区加工贸易规模扩大的促进作用也较为明显，表现为 2014 年加工贸易额同比增长 40.98%，高于 2013 年、2012 年和 2011 年（3.40%、1.94%、15.38%）。另一方面，由于我国边疆地区拥有较多的陆地接壤或海上邻国，因此具备天然的地缘优势、人文优势和产业相近优势，这也使得边疆地区开展边境小额贸易具有得天独厚的区位优势。边境小额贸易的占比由 2010 年的 10.43%提升至 2019 年的 15.70%，贸易规模从 1185.05 亿元增加至 3368.64 亿元，同比增长

184.26%。与加工贸易相同，边境小额贸易额在2014年也实现了较大幅度的提高，较之2013年增长59.94%。但是，一般贸易的占比呈现波动下降的趋势，由2010年的6.74%下降至2019年的2.80%，虽然在2013~2015年有所上升，但2015年后便迅速下降。其贸易规模也表现出相同的特征，但共建“一带一路”倡议仍然起到了促进作用，2014年贸易额同比增长40.47%，高于2013年的25.45%。

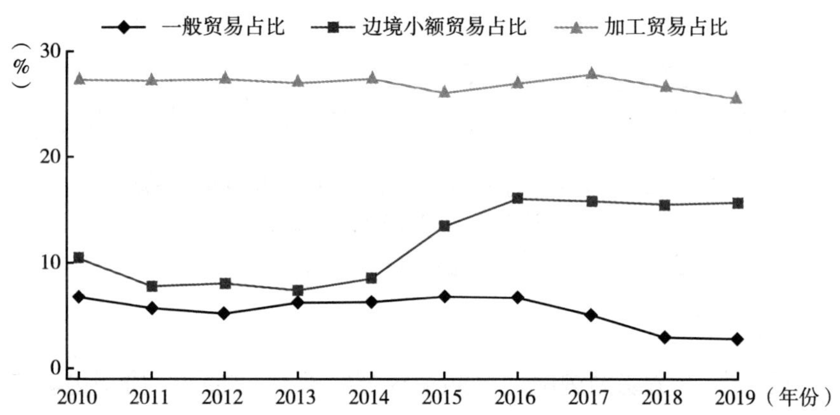

图5　2010~2019年边疆地区一般贸易、边境小额贸易和加工贸易占比

资料来源：笔者根据中国海关统计数据库的相关数据计算而来。

（四）出口竞争力较弱，产品技术水平较低，在价值链分工体系中所处地位有待提升

首先，出口技术复杂度是从产品技术升级的角度表征出口升级和竞争力增强，这种技术升级也是产业向高附加值经济活动转移的基本驱动力。如图6所示，边疆地区的出口技术复杂度在2010~2019年逐渐提高，由2010年的11.85提高至2019年的13.47，增长率达到13.67%，并且自2017年开始增长速度加快，这意味着边疆地区通过生产技术进步实现了出口升级，产品国际竞争力日益提升。但是，边疆地区的出口技术复杂度相较于全国平均水平仍有一定差距，还具有较大的提升空间。其次，出口竞争力指数可以用来

衡量一个国家或地区在国际贸易中的绝对优势或相对优势，这一指数小于0时表明出口产品不具备国际竞争力，越接近-1竞争力越弱；指数大于0时表明出口产品具有较强的国际竞争力，越接近1竞争力越强。如图7所示，2010~2019年边疆地区的出口竞争力指数呈现波动下降的趋势，由2010年的0.04下降至2019年的-0.11，并且2011~2012年、2016~2019年边疆地区的出口竞争力指数为负，加之2010~2019年始终低于全国出口竞争力指

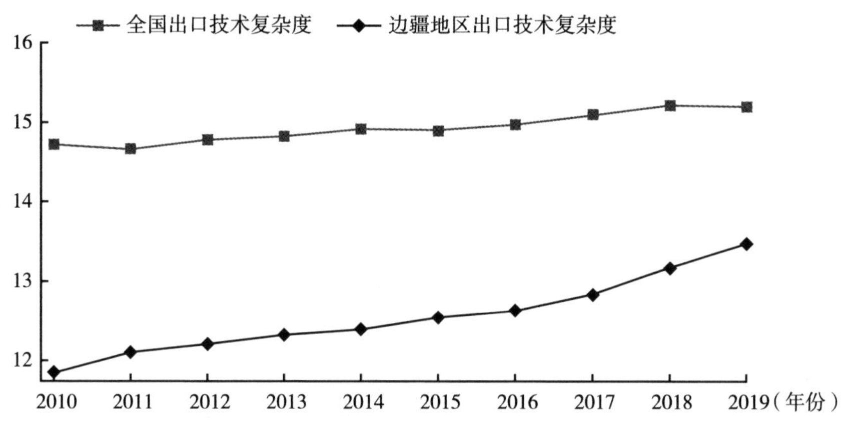

图6　2010~2019年全国和边疆地区出口技术复杂度

资料来源：笔者根据中国海关统计数据库的相关数据计算而来。

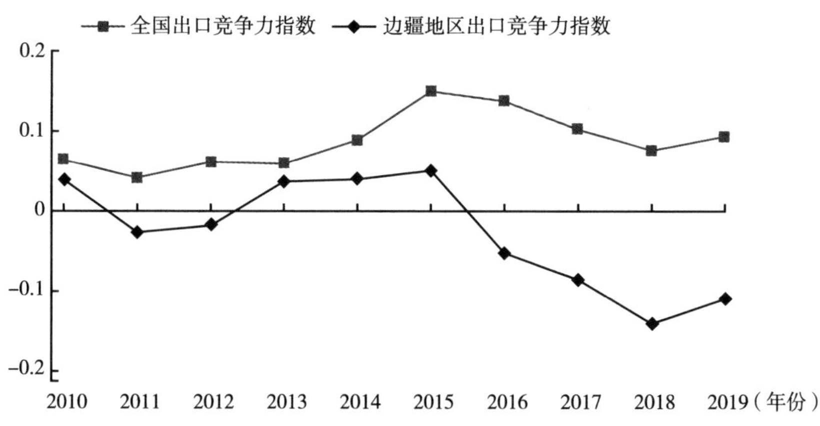

图7　2010~2019年全国和边疆地区出口竞争力指数

资料来源：笔者根据中国海关统计数据库的相关数据计算而来。

数，说明整体来看边疆地区的产品国际竞争力较弱。再次，如图 8 所示，从出口产品的要素含量来看，2010~2019 年边疆地区的出口资本密集度和出口技术密集度均呈现波动上升的趋势，说明边疆地区出口产品中所含技术和资本密集程度越来越高，这也将有助于提升其竞争力。但是，这两个指标均低于全国平均水平，说明边疆地区出口产品的技术和资本水平仍较低。最后，如图 9 所示，边疆地区的出口上游度在 2011~2012 年经历了较大幅度的提

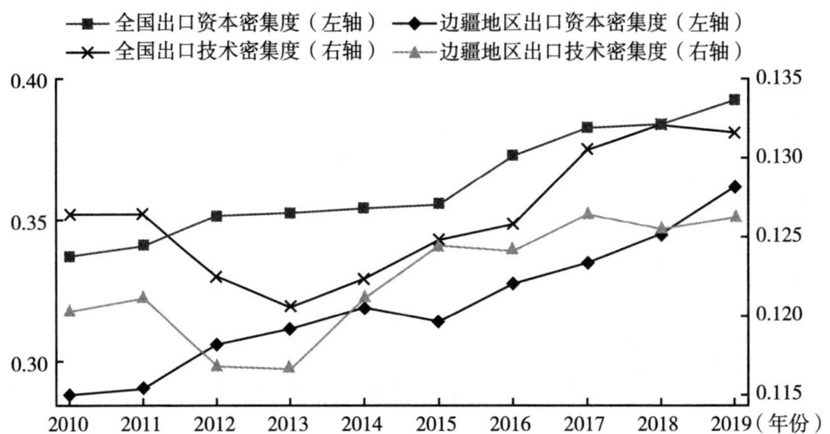

图 8　2010~2019 年全国和边疆地区出口资本密集度与出口技术密集度

资料来源：笔者根据中国海关统计数据库的相关数据计算而来。

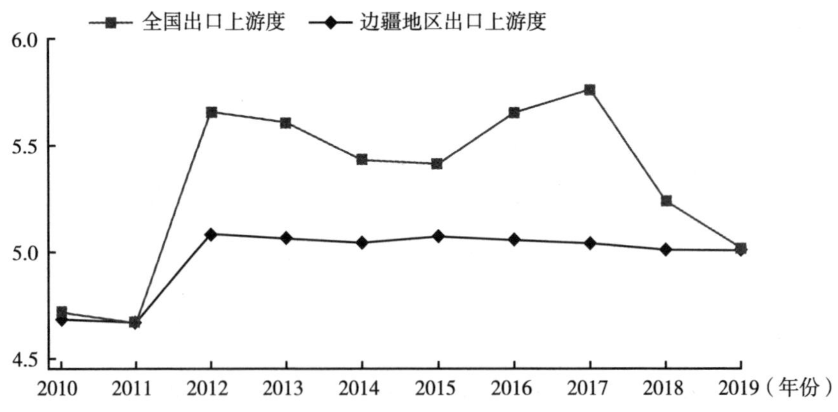

图 9　2010~2019 年全国和边疆地区出口上游度

资料来源：笔者根据中国投入产出数据计算而来。

升，增长率为8.9%，之后平稳发展。2012~2018年边疆地区出口上游度分别为5.09、5.06、5.04、5.07、5.06、5.04、5.01，与同期全国出口上游度5.66、5.61、5.43、5.41、5.65、5.76、5.24相比具有较大差异，而在2019年两者逐渐逼近。整体来看，边疆地区出口产品主要集中在中低上游度领域，位于价值链分工体系的非核心位置。

（五）出口市场主要集中在新兴经济体，对发达经济体的进口依赖程度仍较高，同时对新兴经济体的进出口增速提升明显，表现出突出的地缘近邻特征

首先，如图10和表4所示，亚洲国家和地区是我国边疆地区的出口主要目的地，出口份额在2010~2019年始终保持在50%以上，并在2019年达到最高的61.52%。其次，边疆地区对共建“一带一路”国家的出口份额在2014年增长幅度最大，达到55.08%，此后年份增速也基本保持在50%以上，表明共建“一带一路”国家成为我国边疆地区的重要出口目的地。同时，由于东盟已经成为我国第一大贸易伙伴，并且东盟国家均为共建“一带一路”国家，因此对这一区域的出口份额也保持增长态势，同时对以东盟国家为主体的RCEP国家出口份额也呈现稳定上升的趋势。而对OECD国家的出口份额在2010~2019年呈现波动下降的趋势，由2010年的40.79%下降至2019年的34.18%，体现出对发达经济体出口依赖逐步降低。“一带一路”倡议的作用明显，2013~2014年，对共建“一带一路”国家、东盟国家、OECD国家、RCEP国家以及亚洲国家和地区的出口额分别实现51.59%、59.45%、29.34%、50.83%、44.10%的高速增长，并且对新兴经济体的出口增速远高于发达经济体。再次，如图11和表4所示，OECD国家、共建“一带一路”国家、亚洲国家和地区是我国主要的进口来源地。2010~2014年OECD国家一直是边疆地区最主要的进口来源国，并且在2010年的进口份额接近50%。虽然2015年和2018年分别被亚洲国家和地区与共建“一带一路”国家赶超，但其份额依旧较高，仍然是我国边疆地区重要的进口来源国。东盟国家的进口份额增长较为明显，由2010年的

8.10%逐渐提升至2019年的16.35%，对RCEP国家的进口份额也较为稳定，从2010年的29.77%波动变化至2019年的29.80%，呈现先下降后上升然后又下降的特点。同时，与出口增速类似，“一带一路”倡议对边疆地区进口额增长的积极影响也十分显著，表现为2014年这5个区域的进口增速都实现大幅提升，并且东盟国家的进口额增速高达53.33%；其次为亚洲国家和地区，进口额增速为45.93%；对OECD国家的进口额也有较大幅度增长，增速为43.05%。最后，边疆地区的对外贸易呈现较为明显的地缘近邻特征。如表5所示，无论是进口还是出口，东北三省（辽宁、吉林、黑龙江）与俄日韩（俄罗斯、日本、韩国），新疆与中亚五国（哈萨克斯坦、吉尔吉斯斯坦、塔吉克斯坦、乌兹别克斯坦、土库曼斯坦），云南、广西和海南与东盟国家的贸易规模均在其贸易总量中占据十分重要的地位，新疆对中亚五国的出口份额在2010~2019年一直保持在60%以上，云南、广西和海南对东盟的出口份额保持在40%以上，东北三省对俄日韩的出口份额也稳定在30%左右。同样，邻近国家在上述边疆省（区）进口中的地位也十分重要。这表明“一带一路”倡议所展现出的全新地缘经济优势十分有利于边疆地区与相邻国家开展深度经济合作。

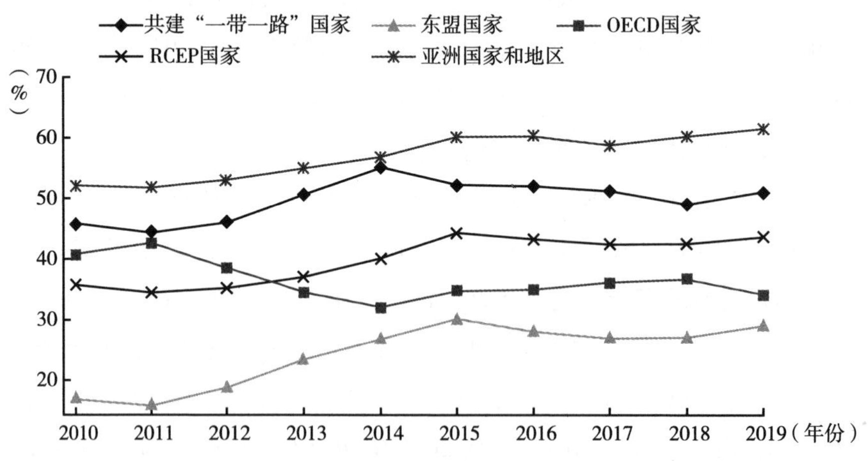

图10　2010~2019年边疆地区对不同国家和地区的出口份额

资料来源：笔者根据中国海关统计数据库的相关数据计算而来。

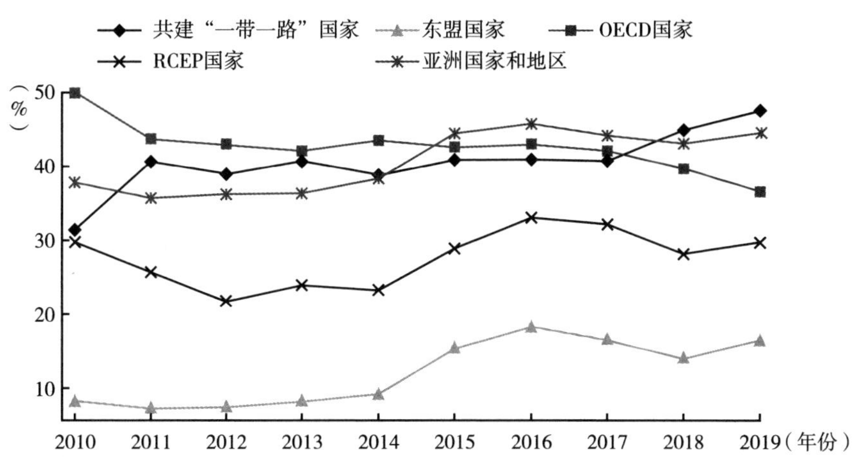

图 11　2010~2019 年边疆地区对不同国家和地区的进口份额

资料来源：笔者根据中国海关统计数据库的相关数据计算而来。

表 4　2011~2019 年边疆地区对不同国家和地区的进出口额增速

单位：%

年份	出口额增速					进口额增速				
	共建“一带一路”国家	东盟国家	OECD国家	RCEP国家	亚洲国家和地区	共建“一带一路”国家	东盟国家	OECD国家	RCEP国家	亚洲国家和地区
2011	4.47	3.55	13.38	4.69	7.48	60.14	10.58	8.46	7.04	16.82
2012	6.27	21.02	-7.45	4.50	4.88	-3.75	3.07	-1.18	-15.09	2.02
2013	21.77	36.91	-0.68	16.48	14.67	3.57	9.65	-2.94	9.38	-0.44
2014	51.59	59.45	29.34	50.83	44.10	32.10	53.33	43.05	33.97	45.93
2015	-18.75	-3.58	-7.62	-5.68	-9.61	-11.85	41.26	-18.06	4.11	-3.07
2016	-15.04	-20.55	-13.96	-16.49	-14.37	5.29	24.52	6.12	20.20	8.17
2017	10.89	8.25	16.60	10.57	9.93	19.86	9.47	17.86	17.27	16.14
2018	0.66	5.91	6.66	5.30	7.63	29.65	-0.16	10.78	2.94	14.92
2019	13.70	16.88	1.73	11.85	11.68	8.60	19.61	-5.46	8.51	6.09
平均增速	8.40	14.20	4.20	9.12	8.49	15.96	19.04	6.51	9.81	11.84

资料来源：笔者根据中国海关统计数据库的相关数据计算而来。

表 5　2010~2019 年边疆地区与其邻近国家的贸易份额

单位：%

年份	占出口总额的比重			占进口总额的比重		
	东三省与俄日韩	新疆与中亚五国	云南、广西和海南与东盟	东三省与俄日韩	新疆与中亚五国	云南、广西和海南与东盟
2010	33.10	83.18	41.79	26.52	70.60	22.02
2011	32.89	73.94	43.15	35.12	74.21	21.88
2012	31.41	66.94	48.23	31.66	75.27	19.50
2013	29.61	66.42	52.72	34.45	79.83	25.09
2014	33.89	67.82	57.61	28.66	37.32	26.02
2015	29.10	60.45	59.79	29.08	29.73	38.48
2016	30.51	73.43	59.02	30.30	36.20	45.51
2017	32.62	79.13	56.64	31.30	40.65	41.54
2018	31.29	69.36	55.05	33.80	44.19	36.19
2019	32.95	69.51	53.84	32.23	66.28	41.28

资料来源：笔者根据中国海关统计数据库的相关数据计算而来。

（六）民营企业始终保持出口主体地位，外资企业出口规模有所扩大

企业是我国出口的主体，而民营企业已连续 5 年成我国第一大外贸主体。2023 年，民营企业进出口总额占我国进出口总额比重达到 53.5%，拉动进出口总额增长 3.2 个百分点；民营企业数量占我国外贸经营主体数量的比重达到 86.2%。[①] 从边疆地区的出口主体情况来看，如图 12 所示，无论是从出口规模还是从出口占比来看，民营企业均是边疆地区的第一大出口主体。具体来看，民营企业的出口规模在 2010~2013 年呈上升趋势，并且在倡议正式实施的 2014 年达到 6309.74 亿元的峰值，同期出口占比高达 62.46%。虽然出口规模及其占比在 2015~2017 年有所下降但依旧高于“一

① 《海关总署：民营企业连续 5 年成我国第一大外贸主体》，人民网，2024 年 1 月 12 日，http：//finance.people.com.cn/n1/2024/0112/c1004-40157803.html。

带一路”倡议实施前，并在2019年回升至6000.74亿元，出口占比也达到62.82%。外资企业的出口规模从2010的1582.36亿元增加至2019年的2248.47亿元，但出口占比却从26.80%下降至23.54%。而2010~2019年国有企业出口规模从1367.05亿元波动下降至1302.33亿元，其出口占比从23.15%大幅下降至13.63%。同时，国有企业和外资企业的出口规模也在2014年实现大幅度跃升，分别为1799.02亿元和1993.86亿元，但国有企业出口规模在此后呈现下降趋势，外资企业则波动上升。这表明民营企业在我国边疆地区的出口贸易中发挥着无可替代的作用，而共建“一带一路”倡议也为民营企业深度融入国际市场提供了良好的合作平台，并发挥出极强的引领作用，出口主体的所有制特征也体现出边疆地区外贸具备的活力和韧性。

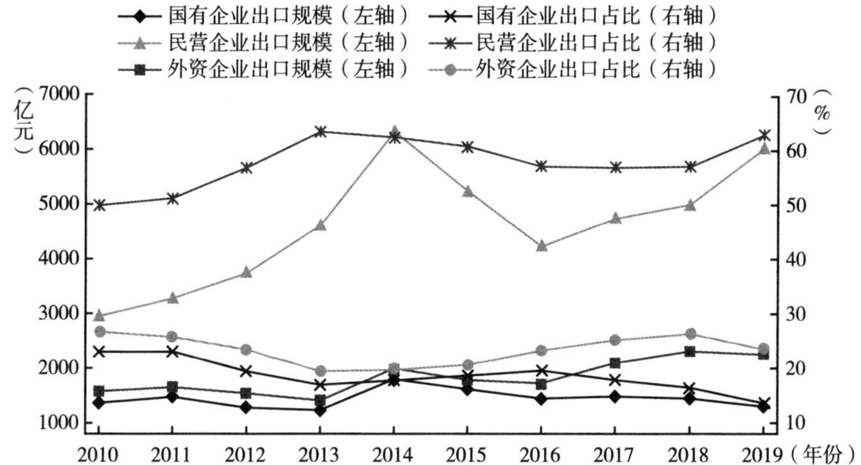

图12　2010~2019年边疆地区国有企业、民营企业和外资企业的出口规模及占比

资料来源：笔者根据中国海关统计数据库的相关数据计算而来。

（七）互联互通网络结构更加紧密，与共建国家的贸易合作领域较为集中

构建全方位、多层次、复合型的互联互通网络是“一带一路”倡议加强互联互通伙伴关系的重要体现。为展现边疆地区与共建“一带一路”国

家共同构成的贸易网络的动态演变过程，使用复杂网络法进行分析。具体而言，以边疆地区与共建“一带一路”国家为网络节点，以双边贸易额为边，并使用阈值法建立网络，如表 6 所示，2010～2019 年网络节点数未发生变化，说明在样本时间内边疆地区与共建“一带一路”国家之间一直存在着一定规模的贸易合作，反映合作规模和紧密程度的边数、网络密度、集聚系数、节点平均强度和节点平均度在 2013 年有较大幅度提升，平均路径长度则有较大幅度下降，表明边疆地区与共建国家之间的贸易可达性大大提高，“一带一路”倡议的提出使边疆地区与共建国家之间的贸易往来更加频繁，贸易合作的阻力逐渐削弱。“一带一路”倡议实施后贸易网络结构指标保持稳定并有继续提高的趋势，这也反映了“一带一路”倡议形成的长期持续的贸易畅通效应。此外，从边疆地区与共建“一带一路”国家合作领域来看（见表 7），根据国民经济行业分类，边疆地区对共建“一带一路”国家出口产品主要集中在纺织业、电气机械及器材制造业和通信设备、计算机及其他电子设备制造业，其中纺织业虽然呈现逐步下降的趋势但所占出口份额仍然最高，表明对共建“一带一路”国家的出口产品仍以劳动密集型为主。电气机械及器材制造业和通信设备、计算机及其他电子设备制造业的出口份额分别从 3.55%、1.86%波动上升至 7.06%、8.27%。而从共建“一带一路”国家进口的产品主要集中在石油加工、炼焦及核燃料加工业，化学原料及化学制品制造业和通信设备、计算机及其他电子设备制造业，其中以石油加工、炼焦及核燃料加工业为主体，通信设备、计算机及其他电子设备制造业的进口份额从 2010 年的 1.63%波动上升至 2019 年的 9.24%。我国是世界第一大石油进口国①，而“一带一路”多数共建国家，如俄罗斯、沙特阿拉伯、伊朗等均拥有丰富的石油资源，能与我国边疆地区形成明显的优势互补，通信设备等电子产品进口增多也说明在“一带一路”倡议下边疆地区与共建国家之间形成了一定规模的产业内贸易。

---

① 《国际石油市场变化趋势与中国石油进口贸易》，北京大学汇丰商学院网站，2022 年 4 月 13 日，https：//thinktank. phbs. pku. edu. cn/2022/zhuantibaogao_ 0413/66. html。

表 6　2010~2019 年边疆地区与共建“一带一路”国家的贸易网络结构特征变化

年份	节点数	边数	网络密度	平均路径长度	集聚系数	节点平均强度	节点平均度
2010	65	1038	0.4990	1.5034	0.7088	392.9276	31.9385
2011	65	1078	0.5183	1.4861	0.7236	413.8946	33.1692
2012	65	1100	0.5288	1.4740	0.7262	421.5059	33.8462
2013	65	1145	0.5504	1.4510	0.7419	438.1556	35.2308
2014	65	1114	0.5356	1.4668	0.7336	429.5034	34.2769
2015	65	1108	0.5327	1.4697	0.7308	422.7079	34.0923
2016	65	1111	0.5341	1.4678	0.7281	422.8278	34.1846
2017	65	1136	0.5462	1.4553	0.7314	435.6028	34.9538
2018	65	1151	0.5534	1.4485	0.7376	444.0045	35.4154
2019	65	1167	0.5611	1.4418	0.7415	447.9328	35.9077

资料来源：笔者根据中国海关统计数据库和 CEPII 数据库的相关数据计算而来。

表 7　2010~2019 年边疆地区对共建“一带一路”国家进出口额排前 3 位的行业份额占比

单位：%

年份	出口额排前 3 位的行业			进口额排前 3 位的行业		
	电气机械及器材制造业	通信设备、计算机及其他电子设备制造业	纺织业	化学原料及化学制品制造业	通信设备、计算机及其他电子设备制造业	石油加工、炼焦及核燃料加工业
2010	3.55	1.86	21.78	8.97	1.63	53.58
2011	3.36	2.34	22.58	4.78	0.89	70.72
2012	3.68	2.88	24.29	5.85	0.80	72.39
2013	5.36	3.22	24.43	5.47	0.74	72.54
2014	7.20	3.63	18.33	6.52	1.81	68.61
2015	6.67	3.00	16.92	8.88	6.58	60.25
2016	5.92	2.88	16.56	9.11	6.64	55.23
2017	5.45	4.55	15.34	9.51	3.13	52.56
2018	6.43	6.61	13.94	8.08	1.94	66.85
2019	7.06	8.27	11.05	6.91	9.24	61.18

资料来源：笔者根据中国海关统计数据库的相关数据计算而来。

二　共建“一带一路”背景下我国边疆地区对外贸易高质量发展的问题

（一）全球经济复苏前景不明，多重不确定性给边疆地区对外贸易带来极大挑战

近年来，中美经贸摩擦、新冠疫情冲击、俄乌冲突、巴以冲突等重大事件接连冲击世界经济与贸易。一方面，经济增长仍较为缓慢，分化趋势日益扩大。根据国际货币基金组织 2023 年 10 月发布的《世界经济展望报告》，全球经济增速将从 2022 年的 3.5%放缓至 2023 年的 3.0%和 2024 年的 2.9%，远低于 3.8%的历史（2000~2019 年）平均水平。发达经济体经济增速预计将从 2022 年的 2.6%放缓至 2023 年的 1.5%和 2014 年的 1.4%。新兴市场和发展中经济体 2023 年和 2024 年的经济增速预计将小幅下降，从 2022 年的 4.1%降至 2023 年和 2024 年的4.0%。[①] 另一方面，全球贸易整体低迷，商品贸易疲弱。2023 年 10 月联合国贸易和发展会议发布的《2023 年贸易和发展报告》显示，2023 年全球商品贸易将增长 1%，但低于过去 10 年的平均贸易增长，是第二次世界大战结束以来全球贸易平均增长最缓慢的时期，贸易总额自 2022 年第三季度达到峰值后不断下跌，甚至在 2023 年持续走低。[②] 全球经济复苏乏力使各国贸易面临极强的不确定性，而地区冲突升级、通胀居高不下等因素给全球贸易增长增添巨大压力，加之主要贸易国家“去库存”将进一步抑制需求增长。根据各国统计数据核算，边疆地区主要贸易对象均呈现贸易收缩的倾向，2023 年第一季度美国进出口总额为 12566.2 亿美元，同比下降 0.03%；东盟国家中印度尼西亚进出口总额为 1220.7 亿美元，同比下降 0.7%；越南为 1541.5 亿美元，

---

① 《世界经济展望报告》，国际货币基金组织网站，2023 年 10 月，https：//meetings.imf.org/zh/IMF/Home/Publications/WEO/Issues/2023/10/10/world-economic-outlook-october-2023。

② 《2023 年贸易和发展报告》，联合国贸易和发展会议网站，2023 年 10 月，https：//unctad.org/publication/trade-and-development-report-2023。

同比下降10.9%。主要贸易伙伴的经济不振以及贸易收缩将对我国边疆地区贸易增长带来严峻挑战。

（二）出口产品技术水平较低，长期处于全球价值链中低端导致实际贸易利得不高

首先，虽然通过产品技术升级表示出口升级的出口技术复杂度逐年提高，产品国际竞争力日益提升，但是边疆地区的出口技术复杂度与全国平均水平仍有一定差距，这说明出口产品的技术水平依旧不高，仍有较大的提升空间。边疆地区出口产品主要为低资本技术密集型，而根据国民经济行业分类，出口产品主要集中在纺织业、电气机械及器材制造业和通信设备、计算机及其他电子设备制造业。纺织服装、鞋、帽制造业的劳动密集型特征及低成本优势明显。作为传统优势行业，虽然电气机械及器材制造业和通信设备、计算机及其他电子设备制造业的出口占比不断提高，但这些产品同时是加工贸易的主体，其中涉及的关键零部件绝大部分依靠进口，因此其在很大程度上仍然属于“劳动密集”产业，边疆地区参与国际制造分工的优势仍主要是低劳动力成本优势而非技术竞争优势。同时，在产业发展过程中，边疆地区还由于历史原因和产业发展滞后等，较难通过吸引高新技术投资和提高本地科技研发水平提升本地产品技术含量。教育产业发展、人才培养质量以及人才吸引力相对中东部地区处于落后状态，使边疆地区面临人才储备不足的困境，更难形成对外贸升级的支撑。其次，虽然边疆地区出口上游度有所提升，但与全国平均水平相比仍有一定差距。过去几十年来中国借助经济全球化的红利，快速融入全球价值链分工体系，并形成了全球门类最齐全的产业体系和配套网络，边疆地区也借助改革开放的红利积极融入国际分工体系，但是整体仍处于国际分工体系低端，不仅传统产业效益和产品附加值不高，部分新兴产业仍在继续走“搞组装、重规模”的老路，出现高端产业低端化现象，陷入“低端嵌入”困境。边疆地区出口产品长期处于国际产业链的中低端，主要参与其中的加工装配等劳动密集型环节，在产品价格和贸易真实利得上远低于美、欧、日企业，造成出口在边

疆地区，附加值却大部分由国外企业获得的现象出现。在高端产品和品牌方面的欠缺使边疆地区在国际市场上的话语权和议价能力较弱，难以提高产品的附加值和利润率。

（三）传统优势面临较大调整，出口竞争新优势尚需进一步打造

首先，边疆地区的传统竞争优势在于低成本竞争优势。边疆地区出口产品主要集中在低资本技术密集型、初级产品等。另外根据国民经济行业分类，边疆地区出口所在行业主要集中在纺织业和机电行业等劳动密集型行业。这种低成本竞争优势主要体现在劳动力、土地等生产要素的低成本上。但由于人口结构和劳动力供需形势正在发生深刻变化，适龄劳动人口逐步接近峰值，“刘易斯拐点”和人口老龄化提前到来，劳动力等低要素成本作为支撑边疆地区对外贸易增长的基础优势正在逐步削弱，经济的高速增长使劳动力成本大幅提升。以黑龙江为例，城镇非私营单位就业人员平均工资由2010年的29603元提升至2022年的88235元。同时，我国农村剩余劳动力也在大幅减少，农民工的工资出现大幅提升，劳动力成本提高使边疆地区依靠劳动力禀赋获得的劳动密集型出口优势正在逐渐消失；随着土地的大规模开发和土地制度改革的推进，土地低成本的优势不再，这也使得边疆地区传统优势产品出口后劲不足。加之现阶段边疆地区许多出口产品都具有“可替代性”，其他周边发展中国家能够取代边疆地区。例如，越南劳动密集型产品出口额从2000年的74.4亿美元增长到2020年的1449.75亿美元，年均增速达16.01%。2020年越南的纺织品服装出口额达290亿美元，同比增长6.4%，成为仅次于中国的世界第二大纺织品服装出口国。[①] 因此，我国的对外贸易在一定程度上面临来自其他新兴经济体的竞争压力。然而，培育出口竞争新优势以扩大国际市场份额也面临一些挑战，边疆地区出口绿色产品、新产品和文化产品的份额与全国的平均水平相比仍有一定差距，特别是

① 《越南取代孟加拉国成为世界第二大纺织品服装出口国》，中华人民共和国商务部网站，2021年8月3日，http：//hochiminh.mofcom.gov.cn/article/jmxw/202108/20210803183066.shtml。

新产品的出口份额尚不及全国平均水平的一半，同时对共建“一带一路”国家的出口也尚未形成规模。一方面，国内大市场规模优势不显著，需求恢复跟不上产能的释放，导致企业利润持续下降，可能影响企业的发展和规模扩张，使其难以拓展新业务。虽然工业增加值同比增速从 2023 年 2 月开始恢复增长，且后续增速一度恢复至疫情前水平，但是由于疫情时期推高的库存还未去化，第一季度后国内生产复苏斜率放缓。2023 年 2~3 月工业企业产成品存货同比分别上升 10.7%、9.1%，3 月产成品周转天数也超季节性提升至同期历史高位（仅次于 2020 年 3 月）。因此，企业经营较为审慎，存在一定的伤痕效应，担忧经济修复的不确定性。另一方面，研发不足，关键技术被“卡脖子”，导致新产品整体规模不大，尚未成为边疆地区出口增长的核心动力，外贸新产品的出口份额也有较大的提升空间。

（四）对发达经济体的依赖程度较高，受中美经贸摩擦影响，边疆地区对外贸易仍存在较大的不确定性

虽然亚洲国家和地区与共建“一带一路”国家逐渐成为边疆地区主要的进出口目的地，但是发达经济体依然是重要的贸易伙伴。特别是 2010~2014 年，OECD 国家一直是边疆地区最主要的进口来源地，并且 2010 年的进口份额接近 50%。虽然 2015 年和 2018 年分别被亚洲国家和地区与共建“一带一路”国家赶超，但其份额依旧较高。根据国民经济行业分类，边疆地区的出口产品主要集中在纺织业、电气机械及器材制造业和通信设备、计算机及其他电子设备制造业，其中电气机械及器材制造业和通信设备、计算机及其他电子设备制造业的出口占比分别从 2010 年的 4.29%、5.98%增加至 2019 年的 11.71%、10.42%，超越了纺织业在边疆地区整体出口中的占比。虽然这两类行业的出口占比不断提高，但其出口产品仍以加工贸易为主，其中涉及的关键零部件、关键材料和关键元器件等绝大部分依赖发达经济体的进口。换言之，边疆地区的优势行业长期受制于发达经济体。与此同时，2018 年中美经贸摩擦使中国对美出口规模大幅下滑，从 2018 年的 30634.99 亿元下降至 2019 年的 28001.79 亿元。而边疆地区对美国的出口规

模从2018年的735.53亿元下降至2019年的644.76亿元，对美国的进口规模从2018年的603.03亿元下降至2019年的387.35亿元，下降幅度分别达12.34%、35.77%。同时，这也直接冲击了边疆地区的贸易增长，2019年的边疆地区出口额同比增速较2018年有所放缓；2019年进口额同比增速也急剧下降。这种可能长期存在的贸易保护主义不仅会给边疆地区稳外贸造成一定的影响，还会影响全球供应链和产业布局的调整，许多发达国家会考虑将生产基地转移至东南亚等地，将直接影响边疆地区的贸易竞争力和国际份额。例如，2019年边疆地区对OECD国家的进口规模（4354.89亿元）相较于2018年（4606.50亿元）有所下降，虽然出口规模并未出现大幅下降，但出口增速从2018年的6.66%锐减至2019年的1.73%。此外，大国博弈等非经贸因素会使美国政府加快构建“排华供应链”，这无疑会对边疆地区构建稳定的外贸环境产生负面影响。

三　共建“一带一路”背景下我国边疆地区对外贸易高质量发展的对策建议

（一）积极参与共建“一带一路”，完善边疆地区对外贸易高质量发展政策体系

首先，在共建“一带一路”倡议框架下要加强边疆地区外贸高质量发展政策体系的全局性和战略性。随着“一带一路”倡议提出，边疆地区成为我国新时期对外开放的新高地和桥头堡，国家层面陆续出台了一系列针对边疆地区发展的政策文件，如《西部陆海新通道总体规划》等，这也使得边疆地区外贸高质量发展的政策体系得到完善。目前，我国已进入向第二个百年奋斗目标进军的新发展阶段，正在加快构建以国内大循环为主体、国内国际双循环相互促进的新发展格局，而开放发展也是新发展理念的核心要义之一。因此，面对百年未有之大变局，边疆地区完善外贸高质量发展的政策体系不仅要服务于地区经济发展的需要，同时要服务于国家重大战略需求，

按照党的二十大报告“建设贸易强国”的目标，实现我国更高水平对外开放，并进一步促进经济高质量发展。

其次，在共建“一带一路”框架下要充分考虑边疆地区不同区域的特殊性，增强外贸高质量发展政策体系的有效性。例如，东北边疆外贸高质量发展的政策体系需要结合新阶段东北全面振兴战略需求，借助“一带一路”倡议北向开放窗口的战略机遇和搭建中蒙俄经济走廊的区位优势，同时补齐市场化晚与营商环境差的短板，建立起外贸竞争新优势。西北边疆的外贸高质量发展要服务于新时代推进西部大开发形成新格局，新疆、甘肃从封闭的内陆转变为对外开放的前沿，“六廊六路”建设中的四大经济走廊均经过新疆，因此在推进贸易高质量发展过程可以重点依托沿边口岸开放的优势，提升口岸通关便利化水平，实现外贸高质量发展。西南边疆要抢抓《区域全面经济伙伴关系协定》（RCEP）加快生效实施新机遇，发挥与东盟国家陆海相邻的独特优势，持续推动贸易新业态形成，培育新形势下参与国际合作和竞争的新优势。此外，要不断提高外贸高质量发展政策体系的保障作用，例如，在管理体制上要深化外贸领域“放管服”改革，落实通关便利、出口退税和企业减负等方面的支持政策，提升贸易便利化水平，激发市场主体活力；在财税政策上要合理利用省级财政资金和政府投资基金等，引导和带动社会资金，进一步加大对贸易绿色创新发展的支持力度；在金融服务上要发挥中长期出口信用保险作用以及政策性银行进出口信贷的引领带动作用，引导各类金融机构服务培育外贸主体，最大限度帮助企业降低贸易成本，激发企业开拓国际市场的积极性，保障外贸产业链供应链稳定畅通。同时，边疆地区要增强贸易政策的联动性和协同性，避免不良竞争，共同培育形成边疆地区外贸高质量发展的合力。

（二）把握“一带一路”创新之路建设契机，提高自主创新能力，推动对外贸易向高技术高附加值跃升

科技创新一直是共建“一带一路”倡议的重点领域。2016 年 10 月，中国发布《推进“一带一路”建设科技创新合作专项规划》；2018 年 11 月，

“一带一路”国际科学组织联盟成立；2023 年 10 月，习近平主席在第三届“一带一路”国际合作高峰论坛上将“推动科技创新”列为支持高质量共建“一带一路”的八项行动之一。这将为边疆地区提供一个高质量的科技发展合作平台，进一步汇聚全球创新资源，推进科技创新人员和资源等自由流动，促进技术转移和知识分享，以此为契机能够有力推动边疆地区尽快实现技术进步和升级，使对外贸易逐步从加工制造环节向研发设计、营销服务、品牌经营等环节攀升，稳步提高出口附加值，提升边疆地区外贸企业在全球分工中的主动权，抢占全球价值链重构的制高点。

东北边疆首先要积极融入“一带一路”科技创新网络，鼓励企业和科研机构参与“一带一路”科技创新专项活动，培育“一带一路”联合实验室或研发中心，深化与俄罗斯等共建国家在相关领域的合作，开展技术引进与输出活动，推动技术成果转移转化，吸引海外人才、技术、资金等资源集聚东北边疆。其次，要强化科技创新源头供给，依托东北大学、大连理工大学、辽宁大学、吉林大学、哈尔滨工业大学、哈尔滨工程大学等“双一流”高校在不同领域的优势，围绕重点发展方向开展长期研究，强化基础前沿探索和行业共性关键技术攻关，助推关键核心技术创新能力提升，加快科技成果转化应用，加快东北边疆产业升级。再次，大力培育创新型领军企业，增强企业自主创新能力。在现代农业、先进制造、生物医药、新材料、能源等重点领域，培育一批创新型领军企业。支持创新型领军企业联合高校、科研院所开展产业技术攻关，实现创新型领军企业、研发机构全覆盖。推动国有大型企业和行业骨干企业协同上下游企业和高等院校、科研机构建立创新联合体，开展产业共性技术研发，持续推进技术成果系统化、配套化和工程化，解决制约产业发展的技术问题，引领产业迈向中高端。

西北边疆首先要面向丝绸之路科技走廊建设科技合作平台，深化与中亚、西亚以及中东欧等共建国家在新能源、新材料、生物技术、装备制造、育种制种、旱作农业及环境保护等领域的联合研发，推进科技成果转移转化和技术示范推广。其次，加强高校和科研院所对产业创新升级的支撑作用。

从产业升级需求出发，主动开发和储备原创技术，开展配套装备、控制系统、生产工艺等产业化技术攻关，以兰州大学、石河子大学以及中国科学院在西北地区分院等科研机构为主要依托，聚焦抗旱优质种培育、核物理基础研究、文化遗产保护等优势产业领域，持续开展高水平的基础和应用性研究与研发攻关。再次，完善创新平台布局和促进科技成果转化。形成以重点实验室为引领的科学与工程研究平台，在先进材料、资源利用、装备制造、生物育种、生物医药等优势特色领域培育创建一批重点实验室，争取在若干科学领域实现并跑和领跑。支持创新验证中心建设，完善“应用创新—技术攻关—成果转移转化—科技金融”全过程创新生态链，推动科研成果走向市场。最后，依托行业骨干企业牵头组建企业创新联合体，积极承担重大科技项目，并创建技术创新中心、产业技术研究院等科研平台，加强产品技术攻关和成果转化，推动产业链、供应链、创新链升级。

西南边疆首先要主动参与和实施国家“一带一路”科技创新行动计划，建设面向东盟、RCEP、南亚的科技创新中心，加强在新一代信息技术、汽车、生物医药、新材料等领域的科技合作，支持外资企业在本地区设立研发中心和参与科技项目，建设面向南亚、东南亚的科技创新中心与创新合作园，集聚国内外科技人才和创新资源。其次，要加快培育战略科技力量，鼓励和支持行业龙头企业牵头建设重大创新平台，承接国家和地区重大科技任务，在重点产业领域争创国家产业创新中心；支持广西大学、云南大学、海南大学等“双一流”高校加强面向产业重大需求的应用基础研究和关键技术突破，加快培养重点行业紧缺的科技型人才；强化重大科技基础设施和基础平台建设，结合地区特色建设野外科学观测研究站、农业种质资源库、重大疾病生物样本库等基础支撑与条件保障平台，建立广西有色金属及特色材料加工重点实验室、云南特殊植物提取实验室、海南热带特色农业实验室等，提高科技创新能力。最后，要强化企业创新主体地位，加速创新要素向企业集聚，支持企业以自建、合作共建、委托建设等方式新建研发机构，争创省级以上技术创新中心、企业技术中心等创新平台，提高研发能力，加大研发投入力度，在重点领域攻克一批关键核心技术，开展符合国际标准、具有自主知识产权的高端新产品研发以及提高现有产品的附加值。

（三）深度融入共建“一带一路”大格局，巩固传统出口优势，优化产品结构，培育贸易新业态和新增长点

贸易畅通是“一带一路”倡议的重点领域，通过改善相关基础设施消除了交通运输领域存在的瓶颈，提升跨境物流便捷度，有效降低贸易成本；贸易投资便利化机制能够促进市场开放和减少贸易壁垒；效率和便捷度的提升可以引入先进技术和改进现有技术，建设合作产业园区和高新技术园区等，优化产业结构，提升产品出口附加值。总之，“一带一路”倡议的提出为边疆地区进一步增强贸易竞争优势提供了良好机遇。

一方面，东北边疆要通过强化基础前沿探索和行业共性关键技术攻关，开展要素市场化改革和建立市场化的技术转移体系等提升传统优势产业的竞争力，实现降本增效，重塑传统行业的竞争力。推动汽车、输变电装备、燃气轮机、船舶从自主研发、设计、制造及系统集成整个链条向智能化、绿色化、高端化方向升级，石油化工、钢铁、有色金属、农产品食品加工、黑土地保护与利用、现代育种、农机装备等向产业链价值链中高端发展，打造创新力更强、附加值更高、竞争力更强的高能级产业链。另一方面，要积极布局战略性新兴产业、高技术制造业，优化对外贸易产品结构，培育对外贸易竞争新优势。围绕构建东北边疆工业新体系以及实际发展需求，重点建设新一代新技术、新能源、新材料、智能制造、航空航天、新能源及智能网联汽车、数控机床、生物医药等现代产业体系，打造创新力更强、附加值更高、竞争力更强的高能级产业链条，为东北边疆外贸高质量发展打造新动能。此外，东北边疆也要积极培育贸易新业态。发挥大连、沈阳、长春、哈尔滨、呼和浩特跨境电子商务综合试验区的政策效应，鼓励企业运用跨境电商方式扩大外贸规模，拓展东北亚地区的海外仓网络，打造一批区域自主品牌，延伸跨境电商产业链条。黑龙江、辽宁自贸试验区的制度创新要为跨境电商提供良好的营商环境、财税工具、金

融服务以及贸易便利化支持。

西北边疆首先要增强企业技术研发、技术应用及技术整合能力，提升企业产品国际竞争力。用高新技术和先进适用技术推动石油化工、冶金、煤炭电力、建筑材料、棉花纺织、轻工食品等传统产业实现高端化、智能化、绿色化、数字化改造，推动传统产业从产业链中低端向中高端迈进，提高制造层次，巩固产业优势地位。其次，引导创新资源向增值空间和市场潜力大的产品集聚，组织企业、高校、科研院所开展关键共性技术、瓶颈技术和前沿跨领域技术攻关，优化工艺流程，开发技术含量高、附加值高的新产品。立足资源禀赋、区位优势和产业基础，西北边疆可聚焦信息技术、生物医药、新能源、新材料、先进制造、节能环保、光伏发电、现代农业等新兴产业。引领战略性新兴产业向高端化、规模化、集群化方向发展，塑造贸易发展新优势。最后，培育贸易新业态为西北边境贸易提供新动能。在加快推进跨境电商实现跨越式发展的基础上，可以丰富数字技术的应用场景，发挥“数字化口岸”的作用，推广铁路快通业务模式，打造跨境电商“数字班列”；积极培育口岸仓，积极开拓国际市场；创新发展“互联网+边境贸易”，拓宽边境贸易渠道，支持和培育边境贸易龙头企业，提升边境贸易综合竞争力。

西南边疆首先要重塑支柱产业竞争新优势，开展工程化技术研究，推动先进技术应用示范、科技成果转移转化和产业化。围绕产业数字化、高端化、绿色化发展方向，瞄准汽车、机械、装备制造、食品加工、能源石化、高端金属新材料、绿色能源、特色现代农业等特色传统领域的技术攻关和产品创新，推动产业向高附加值方向迈进。其次，围绕前沿产业分批组织实施科技重大专项，突破关键核心技术，实现产品创新，开发附加值高、市场需求量大的重大战略产品，有效提升产业科技创新能力，培育壮大战略性新兴产业，积极布局新型生物制药、高端医疗器械、生物育种、氢能与储能、深地深海、新一代信息技术、先进制造、高端食品加工、现代高原与热带农业、现代服务业等前沿领域，加速构筑引领未来产业发展的先发优势，打造对外贸易发展的新动能新优势。最后，结合西南边疆具体情况和特色，加快外贸新业态新模式发展。营造南亚、东南亚跨境电商新生态，吸引跨境电商企业、跨境供应链企业落户西南边疆地区，设立面向南亚、东南亚的跨境电商区域总部、运营中心；重点支持企业布局南亚、东南亚海外仓，并逐步实现跨境电商海外仓在 RCEP 成员国全覆盖；依托广西、云南自贸试验区和海南自贸港，加强新型离岸贸易业务创新，利用大数据与区块链技术，为企业开展真实合规的离岸贸易业务提供优质金融服务，打造面向南亚、东南亚的离岸贸易中心；创新发展边境贸易，推动多种运输方式进口边民互市贸易商品，积极承接产业转移，引导有实力的加工企业落地边境地区。

（四）深化共建“一带一路”建设，稳定发达经济体市场份额，充分挖掘新兴市场贸易发展潜力

“一带一路”倡议具备的国际公共产品属性意味着这一倡议具有极高的开放性和参与性，为不同发展阶段、不同制度背景的国家提供广阔的国际合作平台，并且使共建国家能够共享建设成果。因此，在高质量共建“一带一路”背景下，边疆地区要积极开拓国际市场，不仅要巩固和稳定与发达经济体的贸易合作，同时要积极开辟新兴经济体和发展中国家市场，促进边疆地区进出口多元化。

东北边疆一方面要利用成为我国北向开放的重要窗口的契机，充分发挥“一带一路”倡议的辐射带动作用，利用丰富的沿边开放口岸和优良港口以及发达的铁路、公路网络，并依托中蒙俄经济走廊的区位优势，高水平建设东北亚国际海陆大通道，推进以东北—远东地区铁路、公路和边境口岸为主体的基础设施互联互通。同时可以探索建立中俄边境自由贸易区，深化辽宁、黑龙江自贸试验区制度创新，丰富区域开放合作内容，促进资源、生产要素合理流动。东北边疆可以重点加强与俄罗斯、蒙古国、中东欧等共建“一带一路”国家在相关产业上的合作，形成外贸新增长点。另一方面，要抢抓 RCEP 生效实施的机遇，积极推进中日韩自贸区谈判进程，推进东北边疆与日韩产业链的深度融合，稳定日韩市场。利用 RCEP 关税减让与原产地累积规则，聚焦东北边疆在生产制造领域，日本在发动机、机械设备及其零

部件等领域，韩国在半导体及相关产业等领域的分工合作，以装备制造、智能制造等为重点，强化与日本和韩国的产业链、供应链合作；鼓励东北边疆各省份推动服务业领域的更深层次开放，为产业合作提供巨大的市场空间；以自贸试验区为平台吸引日韩企业投资，培育先进制造业企业和现代服务业企业。

西北边疆从封闭的内陆转变为对外开放的前沿。首先，构建高水平国际运输大通道，深化与周边国家以及共建国家的经济合作。要积极争取丝路基金、亚洲基础设施投资银行等支持，加快打通新亚欧大陆桥经济走廊、中巴经济走廊、中国-中亚-西亚经济走廊和中蒙俄经济走廊四大经济走廊，不断完善口岸铁路网和国际空港布局，将西北边疆与中亚、西亚地区的共建国家连接起来，构筑高效便捷的通道。加快推进“空中丝绸之路”建设，积极争取乌鲁木齐、喀什、伊宁、兰州等机场开通直飞中亚、西亚、南亚以及欧洲的国际航线，提升连接亚欧大陆的国际客货中转和国际物流集散能力。在基础设施硬联通的基础上，完善口岸开放平台，进一步推动口岸对外开放。利用综合保税区、边境合作区、边民互市区、跨境经济合作区等政策红利，扩大对中亚及周边发展中国家开放，打造国际经贸合作重要平台，加强产业联动，增强贸易互补性。其次，充分发挥中欧班列集结中心集疏运功能和枢纽优势，推动中欧班列和西部陆海新通道对接联通，将 RCEP、欧洲国家连接起来，进一步拓展与发达经济体的联络通道。同时，积极申报新疆自贸试验区和跨境电子商务综合试验区，通过加强制度型开放和培育贸易新业态持续深化西北边疆与欧美发达国家的合作。

西南边疆与南亚、东南亚国家陆海毗邻，也是 21 世纪海上丝绸之路与丝绸之路经济带的有机衔接节点。一方面，以新通道联通新市场。“一带一路”倡议使西南边疆成为面向 RCEP、东盟、南亚国家的重要次中心和陆海大通道。因此，要加快推进西部陆海新通道建设，构建起更加集约高效、更加完善通畅的交通物流枢纽，积极开行至老挝的国际铁路班列，有序推进中泰铁路建设，畅通中老泰国际铁路通道。加强沿海港口建设，打造面向南亚、东南亚的区域性国际航运中心。加快港口建设，开辟新航线，打造国际航空枢纽和西部陆海新通道。以航空为先导、铁路为基础、公路为支撑、水路为辅助，多种联运方式并行发展，畅通陆海国际大通道，进一步拓展东盟国家、印度等发展潜力极大的共建国家市场。在前期基础设施互联互通的基础上，借助 RCEP 生效实施的契机，逐步加强同毗邻国家的制度型开放，推动贸易投资合作优化升级，积极发展丝路电商。深化国际产能合作，拓展第三方市场合作，构筑互利共赢的产业链供应链合作体系，有效扩大双向贸易规模。另一方面，加快落实 RCEP 经贸规则，对标《全面与进步跨太平洋伙伴关系协定》（CPTPP）开展先行先试，增强与日本、韩国、新加坡、澳大利亚、新西兰等发达经济体的合作，辐射带动西南边疆加速培育战略性支柱产业集群和战略性新兴产业集群，提高产业链供应链的稳定性和竞争力，提升高端要素的集聚与辐射水平，从而进一步拓展与其他发达国家的产能合作领域。同时，高水平建设自贸试验区和自贸港，提高贸易便利化水平，稳步推进服务业对外开放，进一步拓展同发达经济体的合作领域。

参考文献

高丹、黄华：《边疆地区对外贸易高质量发展内涵与实现路径研究》，《国际贸易》2021 年第 5 期。

黄立群、钟惠泽：《边疆地区对外贸易高质量发展：内涵、制约因素与推进路径》，《东北亚经济研究》2023 年第 4 期。

黄立群、钟惠泽：《新发展格局下边疆地区把握比较优势承接产业转移的建议》，《东北亚经济研究》2022 年第 2 期。

周茂等：《共建“一带一路”与互联互通深化——基于沿线国家间的视角》，《管理世界》2023 年第 11 期。

周茂等：《人力资本扩张与中国城市制造业出口升级：来自高校扩招的证据》，《管理世界》2019 年第 5 期。

B.12 中国边疆地区科技创新与新质生产力相关政策模拟分析

娄　峰*

摘　要：　新质生产力已成为高质量发展的新引擎新动力，也是边疆地区高质量发展的内生动力和基础支撑，分析边疆地区科技创新与新质生产力具有重要的现实意义。本报告在分析我国边疆地区经济发展、产业结构、科技研发等现状的基础上，构建中国多区域可计算一般均衡（CGE）模型，定量分析全要素生产率提升对经济发展产生的影响，从而间接分析新质生产力对边疆地区经济社会发展的影响。

关键词：　新质生产力　CGE 模型　全要素生产率　边疆地区

一　研究背景

进入新时代，新一轮科技革命和产业变革与我国加快转变经济发展方式交汇，生产力不断更迭。新质生产力是区别于传统生产力的新型生产力，是以科技创新为主的生产力，是摆脱传统增长路径、符合高质量发展的新型生产力。新质生产力的“新”体现在以新发展理念为指引，区别于传统生产力的新质生产力，是生产力发展过程中一种能级跃迁的表现，是以新发展理念为思想指引，以创新为核心、产业为载体的新型

* 娄峰，中国社会科学院图书馆研究员，主要研究方向为宏观经济预测和政策模拟分析。

生产力。[①] 新质生产力的“质”则体现了高质量发展的目标向度和满足人民美好生活需要的价值追求。新时期，我国经济发展目标、发展模式和要素配置组合均发生了变化，亟须以新质生产力为重要支点，推动经济发展实现质量变革、效率变革和动力变革。新质生产力从劳动者、劳动资料、劳动对象三个方面超越了传统生产力，有助于增强发展动力、改善发展结构、拓展发展内容、优化发展要素，推动经济实现高质量发展。[②] 此外，人民群众是社会物质财富和精神财富的创造者，新质生产力是多维度、全方位的发展，是发展成果由全体人民共享的平衡充分发展。在解放和发展生产力的过程中，不断满足人民美好生活需要，逐步推动共同富裕的实现，是新质生产力的价值追求。[③]

新质生产力已成为高质量发展的新引擎新动力。[④] 新时代，边疆地区被赋予更多内涵，从原来边缘、缓冲地带被推至对外开放的最前沿，边疆治理也被置于新时代中国社会主要矛盾转变、“一带一路”倡议与国家全方位对外开放的新的政治地理空间中。[⑤] 实现高质量发展是我国追求的目标，也是我国边疆地区发展的首要任务，新质生产力则是边疆地区实现高质量发展的内生动力和基础支撑。[⑥] 我国的陆地边疆地区包括黑龙江、吉林、辽宁、内蒙古、甘肃、新疆、西藏、云南、广西等 9 个省（区），与周边 14 个国家接壤。当前，受到历史和地理因素的影响，边疆地区“胡焕庸线”依然存在，发展仍存在诸多短板和问题。其中，东北地区作为传统的工业区仍面临

① 侯冠宇、张震宇：《新质生产力赋能共同富裕的理论逻辑、关键问题与现实路径》，《云南民族大学学报》（哲学社会科学版）2024 年第 3 期；徐政、张姣玉：《新发展格局下大力发展新质生产力：价值指向与路径方向》，《四川师范大学学报》（社会科学版）2024 年第 4 期。

② 郭栋、尤帅、刘云：《数字化改革赋能新质生产力：理论内涵、动力机制、关键主体及提升路径》，《社会科学家》2024 年第 2 期。

③ 郭栋、尤帅、刘云：《数字化改革赋能新质生产力：理论内涵、动力机制、关键主体及提升路径》，《社会科学家》2024 年第 2 期。

④ 蒋永穆、薛蔚然：《新质生产力理论推动高质量发展的体系框架与路径设计》，《商业经济与管理》2024 年第 5 期。

⑤ 何修良：《新时代边疆治理的时空转换与边疆治理现代化的推进》，《云南社会科学》2024 年第 2 期。

⑥ 李光辉、王若琳：《边疆经济高质量发展重点、现实约束与突破路径》，《经济纵横》2024 年第 2 期。

巨大的经济转型和经济下行压力，西部边疆地区与东部地区发展水平差距加大。与沿海等发达地区相比，边疆地区经济发展水平较低，产业结构总体处于中低端水平，科技发展水平与经济发达地区的差距较大，居民人均可支配收入同样与经济发达地区差距较大。因此，边疆地区人口流失较多，人口数量呈现显著的下降趋势，人才吸引力弱于经济发达地区，科技发展步伐较为缓慢。

二　中国边疆地区发展现状

（一）边疆地区经济发展现状

边疆地区包括内蒙古、辽宁、吉林、黑龙江、云南、广西、甘肃、新疆和西藏等9个省（区），如表1所示，边疆地区经济总量占全国的比重呈现先增加后下降的趋势。2023年，边疆地区经济总量在全国经济总量中的占比降至13.87%。边疆地区各省（区）经济总量差异较大，其中，辽宁经济总量较大，2023年在全国经济总量中的占比为2.40%，占比较2010年大幅下降，降幅达2.08个百分点；2023年吉林和黑龙江经济总量在全国经济总量中的占比分别为1.07%和1.26%，分别较2010年减少1.03个百分点和1.26个百分点；2023年内蒙古经济总量在全国经济总量中的占比降至1.95%，较2010年减少0.88个百分点；甘肃和广西经济总量在全国经济总量中的占比降幅相对较小；云南、新疆和西藏经济总量在全国经济总量中的占比整体呈现上升的趋势，2023年云南、新疆和西藏经济总量在全国经济总量中的占比分别为2.38%、1.52%和0.19%，分别较2010年增加0.63个百分点、0.20个百分点和0.07个百分点。

表1　2010~2023年边疆各省（区）在全国经济总量中的占比

单位：%

年份	内蒙古	辽宁	吉林	黑龙江	云南	甘肃	新疆	西藏	广西	边疆地区
2010	2.83	4.48	2.10	2.52	1.75	1.00	1.32	0.12	2.32	18.45
2011	2.94	4.56	2.17	2.58	1.82	1.03	1.35	0.12	2.40	18.98
2012	2.95	4.61	2.22	2.54	1.91	1.05	1.39	0.13	2.42	19.23

续表

年份	内蒙古	辽宁	吉林	黑龙江	云南	甘肃	新疆	西藏	广西	边疆地区
2013	2.85	4.59	2.20	2.44	2.00	1.07	1.42	0.14	2.44	19.14
2014	2.76	4.45	2.14	2.34	1.99	1.06	1.44	0.14	2.44	18.76
2015	2.59	4.16	2.04	2.19	1.98	0.99	1.35	0.15	2.44	17.89
2016	2.43	2.98	1.98	2.06	1.98	0.96	1.29	0.15	2.45	16.28
2017	1.93	2.81	1.80	1.91	1.97	0.90	1.31	0.16	2.23	15.01
2018	1.76	2.56	1.22	1.40	2.27	0.88	1.39	0.17	2.14	13.78
2019	1.74	2.52	1.19	1.38	2.35	0.88	1.38	0.17	2.15	13.76
2020	1.71	2.48	1.21	1.35	2.42	0.89	1.36	0.19	2.19	13.80
2021	1.79	2.40	1.15	1.29	2.36	0.89	1.39	0.18	2.15	13.61
2022	1.92	2.41	1.08	1.32	2.40	0.93	1.47	0.18	2.18	13.90
2023	1.95	2.40	1.07	1.26	2.38	0.94	1.52	0.19	2.16	13.87

如图 1 和图 2 所示，辽宁、吉林和黑龙江虽然经济体量较大，与其他边疆省（区）相比在全国经济总量中的占比较大，但地区生产总值增速波动较大，总体呈现下降的趋势。

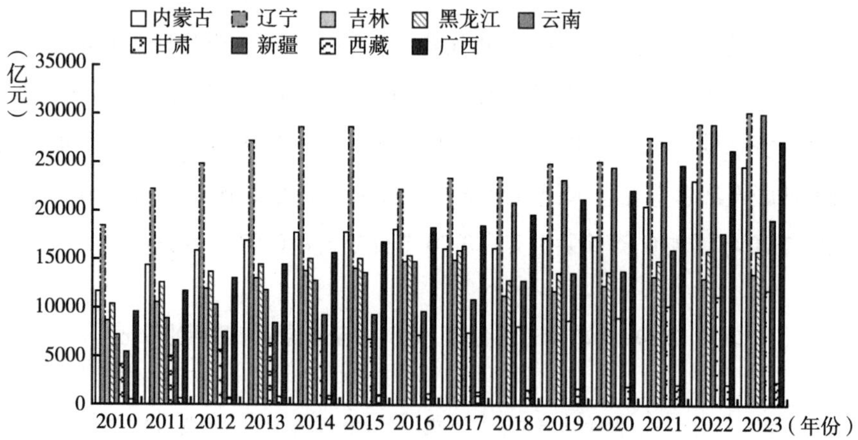

图 1　2010~2023 年边疆各省（区）地区生产总值

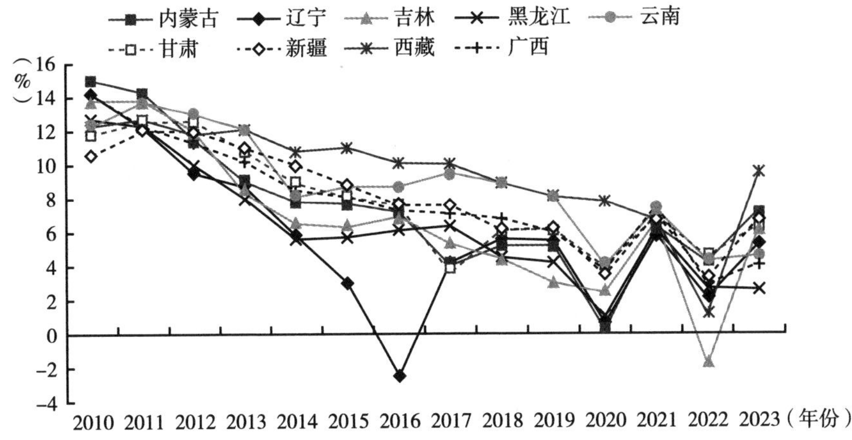

图 2　2010~2023 年边疆各省（区）地区生产总值增速

（二）边疆地区产业结构现状

边疆各省（区）产业结构如表 2 所示。总体来看，随着经济发展，产业结构不断调整，第二产业在国民经济中的占比逐渐下降，第三产业在国民经济中的占比不断提升。内蒙古资源丰富，工业和能源产业发展迅速，第二产业对经济的贡献度较高，受疫情影响，线下消费受阻，服务业发展进程缓慢，2021~2023 年第二产业在全省地区生产总值中的占比提升并超过第三产业。受资源枯竭、环境污染、轻重工业结构失调、投资效益较低、体制制约、气候恶劣等一系列因素的影响，东北工业基地衰落，东三省采取了政策扶持、产业结构调整、技术创新等一系列手段推动东北地区发展，第二产业在东北地区经济总量中的占比有所下降，第三产业占比显著提升，并超过第二产业成为经济发展的主导产业。此外，黑龙江土地肥沃、农业资源丰富，第一产业在全省经济中的占比较高。在中央特殊优惠政策支持和各兄弟省份的大力援建下，西藏边境县域产业得到快速发展，基本建立起高原边境产业体系，生态旅游业、民族手工业和边境贸易快速发展，实现了“三二一”的产业结构。广西与云南旅游业和边境贸易发达，第三产业成为经济发展的主导，在特殊的地理和气候条件下，广西和云南林业和种植业较为发达，第

一产业在经济中的占比超过10%。在共建“一带一路”中，甘肃作为面向中亚、南亚、西亚国家的通道、商贸物流枢纽、重要产业和人文交流基地之一，第三产业发展迅速。新疆第二产业和第三产业在自治区经济总量中的占比较为均衡，立足冰雪资源和独特的区位优势，新疆的文旅产业和口岸经济迅速发展壮大，第三产业在自治区经济总量中的占比不断提升，基于能源优势和产业基础，油气生产加工、绿色矿业、新能源和新材料等工业产业正迅速发展。

表2　2010~2023年边疆各省（区）产业结构

单位：%

省(区)	产次	2010年	2011年	2012年	2013年	2014年	2015年	2016年	2017年	2018年	2019年	2020年	2021年	2022年	2023年
内蒙古	一产	9.38	9.10	9.12	9.31	9.16	9.07	9.03	10.25	10.85	10.82	11.67	10.85	11.46	11.11
	二产	54.56	55.97	55.42	53.82	51.32	50.48	47.18	39.76	39.25	39.62	39.56	45.70	48.54	47.53
	三产	36.06	34.93	35.46	36.87	39.52	40.45	43.78	49.99	49.90	49.56	48.77	43.46	40.00	41.36
辽　宁	一产	8.84	8.62	8.68	8.14	7.98	8.32	9.77	8.13	8.59	8.74	9.10	8.92	8.96	8.78
	二产	54.05	54.67	53.25	51.31	50.25	45.49	38.69	39.30	38.49	38.26	37.43	39.43	40.57	38.84
	三产	37.11	36.71	38.07	40.54	41.77	46.19	51.55	52.57	52.92	52.99	53.47	51.65	50.46	52.38
吉　林	一产	12.12	12.09	11.83	11.24	11.04	11.35	10.14	7.33	10.31	10.98	12.61	11.74	12.92	12.16
	二产	51.99	53.09	53.41	52.67	52.79	49.82	47.41	46.83	36.00	35.26	35.14	36.03	35.41	33.88
	三产	35.89	34.82	34.76	36.08	36.17	38.83	42.45	45.84	53.68	53.76	52.25	52.23	51.67	53.96
黑龙江	一产	12.57	13.52	15.44	17.12	17.36	17.46	17.36	18.65	23.36	23.38	25.10	23.27	22.70	22.15
	二产	48.47	47.39	44.10	40.45	36.87	31.81	28.60	25.53	27.53	26.56	25.43	26.72	29.24	27.02
	三产	38.97	39.09	40.47	42.44	45.77	50.73	54.04	55.82	49.11	50.06	49.47	50.01	48.06	50.83
广　西	一产	17.50	17.47	16.67	15.85	15.40	15.27	15.27	15.54	15.39	15.95	16.05	16.23	16.23	16.43
	二产	47.14	48.42	47.93	46.58	46.74	45.93	45.17	40.22	34.10	33.33	32.08	33.09	33.99	32.81
	三产	35.35	34.11	35.41	37.56	37.86	38.80	39.56	44.24	50.51	50.72	51.87	50.68	49.78	50.77
云　南	一产	15.34	15.87	16.05	15.73	15.53	15.09	14.84	14.28	11.97	13.08	14.68	14.26	13.86	14.01
	二产	44.62	42.51	42.87	41.74	41.22	39.77	38.48	37.89	34.81	34.28	33.80	35.32	36.16	34.16
	三产	40.04	41.63	41.09	42.53	43.25	45.14	46.68	47.83	53.23	52.64	51.53	50.42	49.98	51.82

续表

省(区)	产次	2010年	2011年	2012年	2013年	2014年	2015年	2016年	2017年	2018年	2019年	2020年	2021年	2022年	2023年
西藏	一产	13.54	12.29	11.47	10.38	9.95	9.55	10.06	9.36	8.81	8.14	7.92	7.89	8.45	8.99
	二产	32.30	34.46	34.64	35.91	36.58	36.65	37.27	39.18	42.53	37.44	41.95	36.40	37.73	36.90
	三产	54.16	53.24	53.89	53.71	53.47	53.80	52.67	51.46	48.66	54.42	50.13	55.71	53.82	54.11
甘肃	一产	14.54	13.52	13.81	13.34	13.18	14.05	13.66	11.52	11.43	12.05	13.29	13.32	13.53	13.83
	二产	48.17	47.36	46.02	43.37	42.80	36.74	34.94	34.34	34.08	32.83	31.63	33.84	35.22	34.40
	三产	37.29	39.12	40.17	43.29	44.02	49.21	51.41	54.13	54.50	55.12	55.08	52.83	51.25	51.77
新疆	一产	19.84	17.23	17.60	16.99	16.59	16.72	17.09	14.26	13.87	13.10	14.36	14.74	14.14	14.34
	二产	47.67	48.80	46.39	42.34	42.58	38.57	37.79	39.80	40.36	35.27	34.39	37.33	40.98	40.31
	三产	32.49	33.97	36.02	40.67	40.83	44.71	45.12	45.94	45.77	51.63	51.25	47.93	44.87	45.35

（三）边疆地区科研投入现状

科研投入与地区经济发展密切相关。如图 3 和图 4 所示，在边疆地区 9 省（区）中，辽宁经济总量最大，科研投入规模最大，在 2015 年后基本呈现逐年递增的趋势。

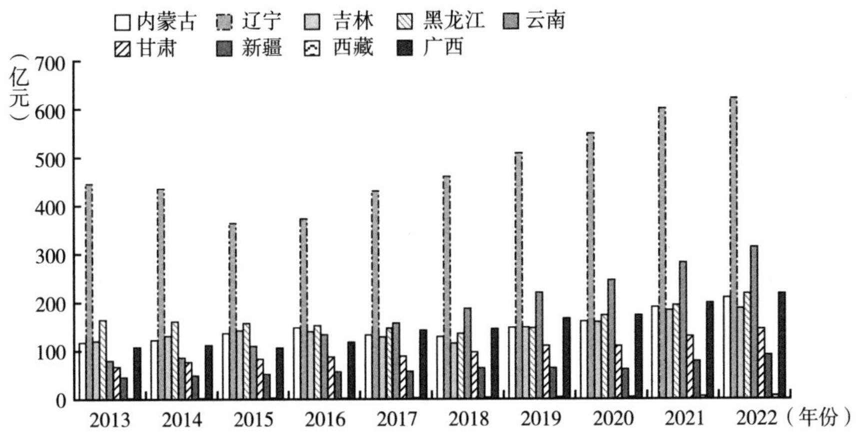

图 3　2013~2022 年边疆各省（区）科研投入规模

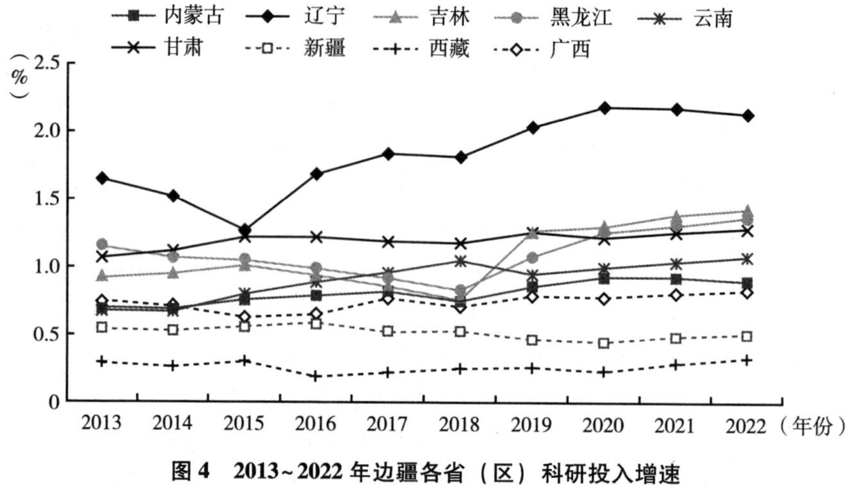

图4　2013~2022年边疆各省（区）科研投入增速

如表3所示，2015年后，边疆各省（区）研发投入在地区生产总值中的占比呈现增加的趋势。2022年，辽宁研发投入占全省地区生产总值的比重为2.14%，吉林研发投入占全省地区生产总值的比重为1.43%，黑龙江研发投入占全省地区生产总值的比重达1.37%。2022年，云南研发投入在全省地区生产总值中的占比达到1.08%，较2013年提升0.41个百分点；新疆和西藏经济总量在全国经济总量中的占比逐渐增加，研发投入在全省地区生产总值中的占比较其他边疆省（区）低。在边疆各省（区）中，西藏研发投入规模最小，在全省地区生产总值中的占比也最低，2022年西藏研发投入在全省地区生产总值中的占比仅为0.33%。

表3　2013~2022年边疆各省（区）研发投入在全省地区生产总值中的占比

单位：%

年份	内蒙古	辽宁	吉林	黑龙江	云南	甘肃	新疆	西藏	广西
2013	0.69	1.64	0.92	1.14	0.67	1.06	0.54	0.28	0.75
2014	0.69	1.52	0.95	1.07	0.67	1.12	0.53	0.26	0.71
2015	0.76	1.27	1.01	1.05	0.80	1.22	0.56	0.30	0.63
2016	0.81	1.68	0.95	0.99	0.90	1.21	0.59	0.19	0.64
2017	0.82	1.84	0.86	0.92	0.96	1.19	0.52	0.22	0.77
2018	0.80	1.96	1.02	1.05	0.90	1.20	0.50	0.24	0.74

续表

年份	内蒙古	辽宁	吉林	黑龙江	云南	甘肃	新疆	西藏	广西
2019	0.86	2.04	1.27	1.08	0.95	1.26	0.47	0.25	0.79
2020	0.93	2.19	1.30	1.26	1.00	1.22	0.45	0.23	0.78
2021	0.93	2.18	1.39	1.31	1.04	1.26	0.49	0.29	0.81
2022	0.90	2.14	1.43	1.37	1.08	1.29	0.51	0.33	0.83

三　数据来源说明

中国经济发展、边疆地区各省（区）地区生产总值、科研投入、三产增加值等指标数据均来自 Wind 数据库，经笔者计算所得。由于西藏数据缺失，因此在建立中国多区域可计算一般均衡（CGE）模型时分为内蒙古、辽宁、吉林、黑龙江、云南、甘肃、新疆、广西等 8 个边疆省（区）和全国其他地区等。

四　情景设置

我国边疆地区实现高质量发展不仅是地方发展的需要，也是国家战略的考量。新质生产力既是实现高质量发展的内生驱动力，也是推动边疆地区经济社会转型的关键。但由于新质生产力难以准确量化，而且新质生产力内涵与全要素生产率内涵基本一致。因此，本报告基于中国多区域可计算一般均衡（CGE）模型，通过分析全要素生产率提升对经济发展产生的影响，从而间接得到新质生产力对边疆地区经济社会发展的影响。具体而言，边疆地区通过增加科技研发投入、采取税收优惠政策以及政府补贴等一系列措施发挥创新对经济发展的推动作用，促进边疆地区全要素生产率提升。具体情景设置方案如表 4 所示。

表 4　情景设置方案

情景Ⅰ	资本和劳动要素均实现充分就业，边疆地区全要素生产率提升 2%
情景Ⅱ	资本和劳动要素均实现充分就业，边疆地区全要素生产率提升 3%
情景Ⅲ	资本和劳动要素均实现充分就业，边疆地区全要素生产率提升 5%

五　结果分析

（一）边疆地区全要素生产率提升短期影响分析

1. 边疆地区全要素生产率提升对经济增长的短期影响

边疆地区通过政策引导、增加研发投入使全要素生产率得到不同程度提升，边疆地区总投资短期变化情况如表 5 所示。全要素生产率提升使资本的盈利能力得到提升，资本的机会成本与要素价格均有所下降，从而导致名义投资有所下降。

如表 6 所示，边疆地区全要素生产率的提升对出口具有显著的刺激效果，进口额减少，边疆各省（区）贸易条件得到改善。全要素生产率的提升使边疆地区生产成本下降、产出效率提升，当国外产品价格不变时，边疆地区获得价格优势，刺激其出口额大幅增长。

影响居民消费的重要因素之一是收入水平。当全要素生产率处于较低水平时，全社会投资回报率偏低，居民的预期收入也将处于较低水平，居民消费受到限制，消费需求弹性也偏弱。随着边疆地区全要素生产率的提升，居民普遍预期收入有所提升，居民消费增加。如表 7 所示，在情景Ⅰ中，当边疆地区全要素生产率提升 2%时，除内蒙古外，其他边疆地区农村居民消费和城镇居民消费水平均有所提升，城镇居民的消费支出涨幅超过农村居民。在情景Ⅲ中，边疆地区全要素生产率涨幅达到 5%，边疆地区农村居民和城镇居民消费水平的提升幅度大于情景Ⅰ，其中吉林和广西城镇居民消费水平的提升幅度较大。

在贸易和消费的拉动下，边疆地区实际地区生产总值的增长，具体如表8所示。当边疆各省（区）全要素生产率提升5%时，辽宁和吉林实际地区生产总值增幅达到8%以上，内蒙古实际地区生产总值的增幅为2.359%，黑龙江和广西实际地区生产总值增幅超6%，云南和甘肃实际地区生产总值的增幅超4%，新疆实际地区生产总值增幅为5.112%。

表5　边疆地区及全国其他地区总投资短期变化情况

单位：%

边疆省(区)	情景Ⅰ	情景Ⅱ	情景Ⅲ
内蒙古	-0.045	-0.058	-0.074
辽宁	0.014	0.025	0.055
吉林	-0.020	-0.024	-0.026
黑龙江	-0.023	-0.030	-0.039
广西	-0.011	-0.014	-0.013
云南	-0.012	-0.015	-0.018
甘肃	-0.016	-0.021	-0.028
新疆	-0.017	-0.022	-0.029
全国其他地区	-0.026	-0.036	-0.053

表6　边疆地区及全国其他地区进口额和出口额短期变化情况

单位：%

边疆省(区)	进口额			出口额		
	情景Ⅰ	情景Ⅱ	情景Ⅲ	情景Ⅰ	情景Ⅱ	情景Ⅲ
内蒙古	-1.194	-1.812	-3.175	-5.024	-4.057	1.816
辽宁	-0.955	-1.378	-2.116	11.046	17.054	30.226
吉林	-1.239	-1.808	-2.853	13.835	21.651	39.610
黑龙江	-1.621	-2.382	-3.814	10.125	15.551	27.253
广西	-1.421	-2.084	-3.329	9.945	15.237	26.534
云南	-1.509	-2.213	-3.539	8.358	12.718	21.817
甘肃	-1.437	-2.107	-3.369	8.134	12.369	21.194
新疆	-1.459	-2.145	-3.451	8.425	12.903	22.418
全国其他地区	0.296	0.460	0.811	-0.674	-1.109	-2.128

表 7　边疆地区及全国其他地区城乡居民消费短期变化情况

单位：%

边疆省(区)	农村居民			城镇居民		
	情景Ⅰ	情景Ⅱ	情景Ⅲ	情景Ⅰ	情景Ⅱ	情景Ⅲ
内蒙古	-0.0052	-0.0048	-0.0005	-0.0147	-0.0136	-0.0013
辽宁	0.0135	0.0210	0.0375	0.0414	0.0641	0.1144
吉林	0.0080	0.0125	0.0230	0.0178	0.0279	0.0514
黑龙江	0.0015	0.0025	0.0047	0.0072	0.0113	0.0208
广西	0.0068	0.0106	0.0187	0.0155	0.0240	0.0424
云南	0.0015	0.0024	0.0044	0.0066	0.0105	0.0191
甘肃	0.0012	0.0020	0.0037	0.0048	0.0076	0.0138
新疆	0.0014	0.0023	0.0044	0.0021	0.0033	0.0063
全国其他地区	-0.0011	-0.0017	-0.0030	-0.0022	-0.0036	-0.0065

表 8　边疆地区及全国其他地区实际地区生产总值短期变化情况

单位：%

边疆省(区)	情景Ⅰ	情景Ⅱ	情景Ⅲ
内蒙古	-0.152	0.415	2.359
辽宁	3.325	5.100	8.917
吉林	3.179	4.911	8.736
黑龙江	2.549	3.888	6.716
广西	2.637	4.012	6.886
云南	1.894	2.867	4.862
甘肃	1.827	2.766	4.693
新疆	1.941	2.965	5.112
全国其他地区	-0.059	-0.117	-0.277

边疆地区经济发展也将带动全国经济增长，当边疆地区全要素生产率提升 2%时，全国实际 GDP 增幅为 0.310%；当边疆地区全要素生产率提升 3%时，全国实际 GDP 增幅为 0.464%；当边疆地区全要素生产率提升 5%时，全国实际 GDP 增幅为 0.777%。边疆地区全要素生产率的提升既能促进

社会生产，也能平抑物价、刺激消费、提升社会福利水平。当边疆地区全要素生产率提升2%时，社会福利增加为12.657亿元；当边疆地区全要素生产率提升3%时，社会福利增加为21.631亿元；当边疆地区全要素生产率提升5%时，社会福利增加为44.155亿元。

2. 边疆地区全要素生产率提升对产业发展的影响

边疆地区全要素生产率提升对各行业产出的短期影响如表9所示。总体来看，边疆地区全要素生产率的提升对各行业的产出有一定的促进作用，并且这种刺激效果与全要素生产率的提升幅度呈正相关。但全要素生产率的提升对边疆各省（区）产出的刺激效果具有一定的行业差异。内蒙古全要素生产率提升对批发零售业产生的负面影响较大，更多的劳动力流向制造业、矿产业、建筑业和运输及仓储业，使这些部门产出增幅较高。当辽宁、吉林和黑龙江全要素生产率提升时，对各行业产出产生不同程度的促进作用。此外，全要素生产率的提升对辽宁和吉林各行业产出的促进效果强于黑龙江。

表9　边疆地区及全国其他地区各行业产出短期变化情况

单位：%

项目		情景Ⅰ	情景Ⅱ	情景Ⅲ
内蒙古	农林牧副渔业	1.774	2.908	5.592
	制造业	1.774	2.846	5.299
	矿产业	1.355	2.114	3.779
	水电生产及供应	1.099	2.027	4.374
	建筑业	2.150	3.358	5.988
	运输及仓储业	2.601	4.418	9.022
	批发零售业	-19.807	-23.611	-25.261
	住宿及餐饮业	0.935	1.724	3.713
	租赁及商业服务	0.374	1.294	3.958
	科学研究	2.470	3.947	7.263
	其他服务业	0.820	1.806	4.454

续表

项目		情景Ⅰ	情景Ⅱ	情景Ⅲ
辽宁	农林牧副渔业	3.367	5.142	8.896
	制造业	3.574	5.473	9.541
	矿产业	4.133	6.344	11.118
	水电生产及供应	3.838	5.878	10.249
	建筑业	2.742	4.185	7.218
	运输及仓储业	3.831	5.873	10.258
	批发零售业	3.722	5.697	9.920
	住宿及餐饮业	3.320	5.068	8.772
	租赁及商业服务	3.973	6.103	10.705
	科学研究	3.783	5.794	10.096
	其他服务业	3.353	5.119	8.861
吉林	农林牧副渔业	3.495	5.364	9.400
	制造业	3.284	5.043	8.857
	矿产业	3.138	4.823	8.494
	水电生产及供应	3.857	5.963	10.631
	建筑业	3.038	4.691	8.306
	运输及仓储业	3.658	5.633	9.953
	批发零售业	4.229	6.590	11.995
	住宿及餐饮业	3.652	5.657	10.144
	租赁及商业服务	4.245	6.607	11.975
	科学研究	2.831	4.329	7.520
	其他服务业	3.329	5.124	9.040
黑龙江	农林牧副渔业	2.787	4.248	7.323
	制造业	2.506	3.810	6.537
	矿产业	2.178	3.311	5.696
	水电生产及供应	2.885	4.388	7.541
	建筑业	2.592	3.950	6.790
	运输及仓储业	3.038	4.632	7.994
	批发零售业	3.568	5.472	9.573
	住宿及餐饮业	2.332	3.540	6.056
	租赁及商业服务	3.182	4.859	8.413
	科学研究	2.692	4.084	6.969
	其他服务业	2.698	4.095	6.996

续表

项目		情景Ⅰ	情景Ⅱ	情景Ⅲ
广西	农林牧副渔业	2.582	3.919	6.685
	制造业	2.818	4.280	7.321
	矿产业	3.177	4.837	8.319
	水电生产及供应	3.143	4.774	8.168
	建筑业	2.264	3.439	5.863
	运输及仓储业	2.905	4.417	7.573
	批发零售业	2.948	4.487	7.705
	住宿及餐饮业	2.711	4.110	7.006
	租赁及商业服务	3.455	5.273	9.113
	科学研究	2.783	4.226	7.215
	其他服务业	2.776	4.206	7.159
云南	农林牧副渔业	2.670	4.050	6.897
	制造业	1.985	2.995	5.053
	矿产业	2.228	3.364	5.687
	水电生产及供应	2.275	3.437	5.815
	建筑业	2.055	3.114	5.280
	运输及仓储业	2.194	3.321	5.630
	批发零售业	2.335	3.532	5.981
	住宿及餐饮业	2.020	3.048	5.139
	租赁及商业服务	1.809	2.760	4.733
	科学研究	2.379	3.596	6.083
	其他服务业	2.296	3.467	5.856
甘肃	农林牧副渔业	2.329	3.537	6.024
	制造业	1.919	2.898	4.891
	矿产业	2.301	3.478	5.885
	水电生产及供应	2.067	3.120	5.270
	建筑业	1.971	2.988	5.064
	运输及仓储业	2.289	3.463	5.871
	批发零售业	2.191	3.311	5.600
	住宿及餐饮业	1.956	2.951	4.975
	租赁及商业服务	2.520	3.820	6.494
	科学研究	2.176	3.300	5.608
	其他服务业	2.166	3.271	5.521

续表

项目		情景Ⅰ	情景Ⅱ	情景Ⅲ
新疆	农林牧副渔业	2.345	3.569	6.108
	制造业	2.274	3.476	5.991
	矿产业	1.655	2.514	4.302
	水电生产及供应	2.385	3.647	6.308
	建筑业	1.761	2.684	4.595
	运输及仓储业	2.348	3.588	6.182
	批发零售业	2.655	4.045	6.931
	住宿及餐饮业	2.344	3.552	6.036
	租赁及商业服务	2.439	3.705	6.312
	科学研究	2.202	3.345	5.697
	其他服务业	2.283	3.455	5.856
全国其他地区	农林牧副渔业	-0.051	-0.087	-0.177
	制造业	-0.109	-0.200	-0.438
	矿产业	-0.042	-0.097	-0.260
	水电生产及供应	-0.063	-0.128	-0.309
	建筑业	-0.012	-0.017	-0.034
	运输及仓储业	-0.127	-0.228	-0.486
	批发零售业	-0.155	-0.270	-0.555
	住宿及餐饮业	-0.118	-0.211	-0.450
	租赁及商业服务	-0.143	-0.241	-0.482
	科学研究	-0.065	-0.110	-0.221
	其他服务业	-0.090	-0.150	-0.297

一方面，全要素生产率的提升使边疆地区投资回报率提升，生产成本下降，将为边疆地区吸引更多投资，促进各产业的发展；另一方面，边疆地区全要素生产率的提升使居民预期收入增长，将吸引更多劳动力流向边疆地区，促进边疆地区各行业产出增长的同时，使全国其他地区各行业产出出现小幅下降。

（二）边疆地区全要素生产率提升长期影响分析

情景设置方案：

情景Ⅳ：资本和劳动要素市场均实现均衡，边疆地区全要素生产率提升2%。

1. 边疆地区全要素生产率提升对经济发展的长期影响

边疆地区全要素生产率提升对经济发展的长期影响如表10所示。全要素生产率的提升使资本价格下降，资本的盈利能力提升，将吸引更多资本流向边疆地区，也会激发投资者信心，刺激投资者向边疆地区投资，促进投资总量的增长。全要素生产率的提升使边疆地区对资本、劳动等要素的利用效率提升，产出效率提升，生产成本降低，在一定程度上刺激了边疆地区对外贸易的发展。边疆地区对原材料和初级产品的需求有所增长，2024~2030年边疆各省（区）进口额整体呈增长趋势。边疆地区产出效率提升，产出成本降低，出口额增加，出口额增幅超过进口额增幅，贸易条件得到持续改善。边疆地区全要素生产率提升，带动经济增长，居民的预期收入逐渐增长，刺激农村和城镇居民消费支出持续增长。

表10 2024~2030年边疆各省（区）主要宏观经济指标变化情况

单位：%

分省（区）总投资变化情况								
年份	内蒙古	辽宁	吉林	黑龙江	广西	云南	甘肃	新疆
2024	-0.006	0.019	-0.001	-0.005	0.003	0.000	-0.002	-0.003
2025	1.882	1.913	1.889	1.886	1.896	1.895	1.892	1.891
2026	3.805	3.842	3.815	3.813	3.825	3.825	3.821	3.821
2027	5.766	5.809	5.778	5.777	5.790	5.793	5.788	5.787
2028	7.764	7.813	7.778	7.779	7.794	7.798	7.792	7.792
2029	9.800	9.855	9.817	9.818	9.835	9.841	9.834	9.834
2030	11.875	11.936	11.895	11.897	11.916	11.923	11.915	11.915
分省（区）进口额变化情况								
年份	内蒙古	辽宁	吉林	黑龙江	广西	云南	甘肃	新疆
2024	-1.220	-0.469	-0.619	-1.258	-0.949	-1.308	-1.216	-1.360
2025	0.668	1.438	1.278	0.638	0.950	0.600	0.691	0.549
2026	2.592	3.382	3.211	2.569	2.885	2.544	2.634	2.493
2027	4.551	5.363	5.180	4.536	4.857	4.524	4.614	4.474

续表

分省(区)进口额变化情况								
年份	内蒙古	辽宁	吉林	黑龙江	广西	云南	甘肃	新疆
2028	6.547	7.382	7.187	6.540	6.868	6.541	6.631	6.491
2029	8.580	9.439	9.233	8.583	8.916	8.596	8.686	8.545
2030	10.652	11.535	11.317	10.663	11.004	10.690	10.779	10.638

分省(区)出口额变化情况								
年份	内蒙古	辽宁	吉林	黑龙江	广西	云南	甘肃	新疆
2024	6.524	7.554	8.893	7.953	7.783	7.811	7.525	8.225
2025	8.744	9.708	11.146	10.099	9.910	9.861	9.586	10.299
2026	11.005	11.898	13.437	12.283	12.073	11.951	11.684	12.414
2027	13.308	14.126	15.767	14.506	14.273	14.079	13.821	14.568
2028	15.655	16.392	18.136	16.769	16.511	16.247	15.998	16.764
2029	18.046	18.697	20.546	19.073	18.787	18.455	18.215	19.002
2030	20.482	21.041	22.997	21.418	21.104	20.706	20.473	21.282

分省(区)农村居民消费支出变化情况								
年份	内蒙古	辽宁	吉林	黑龙江	广西	云南	甘肃	新疆
2024	0.004	0.010	0.006	0.001	0.006	0.002	0.001	0.002
2025	1.904	1.910	1.906	1.901	1.906	1.902	1.901	1.901
2026	3.840	3.846	3.842	3.837	3.842	3.838	3.837	3.837
2027	5.813	5.819	5.815	5.810	5.815	5.811	5.810	5.810
2028	7.824	7.830	7.825	7.820	7.826	7.821	7.821	7.821
2029	9.873	9.879	9.874	9.869	9.874	9.869	9.869	9.869
2030	11.960	11.966	11.962	11.956	11.962	11.957	11.957	11.956

分省(区)城镇居民消费支出变化情况								
年份	内蒙古	辽宁	吉林	黑龙江	广西	云南	甘肃	新疆
2024	0.012	0.030	0.013	0.005	0.014	0.007	0.005	0.002
2025	1.912	1.931	1.913	1.905	1.914	1.907	1.905	1.902
2026	3.849	3.867	3.849	3.841	3.850	3.843	3.841	3.838
2027	5.822	5.841	5.822	5.814	5.823	5.816	5.814	5.811
2028	7.833	7.852	7.833	7.824	7.833	7.826	7.824	7.821
2029	9.882	9.901	9.882	9.873	9.882	9.874	9.873	9.870
2030	11.970	11.989	11.969	11.960	11.970	11.962	11.960	11.957

投资、对外贸易和居民消费支出的增长带动边疆地区实际地区生产总值的增长，具体如表 11 所示。

表 11 2024~2030 年边疆各省（区）实际地区生产总值变化情况

单位：%

年份	内蒙古	辽宁	吉林	黑龙江	广西	云南	甘肃	新疆
2024	2. 123	2. 433	2. 228	2. 068	2. 193	1. 832	1. 769	1. 978
2025	4. 130	4. 428	4. 231	4. 049	4. 172	3. 790	3. 730	3. 943
2026	6. 174	6. 460	6. 271	6. 068	6. 188	5. 784	5. 727	5. 946
2027	8. 257	8. 529	8. 347	8. 124	8. 241	7. 816	7. 762	7. 987
2028	10. 379	10. 636	10. 462	10. 218	10. 331	9. 886	9. 835	10. 065
2029	12. 541	12. 782	12. 616	12. 351	12. 461	11. 995	11. 947	12. 183
2030	14. 743	14. 967	14. 809	14. 523	14. 629	14. 144	14. 098	14. 340

边疆地区全要素生产率的提升对全国经济发展的影响如表 12 所示。边疆地区全要素生产率的提升在刺激边疆地区经济增长的同时带动全国经济发展。当边疆地区全要素生产率提升 2%时，全国实际 GDP 的增幅从 2024 年的 0. 3143%提升至 2030 年的 12. 4497%。2030 年社会福利增加值为 219554. 4149 亿元。

表 12 2024~2030 年全国实际 GDP 和社会福利变化情况

单位：%，亿元

年份	实际 GDP	社会福利增加值
2024	0. 3143	13. 6712
2025	2. 2439	34903. 7511
2026	4. 2097	70456. 8139
2027	6. 2125	106685. 4549
2028	8. 2529	143602. 5084
2029	10. 3317	181221. 0528
2030	12. 4497	219554. 4149

2. 边疆地区全要素生产率提升对产业发展的长期影响

全要素生产率的提升对边疆各省（区）各行业产出具有一定的刺激作用，具体如表 13 所示。一方面，全要素生产率的提升可以提高经济效率，提高资源配置效率和利用效率；另一方面，全要素生产率的提高可以推动技术进步和创新，推动新技术、新服务和新产品的出现，从而提升生产率。边疆地区通过提升全要素生产率，促进新质生产力的形成，推动产业发展。

表 13　2024~2030 年边疆各省（区）各行业产出变化情况

单位：%

项目		2024 年	2025 年	2026 年	2027 年	2028 年	2029 年	2030 年
内蒙古	农林牧副渔业	2.263	4.271	6.316	8.399	10.521	12.682	14.883
	制造业	2.037	4.041	6.082	8.161	10.278	12.434	14.630
	矿产业	1.622	3.589	5.593	7.635	9.717	11.838	14.000
	水电生产及供应	2.117	4.118	6.156	8.233	10.348	12.502	14.697
	建筑业	2.301	4.288	6.311	8.372	10.471	12.609	14.788
	运输及仓储业	2.973	5.009	7.082	9.192	11.341	13.529	15.757
	批发零售业	3.133	5.319	7.548	9.821	12.139	14.502	16.912
	住宿及餐饮业	1.916	3.895	5.911	7.966	10.059	12.191	14.363
	租赁及商业服务	2.378	4.405	6.469	8.572	10.713	12.894	15.115
	科学研究	2.952	4.927	6.938	8.988	11.076	13.203	15.370
	其他服务业	2.670	4.653	6.674	8.733	10.831	12.968	15.146
辽　宁	农林牧副渔业	2.805	4.782	6.796	8.847	10.936	13.065	15.233
	制造业	2.570	4.571	6.609	8.684	10.796	12.948	15.139
	矿产业	2.799	4.821	6.880	8.974	11.107	13.278	15.488
	水电生产及供应	2.682	4.695	6.745	8.831	10.954	13.117	15.318
	建筑业	2.173	4.158	6.180	8.239	10.336	12.472	14.647
	运输及仓储业	2.756	4.760	6.801	8.880	10.996	13.151	15.345
	批发零售业	2.718	4.718	6.755	8.830	10.942	13.093	15.284
	住宿及餐饮业	2.556	4.542	6.564	8.624	10.721	12.858	15.034
	租赁及商业服务	2.650	4.676	6.738	8.836	10.971	13.145	15.357
	科学研究	2.737	4.739	6.777	8.852	10.966	13.118	15.310
	其他服务业	2.625	4.607	6.626	8.682	10.776	12.910	15.082

续表

项目		2024 年	2025 年	2026 年	2027 年	2028 年	2029 年	2030 年
吉 林	农林牧副渔业	2. 687	4. 682	6. 713	8. 783	10. 890	13. 037	15. 224
	制造业	2. 297	4. 304	6. 347	8. 428	10. 546	12. 704	14. 901
	矿产业	2. 157	4. 167	6. 213	8. 296	10. 417	12. 576	14. 775
	水电生产及供应	2. 601	4. 627	6. 689	8. 788	10. 926	13. 102	15. 318
	建筑业	2. 253	4. 256	6. 296	8. 374	10. 490	12. 644	14. 839
	运输及仓储业	2. 408	4. 431	6. 490	8. 586	10. 721	12. 893	15. 106
	批发零售业	2. 496	4. 531	6. 603	8. 712	10. 859	13. 046	15. 272
	住宿及餐饮业	2. 303	4. 331	6. 395	8. 497	10. 636	12. 815	15. 033
	租赁及商业服务	2. 631	4. 668	6. 741	8. 852	11. 000	13. 187	15. 413
	科学研究	2. 280	4. 257	6. 271	8. 322	10. 411	12. 539	14. 707
	其他服务业	2. 539	4. 526	6. 549	8. 610	10. 709	12. 847	15. 025
黑龙江	农林牧副渔业	2. 400	4. 378	6. 393	8. 446	10. 537	12. 667	14. 837
	制造业	2. 087	4. 067	6. 084	8. 139	10. 231	12. 363	14. 535
	矿产业	1. 824	3. 798	5. 809	7. 857	9. 944	12. 070	14. 235
	水电生产及供应	2. 412	4. 397	6. 419	8. 478	10. 576	12. 714	14. 891
	建筑业	2. 169	4. 155	6. 177	8. 237	10. 335	12. 472	14. 649
	运输及仓储业	2. 398	4. 392	6. 423	8. 491	10. 597	12. 742	14. 927
	批发零售业	2. 375	4. 407	6. 475	8. 580	10. 722	12. 903	15. 123
	住宿及餐饮业	1. 955	3. 952	5. 986	8. 058	10. 167	12. 315	14. 502
	租赁及商业服务	2. 414	4. 420	6. 462	8. 541	10. 659	12. 815	15. 011
	科学研究	2. 339	4. 308	6. 314	8. 358	10. 439	12. 560	14. 720
	其他服务业	2. 323	4. 294	6. 301	8. 346	10. 428	12. 550	14. 712
广 西	农林牧副渔业	2. 383	4. 344	6. 341	8. 376	10. 449	12. 561	14. 713
	制造业	2. 346	4. 328	6. 345	8. 400	10. 493	12. 625	14. 796
	矿产业	2. 425	4. 434	6. 479	8. 560	10. 678	12. 834	15. 029
	水电生产及供应	2. 468	4. 465	6. 498	8. 567	10. 675	12. 821	15. 006
	建筑业	2. 018	3. 994	6. 007	8. 057	10. 145	12. 272	14. 438
	运输及仓储业	2. 425	4. 406	6. 423	8. 477	10. 569	12. 700	14. 870
	批发零售业	2. 424	4. 411	6. 435	8. 495	10. 594	12. 731	14. 908
	住宿及餐饮业	2. 336	4. 308	6. 316	8. 361	10. 444	12. 566	14. 727
	租赁及商业服务	2. 301	4. 352	6. 437	8. 556	10. 710	12. 902	15. 130
	科学研究	2. 476	4. 444	6. 448	8. 489	10. 569	12. 688	14. 846
	其他服务业	2. 439	4. 405	6. 408	8. 448	10. 525	12. 642	14. 798

续表

项目		2024 年	2025 年	2026 年	2027 年	2028 年	2029 年	2030 年
云　南	农林牧副渔业	2. 621	4. 573	6. 563	8. 590	10. 655	12. 760	14. 904
	制造业	1. 914	3. 875	5. 872	7. 908	9. 981	12. 093	14. 245
	矿产业	2. 097	4. 064	6. 068	8. 109	10. 189	12. 307	14. 465
	水电生产及供应	2. 097	4. 070	6. 080	8. 127	10. 212	12. 335	14. 498
	建筑业	2. 036	4. 001	6. 003	8. 042	10. 119	12. 235	14. 391
	运输及仓储业	2. 059	4. 032	6. 041	8. 088	10. 172	12. 295	14. 457
	批发零售业	2. 180	4. 153	6. 162	8. 208	10. 293	12. 416	14. 579
	住宿及餐饮业	1. 969	3. 918	5. 904	7. 928	9. 989	12. 090	14. 230
	租赁及商业服务	1. 870	3. 837	5. 840	7. 880	9. 959	12. 076	14. 233
	科学研究	2. 257	4. 218	6. 215	8. 249	10. 322	12. 434	14. 585
	其他服务业	2. 233	4. 182	6. 168	8. 192	10. 254	12. 355	14. 495
甘　肃	农林牧副渔业	2. 345	4. 299	6. 289	8. 317	10. 384	12. 489	14. 634
	制造业	1. 858	3. 820	5. 819	7. 855	9. 929	12. 042	14. 195
	矿产业	2. 164	4. 136	6. 146	8. 193	10. 278	12. 401	14. 565
	水电生产及供应	1. 935	3. 918	5. 938	7. 994	10. 088	12. 220	14. 391
	建筑业	1. 983	3. 945	5. 943	7. 979	10. 053	12. 166	14. 318
	运输及仓储业	2. 156	4. 125	6. 131	8. 175	10. 256	12. 377	14. 537
	批发零售业	2. 065	4. 034	6. 040	8. 083	10. 164	12. 284	14. 444
	住宿及餐饮业	1. 892	3. 855	5. 854	7. 891	9. 966	12. 080	14. 234
	租赁及商业服务	2. 291	4. 274	6. 293	8. 350	10. 445	12. 578	14. 751
	科学研究	2. 142	4. 099	6. 093	8. 124	10. 194	12. 302	14. 450
	其他服务业	2. 125	4. 075	6. 062	8. 086	10. 148	12. 250	14. 391
新　疆	农林牧副渔业	2. 320	4. 281	6. 280	8. 315	10. 389	12. 502	14. 655
	制造业	2. 304	4. 285	6. 303	8. 359	10. 454	12. 588	14. 761
	矿产业	1. 763	3. 732	5. 738	7. 783	9. 865	11. 988	14. 150
	水电生产及供应	2. 370	4. 357	6. 382	8. 443	10. 544	12. 683	14. 862
	建筑业	1. 865	3. 825	5. 822	7. 856	9. 929	12. 040	14. 191
	运输及仓储业	2. 321	4. 295	6. 306	8. 355	10. 442	12. 567	14. 733
	批发零售业	2. 502	4. 475	6. 484	8. 531	10. 616	12. 740	14. 904
	住宿及餐饮业	2. 320	4. 276	6. 268	8. 299	10. 367	12. 475	14. 622
	租赁及商业服务	2. 409	4. 371	6. 370	8. 406	10. 480	12. 593	14. 746
	科学研究	2. 270	4. 221	6. 208	8. 234	10. 297	12. 400	14. 542
	其他服务业	2. 253	4. 201	6. 187	8. 210	10. 271	12. 372	14. 512

六　主要结论和政策建议

（一）主要结论

全要素生产率的提升对边疆地区经济的增长具有一定的促进作用，并且这种促进作用具有持续性。边疆地区各省（区）全要素生产率的提升将通过增加投资、刺激消费、促进对外贸易发展实现促进经济增长的目的。

边疆地区全要素生产率的提升对边疆各省（区）的对外贸易具有一定的促进效果，并且对出口额的刺激效果强于进口额，能够起到一定的改善边疆地区贸易条件的作用。

边疆地区全要素生产率的提升能够提高各行业产出，提升产出效率、降低生产成本、提高居民的收入预期、刺激居民消费，最终起到增进社会福利的作用。

（二）政策建议

转变思维方式，强化开放意识。边疆地区需要转变传统的资源依赖型的发展模式，树立创新驱动、绿色发展的新理念。打破思维定式，将科技创新摆在发展的核心位置，培育新发展理念。边疆地区作为我国对外开放的前沿，也是区域开放布局的重要组成，增强开放意识，提高口岸通关能力和便利化程度，提升对内对外的开放合作水平，以便形成更高水平的边疆开放型经济形态。边疆地区制度型开放：整合升级传统区域贸易、投资协定的条款内容，根据边疆地区贸易发展现实在竞争中性、知识产权、国企改革等领域提出边疆特色主张，深度参与双边、多边贸易协议规则谈判，广泛开展政策试点试行工作；寻求跨境资本投资合作新方式和新机制，逐步扩大外商投资市场范围，完善边疆地区适用负面清单制度。边境城市的溢出效应：规模越大的城市，越容易获得更多的经济资源，形成更大的对外开放优势和更强的溢出及辐射效应；通过增设边境地级市并实行优惠政策，加速边境城镇的开发与开放，促进边境贸易。深度融入“一带一路”建设：充分利用综合保税区和自贸试验区的叠加政策优势，通过丝绸之路国际博览会、中国-东盟博览会和其他重要展会，扩大特色农业、边贸加工等优势产业、技术和服务出口规模；推动境外营销服务体系建设，支持边疆地区企业在“一带一路”沿线新兴市场建立海外仓和展销中心。

促进边疆地区同其他地区的深度融合，推动区域经济联动式发展。边疆地区的区位优势体现在跨境运输更加便利上，加速“通道经济”“边缘地带”向“产业经济”“中心地区”转变，优化营商环境，建立起合理高效的内外联动体系。强化对内经济联动：以西部大开发、兴边富民行动、新时代东北全面振兴等为突破口，采取项目制、园区制等方式与粤港澳、江浙沪、京津冀等经济发达地区开展经济合作，创新区域间产业转移和产业集聚模式。深化对外经济联动：以加入 RCEP 为基础，以国际高标准经济准则为原则，着重在电子商务、海关程序与贸易便利化、知识产权等领域提升自由贸易区的覆盖率和利用率；在已建立的区域合作机制的基础上，开辟新的合作领域，如数字贸易、金融监管与开放风险防范等。加强国内市场同周边市场的互动：加速推进国际大通道边疆段建设，促进国际通关、换装、多式联运有机衔接，增强“一带一路”建设下六大经济走廊的联通能力，打造霍尔果斯、满洲里等国际物流枢纽中心。①

推进边疆地区创新能力提升。第一，构建有效的产学研合作机制，促进科研成果转化和产业化。边疆地区要想以新质生产力带动经济社会发展，需要摆脱传统的发展路径，建立起以科技创新为主导的发展机制。这需要将边疆地区具有的科教优势转化为产业优势，如东北地区具有很多底蕴深厚的高水平院校和科研院所，是形成新的生产方式、新的科学技术和新的产业形态的关键资源，可帮助东北地区向新质生产力转化，实现东北地区经济转型。②

---

① 李光辉、王若琳：《边疆经济高质量发展重点、现实约束与突破路径》，《经济纵横》2024年第2期。

② 张占斌：《发展新质生产力的逻辑与推动东北全面振兴的路径》，《社会科学辑刊》2024年第3期。

政府搭建平台，优化创新环境，为企业和科研机构提供对接服务，同时完善知识产权保护制度，确保创新成果的合法权益得到保障。新质生产力的发展依赖于具有高度创新性和知识密集特性的战略性新兴产业和未来产业，这些产业高度依赖科技人才资源，并对科技人才的知识结构有较高要求，因此，要在巩固原有人才优势的基础上，着重培养以人工智能、物联网、互联网等为代表的新科技人才、数字技术人才和以芯片等为代表的“卡脖子”关键技术人才。① 设立边疆科技创新和人才专项财政预算，通过实施税收优惠、住房补贴等政策吸引创新型人才。要为边疆地区发展留住人才，助力以企业为主导的“产学研用”运行机制的畅通和良性循环。② 同时，重视对本土人才的培养和运用，确保人才政策的公平性和可持续性。

完善政策体系，对边疆地区发展提供有力保障。国内外形势的重大变化使边疆地区政府职能边界和职能实现方式发生了较大的变化，也对边疆地区政策设计提出了新要求。③ 以充分认识边疆地区现代化治理的复杂性和不确定性为前提，总结一般规律进行总体设计，明确不同边疆省（区）的功能定位，根据各地的经济基础和特色优势，形成优势互补、动态协调的边疆经济发展总体格局。针对边境市县、开发开放平台、边境口岸进行专项设计，以点带面推进边疆地区集聚发展，细化边疆政策运行的空间单元。加大对边疆地区专项政策的支持力度，形成边疆地区差异化建设思路，增强政策制定的弹性。地方政府应当明确自身定位，发挥政策在优化营商环境、监督市场运行方面的作用，充分考虑我国边疆地区的不同特点和地缘优势，加快推进与完善跨境产业布局和特殊优惠政策，选取重点区域设立相应的跨境经济合作平台，打造更多示范性项目。注重边疆地区发展与国家战略的协调，根据国家总体战略布局、重大区域发展战略等，充

① 齐文浩、赵晨、苏治：《基于四“新”维度的新质生产力发展路径研究》，《兰州大学学报》（社会科学版）2024 年第 2 期。

② 刘瑞、郑霖豪、陈哲昂：《新质生产力保障国家经济安全的内在逻辑和战略构想》，《上海经济研究》2024 年第 1 期。

③ 吴刚、李俊清：《推动边疆地区高质量发展视阈下的政府职能研究》，《广西大学学报》（哲学社会科学版）2023 年第 6 期。

分发挥边疆地区作为对外开放“窗口”的优势，突出地方特色，合理规划边疆空间布局。[①] 政府应开展全方位、多领域的市场调研，及时准确识别和判断市场趋势，提高边疆地区政策扶持的精准度。强化结果运用和动态调整，完善政策评估体系，及时处理滞后政策、淘汰错配政策、整合重复政策，公布优化调整后的新政策，妥善处理不同政策和部门之间的关系。

① 何修良：《新时代边疆治理的时空转换与边疆治理现代化的推进》，《云南社会科学》2024年第2期。

B.13 边疆地区新质生产力发展现状与培育路径

王磊　刘洋*

摘　要： 新质生产力作为生产力发展的质态跃迁，是边疆地区构建现代化产业体系、推动实现高质量发展的重要动力。本报告基于边疆地区新质生产力内涵，从新质生产要素、新质生产方式及新质产业三方面构建新质生产力发展水平指标体系，并进行测算分析。研究发现，边疆地区新质生产力发展整体实现跨越式增长，其中北部边疆地区发展水平最高。具体来看，吉林新质生产力在增长水平和增长速度方面均是边疆8省（区）之首，广西增长速度较为缓慢。从新质生产力不同维度来看，北部边疆地区新质生产要素年均综合评分最高，云南新质生产方式年均综合评分最高，甘肃新质产业年均综合评分最高。进一步研究发现，边疆发展政策、新型基础设施及资源禀赋优势为边疆地区新质生产力发展提供有力支撑，优质生产要素集聚困难、科技创新水平相对滞后及产业体系现代化水平相对较低阻碍边疆新质生产力发展。本报告认为要从打造边疆地区生产要素集聚高地、提升科技创新水平及加快推进未来产业前瞻布局三方面提升边疆地区新质生产力发展水平。

关键词： 边疆地区　新质生产力　新质生产要素

* 王磊，石河子大学经济与管理学院副院长、教授，主要研究方向为产业转型与区域经济可持续发展、国际金融与国际贸易；刘洋，石河子大学经济与管理学院。

新质生产力是相对于传统生产力的概念，是社会生产力“量变到质变”的结果，是科技创新和经济发展共同推动的结果，不仅是实现经济高质量发展的必然选择，也是提升国际竞争力、实现可持续发展的重要途径。随着中国特色社会主义进入新时代，东北全面振兴和西部持续发展已成为新发展格局中不可小觑的力量。新质生产力的提出不仅对边疆地区经济发展具有重要的指导意义，而且对中国经济实现高质量发展和以中国式现代化全面推进中华民族伟大复兴具有重要战略意义。

2023 年 7 月以来，习近平总书记创造性地提出新质生产力概念。中央经济工作会议指出，“要以科技创新推动产业创新，特别是以颠覆性技术和前沿技术催生新产业、新模式、新动能，发展新质生产力”。[①] “新质生产力由技术革命性突破、生产要素创新性配置、产业深度转型而来，以劳动者、劳动资料和劳动对象及其优化组合的跃升为基本内涵，各种要素均具备了不同于传统经济的新样貌、新特点。”[②] 同时，国务院常务会议强调要加快重点行业智能升级，大力发展智能产品，高水平赋能工业制造体系，加快形成新质生产力。[③]《工业和信息化部等七部门关于推动未来产业创新发展的实施意见》中也提到，要积极培育未来产业，加快形成新质生产力，为强国建设提供有力支撑。[④]

新质生产力一经提出就受到了学术界的广泛关注，现有的研究多集中于理论层面，主要从新质生产力理论内涵、特征、形成逻辑，以及形成的实践和实现路径等方面展开。就新质生产力的内涵而言，李政、廖晓东和周文、叶蕾认为新质生产力是以科技创新为主导、实现关键性颠覆性技术突破而产

---

① 《扎实做好 2024 年经济工作　中央经济工作会议部署九项重点任务》，中国共产党新闻网，2023 年 12 月 14 日，http：//cpc. people. com. cn/n1/2023/1214/c164113-40138978. html。

② 《习近平在中共中央政治局第十一次集体学习时强调：加快发展新质生产力　扎实推进高质量发展》，人民网，2024 年 2 月 1 日，http：//hntb. mofcom. gov. cn/article/shangwxw/202402/20240203470855. shtml。

③ 《李强主持召开国务院常务会议》，人民政协网，2024 年 1 月 22 日，https：//www. rmzxb. com. cn/c/2024-01-22/3480983. shtml。

④ 《工业和信息化部等七部门关于推动未来产业创新发展的实施意见》，云南省人民政府网站，2024 年 1 月 29 日，https：//www. yn. gov. cn/ztgg/lqhm/lqzc/gbhqwj/202402/t20240201_ 294974. html。

生的生产力，是在对传统生产力继承的基础上，实现关键性技术和颠覆性技术创新的过程。[①] 同时，新质生产力主要包含“高素质”的劳动者、“新介质”的劳动资料和“新料质”的劳动对象，是生产力的高级形态。[②] 此外，新质生产力是“新”与“质”的结合，“新”主要体现在新的生产要素和新的要素结合方式上，“质”表现为创新驱动、绿色低碳、开放融合的现代化产业体系。[③] 同时，也有学者指出，新质生产力是一个包含政治概念、学术概念与产业概念的复合概念，是全球政治意识形态变化和大变局加速演进下国家竞争力的核心标志。[④] 从新质生产力的特征来看，新质生产力以科技创新为基本要素，加速了信息技术创新成果向生产力的转化，表现出高科技、高效率、高质量的基本特征；[⑤] 同时，在数字经济时代，互联网、大数据等新一代信息技术的发展，优化了劳动力、劳动资料和劳动对象的组合形式，促进了生产方式、生产管理的优化升级，因此，新质生产力还表现出数字化、智能化、网络化等时代特征。[⑥] 从新质生产力的形成逻辑来看，一部分学者基于马克思主义生产力理论的视角，认为当前我国进入新发展阶段，新的发展模式需要新的理论体系支撑，新质生产力概念的提出，既是对马克思主义生产力理论的继承和创新，也是对我党解放和发展生产力经验的总

---

① 李政、廖晓东：《新质生产力理论的生成逻辑、原创价值与实践路径》，《江海学刊》2023年第6期；周文、叶蕾：《新质生产力与数字经济》，《浙江工商大学学报》2024年第2期。

② 蒲清平、向往：《新质生产力的内涵特征、内在逻辑和实现途径——推进中国式现代化的新动能》，《新疆师范大学学报》（哲学社会科学版）2024年第1期。

③ 张辉、唐琦：《新质生产力形成的条件、方向及着力点》，《学习与探索》2024年第1期；蒋永穆、乔张媛：《新质生产力：逻辑、内涵及路径》，《社会科学研究》2024年第1期；黄群慧、盛方富：《新质生产力系统：要素特质、结构承载与功能取向》，《改革》2024年第2期。

④ 潘建屯、陶泓伶：《理解新质生产力内涵特征的三重维度》，《西安交通大学学报》（社会科学版）2024年第4期；曾宪聚、曾凯：《新质生产力：复合概念、发展基础与系统创新路径》，《深圳大学学报》（人文社会科学版）2024年第2期。

⑤ 姜长云：《新质生产力的内涵要义、发展要求和发展重点》，《西部论坛》2024年第2期；李晓华：《新质生产力的主要特征与形成机制》，《人民论坛》2023年第21期；杜传忠、疏爽、李泽浩：《新质生产力促进经济高质量发展的机制分析与实现路径》，《经济纵横》2023年第12期。

⑥ 孙绍勇：《发展新质生产力：中国式经济现代化的核心要素与实践指向》，《山东社会科学》2024年第1期；姚树洁、张小倩：《新质生产力的时代内涵、战略价值与实现路径》，《重庆大学学报》（社会科学版）2024年第1期。

结，是马克思主义生产力理论中国化和时代化的最新成果；① 另一部分学者基于经济学理论，从经济社会基础探讨新质生产力的形成逻辑，认为生产力的提高、国内外发展环境的变化、新一轮科技革命和产业变革的兴起等催生出新质生产力。② 从新质生产力的实现路径来看，可以从营造新质生产力发展的创新生态、强化制度保障、深化体制机制改革、形成与新质生产力相适应的生产关系等多个方面进行探索和推进。③ 边疆地区生态产品供给能力较强，但生态产品价值转化过程难点堵点较多，价值实现机制尚未完善。④ 新质生产力为边疆地区生态产品价值实现开辟新思路和新途径。⑤

众多学者的研究为我们理解新质生产力的内涵、形成逻辑以及实现路径提供了丰富的视角和独特的见解，但还未形成系统的理论体系，缺乏结合当前中国经济现实和未来发展战略的分析，同时缺乏针对各地区的差异化发展路径。边疆地区新质生产力立足国家战略需求和边疆地区经济社会发展需求，依托自然资源禀赋，集聚高质量生产要素，以科技创新推动生产方式智能化、绿色化变革，合理布局未来产业和战略性新兴产业。本报告基于边疆地区经济发展基本特征，探索构建边疆地区新质生产力发展水平指标体系并对其进行测度分析，这对发挥边疆地区的比较优势、推动产业协同发展、培育新时期推进边疆地区高质量发展的新动能具有积极作用。

---

① 张林、蒲清平：《新质生产力的内涵特征、理论创新与价值意蕴》，《重庆大学学报》（社会科学版）2023 年第 6 期；魏崇辉：《新质生产力的基本意涵、历史演进与实践路径》，《理论与改革》2023 年第 6 期。

② 柳学信、曹成梓、孔晓旭：《大国竞争背景下新质生产力形成的理论逻辑与实现路径》，《重庆大学学报》（社会科学版）2024 年第 1 期；周绍东、胡华杰：《新质生产力推动创新发展的政治经济学研究》，《新疆师范大学学报》（哲学社会科学版）2024 年第 5 期。

③ 杨丹辉：《科学把握新质生产力的发展趋向》，《人民论坛》2023 年第 21 期；曾立、谢鹏俊：《加快形成新质生产力的出场语境、功能定位与实践进路》，《经济纵横》2023 年第 12 期；胡洪彬：《习近平总书记关于新质生产力重要论述的理论逻辑与实践进路》，《经济学家》2023 年第 12 期。

④ 孙博文：《建立健全生态产品价值实现机制的瓶颈制约与策略选择》，《改革》2022 年第 5 期。

⑤ 李严、杨玉文：《新质生产力赋能下绿色金融支持边疆地区生态产品价值实现路径研究》，《云南民族大学学报》（哲学社会科学版）2024 年第 3 期。

一 边疆地区新质生产力发展水平测度分析

（一）边疆地区新质生产力理论内涵及评价指标体系构建

1. 边疆地区新质生产力理论内涵

边疆地区由于区位边缘性和经济边缘性，具有双重边缘性特征，其新质生产力是新发展理念下的先进生产力质态跃迁，① 利用高质量生产要素，变革生产方式，布局和培育未来产业和战略性新兴产业，从而推动边疆地区突破双重边缘性发展桎梏，实现区域经济高质量发展。具体体现在：一是凝聚高质量生产要素，加速推进边疆地区产业发展模式的转变和升级；二是构建数字化与智能化新质生产方式，深度推进现代化生产技术应用；② 三是积极布局未来产业和战略性新兴产业，塑造新质生产力发展重要载体。

2. 边疆地区新质生产力发展水平指标体系构建

学者们认为，新质劳动者、新质劳动工具与新质劳动对象是新质生产力的基本构成要素，对新质生产力的培育与发展具有重要意义。③ 本报告认为高素质的新型劳动者是新质生产力最活跃的因素。④ 因此，本报告选择边疆地区研究生文化程度就业人员占比表征地区新质劳动者质的跃迁。先进科学技术含量更高的新质劳动工具是发展新质生产力的重要动力。本报告选择边疆地区人工智能技术的应用程度表征新质劳动工具。新型劳动对象的不断拓展是发展新质生产力的物质基础，在数字化时代，数据成为新的劳动对象。

---

① 李政、崔慧永：《基于历史唯物主义视域的新质生产力：内涵、形成条件与有效路径》，《重庆大学学报》（社会科学版）2024 年第 1 期。

② 韩文龙、张瑞生、赵峰：《新质生产力水平测算与中国经济增长新动能》，《数量经济技术经济研究》2024 年第 6 期。

③ 马昀、卫兴华：《用唯物史观科学把握生产力的历史作用》，《中国社会科学》2013 年第 11 期；蒲清平、向往：《新质生产力的内涵特征、内在逻辑和实现途径——推进中国式现代化的新动能》，《新疆师范大学学报》（哲学社会科学版）2024 年第 1 期；高帆：《“新质生产力”的提出逻辑、多维内涵及时代意义》，《政治经济学评论》2023 年第 6 期。

④ 黄群慧、盛方富：《新质生产力系统：要素特质、结构承载与功能取向》，《改革》2024 年第 2 期。

故此，本报告基于边疆地区数字化发展水平，采用地区是否被列为国家大数据综合试验区及其与政策时间虚拟变量的交互项表征边疆地区数据的应用程度。

先进的生产方式是新质生产力培育与实现的重要渠道。现代化产业体系需要利用先进科学创新技术满足绿色化与智能化发展需求。因此，本报告从生产方式智能化（智能生产）、绿色化（绿色生产）及科技创新三个方面对新质生产方式进行测度。选择战略性新兴产业集中度和机器人安装密度表征边疆地区新质产业。因此，本报告从新质生产要素、新质生产方式及新质产业三方面构建边疆地区新质生产力发展水平指标体系，测度分析边疆地区新质生产力发展水平（见表1）。

表1　边疆地区新质生产力发展水平指标体系

一级指标	二级指标	三级指标	权重
新质生产要素	新质劳动者	研究生文化程度就业人员占比	0.065
	新质劳动对象	国家大数据综合试验区设立虚拟变量(*Treat*)与政策时间虚拟变量(*Time*)的交互项	0.659
	新质劳动工具	信息传输、计算机服务和软件业全社会固定资产投资与地区生产总值的比值	0.276
新质生产方式	智能生产	生产应用层智能制造水平	0.879
	绿色生产	绿色生产过程	0.089
	科技创新	万人专利申请量	0.032
新质产业	战略性新兴产业	战略性新兴产业集中度	0.506
	未来产业	机器人安装密度	0.494

注：运用stata17.0软件，通过熵权法对边疆地区新质生产力发展水平进行测度。

（二）边疆地区新质生产力发展现状

1. 边疆地区新质生产力水平总体实现跨越式发展

如图1所示，2010~2022年边疆地区新质生产力水平整体呈现跨越式增长。从增长水平来看，2010~2022 年边疆地区新质生产力水平提升幅度最大的是北部边疆地区①，其次是东北边疆地区，然后是西南边疆地区，最后是西北边疆地区。北部边疆地区在 2010~2011 年、2016~2022 年均高于边疆地区平均水平，东北边疆地区在 2010 年、2013 年、2015 年以及 2017~2022 年均高于边疆地区平均水平，西北边疆地区在 2012~2015 年高于边疆地区平均水平，西南边疆地区在 2010 年、2012 年和 2015 年高于边疆地区平均水平。② 从增长速度来看，北部边疆地区年均增速最快，为 99.87%，其次是西南边疆地区和西北边疆地区，年均增速分别为 40.31% 和 33.18%，东北边疆地区年均增速为 20.77%。2016 年是边疆地区新质生产力发展水平实现跨越式增长的转折年，也是我国开始推进国家大数据综合试验区建设，帮助地区实现“云上突围”的一年，北部边疆地区和东北边疆地区由于入选试验区，新质生产力水平较其他地区突出。

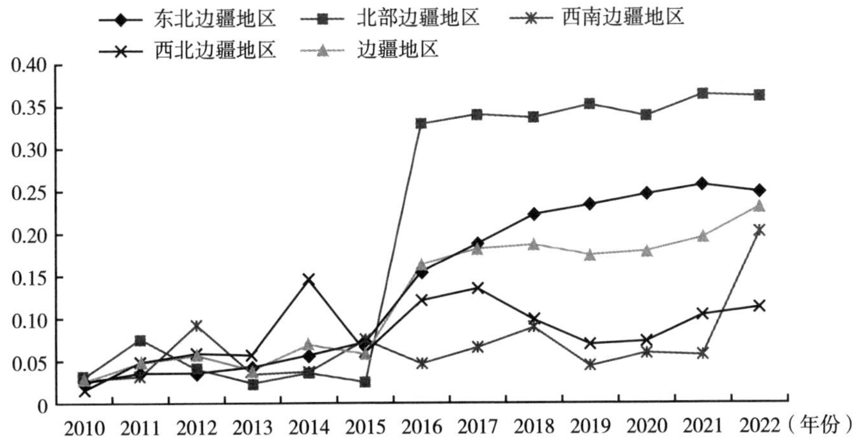

图 1　2010~2022 年边疆地区新质生产力发展水平

---

① 《区域概况》，内蒙古自治区人民政府网站，2024 年 4 月 23 日，https：//www.nmg.gov.cn/asnmg/yxnmg/qqgk/202003/t20200304_235646.html。

② 内蒙古为北部边疆地区，辽宁、黑龙江和吉林为东北边疆地区，广西和云南为西南边疆地区，甘肃和新疆为西北边疆地区。

2. 不同区域新质生产力呈现错位发展

如表 2 所示，边疆 8 省（区）[①] 新质生产力呈现错位布局。在增长量方面，2010~2022 年在边疆 8 省（区）中辽宁、内蒙古和广西增长量较多，分别为 0.445、0.332 和 0.315。增长量位于中等水平的有新疆和吉林，分别为 0.156 和 0.155。增长量相对较少的有黑龙江、甘肃和云南，分别为 0.061、0.039 和 0.034。在增长速度层面[②]，2010~2022 年新疆、内蒙古和广西增速较快，年均增长速度分别为 113.17%、99.87% 和 72.25%。辽宁、吉林和甘肃增长速度处于中游水平，年均增长速度分别为 47.64%、36.14% 和 27.24%。云南和黑龙江增长较为缓慢，年均增长速度分别为 20.53% 和 17.97%。首先，边疆地区新质生产力发展较为突出的是辽宁。辽宁地处东北地区腹地，具有老工业基地产业优势。辽宁作为科教大省、工业大省，拥有科技创新资源和产业技术优势，在加快发展新质生产力上大有可为。其次，新疆是西北地区发展新质生产力“从无到有”的主力，不论是在增长量还是在增长速度上均高于同在西北地区的甘肃。新疆立足现有的工业基础，准确把握新质生产力发展导向，积极发展传统优势产业、全力打造制造业新支柱和布局未来产业集群，完善产业发展支撑政策，深入推进新型工业化发展，帮助西北边疆地区新质生产力发展实现零的突破。最后，黑龙江、甘肃及云南新质生产力发展水平相对滞后，这使得新质生产力在东北地区全面振兴、西北地区可持续发展和西南地区精准发力方面均受到不同程度的阻碍。

表 2　2010~2022 年边疆各省（区）新质生产力发展水平

年份	辽宁	吉林	黑龙江	内蒙古	广西	云南	甘肃	新疆
2010	0.035	0.023	0.030	0.031	0.035	0.021	0.019	0.013
2011	0.040	0.041	0.026	0.076	0.045	0.019	0.072	0.023
2012	0.047	0.034	0.024	0.040	0.119	0.066	0.095	0.023

① 边疆 8 省（区），由于数据科学性和可得性，西藏未能纳入研究范围。

② 以 2009 年边疆 8 省（区）新质生产力数据为基期。

续表

年份	辽宁	吉林	黑龙江	内蒙古	广西	云南	甘肃	新疆
2013	0.059	0.039	0.031	0.024	0.037	0.032	0.095	0.019
2014	0.046	0.068	0.056	0.036	0.046	0.029	0.088	0.202
2015	0.062	0.088	0.067	0.025	0.118	0.032	0.093	0.028
2016	0.382	0.042	0.047	0.330	0.049	0.045	0.207	0.036
2017	0.476	0.042	0.046	0.341	0.089	0.042	0.094	0.176
2018	0.414	0.125	0.131	0.337	0.123	0.055	0.089	0.108
2019	0.443	0.133	0.127	0.353	0.037	0.051	0.096	0.043
2020	0.562	0.058	0.121	0.339	0.081	0.038	0.107	0.040
2021	0.467	0.169	0.137	0.364	0.053	0.060	0.115	0.093
2022	0.480	0.178	0.091	0.363	0.350	0.055	0.058	0.169

注：数据经 stata17.0 计算所得。

3. 边疆地区新质生产力水平各维度对比分析

（1）新质生产要素是边疆地区新质生产力发展的主要动力

如表 3 所示，从各维度年均综合评分来看，新质生产要素是部分边疆地区和省份发展新质生产力的主要动力，其次为新质产业和新质生产方式。具体来看，北部边疆地区新质生产要素年均综合评分高达 0.385，远高于新质生产方式和新质产业，成为该地区形成新质生产力的主要动力。其中，新质劳动对象对新质生产要素发挥主动力效应具有重要作用，贡献率高达 65.90%。东北边疆地区的辽宁新质生产要素年均综合评分达 0.392，是该省新质生产力发展的主要动力。其中，新质劳动工具的使用是新质生产要素促进新质生产力发展的关键所在，贡献率为 46.17%。综上所述，在数智化发展背景下，数字技术发展使数据成为新型劳动对象，人工智能技术成为新型劳动工具。拓宽数据与人工智能的应用领域、加深应用程度、提升数据经济价值是推动边疆地区新质生产力发展的核心力量。

表 3　边疆地区新质生产力各维度年均综合评分

地区	年均综合评分		
	新质生产要素	新质生产方式	新质产业
边疆地区	0.107	0.076	0.112
北部边疆地区	0.385	0.070	0.040
东北边疆地区	0.151	0.101	0.167
辽宁	0.392	0.162	0.179
吉林	0.034	0.070	0.173
黑龙江	0.028	0.073	0.149
西北边疆地区	0.048	0.059	0.180
甘肃	0.055	0.040	0.225
新疆	0.039	0.076	0.135
西南边疆地区	0.025	0.118	0.085
广西	0.025	0.178	0.108
云南	0.024	0.055	0.059

（2）智能制造是边疆地区新质生产方式变革的主要渠道

从新质生产方式来看，智能制造已成为边疆地区生产方式变革的主要渠道。从各维度年均综合评分来看，西南边疆地区、广西新质生产力的形成主要依赖新质生产方式的变革。具体来看，在西南边疆地区新质生产方式变革中，智能生产贡献率高达76.31%，接下来是科技创新和绿色生产，贡献率分别为12.89%和10.80%。在广西，新质生产方式变革的主要渠道是智能生产，其贡献率高达71.63%，而科技创新和绿色生产对新质生产方式变革的贡献率分别为17.91%和10.46%。说明边疆地区在智能化时代，通过加大信息网络应用投资，提升其经济效益，实现智能制造，摆脱资源依赖等生产方式，从本质上改变传统生产方式，从而促进地区新质生产力发展。

（3）新质产业是边疆地区新质生产力发展的核心载体

培育并形成新质生产力，促进产业发展，重点要壮大战略性新兴产业、积极发展未来产业。[①] 总体来看，战略性新兴产业是边疆地区形成新质生产力的核心承载产业。从边疆各区域来看，未来产业发展相比战略性新兴产业更能促进边疆地区新质生产力的培育与发展。其中，东北边疆地区和西北边疆地区未来产业对新质产业形成的贡献率分别为 50.18%和 66.93%。其中，东北边疆地区的吉林和西北边疆地区的甘肃未来产业对形成新质产业的贡献率分别高达 62.90%和 65.26%。东北边疆地区的黑龙江和西北边疆地区的新疆与边疆地区整体一致，以战略性新兴产业推动新质产业，贡献率分别为 69.13%和 69.45%。总之，战略性新兴产业与未来产业共同培育边疆地区新质生产力新业态，共同推动边疆地区新质生产力发展。

二　边疆地区新质生产力发展优势

（一）边疆发展政策为边疆地区新质生产要素形成提供动力支持

边疆地区政策扶持是保障政治安全、推动经济发展、促进供给侧结构转型的重要保证，为边疆地区新质生产要素形成提供动力支持。在高素质劳动者方面，内蒙古呼和浩特市政府出台“人才留呼”专项行动实施方案，聚焦六大产业集群，坚持就业跟产业走、产业跟市场走，组织开展产业扩岗、就业助企等八项大学生留呼行动。黑龙江坚持把政策创新作为吸引集聚人才的突破口，重磅推出新时代龙江人才振兴“60 条”，全力破除人才培养、使用、评价、服务、支持、激励等方面的障碍，着力构建有利于人才脱颖而出、人尽其才、才尽其用的体制机制。全国 19 个省（市）对口援疆，在人才、技术等方面建立起长效援助机制。对口援疆政策的实施使新疆实现高素质人才、技术、管理等方面的引流，本地区人才素质提升、技术改造和管理水平的提高等，实现从对口帮扶到自主发展的变化。《“人才兴攀”战略加

① 《总书记首提“新质生产力”与新兴产业、未来产业有何关联》，中华人民共和国国家发展和改革委员会网站，2023 年 9 月 20 日，https：//www. ndrc. gov. cn/wsdwhfz/202309/t20230920_ 1360734_ ext. html。

快建设川西南滇西北人才创新发展聚集地》为西南地区推动现代化区域中心城市建设提供坚强的人才保证。边疆地区健全人才制度，持续优化人才队伍结构，加速释放创新创造活力，基本建成人才创新发展集聚地。边疆地区积极实施高素质人才引进、本地人才培养等政策，为新质生产力要素主体劳动者提供动力支持。在劳动对象方面，数字技术带来的海量数据成为新时代劳动对象。内蒙古在2016年被设为国家大数据综合试验区，以及西北地区"东数西算"工程、西南地区"数据长城"行动计划、东北地区《黑龙江省大数据产业发展规划（2021—2025年）》的实施均显示出边疆地区新质生产对象在政策扶持下成为新质生产力的构成要素。在劳动工具方面，在数智化时代，人工智能技术的发展与应用加速地区高质量发展。为此，内蒙古实施《内蒙古自治区促进通用人工智能发展若干措施》，甘肃实施"上云用数赋智"行动方案，新疆以行政智能决策全面推进数字政府建设，云南发布《云南省新一代人工智能发展规划》，为贯彻落实党中央《新一代人工智能发展规划》东北地区各省份均自行发布相关政策以保障人工智能技术的落地应用。总之，边疆发展政策在宏观上为边疆地区新质生产要素形成提供动力支持。从人才引进与安置政策方面吸引与会聚高质量新质劳动者，从大数据基地建设政策方面支持与形成新质劳动对象，从人工智能技术发展与应用政策方面促进新质劳动工具升级。

（二）新型基础设施建设为边疆地区新质生产方式形成提供条件支持

新型基础设施建设为边疆地区新质生产方式智能化、绿色化及创新化提供条件支持。在生产方式智能化方面，内蒙古通过不断改善信息通信基础设施条件，稳步推进算力基础设施建设，初步形成数字产业点状谱系等，为产业生产运用智能化方式提供条件支持。东北地区以传统产业为基础，深入实施"宽带龙江"战略，基本建成"全光网省"，数字基础设施支撑能力稳步提升。在数字化时代，实现传统产业智能化生产。西北地区通过"东数西算"工程的实施，建设高质量的信息化基础设施，为地区新质生产方式形成提供利好。西南地区基于产业园区建设，利用高新技术实现产业生产智能化转型，为地区新质生产方式智能化和绿色化提供支撑。在生产方式绿色化方面，边疆地区以传统产业绿色化转型为主，在新发展理念下改变生产方式，运用智能化设备实现绿色化生产，减少环境污染，通过工业排污系统升级，提升排污效率。

（三）资源禀赋为边疆地区新质业态形成提供持续动力

边疆地区具有显著的自然资源禀赋优势，丰富的自然资源为形成新质产业提供动力。在自然资源禀赋层面，西电东送和西气东输，以及东北地区战略资源南运，在全国经济发展中发挥了重要作用。其中，西北边疆地区光、风和水资源丰富，能够转化为绿色清洁的电力能源，促进新能源产业、新能源汽车产业和绿色环保产业等新兴产业的布局与发展。同时，西北边疆地区畜牧业及农业发展基础较好，为生物制造业等未来产业发展提供支持。东北边疆地区充分利用丰富的冰雪资源，将“冷资源”变成“热经济”，将生态优势转化为发展优势，为新质业态的形成提供支持。广西拥有丰富的矿产资源，如锡、锌、煤炭等，为积极发展新能源、新材料、生物医药等新兴产业，打造高端装备制造、汽车制造、航空航天等新兴产业集聚区提供支持。云南借助光能、硅等自然资源，大力发展新能源、硅光伏等战略性新兴产业。北部边疆地区围绕自身资源禀赋和产业基础，形成“乳业、草种业”“清洁能源”“现代化工”“新材料和现代装备制造”“生物医药产业”“电子信息技术”等一批优势明显、特色鲜明、有一定竞争力的产业链和产业集群，为战略性新兴产业和未来产业发展奠定了基础。在产业发展动能层面，科技创新为边疆地区新质产业形成提供动能。东北边疆地区把增强创新能力作为推进振兴的根本途径，着力优化产业结构，改造升级“老字号”，深度开发“原字号”，培育壮大“新字号”，战略性新兴产业、高技术产业提速发展，新动能加快集聚。数控机床、工业机器人、卫星应用产业、石墨新材料、生物医药、精细化工等战略性新兴产业已发展成东北振兴的新引擎和新优势。甘肃借助兰州大学等高校和科研机构，推进氢能、人工智能、量子科技等未来产业发展。新疆借助科技创新，改造提升特色优势产业，满足人造卫星、5G 通信散热芯片等高端装备领域的国产化需求。在西南边疆地区，广西进一步加大科技创新力度，推动产业融合发展，积极完善现代化产业体系，推进未来产业合理布局。云南以科技为引擎，赋智赋能。利用关键核心技术，打造高端疫苗研发平台和生物医药产业公共服务平台，为新兴产业和未来产业发展提供动能。广西加强科技创新体系建设，建立创新创业生态系统，推动未来产业发展。内蒙古呼和浩特市，布局东方超算、韦加无人机智能制造、叁零陆零超级电容及软碳材料、华域干细胞生物技术等一批未来产业重点项目。边疆地区自然资源禀赋为新质产业的形成与发展提供原料基础与保障。边疆地区加大科技创新力度，提升核心竞争力，加快转变生产方式，由高污染、高耗能产业转变为绿色生产。基于边疆地区资源禀赋，切实将资源禀赋优势转化为经济发展实效，推动边疆地区将资源优势转变为“资源+加工”优势是实现新质生产力发展的重要途径。

三　边疆地区新质生产力发展瓶颈

（一）优质生产要素集聚困难阻碍边疆地区新质生产要素形成

边疆地区高素质劳动者流失，科技创新能力较弱促使生产要素低端化供给，严重降低新质生产要素供给水平，阻碍边疆地区新质生产力发展。在高素质劳动者流失层面，虽然边疆地区为吸引人才出台较多的人才引进计划，但其经济基础相对薄弱、配套基础设施不完善，人才流失依旧严重。同时，边疆地区数字化转型人才缺失。数字技术与行业知识结合的复合型数字化转型人才紧缺是边疆地区生产要素低端化供给的主要原因。边疆地区由于技术水平相对滞后，阻碍数字平台建设，数据处理及应用效率较低，信息孤岛及定制化生产难度加大。同时，在生产生活方面边疆地区人工智能技术的应用还受到传统思维的阻碍，严重制约人工智能技术在生产及生活领域的应用。总之，新质劳动者的缺失、新质劳动工具的应用程度较低、新质劳动对象的处理效率低均导致边疆地区新质生产要素形成受到阻碍。

（二）科技创新相对滞后阻碍边疆地区新质生产方式变革

边疆地区科技水平较东部发达地区相对滞后，智能制造水平与绿色生产水平也较低，妨碍生产方式智能化、绿色化变革。科技创新水平相对滞后，使得智能化、绿色化生产水平较低，主要表现在以下几个方面。一是边疆地区科技水平较低无法建立自主创新体系，不利于地区产业集聚，降低市场核心竞争力。二是企业科技水平较低，无法自主改造升级生产设备，从而降低生产效率，减少产业效益。三是边疆地区产业发展多依赖资源与劳动密集型产业，人工智能技术应用不成熟，从而提高生产成本，降低产业营收水平。四是边疆地区科技创新平台建设速度较慢，产业创新体系机制建设不完善，地区间创新交流及成果转化应用难度较大，存在技术鸿沟，导致边疆地区新质生产方式变革速度较迟缓。

（三）产业体系现代化水平相对较低阻碍边疆地区新质产业形成

边疆地区由于产业创新技术水平较低、产业基础薄弱、产业链过短等问题，产业体系现代化水平相对较低，严重阻碍新质产业的形成。如北部边疆地区传统产业多新兴产业少、低端产业多高端产业少、资源型产业多高附加值产业少、劳动密集型产业多资本科技密集型产业少等“四多四少”的问题十分突出，在整体产业链、供应链中仍处于低端环节，产业现代化水平较低，阻碍地区新质产业形成。同时，边疆地区产业长久以来呈现资源依赖性较强的特征，虽拥有较为齐全的工业品门类，但在细分领域内，仍旧有关键产品无法生产，或者在良率、性能、稳定性等方面与先进地区甚至国际先进水平差距较大。例如，高档数控机床与基础制造装备、高技术船舶与海洋工程装备、高性能医疗器械、航空发动机、农业装备、新能源、新材料、高端装备和环保等领域产业基础薄弱，先进工艺应用程度不高，核心基础部件和材料严重依赖进口，战略性新兴产业及未来产业的产业链供应链韧性和安全保障能力亟待加强。

四　边疆地区新质生产力培育思路

（一）打造边疆地区生产要素集聚高地，培育高质量新质生产要素

边疆地区应打造生产要素集聚高地，培育高质量新质生产要素，充分发挥战略科技人才关键作用、数字基础设施建设底基作用，促进人工智能技术应用，培育新质生产要素，促进边疆地区新质生产力发展。首先，发挥战略科技人才集聚的关键作用，形成创新人才红利。推动创新链、产业链、资金链与人才链深度融合，激发人才的积极性、主动性与创造性，形成与新质生产力发展需求相适应的人才结构。针对边疆地区高素质劳动者培育与发展水平较低、高端人才流失严重等问题，边疆地区应根据各省（区）发展现状，制定差异化高水平人才引进和培育政策。如吉林发布《吉林省“长白英才计划”实施方案》，进一步推动形成人才会聚、人才回归、人才兴业的良好局面，从而驱动形成新质生产力，助力全面振兴。云南实施“兴滇英才支持计划”，柔性引进人才，引导高水平科技创新人才和技术创新人才向云南会聚。其次，加强数字基础设施建设，凝聚高质量新质生产要素。边疆地区应充分发挥资源禀赋，大力推进数字基础设施建设，以此推动高素质劳动力、高水平生产工具集聚等，培育边疆地区新质生产力。最后，促进人工智能技术应用。随着科技人才集聚，技术水平的提升，数字基础设施建设的发展，劳动工具的改造与升级成为边疆地区打造生产要素高地、凝聚高质量新质生产要素的主要途径。总之，边疆地区应积极促进高质量生产要素集聚，打造边疆地区新质生产要素高地，提升产业科技创新水平，改造与升级劳动工具，深度应用数据与信息等新质劳动对象，促进边疆地区新质生产力培育与形成。

（二）提升边疆地区科技创新水平，加速新质生产方式变革

边疆地区需提升科技创新水平，加速变革生产方式，坚持发展特色优势产业，因地制宜发展新兴产业，加快边疆地区产业转型升级。一是促进科技

创新与产业创新的深度融合，大力引进高层次科技创新人才，努力攻克关键技术，加速生产方式变革。如东北地区推进前沿技术与化工、重工业等传统产业相结合，提升产业智能化水平。随着全球制造业的转型升级，高端制造业成为重要发展方向，东北地区在重型机械、汽车制造等领域具有一定的产业基础和技术优势，通过引进先进技术、加强创新研发、使用智能化生产方式及传统生产方式绿色化转型，实现集约生产，发展高端制造业，提高产品附加值和市场竞争力，推动东北全面振兴。二是深化东西部科技创新合作，突出边疆地区产业优势的科技成果表现，吸引国家、地方投资建设边疆地区创新示范区、科技成果转移转化示范区。如实施《“十四五”东西部科技合作实施方案》，实施“科技援疆”，塑造新疆创新发展优势，支持重点领域绿色发展技术联合攻关，推动特色产业创新发展，打造丝绸之路经济带区域科技创新高地。对西南边疆地区实施“科技入滇”，助力西南边疆地区实现科技创新发展，提升西南地区生物多样性保护水平，高水平建设临沧国家可持续发展议程创新示范区。实施“科技兴蒙”，支撑内蒙古走生态优先发展道路，促进能源绿色转型。三是加快传统产业生产方式技术改造，推动重点行业设备改造，加大传统优势产业升级、提质、增效，提高资源综合利用效率和产品精深加工度。推进边疆地区传统产业生产方式智能化、绿色化变革，推动产业从中低端向中高端迈进。四是构建边疆地区创新生态系统，打造边疆地区创新信息平台。大力支持边疆地区产学研三方合作，共同推进科技创新及其应用推广，建立创新信息共享平台，促进产学研三方信息交流共享，高校与科研机构创新设计与企业产出反馈形成创新循环体系。以“需求指导供给”，将企业绩效视为科研创新成果转化的实际应用价值，加强合作沟通，提高三方合作效率与创新水平，从而促进企业生产方式智能化、绿色化发展。五是全面推进沿边开放经济带建设，加强技术引进。充分发挥边疆地区地缘优势，全面构筑由东北、北部、西北和西南四大边疆带组成的沿边开放经济带，建设各具特色、功能明确、分工合理的沿边开放和对外合作前沿。通过技术引进与合作，提升边疆地区自主创新水平，加速新质生产方式变革。

（三）加快推进未来产业前瞻布局，培育新质产业

边疆地区应根据地区产业发展特色，加快推进未来产业前瞻布局，构建完整产业链。积极发展智能制造、高端装备、新一代信息技术、绿色环保、新能源、新材料等战略性新兴产业，加快形成完整的产业链和具有影响力辐射力的产业集群。西北边疆地区应立足资源禀赋和区位优势，加快培育和发展战略性新兴产业，加快"八大产业集群"建设，推动延链补链强链，提升创新链价值链，推动填补国内外、疆内外空白的项目启动，增强产业链供应链韧性的项目投产，推动重大科技成果转化，促进地区产业集聚，推动形成新质产业形态。东北边疆地区聚焦产业集群建设，凝聚产业发展新动能，推动重点产业集群在新型工业化道路上加速推进。通过对汽车产业集群、航空产业集群、集成电路产业集群的大力发展，培育壮大新兴产业，布局建设未来产业。西南边疆地区探索"飞地经济模式"，加速产业集群发展，布局未来产业。

区域篇

B.14 乡村振兴背景下北部边疆农牧业高质量发展研究

塔米尔*

摘　要： 2021年，内蒙古农村牧区绝对贫困问题得以解决，进入乡村振兴新阶段。2023年，内蒙古在中央指示精神的引导下，在“全面推进乡村振兴，加快农业农村中国式现代化”和“推动农牧业高质量发展，建设国家重要农畜产品生产基地”指导思想的引领下，开展了农村牧区发展工作。经过努力，内蒙古农村牧区的农业综合生产能力、农民收入水平和农业现代化程度都有所提升。但是，也不能忽视这个过程中存在的不足。在未来的一段时间内，内蒙古仍将持续推进农村牧区发展工作。

关键词： 乡村振兴　北部边疆　农牧业　高质量发展

---

* 塔米尔，中国社会科学院中国边疆研究所助理研究员，主要研究方向为边疆文化人类学、经济人类学、生态人类学、灾害人类学、疫病人类学。

内蒙古是我国重要的农业和畜牧业基地，拥有1.74亿亩耕地、7.17亿亩基本草原，是“全国5个耕地保有量过亿亩的省区之一，草原面积占全国的1/5，是国际公认的优质畜牧区、黄金奶源带”,[①] 是国家重要的粮仓、肉库、奶罐和绒都，农畜产品品种丰富，特色农畜产品产量位居全国前列。

自1921年中国共产党成立尤其是新中国成立以来，党领导中国人民取得了辉煌的成绩，我国经济社会取得了巨大进步，包括内蒙古（北部边疆）在内的“中国的农村经济社会也发生了翻天覆地的变化”。[②] 内蒙古农村牧区发展经历了“1921～1948年领导农民运动、获取无产阶级政权”“1949～1977年领导农业发展、推动社会主义建设”“1978～2004年领导农村改革，推动社会主义现代化建设”“2005～2016年领导社会主义新农村建设、夯实解决‘三农’问题基础”4个阶段后，2017年开始内蒙古的农业农村发展进入“领导农村迈入全面小康、推动落实乡村振兴战略”的新阶段。2017年10月，党的十九大宣布中国特色社会主义进入新时代，我国社会的主要矛盾也已转化为“人民日益增长的美好生活需要和不平衡不充分的发展之间的矛盾”，而这一矛盾在北部边疆地区表现得尤为突出。近年来，中央及相关国家部门一直在为我国北部边疆农村牧区提供政策扶持，并持续关注我国北部边疆农村牧区，我国北部边疆农村牧区也通过各项扶持政策实现了不同程度的发展。但是，不容忽视的是其与内陆地区农村的发展仍存在一定差距。

面对包括我国北部边疆农村牧区在内的我国广大农村地区由来已久的主要矛盾和问题，自党的十八大以来，中国就已经在以习近平同志为核心的党中央领导下组织实施了人类历史上规模空前、力度最大、惠及人口最多的脱贫攻坚战。经过8年的努力，包括内蒙古农村牧区在内的我国农村贫困人口全部脱贫，绝对贫困得以消除，区域性整体贫困问题得到解决，脱贫攻坚战取得全面胜利。与此同时，我国也全面进入乡村振兴新阶段。2023年，为

① 孙绍骋：《在全面建设社会主义现代化国家新征程上书写内蒙古发展新篇章》，《学习时报》2022年9月21日。

② 王超、蒋芹琴、王志章：《中国共产党领导下农村发展的百年历程和经验总结》，《农村发展》2022年第1期。

高质量推进我国边疆农村发展、全面推进我国边疆乡村振兴，内蒙古按照党中央、国务院新决策新部署，出台了一系列举措，通过“五个振兴”推动农村牧区发展。

一　北部边疆农村牧区发展的指导理念与推进思路

自党的十八大以来，包括北部边疆农村牧区在内的我国广大农村地区的农业农村发展实现了质的飞跃。但不得不承认的是，包括北部边疆农村牧区在内的我国农村地区普遍面临发展问题，而且包括北部边疆农村牧区在内的我国广大边疆农村牧区面临与内地省份存在差距的问题。对此，习近平总书记指出“从全国来看，推动全体人民共同富裕，最艰巨的任务在一些边疆民族地区。这些边疆民族地区在走向共同富裕的道路上不能掉队”。[①] “要坚持以人民为中心，在发展中更加注重保障和改善民生，补齐民生短板，增进民生福祉，让各族人民实实在在感受到推进共同富裕在行动、在身边。”[②] 2023年，包括我国北部边疆农村牧区在内的广大农村地区坚持以习近平新时代中国特色社会主义思想为指导，全面贯彻落实党的二十大精神，在“全面推进乡村振兴，加快农业农村中国式现代化”和“推动农牧业高质量发展，建设国家重要农畜产品生产基地”指导思想的引领下，把解决好“三农”问题作为全党工作重中之重，采取诸多举措推动农业农村发展。

（一）有力有效推进乡村全面振兴，以加快农业农村现代化，更好推进中国式现代化建设

在2023年12月20日在京召开的中央农村工作会议上，习近平总书记指出中国式现代化离不开夯实的农业基础，农业发展“锚定建设农业强国

---

① 《时政新闻眼丨习近平在内蒙古考察，这些话语令人深思》，新华网，2023年6月9日，http：//www.xinhuanet.com/politics/2023-06/09/c_1129682292.htm。

② 《在发展中保障和改善民生》，中国政府网，2023年8月9日，https：//www.gov.cn/yaowen/liebiao/202308/content_6897392.htm。

目标，把推进乡村全面振兴作为新时代新征程‘三农’工作的总抓手”，[①]因地制宜、分类施策，循序渐进、久久为功。具体说来，“要确保不发生规模性返贫，抓好防止返贫监测，落实帮扶措施，增强内生动力，持续巩固拓展脱贫攻坚成果。要提升乡村产业发展水平、乡村建设水平、乡村治理水平”，[②] 推进乡村全面振兴不断取得实质性进展、阶段性成果。各级党委和政府要结合实际创造性开展工作，“有力有效推进乡村全面振兴，以加快农业农村现代化更好推进中国式现代化建设”。[③]

（二）推动农牧业高质量发展，建设国家重要农畜产品生产基地

内蒙古拥有丰富的农业和畜牧业资源，内蒙古的农村牧区发展事关国家粮食安全和中国农业农村发展。鉴于此，以习近平同志为核心的党中央始终十分关切内蒙古农业农村和牧业牧区发展，对此 2023 年 6 月习近平总书记在内蒙古自治区考察时再次强调，“要加快优化产业结构，积极发展优势特色产业”。[④] 内蒙古是农畜产品生产基地，“要发挥好农牧业优势，从土地、科技、种源、水、草等方面入手，稳步优化农牧业区域布局和生产结构，推动农牧业转型发展，大力发展生态农牧业，抓好农畜产品精深加工和绿色有机品牌打造，促进一二三产业融合发展，推动农牧业高质量发展”。[⑤]

上述理念表明，接下来一个时间段我国北部边疆农业农村和牧业牧区发

---

① 《锚定农业强国目标　推进乡村全面振兴——中央农村工作会议精神在全国政协委员中引发热烈反响》，“人民政协网”百家号，2023 年 12 月 22 日，https：//baijiahao.baidu.com/s? id=1785949631316501369&wfr=spider&for=pc。

② 《中央农村工作会议在京召开　习近平对“三农”工作作出重要指示》，中华人民共和国国防部网站，2023 年 12 月 20 日，http：//www.mod.gov.cn/gfbw/gc/xjp/2023_244332/16275014.html。

③ 《中央农村工作会议在京召开　习近平对“三农”工作作出重要指示》，新华网，2023 年 12 月 20 日，http：//www.news.cn/politics/leaders/2023-12/20/c_1130037630.htm。

④ 《习近平在内蒙古考察时强调　把握战略定位坚持绿色发展　奋力书写中国式现代化内蒙古新篇章》，“河南日报客户端”百家号，2023 年 6 月 8 日，https：//baijiahao.baidu.com/s? id=1768127586932138054&wfr=spider&for=pc。

⑤ 《把国家重要农畜产品生产基地建设得量大质优——习近平总书记考察内蒙古重要讲话精神在干部群众中引发强烈反响⑤》，内蒙古自治区财政厅网站，2023 年 8 月 7 日，https：//czt.nmg.gov.cn/ztzl/czxtzxd/202309/t20230908_2375475.html。

展工作将以“全面推进乡村振兴，加快农业农村中国式现代化”和“推动农牧业高质量发展，建设国家重要农畜产品生产基地”为主，为我国北部边疆农业农村和牧业牧区发展指明了方向。

二 推进北部边疆农业农村与牧业牧区发展的实际举措

目前，包括我国北部边疆农村牧区在内的我国广大农村地区进入以“领导农村迈入全面小康、推动落实乡村振兴战略”为主要目标的新发展阶段。2021 年，根据中央编办批复，内蒙古成立乡村振兴局，在巩固拓展脱贫攻坚成果的同时，统筹推进实施乡村振兴战略有关工作。与此同时，北部边疆地区围绕乡村产业、乡村人才、乡村文化、乡村生态、乡村组织“五个振兴”开展了一系列工作。

根据党的十九届五中全会精神、中央农村工作会议精神和《中共中央 国务院关于实现巩固拓展脱贫攻坚成果同乡村振兴有效衔接的意见》安排部署，中共中央办公厅、国务院办公厅于 2021 年 8 月 27 日印发相关文件，确定了 160 个国家乡村振兴重点帮扶县，其中内蒙古的 10 个县（旗）出现在名单中（见表 1），反映了这些地区在“人均地区生产总值、人均一般公共预算收入、农民人均可支配收入等指标，统筹考虑脱贫摘帽时序、返贫风险”① 等方面的问题。

表 1 内蒙古国家乡村振兴重点帮扶县（旗）名单

地区	国家乡村振兴重点帮扶县(旗)
内蒙古	商都县、巴林左旗、鄂伦春自治旗、库伦旗、四子王旗、科尔沁右翼前旗、化德县、扎赉特旗、科尔沁右翼中旗、正镶白旗

资料来源：《中央农村工作领导小组办公室 国家乡村振兴局关于公布国家乡村振兴重点帮扶县名单的通知》，中华人民共和国教育部网站，2021 年 8 月 27 日，http：//www. moe. gov. cn/jyb_xwfb/xw_ zt/moe_ 357/jjyzt_ 2022/2022_ zt04/zhengce/wenjian/202204/t20220412_ 615950. html。

① 《中央农村工作领导小组办公室 国家乡村振兴局关于公布国家乡村振兴重点帮扶县名单的通知》，中华人民共和国教育部网站，2021 年 8 月 27 日，http：//www. moe. gov. cn/jyb_xwfb/xw_ zt/moe_ 357/jjyzt_ 2022/2022_ zt04/zhengce/wenjian/202204/t20220412_ 615950. html。

2023 年，内蒙古在全力推进乡村振兴战略的同时，有针对性地强化政策倾斜和监测评估，积极推动农村牧区发展。

（一）产业振兴

产业振兴是乡村振兴的重中之重，所以包括内蒙古农村牧区在内的全国广大农村地区的乡村振兴战略的核心仍在产业。2023 年，我国北部边疆农村牧区产业振兴工作主要围绕产业融合、农业产业化、特色产业和休闲农业四个方面展开。

1. 产业融合

推动农村产业融合发展是拓宽农民增收渠道、构建现代农业产业体系的重要举措。考虑到产业融合发展的重要性，2023 年，为贯彻落实中央一号文件和中央农村工作会议精神部署，农业农村部及相关部门推进了农业产业融合发展项目，组织开展了“全国农业全产业链重点链和典型县建设工作”，惠及我国北部边疆农业农村与牧业牧区的发展。

积极推进农业产业和牧业产业融合发展项目。为贯彻落实党中央、国务院关于推进农村产业融合发展的决策部署，按照《农业农村部办公厅　财政部办公厅关于做好 2023 年农业产业融合发展项目申报工作的通知》（农办计财〔2023〕5 号，以下简称《通知》）要求，经农业农村部和财政部评审并公示，2023 年度批准创建 50 个国家现代农业产业园、40 个优势特色产业集群和 200 个农业产业强镇。内蒙古创建的产业园、产业集群和产业强镇所在市、县（旗）具体情况见表 2。

表 2　内蒙古创建的国家现代农业产业园、优势特色产业集群和农业产业强镇名单

国家现代农业产业园	和林格尔县现代农业产业园、莫力达瓦达斡尔族自治旗现代农业产业园、杭锦后旗现代农业产业园
优势特色产业集群	马铃薯产业集群、奶业产业集群
农业产业强镇	达尔罕茂明安联合旗乌克忽洞镇、突泉县太平乡、科尔沁左翼后旗巴胡塔苏木、丰镇市隆盛庄镇、鄂托克前旗昂素镇、库伦旗白音花镇、扎兰屯市卧牛河镇、翁牛特旗毛山东乡

资料来源：《农业农村部办公厅　财政部办公厅关于公布 2023 年农业产业融合发展项目创建名单的通知》，中华人民共和国农业农村部网站，2023 年 8 月 28 日，http：//www. moa. gov. cn/nybgb/2023/202307/202308/t20230828_6435162. htm。

持续推动全产业链重点链和典型县建设工作。2021 年，农业农村部组织开展了全国农业全产业链重点链和典型县建设工作，指出农业全产业链建设是促进乡村产业高质量发展的重要途径。根据相关文件，内蒙古批准创建了 1 个农业全产业链重点链和 2 个农业全产业链典型县，具体情况见表 3。

表 3　内蒙古农业全产业链重点链、典型县建设名单

地区	重点链	典型县
内蒙古	肉羊全产业链	科尔沁右翼中旗肉牛全产业链、商都县马铃薯全产业链

资料来源：《农业农村部办公厅关于公布全国农业全产业链重点链和典型县建设名单的通知》，中华人民共和国农业农村部网站，2021 年 11 月 29 日，http：//www. moa. gov. cn/govpublic/XZQYJ/202111/t20211129_6383187. htm。

2023 年，内蒙古继续加强农业全产业链重点链和典型县建设，持续发挥主导产业全产业链优势，完善联农带农利益联结机制、产业上中下游协同发展机制、全产业链转型升级机制。

2. 农业产业化

农业产业化有助于农业牧业走上良性发展轨道，可以从整体上推进传统农业牧业现代化，是推进乡村振兴战略、农村发展工作的重要抓手。2023 年，内蒙古的农业产业化工作依托农业产业化龙头企业项目开展。此外，中国农产品百强标志性品牌平台也起到了一定的正面引导作用。

21 世纪初，农业产业化龙头企业项目成为推动包括我国北部边疆农村牧区在内的我国广大农村发展的主要抓手。自 2001 年以来，农业农村部及相关部门先后公布了 7 批农业产业化国家重点龙头企业名单，评定标准主要包括综合实力、产业门类、科技创新能力、联农带农作用、社会责任履行程度等。内蒙古有 69 家农业产业化国家重点龙头企业，涉及肉业、种业、饲料业、羊绒业、餐饮业、科技类、酒业等诸多产业，具体名单如表 4 所示。

表 4　内蒙古农业产业化国家重点龙头产业名单

序号	企业名称	序号	企业名称
1	内蒙古蒙佳粮油工业集团有限公司	32	赤峰和润农业高新科技产业开发有限公司
2	内蒙古食全食美股份有限公司	33	内蒙古高原杏仁露有限公司
3	内蒙古汉森酒业集团有限公司	34	内蒙古李牛牛食品科技股份有限公司
4	内蒙古恒丰集团银粮面业有限责任公司	35	内蒙古阴山优麦食品有限公司
5	内蒙古伊利实业集团股份有限公司	36	内蒙古安达牧业有限公司
6	内蒙古蒙牛乳业(集团)股份有限公司	37	内蒙古玉王生物科技有限公司
7	内蒙古东方万旗肉牛产业有限公司	38	林西县恒丰粮油加工有限责任公司
8	内蒙古塞飞亚农业科技发展股份有限公司	39	五原县大丰粮油食品有限责任公司
9	内蒙古小尾羊牧业科技股份有限公司	40	内蒙古赛诺种羊科技有限公司
10	内蒙古鄂尔多斯资源股份有限公司	41	内蒙古奈曼牧原农牧有限公司
11	内蒙古鹿王羊绒有限公司	42	内蒙古蒙清农业科技开发有限责任公司
12	内蒙古草原万旗畜牧饲料有限公司	43	锡林郭勒盟威远畜产品有限责任公司
13	金河生物科技股份有限公司	44	内蒙古正大食品有限公司
14	锡林郭勒盟伊顺清真肉类有限责任公司	45	内蒙古优然牧业有限责任公司
15	内蒙古蒙都羊业食品股份有限公司	46	内蒙古圣牧高科牧业有限公司
16	内蒙古民丰种业有限公司	47	包头市建华禽业有限责任公司
17	内蒙古富川饲料科技股份有限公司	48	巴彦淖尔市三胖蛋食品有限公司
18	呼伦贝尔肉业(集团)股份有限公司	49	内蒙古蒙古王实业股份有限公司
19	锡林郭勒盟宏源现代畜牧业有限责任公司	50	内蒙古富承祥牧业科技发展有限公司
20	包头北辰饲料科技股份有限公司	51	鄂尔多斯市恒科农牧业开发有限责任公司
21	内蒙古科沁万佳食品有限公司	52	内蒙古薯都凯达食品有限公司
22	赤峰东荣羊绒制品有限公司	53	蒙草生态环境(集团)股份有限公司
23	内蒙古兆丰河套面业有限公司	54	内蒙古敖汉牧原农牧有限公司
24	锡林郭勒盟额尔敦食品有限公司	55	内蒙古恒信通惠工贸股份有限公司
25	呼伦贝尔东北阜丰生物科技有限公司	56	内蒙古草原红太阳食品股份有限公司
26	通辽梅花生物科技有限公司	57	内蒙古西蒙种业有限公司
27	内蒙古正大有限公司	58	通辽市东蒙肉业有限公司
28	三瑞农业科技股份有限公司	59	呼伦贝尔晟通糖业科技有限公司
29	龙鼎(内蒙古)农业股份有限公司	60	内蒙古沙漠之神生物科技有限公司
30	内蒙古中加农业生物科技有限公司	61	内蒙古澳菲利食品股份有限公司
31	内蒙古旭一牧业有限公司	62	内蒙古大兴安岭农垦(集团)有限责任公司

续表

序号	企业名称	序号	企业名称
63	鄂伦春自治旗大杨树荣盛商贸有限责任公司	67	内蒙古骑士乳业集团股份有限公司
64	赤峰市赤鑫豆制品有限责任公司	68	莫力达瓦达斡尔族自治旗沃丰生物质新材料有限公司
65	呼伦贝尔农垦集团有限公司	69	内蒙古阜丰生物科技有限公司
66	巴彦淖尔市圣牧高科生态草业有限公司		

资料来源：《农业产业化国家重点龙头企业名单》，中华人民共和国农业农村部网站，http：//www. xccys. moa. gov. cn/nycyh/202305/t20230518_6427885. htm，2024 年 1 月 15 日。

3. 特色产业

乡村振兴工作的核心在产业，而更好地推动产业振兴离不开当地特色产业发展。2023 年，我国北部边疆农村牧区的特色产业发展主要依托“一村一品”强村富民工程。该工程是“推动乡村特色产业集聚化、标准化、规模化、品牌化发展的重要途径，是提高农特产品附加值、拓宽农民增收渠道的重要举措”，内蒙古借助该平台“拓展农业多种功能、挖掘乡村多元价值，打造全产业链条，促进一二三产业融合，推动产村、产镇一体化发展”。①

为贯彻落实中央一号文件和《国务院关于促进乡村产业振兴的指导意见》精神，培育壮大乡村产业，2023 年中华人民共和国农业农村部组织开展了第十二批全国“一村一品”示范村镇认定和全国“一村一品”示范村镇监测工作。经各省（区、市）农业农村部门遴选推荐、专家审核和网上公示，决定认定 395 个村镇为第十二批全国“一村一品”示范村镇、199 个镇为 2022 年全国乡村特色产业产值超十亿元镇、306 个村为 2022 年全国乡村特色产业产值超亿元村。其中，内蒙古共有 13 个村镇入选第十二批全国“一村一品”示

① 《农业农村部关于公布第十二批全国“一村一品”示范村镇及 2022 年全国乡村特色产业产值超十亿元镇和超亿元村名单的通知》，中华人民共和国农业农村部网站，2023 年 3 月 7 日，http：//www. moa. gov. cn/govpublic/XZQYJ/202303/t20230314_6423028. htm。

范村镇，1个镇入选2022年全国乡村特色产业产值超十亿元镇，4个村入选2022年全国乡村特色产业产值超亿元村（见表5）。

表5　内蒙古全国“一村一品”示范村镇、乡村特色产业产值超十亿元镇、乡村特色产业产值超亿元村名单

“一村一品”示范村镇	赤峰市：林西县统部镇（肉牛）、松山区老府镇老府村（设施蔬菜）、巴林左旗三山乡（苍术）、宁城县忙农镇（肉牛）
	呼和浩特市：土默特左旗敕勒川镇枳几梁村（向日葵）
	呼伦贝尔市：阿荣旗新发朝鲜族乡新发村（稻米）
	鄂尔多斯市：鄂托克旗苏米图苏木（肉牛）、准格尔旗暖水乡德胜有梁村（苹果）
	通辽市：科尔沁左翼中旗希伯花镇希伯花嘎查（苹果）
	锡林郭勒盟：西乌珠穆沁旗浩勒图高勒镇（肉牛）
	乌兰察布市：四子王旗查干补力格苏木格日勒图雅嘎查（肉羊）
	巴彦淖尔市：乌拉特中旗巴音乌兰苏木巴音宝日嘎查（马）、乌拉特前旗明安镇六份子村（黄芪）
乡村特色产业产值超十亿元镇	赤峰市：克什克腾旗浩来呼热苏木（肉羊）
乡村特色产业产值超亿元村	赤峰市：宁城县大城子镇瓦南村（番茄）、松山区老府镇老府村（设施蔬菜）
	鄂尔多斯市：达拉特旗树林召镇林原村（蔬菜）
	巴彦淖尔市：临河区新华镇新丰村（九叶青韭菜）

资料来源：《农业农村部关于公布第十二批全国“一村一品”示范村镇及2022年全国乡村特色产业产值超十亿元镇和超亿元村名单的通知》，中华人民共和国农业农村部网站，2023年3月7日，http：//www.moa.gov.cn/govpublic/XZQYJ/202303/t20230314_6423028.htm。

4. 休闲农业

近年来，我国各省（区、市）积极发展休闲农业。休闲农业在推动我国农村发展中发挥了重要作用，是推动乡村产业发展的重要抓手。为贯彻落实2023年中央一号文件，根据《全国乡村产业发展规划（2020—2025年）》关于实施乡村休闲旅游精品工程的要求，农业农村部于2023年认定了最新一批全国休闲农业重点县名单、中国美丽休闲乡村名单。

全国休闲农业重点县建设工作以县域为单元整体推进休闲农业发展，整合项目资源，加强配套设施建设，促进产业融合联动，推进模式创新、业态升级，推动县域休闲农业迈上新台阶。在前期工作的基础上，认定了2023年全国休闲农业重点县，其中内蒙古2个县（旗）入选，具体信息见表6。

表6　2023年内蒙古休闲农业重点县名单

地区	休闲农业重点县
内蒙古	呼和浩特市新城区、科尔沁右翼前旗

资料来源：《农业农村部办公厅关于公布2023年全国休闲农业重点县名单的通知》，中华人民共和国农业农村部网站，2023年12月25日，http：//www. moa. gov. cn/govpublic/XZQYJ/202312/t20231227_6443618. htm。

建设中国美丽休闲乡村是“拓展农业多种功能、挖掘乡村多元价值的重要举措，是拓宽农民增收致富渠道、培育乡村新产业新业态的重要途径”，有助于“打造富有农耕农趣农味、体现和谐和顺和美的宜居宜业美丽休闲乡村，把乡村的资源、生态、文化优势转化为产品、产业、经济优势，推动乡村产业高质量发展”。[①] 在前期工作的基础上，认定了2023年中国美丽休闲乡村名单，其中内蒙古有8个乡村入选，具体信息见表7。

表7　2023年内蒙古美丽休闲乡村名单

地级市(盟)	美丽休闲乡村
呼和浩特市	土默特左旗塔布赛乡塔布赛村
赤峰市	宁城县黑里河镇山神庙子村
鄂尔多斯市	达拉特旗树林召镇林原村
	乌审旗乌兰陶勒盖镇巴音高勒嘎查
呼伦贝尔市	阿荣旗查巴奇鄂温克民族乡猎民村
巴彦淖尔市	杭锦后旗双庙镇太荣村
乌兰察布市	察哈尔右翼前旗平地泉镇南村
兴安盟	扎赉特旗巴彦乌兰苏木巴彦塔拉嘎查

资料来源：《农业农村部办公厅关于公布2023年中国美丽休闲乡村名单的通知》，中华人民共和国农业农村部网站，2023年9月14日，http：//www. moa. gov. cn/govpublic/XZQYJ/202309/t20230915_6436612. htm。

① 《农业农村部办公厅关于公布2023年中国美丽休闲乡村名单的通知》，中华人民共和国农业农村部网站，2023年9月14日，http：//www. moa. gov. cn/govpublic/XZQYJ/202309/t20230915_6436612. htm。

（二）人才振兴

《乡村振兴战略规划（2018—2022年）》以习近平总书记关于乡村振兴战略的重要论述为指导，明确了2022年召开党的二十大时的目标任务。其中，涉及“强化农业科技支撑”“强化乡村振兴人才支撑”两大目标任务。2023年，内蒙古依托乡村振兴人才培养优质校和农业科研院所机制、中央单位定点帮扶机制以及全国乡村振兴高校联盟，培养乡村振兴人才。

1. 乡村振兴人才培养优质校和农业科研院所机制

根据《农业农村部办公厅　教育部办公厅关于推介乡村振兴人才培养优质校的通知》（农办科〔2020〕15号）要求，经一系列前期环节，农业农村部、教育部形成了乡村振兴人才培养优质校和农业科研院所推介名单。历来以农业为重点办学特色，向包括我国边疆省（区）在内的全国各省（区、市）输出了大量高质量人才，有培养“三农”人才的优良传统的内蒙古农业大学和扎兰屯职业学院得以入选该推介名单。2023年，这两所院校继续保持优良传统，为全面推进乡村振兴、加快实现农业农村现代化培养高素质人才。

2. 中央单位定点帮扶机制

开展中央单位定点帮扶，是党中央有关区域协调发展、促进共同富裕的重大决策部署。2016年，中共中央办公厅、国务院办公厅印发《关于进一步加强东西部扶贫协作工作的指导意见》，对原有结对关系进行适当调整。经调整，确定由北京帮扶内蒙古。2023年，北京和内蒙古在产业合作、劳务协作、人才支援、资金支持、社会参与方面持续开展合作。

3. 全国乡村振兴高校联盟

2021年12月30日，全国乡村振兴高校联盟正式成立。该联盟由全国42所具有不同学科及地域特点的高校共同发起成立，中国农业大学当选理事长单位，浙江大学、武汉大学、西北农林科技大学、南京农业大学、华中农业大学担任副理事长单位，旨在充分发挥成员高校学科、人才、技术等综合优势，合作互助，一起打造服务乡村振兴高端智库和协同创新平台，助力乡村振兴和农业农村现代化。2023 年，该联盟在内蒙古的农业农村与牧业牧区发展中继续发挥重要的智力支撑作用。

三　内蒙古农村牧区的发展成效

（一）农业综合生产能力

1. 重要农产品产量稳步提升

内蒙古的粮食总产量和人均粮食占有量实现了稳步增长。2022 年内蒙古粮食产量达到 3900. 6 万吨，与上年相比增加了 60. 3 万吨，增长 1. 57%（见表 8）。2022 年内蒙古人均粮食占有量达 1625 公斤，与 2021 年相比增加 56 公斤，增长 3. 57%。在粮食产量稳定增长的同时，2022 年内蒙古肉类产量达 284. 1 万吨，与 2021 年相比增加 6. 8 万吨，增长 2. 45%。

表 8　2021～2022 年内蒙古主要农产品产量

单位：万吨

年份	粮食	棉花	油料	麻类	糖料	烟叶	蚕茧	茶叶	水果	共计
2021	3840. 3	0	213. 9	0. 1	362. 1	0. 3	0. 6	0	190. 8	4608. 1
2022	3900. 6	0	170. 0	0. 3	387. 1	0. 4	0. 5	0	175. 5	4634. 4

资料来源：《中国统计年鉴 2022》，中国统计出版社，2022；《中国统计年鉴 2023》，中国统计出版社，2023。

2. 农业供给侧结构性改革进展顺利

我国是农业大国，幅员辽阔。内蒙古有着天然的农业生产优势，以粮食、油料、糖料为主。从历年数据可以发现，内蒙古的农业供给侧结构性改革呈现“农业产业、产品结构不断优化，产业类型和产品品种丰富多元，一二三产业融合发展，产业发展质量不断提升”的趋势。

（二）农民收入水平与农业现代化程度

1. 农民收入水平有所提升

党的十八大以来，我国农村居民的生活质量大幅提高，内蒙古的农村牧区也是如此。2022 年，内蒙古农村居民人均可支配收入为 19641 元，与 2021 年 18337 元的人均可支配收入相比增长 7.1%。此外，与 2022 年城镇常住居民人均可支配收入 4.3%的同比增速相比，内蒙古农村居民可支配收入增速有更好的表现，体现出一定的潜能。

2. 农业现代化程度有所提升

2022 年，内蒙古农牧业机械总动力达 4596.40 万千瓦，与 2021 年 4239.42 万千瓦的农牧业机械总动力相比增加 356.98 万千瓦，增长 8.42%。与此同时，2022 年内蒙古的主要农业机械拥有量，即大中型拖拉机、小型拖拉机，以及大中型拖拉机配套农具数量分别达 47.17 万台、81.54 万台、24.59 万部，共计 153.30 万台（部）。与 2021 年相比，内蒙古的主要农业机械拥有量增加 5.99 万台（部），增长 4.07%。其中，大中型拖拉机、大中型拖拉机配套农具分别增加 4.79 万台、2.11 万部，增长 11.30%和 9.39%，而小型拖拉机数量却下降了 1.10%。可知，2022 年内蒙古主要农业机械总数呈现增长态势。

四　结论与未来展望

2023 年，在“全面推进乡村振兴，加快农业农村中国式现代化”和“推动农牧业高质量发展，建设国家重要农畜产品生产基地”指导思想的引领下，内蒙古在党中央的领导下，依托国家乡村振兴局、农业农村部、国家发展和改革委员会、教育部等相关部门出台的有关乡村振兴的政策，开展了农村牧区发展工作。在具体方法方面，是在常态化推动生态振兴、文化振兴、组织振兴工作的同时，以产业振兴和人才振兴为主要抓手开展乡村振兴工作。经过长时间的努力，2023 年我国边疆地区农村的农业综合生产能力、农民收入水平和农业现代化程度都有所提升。但是，也不能忽视这个过程中存在的不足。在接下来的一段时间，我国边疆农村地区仍应继续在党中央的引领下，积极开展乡村振兴工作，持续推进“五个振兴”。

B.15
"一带一路"背景下的东北振兴

王智勇*

摘　要：　对外开放是促进区域经济发展的重要环节，对东北地区而言，由于市场化进程相对缓慢，扩大对外开放具有十分重要的现实意义。从东北地区的自身条件来看，其具有积极融入"一带一路"的坚实基础。东北地区应基于现有的产业结构、人力资本、科技创新基础，借鉴成都、重庆等地积极实现内联外引的开放模式和苏北地区重工业转型的经验，加快融入"一带一路"的步伐，积极实现资源型和重工业型城市转型，充分利用各种国际合作渠道，争取以更广阔的市场推动产业结构调整，推进市场化进程，引进高新技术产业。为此，东北地区应加强基础设施建设，提升城市公共服务水平，稳定人口规模，着力形成人力资本积累的良性机制，加强与沿海发达地区的合作，促进技术创新，推动产业升级改造。

关键词：　"一带一路"　东北振兴　产业转型　对外开放

2015年12月，中共中央政治局会议审议通过《中共中央　国务院关于全面振兴东北地区等老工业基地的若干意见》（以下简称"中央振兴东北26条"），进一步明确了新时期推动东北振兴的新目标、新要求、新任务、新举措，标志着东北振兴进入全面振兴的新阶段。"中央振兴东北26条"明确提出，主动融入、积极参与共建"一带一路"，对接京津冀等城市群，构建区域合作新格局。那么，东北地区有没有积极参与共建"一带一路"，并

* 王智勇，中国社会科学院人口与劳动经济研究所研究员，主要研究方向为区域经济学、劳动经济学。

利用这一契机实现经济振兴？在借鉴国内外经验的基础上，如何才能更好地利用“一带一路”促进东北振兴？

一　东北振兴与对外开放

东北地区地处东北亚的核心位置，与俄罗斯、朝鲜为邻，边境地区的地级市有辽宁省丹东市，吉林省白山市、延边朝鲜族自治州，黑龙江省牡丹江市、佳木斯市、鸡西市、鹤岗市、双鸭山市、伊春市、黑河市、大兴安岭地区行政公署。从地理位置来看，东北地区具有对外开放的良好条件，有利于开展跨境投资和贸易，也有利于积极引进外资。不过，不利的因素在于其会受到俄罗斯、朝鲜政治局势的影响，无论投资和贸易都呈现较大的波动趋势。

自 2013 年以来，东北地区经济增长乏力，人口流失的格局与东北市场经济机制不完善有着密切的关系。作为中华人民共和国成立以后的重要工业基地，东北地区深受计划经济的影响，表现在国有经济占比以及重工业占比较高，人们的观念也深受计划经济体制的影响，呈现僵化的态势，企业以完成计划目标为己任，而不追求利润最大化和提高市场竞争力，对技术创新和对外交流也不甚重视，人们的就业理念是进入机关事业单位和国企等具有稳定特征的岗位。在一个以重工业和国有企业为主导的环境下，民营经济发展迟缓，市场化推进也极为缓慢。此外，无论是在生产还是在生活中，人情因素一直占有重要地位，这也是市场机制难以推行的主要障碍。东北地区作为中国的老工业基地，长期以来成熟的传统计划经济体制根植于此，增大了体制改革的难度。[①] 东北地区在思想观念的更新方面与国内发达地区相比存在较为明显的差距，新观念的树立存在滞后现象。思想相对保守既影响经济行为，也在很大程度上阻碍了体制机制的变革与更新。

许多研究都指出东北地区缺乏市场经济的运作机制，究其原因，与对外

① 崔岩、钟雪、梁友君：《东北地区打造对外开放新前沿的重要意义与主要举措》，《日本研究》2023 年第 2 期。

开放程度低有密切关系。作为老工业基地，东北地区国有企业和重工业部门主要服务于国内市场，尤其是为许多制造企业提供原料、资源和能源。外资在经济发展中的参与度较低，贸易量占经济总量的比例非常低。以黑龙江省县域数据为例，只有少数县（市、区）的贸易量占地区经济总量的比值在20%以上。根据对国外类似城市的总结，重视出口型经济和服务业的发展是实现"锈带复兴"的基本路径。[①] 参与国际分工是提高经济效率的一种重要途径，这对地区经济增长而言，无疑具有重要的促进作用。

市场化程度对经济发展有显著影响，通常而言市场化程度越高，经济发展水平也就越高。中国经济增长的数据表明，市场化对改革期间的经济增长有显著贡献。[②] 研究表明，东北地区以实际利用域外资金比例指标测量的市场化程度对地区经济总量的增长没有显著影响。这意味着，要提高市场化程度，仍需要积极参与国际市场，引入成熟经济体的理念和经营方式。可见，一个地区若要发展经济，其对外开放程度也势必提高。

整体而言，东北地区的经济对外开放程度有限，民营经济比例较低，这也表明市场化进程在东北地区还尚待进一步推进。加快市场化进程对地区经济增长起着重要的推动作用，这不仅有利于提高市场配置资源的效率，更有助于改变人们的观念，促进创新和创业。这一点恰恰是在新常态下，东北经济发展过程中急需的。国务院关于振兴东北老工业基地的意见中，就明确提出要利用共建"一带一路"的契机推动东北地区向市场经济的转变。各级政府应充分重视利用共建"一带一路"解决当前大量能源和原材料工业产能过剩的问题，并积极推动外向经济的发展。通过采取各种优惠措施，并努

---

① 陈瑞华：《"锈带复兴"的国际经验借鉴——对"新东北现象"的思考和求解》，《人民论坛》2015年第31期。

② Jefferson G. H., Rawski T. G., Zheng Y. G., "Efficiency and Convergence in China's State and Collective Industry," *Economic Development and Cultural Change* 2（1992）：239-266；王文举、范合君：《我国市场化改革对经济增长贡献的实证分析》，《中国工业经济》2007年第9期；王小鲁、樊纲、刘鹏：《中国经济增长方式转换和增长可持续性》，《经济研究》2009年第1期；樊纲、王小鲁、马光荣：《中国市场化进程对经济增长的贡献》，《经济研究》2011年第9期。

力提高地方政府的治理能力，最大限度地减少地方政府和官员对经济的干预，为民营经济的成长提供良好环境。

缺乏市场经济运行机制导致人口的流失对东北地区经济的影响是深远的，要逆转人口流失需要深刻的变革。人口的集聚会促进经济增长，反之，人口的流失会减缓经济增长。以荷兰为例，20 世纪 60 年代开始的新城建设使大城市（核心城市）逐渐衰落，到 20 世纪 70 年代末，荷兰几个较大的城市阿姆斯特丹、海牙、鹿特丹共流失了约 50 万人口，丧失了 10 万个就业机会，大片的旧城和老工业区被废弃。美国汽车城底特律也因人口大量流失而成为一个破败萧条的城市。在 20 世纪 50 年代底特律最为鼎盛的时期，市区人口达 180 多万人，曾是美国第五大城市，到 2013 年人口已降到约 71 万人，而且人口还在继续流失。目前东北地区人口流失使得许多地区人口骤减，特别是边境县域，人口骤减的直接后果是企业的生产经营受限，不仅难以招到合适的员工，而且产品和服务的市场也不断萎缩。人口流动是观察地区发展的综合指标，因而，人口的大量流失意味着东北地区的发展面临比经济增长速度减缓更大的困难。[①] 人口流失对东北地区经济的影响深远，要逆转人口流失则需要有深刻的变革。

根据吉林和辽宁公布的数据，2023 年吉林人口净流入 4. 34 万人，近 13 年来首现净流入；辽宁人口净流入 8. 60 万人，扭转了自 2012 年以来的净流出局面。然而，人口净流入不代表人口正增长。由于东北地区老龄化严重且出生率较低，东北三省均已进入人口自然负增长状态。以吉林为例，虽然净流入 4. 34 万人，但吉林 2023 年的人口总量较 2022 年仍旧减少了 8. 3 万人。人口发展是地区经济社会发展的重要基础，对地区发展具有战略性、长期性和全局性意义。东北地区人口总量减少将在社会保障、城市发展、基本公共服务、边境安全等方面影响地区社会经济发展。此外，东北地区人口的持续流出带来了城市空心化，三、四线城市衰落等问题。[②] 人口净迁出不利于提升

① 刘云中：《人口流动与东北地区的增长活力》，《中国发展观察》2016 年第 2 期。

② 侯力、于潇：《东北地区突出性人口问题及其经济社会影响》，《东北亚论坛》2015 年第 5 期。

人力资本，也不利于东北地区劳动密集型制造业的发展，进而不利于经济增长。[①] 东北地区人口总量的减少影响了基础设施建设和公共服务水平的提高，使投资者对东北地区的投资信心下降。黑龙江和吉林均地处边疆地区，在人口密度偏低的情况下，人口外流规模持续增加，可能会对人口安全和地区发展产生深远影响。[②]

2014 年 8 月，国务院印发《关于近期支持东北振兴若干重大政策举措的意见》，再次聚焦东北老工业基地振兴，指出要扩大面向东北亚区域及发达国家合作、打造一批重大开放合作平台、完善对外开放政策、加强区域经济合作。此外，还要求完善对外开放政策，打造一批重大开放合作平台。加强东北振兴与俄远东开发的衔接，启动中俄远东开发合作机制，推动在能源、矿产资源、制造业等领域实施一批重大合作项目，加快筹备中俄地区合作发展（投资）基金。在 2015 年发布的《推动共建丝绸之路经济带和 21 世纪海上丝绸之路的愿景与行动》中，东北地区被定位为"向北开放的重要窗口"。2019 年 8 月，中央财经委员会第五次会议明确了东北地区"打造对外开放新前沿"的定位。东北地区打造对外开放新前沿为开放合作赋予了新的内涵与外延，唯有实现高水平对外开放才能实现国内国际循环的相互促进。俄乌冲突也对东北亚地缘政治格局带来巨大的冲击，俄罗斯与欧洲关系的严重破裂将推动俄加速实施"转向东方"战略，因此为东北地区与俄罗斯经济合作带来了重大机遇。[③] 中国海关总署的数据显示，2023 年 1~9 月，辽宁与俄罗斯双边贸易额达到 426 亿元，与上年同期相比，贸易额同比增长 45%。与此同时，吉林对俄贸易额同比增长 76%，达到 203 亿元，与

① 蔡昉：《从比较优势到规模经济——重新认识东北经济》，《学习与探索》2019 年第 9 期；陆丰刚：《人口流失影响了东北地区经济增长吗？——基于东北地区户籍人口流失测算数据》，《人口与发展》2021 年第 5 期；柳如眉、刘淑娜、柳清瑞：《人口变动对东北地区经济增长的影响研究》，《中国人口科学》2021 年第 5 期。

② 段成荣、盛丹阳：《中国陆地边境地区人口变动趋势研究——基于"三普"至"七普"数据》，《云南师范大学学报》（哲学社会科学版）2023 年第 6 期。

③ 崔岩、钟雪、梁友君：《东北地区打造对外开放新前沿的重要意义与主要举措》，《日本研究》2023 年第 2 期。

2022 年同期相比增长了 76%。2020 年 7 月，习近平总书记在吉林视察期间强调，作为东北亚战略合作枢纽地带，东北地区向北开放具有重要意义。2020 年 4 月 10 日，习近平总书记在十九届中央财经委员会第七次会议上提出：构建以国内大循环为主体、国内国际双循环相互促进的新发展格局。[①] 这一系列政策的演变以及国家领导人的视察精神指示都表明了对外开放在东北振兴过程中具有至关重要的意义，而参与共建“一带一路”是东北扩大对外开放的重要方式。

从全球发展经验来看，一个落后或衰退地区要实现经济快速增长或复兴，如果将自身的原始积累作为主要推动力，是漫长且很难突破当前困境的，最优的方案是充分利用自身比较优势吸引外部资本与技术，依靠外部力量实现经济增长。[②] 东北地区作为“丝绸之路经济带”和“海上丝绸之路”北延伸线上的连接点，在共建“一带一路”布局中占据重要地位。因而，东北地区加入共建“一带一路”，就是充分利用外部资本与技术实现产业结构调整、促进经济增长的一项有战略意义的具体举措。

二　东北地区参与共建“一带一路”的基础

从工业基础、基础设施、人力资本等条件来看，东北三省都不能算是落后地区，但是随着中国的产业发展进入新阶段，东北地区的人才流失严重，人力资本优势发挥不足，不能促进生产率的提高。[③] 缓解东北地区的人口流失，需要东北地区从多个方面深化改革，发挥地区比较优势和资源优势，努力建设优质城市公共服务体系，增强对人口的吸引力，从而减缓人口流失。而引入市场机制，全面推进市场化改革，就是激发东北地区经济增长活力的

① 《构建新发展格局——一项关系我国发展全局的重大战略任务（学术圆桌）》，人民网，2024 年 7 月 8 日，http：//paper. people. com. cn/rmrb/html/2024-07/08/nw. D110000renmrb_20240708_ 1-09. htm。

② 年猛：《空间不均衡陷阱、内生增长与东北振兴》，《行政管理改革》2022 年第 5 期。

③ 蔡昉：《从比较优势到规模经济——重新认识东北经济》，《学习与探索》2019 年第 9 期。

重要环节。

从人口结构和人口规模的角度来看，东北地区在人口方面仍具有一定的优势。东北地区劳动年龄人口占比相对较高、人口抚养比相对较低，形成有利于经济增长的人口机会，再匹配适当的经济社会环境和政策，促进人口机会转变为人口红利，必将推动人口高质量发展。① 从语言文化的角度来看，由于东北地区与俄罗斯接壤，历史上有相当一批人学习和掌握了俄语，方便与俄罗斯交往；东北地区有约 70 万朝鲜族人，与朝鲜和韩国的交往极为便利。东北地区的第一产业占比较高，但这背后是东北地区作为全国粮仓形成的耕作优势，东北地区地势较为平坦，平原占据较高比例，适合机械化耕作。东北地区用不足全国 7%的人口耕种全国约 1/4 的耕地，生产全国 1/5 的粮食，是当之无愧的国家粮食安全的“压舱石”。东北地区农村人口少，耕地面积大，地广人稀，农村居民依靠农业生产就能实现相对富裕，数据显示，与全国相比，东北农村居民的收入相对较高，而城市居民的收入相对较低，这也解释了为何东北地区外流人口中城市人口占有较高比例。

东北地区具有良好的科研基础，高校科研院所密集，工业企业众多，科研力量强大。据统计，东北地区集聚了全国 9.43%的高校（260 所），包括 11 所“双一流”高校、139 所本科高校；曾是亚洲最大的工业集群，拥有一大批铁路、汽车制造、航空与船舶制造、石油化工等领域的老牌工业企业。东北地区拥有 41 个工业大类和 666 个工业小类，涵盖联合国产业分类的全部工业门类，是全国产业链最完整的地区。通过开放倒逼国内体制改革，成为对外开放的重要作用之一。东北地区打造对外开放的新前沿，对推进东北地区深化体制改革和加深经济结构调整具有重要意义。而从城市体系的角度来看，自中华人民共和国成立初期，东北地区就是我国重要的城市地带。新中国成立初期，全国共有 12 个直辖市，仅辽宁就有 5 个（沈阳、大连、鞍山、抚顺、本溪），大连当时是仅次于北京、上海和

① 原新、王丽晶：《科学认识人口新形势　推进东北全面振兴》，《人口学刊》2024 年第 1 期。

天津的全国第四大城市。直到 1978 年，辽宁全省的地区生产总值在中国大陆排前三，仅次于上海和江苏，号称“辽老大”；鞍山是“钢铁城”、沈阳是“飞机城”。

产业发展是东北振兴的关键环节，面对重工业和资源能源为主导的产业结构，东北地区应积极促进产业转型升级，发展新兴产业，以科技创新为导向，打造优势产业。面向当前形势与未来趋势，政府有关方面应综合研判科技基础、产业优势，筛选科技创新方向和主攻的重点产业。可以考虑明确 2~3 个东北地区的重点产业，细分方向培育创新型产业集群，建立科技驱动的创新增长源。①

三　东北地区对外开放步伐亟须加快

许多研究都证实，东北问题的一个重要根源在于深受传统计划经济体制的影响，故而市场化推进缓慢，难以适应新形势下激烈的市场竞争的需要。而要更好地推进市场化进程，一个必需的过程就是加大对外开放力度，而积极主动融入“一带一路”是东北地区扩大对外开放的一项重要举措。近年来东北地区积极参与共建“一带一路”和国内的区域间合作，也取得了一定成果。但是相较于国内发达地区，东北地区开放合作总体水平不高，参与全球及国内分工能力不强，外贸依存度较低。②

东北地区的经济发展水平滞后于沿海地区。20 世纪 90 年代东南沿海地区大力发展市场经济时，东北地区才开始发展商品经济；中国加入 WTO 后东南沿海地区坐上了国际化的市场经济快车，而东北地区此时才开始建立市场经济体制。国家先后在辽宁和黑龙江设立自贸试验区，自贸试验区建设将从辽宁和黑龙江两省开始辐射整个东北地区，并与吉林的长吉图开发开放先

① 李培林：《理解与应对：我国新发展阶段的南北差距》，《社会发展研究》2022 年第 1 期。

② 王姣娥等：《东北地区全面创新改革与发展新动能培育——第 256 期“双清论坛”学术综述》，《中国科学基金》2022 年第 2 期。

导区等地方试验区相联系，全方位激活东北地区的经济活力。东北地区在思想观念的更新方面与国内发达地区相比存在较为明显的差距，新观念的树立存在滞后现象。思想相对保守既影响经济行为，也在很大程度上阻碍了体制机制的变革与更新。因此，振兴东北需要着力扩大开放，由此形成倒逼深化改革和转型增长的新动力。

资源型城市和重工业化城市的衰落与人口流失在世界各国都不同程度存在。西方国家也试图解决这些资源型城市和重工业城市的转型升级问题，但至今没有探索出比较成功的经验。在有效解决资源型城市和重工业城市的转型问题上，中国的重庆、成都走在了西方国家的前面，而重庆和成都的成功重要的一点就是加大力度实行对外开放，不断融入世界大市场，深度参与激烈的国际竞争。具体而言，成都和重庆既通过长江黄金航道积极参与中部腹地、东部沿海的国内大市场，又通过“一带一路”积极参与中亚、欧洲、美洲大市场，尤其是以“渝新欧”等为代表的“一带一路”大通道。重庆和成都既不临海，也不是边境区域，但展现出了积极的对外开放姿态。因此，开放是一种观念、是一种文化，故它与地理区位没有必然的联系。开放又是一个市场经济命题，它的内涵就是一个国家或地区参与国内国际“两个市场”，配置“两种资源”，推动本国或本地区的经济发展。[①] 可以看出，市场规模在区域经济发展中发挥极其重要的作用，而政府的主要职责是创造市场。[②] 重庆选择的是以政府开创市场为基础的规模化生产方式。重庆通过改革，推动内陆地区产业结构调整，产业结构由过去的资源型结构逐渐转向电子信息、汽车以及装备、化工、材料、能源和消费品工业，同时有前瞻性地布局战略性新兴产业。这意味着经济发展方式的创新起到决定性作用，但这种发展方式的创新要有有为政府的引导。重庆最重要的经验是政府为企业创造市场，创新经济发展方式，创新金融以支持实体经济，创新制度以实现城乡统筹。

---

① 黄奇帆：《内陆地区扩大开放的战略选择：一个直辖市例证》，《改革》2014 年第 2 期。

② 安虎森、肖欢：《东北经济问题解决的主要途径：人力资本重置》，《南开学报》（哲学社会科学版）2017 年第 2 期。

从重庆、成都等城市的发展经验来看，扩大对外开放，应积极融入“一带一路”等各种国际合作渠道之中，争取以更广阔的市场推动产业结构调整，推进市场化进程，引进高新技术产业。“一带一路”作为世界上跨度最长的经济带，沿线有60多个共建国家；覆盖人口达44亿人，约占全球总人口的63%；经济规模达到21万亿美元，约占全球的29%。它是世界上最具发展潜力的经济带，无论从经济规模、人口数量，还是从发展前景、市场空间来看，都具有全球性意义，都是史无前例的。东北地区是东北亚地理几何中心，是共建“一带一路”的重要节点，是连接欧亚大陆的重要门户，具有沿边近海的区位优势。而东北地区的经济发展若能够深度参与“一带一路”大市场，势必会有效推动东北地区经济的发展，实现全面振兴的目标。

2016年颁布的“中央振兴东北26条”，进一步明确了新时期推动东北振兴的新目标、新要求、新任务、新举措，标志着东北振兴进入全面振兴的新阶段。自此次振兴政策实施以来，东北有哪些变化？考虑到东北地区持续的人口外流问题，东北振兴成效的一个重要衡量指标是就业的变化，如果就业能够实现稳定增长，那么人口外流就能够得到有效缓解甚至促进人口的流入。我们从企业的角度来衡量就业的变化，利用上市公司数据对政策实施前后就业规模的变化情况进行评估。

可以把2016年的东北振兴政策视为一项“准自然实验”，将2016年设定为政策冲击时间点，据此将样本时间范围划分为2011～2015年和2016～2019年两组，前者为政策未执行期，后者为政策执行期。再根据试点区域，将位于黑龙江、吉林、辽宁和内蒙古东部的5个市（盟）内的企业视为处理组，将位于其他区域的企业作为对照组。构建基准回归模型如下：

$$lnlabor_{it} = \beta_0 + \beta_1 did_{it} + \beta_2 X_{it} + u_i + v_t + \varepsilon_{it} \quad (1)$$

$$did_{it} = T_i \times P_t \quad (2)$$

其中，下标 i 和 t 分别表示企业和年份。被解释变量 $lnlabor_{it}$ 表示企业就业规模，借鉴已有研究，采用企业员工总数的自然对数衡量企业就业规模。①

did_{it} 为核心解释变量即东北振兴政策的实施，由 T_i 和 P_t 相乘所得，T_i 为政策实施区域虚拟变量，为 1 时表示实施了东北振兴政策，为 0 时则表示没有实施东北振兴政策。P_t 为时期虚拟变量，2011～2015 年取值为 0，2016～2019 年取值为 1。X_{it} 为影响企业就业规模的一系列控制变量，包括工资水平、企业规模、资产负债率、销售费用率、所得税率、成长能力、总资产净利润率。u_i 表示企业固定效应，控制了企业层面不随时间变化而发生改变的因素。v_t 表示时间固定效应，控制了时间层面不随企业变化而发生改变的因素。ε_{it} 是随机误差项。重点关注 β_1 的方向和显著程度，该系数反映了 2016 年东北振兴政策对企业就业规模的影响效果，若 β_1 为负且显著，则表明东北振兴政策对实施政策区域企业的就业规模产生负向影响。

参照现有文献，将工资水平、企业规模、资产负债率、销售费用率、所得税率、成长能力、总资产净利润率纳入模型，以控制其他影响因素。② 其中，工资水平采用职工平均工资（应付职工薪酬/员工人数）的对数表示；衡量企业规模的指标包括企业员工总数、资产规模、销售额等，本报告研究就业规模的变动情况，故企业规模采用企业总资产的对数衡量；③ 资产负债率采用负债总计与资产总计的比值衡量；销售费用率采用销售费用与营业收入的比值衡量；所得税率采用所得税费用与利润总额的比值表示；成长能力采用托宾 Q 值衡量；总资产净利润率采用净利润与资产总计的比值衡量。

---

① Liu M., Shadbegian R., Zhang B., "Does Environmental Regulation Affect Labor Demand in China? Evidence from the Textile Printing and Dyeing Industry," *Journal of Environmental Economics and Management* 86 (2017): 277-294；毛其淋、王玥清：《ESG 的就业效应研究：来自中国上市公司的证据》，《经济研究》2023 年第 7 期。

② 王锋、葛星：《低碳转型冲击就业吗——来自低碳城市试点的经验证据》，《中国工业经济》2022 年第 5 期；王跃堂、王国俊、彭洋：《控制权性质影响税收敏感性吗？——基于企业劳动力需求的检验》，《经济研究》2012 年第 4 期。

③ 吴伟伟、张天一：《非研发补贴与研发补贴对新创企业创新产出的非对称影响研究》，《管理世界》2021 年第 3 期。

根据现有研究，衡量企业盈利能力使用较多的指标主要包括总资产净利润率（ROA）[①] 和净资产回报率（ROE），ROA 反映总资产的盈利能力，而 ROE 侧重于体现股东权益的盈利水准。

为测量企业就业规模的变化情况，本报告采用 2011～2019 年沪深 A 股上市公司数据。基于上市公司样本，考察 2016 年东北振兴政策对企业就业规模的影响情况。之所以选择 2019 年作为样本结束时间，是因为 2020 年新冠疫情对就业市场产生了剧烈冲击，[②] 干扰研究结果。对初始样本进行如下处理：剔除样本期内变量观测值有缺失的样本，剔除股票简称中含有“ST”“＊ST”的样本，剔除上市状态为“ST”、“＊ST”、“暂停上市”和“终止上市”的样本。最终得到 21752 个观测值。为排除极端值影响，对连续变量进行 1%的双边缩尾处理。本报告使用的上市公司财务数据来自 CSMAR 数据库，上市公司员工数据来自 Wind 数据库。

企业的发展离不开地区经济的发展，因此，在分析企业数据的时候，势必需要考虑企业所在地区的发展状况。根据地级市代码，把上市企业数据与企业所在地级市统计数据加以匹配，将地级市统计数据作为控制变量。这些控制变量主要包括产业结构服务化、产业协同集聚、地势起伏度、地区人力资本、每万人互联网用户数、对外开放程度、城市化率和城市等级指数。在与地级市统计数据匹配之后，得到 21603 个样本（见表 1）。

表 1　主要变量描述性统计

变量	含义	样本数	均值	标准误	最小值	最大值
labor	企业就业规模	21603	7.721	1.287	4.719	11.405
did	东北振兴政策	21603	0.109	0.312	0	1
wage	企业平均工资	21603	9.445	1.162	5.440	12.452

① Kostopoulos K., et al., “Absorptive Capacity, Innovation, and Financial Performance,” *Journal of Business Research* 12 (2011): 1335-1343.

② 蔡昉、张丹丹、刘雅玄：《新冠肺炎疫情对中国劳动力市场的影响——基于个体追踪调查的全面分析》，《经济研究》2021 年第 2 期。

续表

变量	含义	样本数	均值	标准误	最小值	最大值
size	企业规模	21603	22. 263	1. 446	19. 923	27. 439
lev	企业资产负债率	21603	0. 428	0. 215	0. 050	0. 929
ser	销售费用率	21603	0. 072	0. 087	0	0. 469
tax	所得税率	21603	0. 167	0. 162	-0. 531	0. 793
grow	企业成长能力	21603	1. 969	1. 217	0. 877	8. 053
roa	总资产净利润率	21603	0. 039	0. 056	-0. 225	0. 188
indu	产业结构服务化	21595	7. 009	0. 364	5. 675	7. 652
xt pm	产业协同集聚	21356	3. 015	0. 616	0. 537	4. 676
dxqf	地势起伏度	21603	0. 425	0. 553	0. 001	3. 814
lnhc	地区人力资本	20788	5. 773	0. 892	2. 008	7. 179
lninternetuser	每万人互联网用户数	21002	5. 794	1. 324	1. 694	9. 527
open	对外开放程度	18818	0. 028	0. 017	0	0. 116
urbanr	城市化率	21431	0. 668	0. 302	0. 054	1
cityrank	城市等级指数	21603	3. 384	4. 266	1. 000	53

受计划经济的长期影响，东北地区的企业以国有企业为主，多为资源、能源和重工业企业，加之市场化进程缓慢，参与国际竞争的深度不足，企业的竞争力相对较弱。在最终得到的 21603 个上市企业样本中，东北地区企业仅有 976 个样本，仅占全部样本的 4. 52%。由于产业集聚发展不足，东北地区经济整体实力和竞争力不强。数据显示，截至 2022 年底，在东北三省规模以上工业企业中，中央企业数量仅占规模以上工业国有企业的 24%，产值却占 89%。央企数量多、领域广、规模大、投资多。央企地位举足轻重，且多集中在传统资源型产业和重工业领域，具有市场竞争优势的大型国有企业相对欠缺。① 央企虽然落在地方，但在很多方面并不受地方政府的约束，因此企业的发展往往并不从地方经济发展的角度出发。分行业来看，东北地区上市公司主要集中在传统行业，数量少、市值小。而东

① 王茜、张挺：《东北地区国有企业改革的现状、问题和建议》，《智慧中国》2023 年第 10 期。

南沿海等发达地区的上市公司广泛分布于新兴产业，数量多、市值大。此外，东北地区有大量上市公司经营困难，这反映出公司资质参差不齐。①

从表 2 的回归结果可以看到，无论采用哪种回归方法，2016 年东北振兴政策对扩大企业就业规模而言均不显著。不仅如此，对外开放程度的提高在样本期内并没有起到扩大企业就业规模的作用，这可能与东北地区对外开放程度较低有关。还可以看到，产业的协同集聚有助于扩大企业的就业规模，因而要促进东北地区企业就业的增长，应提升产业的协同集聚水平，要充分发挥东北地区制造业的优势，努力促进生产性服务业的发展，并与制造业协同发展，更好地提高制造业的市场竞争力和科技创新水平。

表 2　东北振兴政策对企业就业的影响回归分析

解释变量	(1)	(2)	(3)	(4)
	labor 多维双向固定效应	labor 多维双向固定效应	labor 系统 GMM	labor FGLS 双向固定效应
did	-0.024 (0.111)	-0.022 (0.047)	0.070 (0.091)	0.002 (0.008)
wage		-0.189 *** (0.014)	-0.198 *** (0.039)	-0.028 *** (0.001)
size		0.657 *** (0.024)	0.638 *** (0.033)	0.073 *** (0.002)
lev		0.247 *** (0.068)	0.167 (0.130)	0.054 *** (0.007)
ser		0.724 *** (0.166)	0.700 *** (0.255)	0.188 *** (0.014)
tax		0.006 (0.021)	-0.779 *** (0.229)	-0.038 *** (0.006)
grow		0.024 *** (0.005)	0.007 (0.011)	-0.000 (0.001)
roa		0.079 (0.113)	1.088 *** (0.265)	0.747 *** (0.023)

① 连远琪、杨西水：《东北地区金融发展现状、对财政影响及安全运行》，《地方财政研究》2023 年第 9 期。

续表

解释变量	(1)	(2)	(3)	(4)
	labor 多维双向固定效应	labor 多维双向固定效应	labor 系统 GMM	labor FGLS 双向固定效应
indu		-0. 054 (0. 095)	0. 238 (0. 221)	0. 006 (0. 006)
xt_pm		0. 045 ** (0. 022)	0. 301 *** (0. 064)	0. 012 *** (0. 003)
lninternetuser		-0. 038 ** (0. 016)	-0. 104 * (0. 058)	-0. 005 *** (0. 002)
open		-0. 424 (0. 481)	1. 361 (1. 659)	-0. 153 ** (0. 071)
样本量	21603	18265	14922	14732
R-平方项	0. 000	0. 955		
企业数量			2877	2687

注：括号内为稳健标准差， *** p<0. 01， ** p<0. 05， * p<0. 1。

四　东北地区基础设施建设仍需加强

从根本上说，“一带一路”是一个以市场经济为导向的发展规划，其目的是通过大力推动基础设施建设促进实体经济快速发展。[①] 作为国家的重工业基地，东北地区的交通基础设施建设远比其他地区开始得早，而且较早地建成了纵横交错的铁路网和与铁路主干线平行的公路交通大动脉。此外，邮电、通信和能源等基础设施早在 20 世纪 90 年代时就已经得到迅速发展。然而，时至今日，经济增长长期依赖固定资产投资，并把大量的资金投入资源能源和重工业的发展之中，历史欠账和维护缺失等问题导致东北地区的基础设施建设有所滞后。而受交通基础设施的限制，东北优势产品，如农产品、纺织品、木材、矿产等，缺乏有效的贸易通道，这就导致东北地区的经济发

① 尹伟文、黄靖：《东北如何借力“一带一路”战略》，《人民论坛》2015 年第 31 期。

展较为缓慢，东北振兴难以取得明显成效。

在实地调研中，我们注意到，东北各省会城市和大中城市的交通较为便利，但对于一些小城市，尤其是偏远城市，交通运输较为不便。以铁路为例，从黑龙江省会城市哈尔滨发往省内各地的客运铁路相当一部分仍以绿皮车为主，而这种绿皮车在其他地区已经很少能见到。数据表明，在东北三省高速增长的固定资产投资中，投入交通运输、仓储和邮政的资金占比显著低于全国平均水平。[①] 此外，近年来，东北地区许多中小城市原先经过的铁路车次也停运了多趟，这使得人们的出行不便，也不利于东北地区旅游业的发展。在航空运输方面，东北地区的机场主要分布于省会和大中城市，数量相对较少，辽宁和吉林两省的机场总数还不及云南一省。

2014 年 8 月，国务院印发《关于近期支持东北振兴若干重大政策举措的意见》，指出要规划建设一批重大基础设施工程，破解发展瓶颈。从中央政府的角度来看，已经意识到东北地区基础设施落后成为影响经济发展的瓶颈，并实施了一批重大基础设施工程，包括铁路、公路、机场、水利以及清洁能源等方面。2015 年 3 月发布的《推动共建丝绸之路经济带和 21 世纪海上丝绸之路的愿景与行动》明确指出，发挥内蒙古联通俄蒙的区位优势，完善黑龙江对俄铁路通道和区域铁路网，以及黑龙江、吉林、辽宁与俄远东地区陆海联运合作，推进构建北京-莫斯科欧亚高速运输走廊，建设向北开放的重要窗口。然而，需要指出的是，多年时间过去了，加强基础设施建设、便利居民外出的作用并没有充分发挥出来，绿皮车成为连接省会与中小城市的主要运输工具的现状并没有改观，东北丰富的旅游资源也没有得到充分的开发。一方面，缺乏投资；另一方面，由于市场化机制没有得到全面推进，在服务理念和服务意识等方面东北地区均无法与沿海地区相比。东北地区持续多年的人口外流现象，使每年春运期间，东北地区成为火车票最难购买的热点地区之一。在能源供应方面，由于仍未采取市场运作模式，一些供暖企业仍处于亏损状态。

---

① 杨威等：《东北地区经济增长效率及其时空分异研究》，《地理科学》2011 年第 5 期。

为全面融入共建“一带一路”，东北地区需要加大基础设施及重点项目的规划建设力度，提高内外联通水平，推进中日韩经济合作和中蒙俄经济走廊建设，并进一步推进国际产能和装备制造合作。[①]

五　东北地区积极融入共建“一带一路”的对策建议

首先，要通过加强城市基础设施建设扩大城市和县城规模，以便更好地吸引投资，扩大市场规模。人口规模小是东北地区许多县市的基本特征。从人口密度来看，2020 年吉林、黑龙江人口密度已分别降至 129 人/平方千米和 67 人/平方千米，不仅低于 147 人/平方千米的全国平均人口密度，而且远低于同期的安徽（435 人/平方千米）和河南（595 人/平方千米）。黑龙江人口净迁移及其对人口变动的影响最为突出，吉林不仅要应对人口大规模外迁问题，还面临较复杂的地缘政治等的挑战。适度的人口规模有利于资源的合理配置，提高劳动力市场的灵活性，从而促进经济的发展。而人口规模也在很大程度上决定了城市基础设施和公共服务的数量与质量。基本公共服务能够帮助打造更具吸引力的城市，是影响人口迁移的重要因素之一。[②] 现阶段东北地区经济发展比较缓慢，同时存在人口与人才外流等现象，迫切需要扩大教育覆盖范围以及提高教育发展质量，进而推动经济与人口的良性互动。[③]

研究证实，公共图书馆和基础教育资源对常住人口密度提升的促进作用随着常住人口密度的提高呈现递减趋势，这意味着对于人口密度较低的城市

---

① 王姣娥等：《东北地区全面创新改革与发展新动能培育——第 256 期“双清论坛”学术综述》，《中国科学基金》2022 年第 2 期。

② 魏后凯、李玏、杨沫：《东北县域人口流失的特征、原因及应对措施》，《社会科学战线》2022 年第 8 期；付明辉、刘传江、董延芳：《基本公共服务如何影响农业转移人口定居意愿：基于城市劳动力需求冲击及房价异质性分析》，《农业技术经济》2023 年 8 月 11 日，https://doi.org/10.13246/j.cnki.jae.20230314.001。

③ 边恕、刘为玲：《东北地区教育公平度分析与政策选择——基于财政投入视角》，《地方财政研究》2020 年第 10 期。

而言，大力发展公共图书馆和基础教育，可以有效地提升人口密度，从而更好地实现人口集聚；医疗资源对人口密度提升的促进作用则随着人口密度的提高呈现递增趋势，因而对于人口密度较高的城市而言，大力加强医疗资源建设，可以进一步促进人口密度提升，更有效地实现人口和经济的规模效应。对东北地区和西部地区而言，一些研究证实，城市公共服务促进常住人口增长的作用不明显，意味着现有的城市公共服务对外来人口尚不具有吸引力，仍需大力加强，才有可能起到吸引人口的作用。尤其对东北地区而言，其面临人口大量流失的紧迫形势，更应充分发挥城市公共服务在吸引常住人口方面的作用，利用好现有互联网资源，稳定现有人口，并通过大力提升医疗、影剧院和互联网资源的质量，逐步吸引人口流入城区。加强养老医疗服务的信息化建设，尤其是健康大数据应用，促进医疗卫生服务体系高质量发展。实际上，东北地区的医疗和教育资源都比较丰富，不仅三甲医院众多，而且双一流高校也有不少，这体现出老牌工业基地实力雄厚。面对少子化、老龄化和人口外流的影响，东北三省要科学规划基础教育资源、医疗资源的规模与布局。①

其次，要加强市场化观念和积极推进市场化进程。东部沿海地区经济高速发展的一条重要经验就是充分运用了市场机制，具体的方式是扩大对外开放，通过引进外资，发展对外贸易，使市场机制能够充分在生产、经营和服务的各个环节得以顺畅运行。以江苏为例，改革开放以来，江苏经济发展走在全国前列的基本经验：一是靠外资，二是靠民营企业。东北经济发展缓慢和人口流失则从反面印证了机制和观念转变的必要性。因此，改变东北经济发展的僵化格局首先要从变革观念着手，要打破传统计划经济的思维模式，充分发挥市场在资源配置中的作用。

需要指出的是，“一带一路”是发展的机遇，但关键还是自身产业的发展和进步，不能过分夸大“一带一路”对东北全面振兴的作用。在这方面，江苏徐州的经验值得借鉴。徐州曾是中国最重要的能源基地之一，也曾是江

---

① 于潇、高震极：《东北地区人口高质量发展面临的新挑战》，《人口学刊》2024 年第 1 期。

苏唯一一座资源型城市，基于煤炭资源优势，先后在徐州建设了煤炭、机械、化工、建材、纺织、冶金等近千家国有企业，形成了以能源、原材料和装备制造业等重工业为主的工业体系。和所有资源型城市一样，徐州面临资源枯竭、经济转型的艰巨任务。为提升产业竞争力，徐州市政府将几家市属企业进行资产重组，成立徐工集团。后来，徐工集团每年拿出占销售收入5%的资金搞技术改造和新产品研发，使企业产品附加值不断提高，自主品牌产品由起重机等 3 类发展到 21 类。徐工集团的崛起，撑起了一个城市支柱产业转型升级的脊梁。当地政府大力推进工程机械产业集群式发展，吸引卡特彼勒、利勃海尔、罗特艾德等数十家外商独资、合资工程机械企业密集落户徐州，涌现出众多龙头企业和细分市场冠军企业。徐州还发展壮大了对资源、能源依赖程度低、技术含量和附加值高的新兴产业集群。经过多年的不懈努力，徐州初步形成了“6 大主导产业+9 大新兴产业+5 大服务业产业”的现代产业体系，实现了由重变轻、由旧转新的调整，经历了“华丽转身”。[①] 徐州老工业基地转型升级实施的是“依托资源起步，甩开资源发展”的转型发展战略。

为积极推进市场化进程，东北地区有必要加强与沿海发达地区的合作，充分利用好沿海发达地区高水平的人力资本，促进技术创新，推动产业升级。在这方面，“沈阳机床”模式就值得东北其他地区借鉴。沈阳机床集团i5 智能机床开发模式值得重视和借鉴，沈阳机床集团从濒临绝境到砥砺求生再到奋力创新，开发出全球第一个使机床成为智能、互联产品的 i5 数控系统，甚至走在了德国工业 4.0 的前面。“沈阳机床”模式的重要经验是与沿海发达城市合力打造创新链。企业把研发部分放在上海等沿海发达城市完成，可以解决高技术人才匮乏的问题，同时客观上也可以减少企业对高技术研发部门的干预。

改变观念还包括对东北地区经济发展现实的重新认识。县域经济是大多

---

① 张远鹏：《关于“一带一路”与东北全面振兴的思考——基于江苏的经验与视角》，《现代经济探讨》2017 年第 4 期。

数地区经济发展的基础。东北地区人口流失与县域经济的衰退之间呈现互为因果的关系，而东北地区产业结构不合理、市场观念薄弱以及基础设施建设滞后也集中体现于县域层面。因此，如何促进县域经济的发展是推动东北地区经济转变的关键所在，对外开放则是盘活县域经济的关键步骤，要从小处着眼。对边境县域而言，可以积极推进边境贸易，利用互联网平台促进跨境贸易，大力开发边境旅游，有效促进服务业发展。对非边境县域则要积极对接大城市，利用大城市的辐射作用促进县域经济发展，特别是推动产业转型升级。

B.16
中国式现代化新征程中粤港澳大湾区的新定位与新任务

毛艳华　张 超*

摘　要：　规划建设粤港澳大湾区，既是新时代推动形成全面开放新格局的新尝试，也是推动“一国两制”事业发展的新实践。《粤港澳大湾区发展规划纲要》发布实施以来，粤港澳大湾区在探索中国式现代化道路上形成了制度、载体、区位、动力、环境5个方面的明显优势。在中国式现代化新征程上习近平总书记赋予粤港澳大湾区“一点两地”的战略定位和历史使命。深刻把握“一点两地”战略定位的理论内涵、重大任务和实践要求，在新征程上推进粤港澳大湾区建设，围绕提升粤港澳大湾区在国家对外开放中的支撑引领作用、创新区域合作机制推动粤港澳大湾区市场一体化、以产业核心技术强化粤港澳科技联合创新、建设物质文明和精神文明相协调的示范区、以“一国两制”探索三地社会治理与公共政策的对接等5个方面的新任务，制定体现粤港澳大湾区优势特色的实现路径，加快建设国际一流湾区和世界级城市群，建设中国式现代化的引领地。

关键词：　新优势　新定位　新任务　粤港澳大湾区

一　中国式现代化新征程中粤港澳大湾区的新优势

作为区域经济发展的高级形式，粤港澳大湾区以开放、创新、宜居和国

* 毛艳华，中山大学区域开放与合作研究院院长，中山大学港澳珠江三角洲研究中心教授，主要研究方向为区域经济学、国际贸易和粤港澳区域合作等；张超，中山大学港澳珠江三角洲研究中心博士研究生。

际化特征著称。粤港澳大湾区经济总量超过 14 万亿元，常住人口超过 8700 万人，在综合实力、科技创新、对外开放和绿色发展方面全国领先，拥有强大的经济集聚功能和辐射带动效应，在探索中国式现代化道路上正在积累经验和形成示范，具备明显的优势，发挥出强大的引领作用。在新时代新征程上，粤港澳大湾区建设中国式现代化引领地具有制度、载体、区位、动力等方面的明显优势。

（一）制度优势：新时代改革开放的新高地

粤港澳大湾区的制度优势主要体现在“一国两制”下香港、澳门继续保持高度自由开放、同国际规则顺畅衔接，以及通过改革创新体制机制，不断深化对外开放深度和广度的优势。2019 年 8 月，中共中央、国务院印发的《关于支持深圳建设中国特色社会主义先行示范区的意见》明确了新阶段深圳成为高质量发展高地、法治城市示范、城市文明典范、民生幸福标杆、可持续发展先锋的战略定位，并提出到 21 世纪中叶，深圳以更加昂扬的姿态屹立于世界先进城市之林，成为竞争力、创新力、影响力卓著的全球标杆城市。2020 年 10 月印发的《深圳建设中国特色社会主义先行示范区综合改革试点实施方案（2020—2025 年）》进一步指出未来深圳要完善要素市场化配置体制机制，支持在土地管理制度上深化探索，支持在资本市场建设上先行先试，特别提出了加大制度型开放力度，支持以规则衔接深化粤港澳大湾区合作发展。

2021 年 9 月 5 日和 6 日，中共中央、国务院相继印发《横琴粤澳深度合作区建设总体方案》和《全面深化前海深港现代服务业合作区改革开放方案》两份文件，聚焦推动粤港澳大湾区创新发展。在《全面深化前海深港现代服务业合作区改革开放方案》中，提出打造全面深化改革创新试验平台、建设高水平对外开放门户枢纽两方面的深化改革开放任务，进一步扩展前海合作区发展空间；在《横琴粤澳深度合作区建设总体方案》中，以更加有力的开放举措统筹推进粤澳深度合作，大力发展促进澳门经济适度多元的新产业，加快建设便利澳门居民生活就业的新家园，着力构建与澳门一体化高水平开放的新体系，不断健全粤澳共商共建共管共享的新体制，支持澳门更好融入国家发展大局，为澳门“一国两制”实践行稳致远注入新动能。在 2022 年 6 月国务院印发的《广州南沙深化面向世界的粤港澳全面合作总体方案》中，进一步明确了强化粤港澳科技联合创新，建设科技创新产业合作基地，同时提出有序推进金融市场互联互通。2023 年 8 月印发的《河套深港科技创新合作区深圳园区发展规划》中，提出要在河套深港科技创新合作区建设具有国际竞争力的产业中试转化基地，全面对接国际科研管理体制机制。

以上各项改革创新政策可以看出，中央支持粤港澳大湾区发挥“一国两制”制度优势，率先深化改革开放。在宏观层面，通过深化改革，营造市场化、法治化、国际化的营商环境，实施人才政策，打造高水平对外开放门户；在中观层面，通过强化粤港澳协同合作，携手打造重大创新合作平台，发展科技研发和高端制造产业；在微观层面，加快完善与企业技术成果转化相关的制度，改革科研项目立项和组织方式等。因此，拥有先行先试的制度创新优势，粤港澳大湾区全面深化改革的全新探索，为其高质量发展奠定了坚实的制度基础。

（二）载体优势：充满活力的世界级城市群

改革开放以后，粤港澳经贸交流推动了珠三角地区的工业化、城市化与现代化进程，珠三角地区成为“世界工厂”，粤港澳大湾区成为充满活力的世界级城市群。习近平总书记指出，要抓住建设粤港澳大湾区重大机遇，携手港澳加快推进相关工作，打造国际一流湾区和世界级城市群。在中国式现代化新征程中，粤港澳大湾区的载体优势主要体现为通过建设各类国际交流合作平台，促进各类要素自由跨境流动，实现粤港澳大湾区更高水平的协同发展。

第一，港澳服务业和服务能级优势。港澳拥有金融、科技、商贸、文化等国际性服务平台，是联结内地与国际市场的重要通道，促进了资源开放共享与互联互通。“十四五”规划进一步强化了香港和澳门的功能地位，香港积极建设亚太区国际法律及解决争议服务中心、国际创新科技中心、区域知识产权贸易中心和中外文化艺术交流中心。《粤港澳大湾区规划纲要》提出，“澳门要以中华文化为主流，发展一个多元文化共存的交流合作基地”。同样，“十四五”规划明确澳门建设世界旅游休闲中心、中国与葡语国家商贸合作服务平台，打造以中华文化为主流、多元文化共存的交流合作基地。澳门可以充分发挥对接葡语国家的窗口作用，打造中国-葡语国家金融服务平台。横琴粤澳深度合作区拥有中医药产业基础，积极打造粤澳合作中医药科技产业园，建立具有自主知识产权和中国特色的医药创新研发与转化平台。

第二，广州商贸服务与深圳创新平台。习近平总书记在广东考察时强调“广东锚定强国建设、民族复兴目标，围绕高质量发展这个首要任务和构建新发展格局这个战略任务，在全面深化改革、扩大高水平对外开放、提升科技自立自强能力、建设现代化产业体系、促进城乡区域协调发展等方面继续走在全国前列，在推进中国式现代化建设中走在前列”。[①] 作为粤港澳大湾区的中心城市，广州正在建设国际消费中心城市，形成三大特色消费体系。着力打造产业型消费体系，广州出台打造时尚之都三年行动方案、时尚产业集群高质量发展三年行动计划、汽车产业中长期发展规划、智能与新能源汽车创新发展“十四五”规划等，推动实现智能网联与新能源汽车等 6 个先进制造业集群产值超千亿元。推进建设流量型消费体系，推动“交通+商业+服务+消费”融合发展。在打造服务型消费体系方面，广州作为全国唯一率先开展国际消费中心城市培育和服务业扩大开放综合试点的副省级城市，充分发挥服务业对核心产业竞争力的支撑作用，探索先进制造业与现代服务业融合发展，推动产业链向研发设计等价值链高端攀升，获批 5 个国家特色服务出口基地。同样，作为粤港澳大湾区内地的另一个中心城市，根据《深圳市可持续发展规划（2017—2030 年）》，深圳到 2025 年将建成现代化

① 《广东激活改革、开放、创新“三大动力” 奋力在推进中国式现代化建设中走在前列》，“羊城派”百家号，2024 年 4 月 11 日，https://baijiahao.baidu.com/s?id=1795988617487161557&wfr=spider&for=pc。

国际化创新型城市。2022 年深圳全社会研发投入占地区生产总值比重达到 5.5%~6.0%，国家级高新技术企业突破 2.2 万家，深圳国家高新区营业收入达 3.18 万亿元。深圳未来将在推动粤港澳大湾区建设国际科技创新中心方面发挥重要作用。

第三，共建“一带一路”的重要枢纽。粤港澳大湾区拥有世界级港口群和空港枢纽，通过深入对接共建“一带一路”国家和地区发展需求，整合珠三角地区优势产能、国际经贸服务机构等“走出去”资源，与香港专业服务机构合作，共同构建线上线下一体化的国际投融资综合服务体系，打造中国企业“走出去”的综合服务基地。打造对外经贸合作平台，依托广东现有的产业和市场基础，携手港澳不断深化对外经贸合作。

（三）区位优势：“双循环”新发展格局的战略支点

粤港澳大湾区连通国内和国际市场，产业链供应链价值链高度国际化，是构建“双循环”新发展格局的战略支点。习近平总书记在广东考察时指出，粤港澳大湾区不仅是我国开放程度最高、经济活力最强的区域之一，在国际坐标系上的经济地位也举足轻重。[①] 在中国式现代化新征程中，粤港澳大湾区的区位优势主要体现为跨境合作条件优越，拥有一流的互联互通基础设施，具备成熟的资本市场与完备的产业体系。

第一，互联互通的基础设施。粤港澳大湾区建设的目标任务之一是构建互联互通的基础设施。自 2017 年 7 月 1 日《深化粤港澳合作　推进大湾区建设框架协议》签署以来，粤港澳大湾区基础设施互联互通成效明显。“轨道上的大湾区”从蓝图变为现实。在 2018 年 10 月港珠澳大桥全面通车后，粤港澳大湾区另一个“超级工程”深圳至中山跨江通道（深中通道）项目已于 2024 年 6 月全面通车，为粤港澳大湾区的互联互通增添新动力。“十四五”期间，广东提出要加快建设以粤港澳大湾区为核心，汕头、湛江和韶

---

① 《粤港澳，向国际一流湾区迈进》，中国政府网，2019 年 3 月 1 日，https：//www.gov.cn/zhengce/2019-03/01/content_ 5369469.htm。

关为极点，轴带支撑、多向联通的综合交通布局。到 2025 年，总体建成贯通全省、畅通国内、连接全球的现代综合交通运输体系，基本实现“12312”出行交通圈和“123”快货物流圈。互联互通的基础设施为粤港澳大湾区生产要素便捷流通提供了强有力的支撑。

第二，进出口物流通道与供应链发达。相较于京津冀协同发展、长三角一体化等重大区域发展战略，粤港澳大湾区的进出口物流通道与供应链对全国构建新发展格局具有重要意义。2003 年《内地与澳门关于建立更紧密经贸关系的安排》（CEPA）实施，2015 年广东自由贸易试验区建设，以及 2009 年粤港澳大湾区建设，这些重大战略实施和通关便利化改革在很大程度上解决了粤港澳三地市场有形门槛、隐性门槛过高等问题。自粤港澳大湾区建设以来，前海合作区对港澳扩大服务领域开放，在服务业职业资格、服务标准、认证认可等领域，深化与港澳规则对接。目前粤港澳大湾区启动“数字湾区”建设，粤港澳三地建立“数字湾区”联合工作机制，并在智慧城市共建、政务服务“跨境通办”、泛公共服务与资讯聚合、数字化招商引资、数字化人才培养、数字化均衡发展等重点领域率先取得突破。

第三，要素高效便利流通。广东拥有改革开放的基因，市场化改革走在全国前列。粤港澳大湾区一体化市场构建对全国充分开放的统一大市场建设具有示范效应。党的十八届三中全会提出，建设统一开放、竞争有序的市场体系，是使市场在资源配置中起决定性作用的基础。党的十九大提出，清理废除妨碍统一市场和公平竞争的各种规定和做法。党的二十大报告提出，构建全国统一大市场，深化要素市场化改革，建设高标准市场体系。“澳车北上”和“港车北上”创新政策是粤港澳大湾区运输自由的新探索，粤港澳大湾区内投资、贸易、资金、运输、人员从业以及数据流动正在变得更加自由便利。在粤港澳大湾区科技创新合作方面，深港科技创新合作深圳园区充分利用与整合粤港澳大湾区优势产业资源、汇聚全球科技创新要素、连接国际和国内市场的特殊优势，通过快速接驳香港国际机场、深圳宝安国际机场、广深港高铁福田站等大型交通枢纽站点，与深圳光明科技城、香港科技园等创新节点形成“半小时科研圈”。随着粤港澳大湾区市场一体化水平不断提高，生产要素的跨境流动将变得更加开放和灵活。

（四）动力优势：区域创新综合能力排名全国第一

创新是第一动力。粤港澳大湾区作为国际科技创新中心和综合性国家科学中心，正在形成创新驱动的经济发展模式。习近平主席向 2021 年大湾区科学论坛致贺信指出：“粤港澳大湾区要围绕建设国际科技创新中心战略定位，努力建设全球科技创新高地，推动新兴产业发展。”[①] 在中国式现代化新征程上，粤港澳大湾区的动力优势主要体现为具有良好的科技创新基础条件，粤港澳科技合作成效显著。

第一，粤港澳大湾区区域创新能力明显增强。企业、高校和研发机构的创新能力和创新成果不断增强。截至 2022 年，广东区域创新能力实现全国“五连冠”。广东研发人员超过 110 万人。广东高新技术企业数量从 2016 年的 1.8 万家增加至 2022 年的 6.9 万家，增长约 2.8 倍，[②] 占全国的比重约为两成。高新技术企业的创新实力走在全国前列，企业创新主体作用突出。在高校及研发机构建设方面，粤港澳大湾区拥有各类高等院校 173 所，占全国总数的 6%，总量居全国首位，为区域创新能力的提升提供充足的后备人才。自《粤港澳大湾区发展规划纲要》实施以来，有近 20 家高等教育机构正在或计划推进建设。新型研发机构建设稳步推进，粤港澳大湾区共设立了 277 家新型研发机构，其中，6 所港澳高校在广东参与共建了 9 家新型研发机构，粤港澳三地科研机构协同促进科技创新成果的孵化和转化，打造世界一流的试点转化服务平台，产出一批科技和产业创新成果，为粤港澳大湾区建设持续提供高质量的科技创新供给。

---

① 《新思想引领新征程丨〈粤港澳大湾区发展规划纲要〉公布五年来　新阶段粤港澳大湾区建设纵深推进》，央广网，2024 年 2 月 19 日，http：//china.cnr.cn/news/sz/20240219/t20240219_ 526598720.shtml。

② 《广东区域创新综合能力领跑全国　实现“五连冠”高新技术企业总数 5 年接近翻番》，广东省人民政府网站，2022 年 6 月 3 日，https：//www.gd.gov.cn/hdjl/hygq/content/post_3943629.html。

第二，高端科研资源在粤港澳大湾区加速汇聚。粤港澳大湾区拥有重大科技基础设施集群以及高水平多层次实验室体系。2023 年 9 月，投资近 10 亿元的深圳合成生物大科学装置正在进行启用之前最后的调试。合成生物大科学装置所在的深圳光明科学城，是粤港澳大湾区综合性国家科学中心先行启动区的重要组成部分。目前有大科学装置、广东省实验室等 20 多个科技创新载体陆续落地并投入使用。广东已初步构建起以鹏城实验室、广州实验室为引领的高水平多层次实验室体系，散裂中子源、强流重离子加速器装置等一批重大科技基础设施也相继落成，世界一流的重大科技基础设施集群正在粤港澳大湾区加速成形，粤港澳三地协同打造粤港澳大湾区国际科技创新中心。

第三，粤港澳大湾区科技合作快速推进。在联合实验室建设方面，香港中文大学、香港理工大学、香港城市大学、香港科技大学、香港大学、香港浸会大学、澳门科技大学、澳门大学等 8 所港澳院校参与联合实验室建设。20 家联合实验室的共建单位为 96 家次，平均每家联合实验室由 4.8 家单位联合共建，其中港澳单位出现 42 家次，占共建单位的 43.75%。结合国家发展战略及粤港澳大湾区科技创新及产业发展实际需求，粤港澳大湾区科技协同的研究领域聚焦湾区优势学科，包括人工智能、环境科技、生物医药、先进制造、新能源和新一代信息技术等领域。其中，人工智能联合实验室有 2 家，环境科技联合实验室有 4 家，生物医药联合实验室有 5 家，先进制造联合实验室有 3 家，新能源联合实验室有 3 家，新一代信息技术联合实验室有 3 家。这些领域均是粤港澳大湾区的优势学科门类，也是国家发展战略的重要方向。粤港澳三地已形成实质性的科技创新合作，“深圳-香港-广州”科技集群排名全球第二，未来粤港澳大湾区将继续致力于提升科技协同创新绩效，实现高水平科技创新自立自强，打造世界科技创新高地。

二　中国式现代化新征程中粤港澳大湾区的新定位

自《粤港澳大湾区发展规划纲要》发布实施以来，围绕推动区域经济协调发展、构建开放型经济新体制、建设国际科技创新中心和探索“一国两制”新实践等目标使命，坚持目标导向，围绕实现目标发现问题、解决问题，高质量建设粤港澳大湾区取得阶段性成效，国际一流湾区和世界级城市群框架基本形成。2023 年 4 月，习近平总书记第四次来广东考察，明确提出，“使粤港澳大湾区成为新发展格局的战略支点、高质量发展的示范地、中国式现代化的引领地”。[①] 在中国式现代化新征程上，习近平总书记赋予粤港澳大湾区“一点两地”的战略定位和历史使命，为建设粤港澳大湾区明确了重大任务和指明了前进方向。

（一）把粤港澳大湾区建设为新发展格局的战略支点

加快构建新发展格局，是党的二十大提出的一项战略任务。我国是一个超大规模经济体，而超大规模经济体可以也必须内部可循环。加快构建以国内大循环为主体、国内国际双循环相互促进的新发展格局，一方面，依赖于充分开放的全国统一大市场的形成，增强国内国际两个市场、两种资源的联动效应，不断提升国内大循环内生动力、可靠性和国际竞争力，不断增强对国际循环的吸引力、推动力；另一方面，依赖于高水平现代化产业体系的建设，在全球产业体系和产业链供应链呈现多元化布局、区域化合作、绿色化转型、数字化加速的态势下，确保国内各产业有序链接、高效畅通和经济循环畅通。

在构建新发展格局中，粤港澳大湾区探索充分开放的全国统一大市场具有不可替代的优势和引领示范作用。在粤港澳大湾区，港澳具有全面对接国际高标准市场规则体系的独特优势，而粤港澳大湾区是国内市场规则体系与国际市场规则体系的对接与转换之地。粤港澳大湾区还拥有通达全球的空港群和海港群，近年来基础设施互联互通、规则衔接和机制对接等各个方面的区域市场一体化水平提升明显。在建设高水平现代化产业体系方面，粤港澳

---

① 《成为新发展格局的战略支点》，“光明网”百家号，2023 年 9 月 5 日，https：//baijiahao.baidu.com/s？id=1776160091977274361&wfr=spider&for=pc。

大湾区的优势也十分明显。粤港澳大湾区经济活力强，开放程度高，国际化水平领先，产业体系十分完备。其中，珠三角地区的先进制造业具有体量大、配套体系全、发展空间广阔等优势；而港澳的现代服务业发达，“十四五”规划赋予香港“八大中心”和澳门“一中心、一平台、一基地”的功能定位。因此，在构建新发展格局中，粤港澳大湾区具有战略支点的作用。

提升粤港澳大湾区市场一体化水平，本质上是优化区域自由贸易制度安排。一方面，应推动香港和澳门 CEPA 升级，加快构建内地、香港、澳门单一自贸区，为粤港澳大湾区构建一体化市场奠定制度基础。另一方面，应进一步优化粤港澳大湾区中内地城市的营商环境，推动制度型开放，继续加强与港澳的规则衔接和机制对接，主动对标高水平国际投资贸易协定规则，不断提升粤港澳大湾区市场一体化水平。粤港澳大湾区建设现代化产业体系，要坚持实体经济为本、制造业当家，充分发挥港澳在现代服务业中的优势，加强粤港澳三地在先进制造业领域的战略合作，有针对性地加快补齐产业链供应链上的短板弱项，大力发展战略性新兴产业集群，加快推进传统产业集群升级，持续推动数字经济和实体经济深度融合，建设更具国际竞争力的现代化产业体系，成为新发展格局的战略支点。

（二）把粤港澳大湾区建设为高质量发展的示范地

党的二十大报告指出，高质量发展是全面建设社会主义现代化国家的首要任务。从经济学角度来看，高质量发展是从更多地依靠资源投入转向依靠创新驱动的经济增长方式。因此，在新发展阶段，只有坚持质量第一、效益优先，推动经济发展质量变革、效率变革、动力变革，提高全要素生产率，才能不断增强中国经济创新力和竞争力。在百年变局加速演进的今天，科技成为关键变量。习近平总书记指出，“全面建设社会主义现代化强国，实现第二个百年奋斗目标，必须走自主创新之路”①，并进一步强调，“我们仍要

① 《「每日一习话」必须走自主创新之路》，“央广网”百家号，2022 年 8 月 27 日，https：//baijiahao. baidu. com/s？ id = 1742265878752566531&wfr = spider&for = pc。

继续自力更生，核心技术靠化缘是要不来的”①。实现高水平科技自立自强，是中国式现代化建设的关键。

创新是湾区经济的魅力所在，科技创新力量是粤港澳大湾区高质量发展的重要依靠。一方面，粤港澳大湾区高质量发展具备坚实的科技创新基础条件。自《粤港澳大湾区发展规划纲要》实施以来，粤港澳大湾区国际科技创新中心和综合性国家科学中心加快建设，开放型区域协同创新体系布局成形，创新载体、创新主体和国际人才不断集聚发展，尤其是一批具有世界一流水平的重大科技基础设施和高水平多层次实验室布局落地，推动粤港澳大湾区原始创新能力持续增强。另一方面，粤港澳三地创新要素互补性强，港澳地区拥有基础科研和科技金融方面的科创资源优势，而珠三角地区拥有高端制造业和创新型企业的产业体系优势，“一国两制”下粤港澳大湾区也能通过对内对外双向开放汇集全国乃至全球的科创和产业要素并融会贯通，从而通过“自主研发+国际合作”促进粤港澳大湾区整体科创能力和产业体系的高质量发展。根据世界知识产权组织（WIPO）发布的《2023 年全球创新指数报告》，粤港澳大湾区“深圳-香港-广州”创新集群仅次于东京-横滨，排名全球第二。粤港澳大湾区在高质量发展中走在前列，发挥了示范效应。

将粤港澳大湾区打造成高质量发展的示范地，要加快区域科技合作的体制机制创新，进一步促进人才、技术、数据、资金等科创要素充分流动和有效配置，提升知识产权、产学研转化等科创规则衔接水平，协同构建“创新链-产业链-供应链-金融链-人才链”分工网络。要促进粤港澳大湾区科技研发与产业创新，培育更多具有自主知识产权和核心竞争力的创新型企业。要强化企业主体地位，推进创新链、产业链、资金链、人才链深度融合，不断提高科技成果转化和产业化水平。要推进粤港澳大湾区人才高地建设，形成高端科创人才集聚效应，早日建成粤港澳大湾区国际科技创新

---

① 《习近平：核心技术靠化缘是要不来的》，光明网，2018 年 4 月 18 日，https：//m. gmw. cn/baijia/2018-04/18/28375860. html#verision=b400967d。

中心和综合性国家科学中心，努力在突破关键核心技术难题上取得更大进展。

（三）把粤港澳大湾区建设为中国式现代化的引领地

我国幅员辽阔，人口众多，各区域在资源禀赋、地理条件和经济社会发展等方面的差距明显，实现现代化的关键是促进城乡区域协调发展。进入新时代以来，我国实施一系列区域重大发展战略和推动区域协调发展战略，全面建成了小康社会，如期实现了第一个百年奋斗目标，在现代化进程取得巨大成就的同时积累了宝贵经验。通过对改革开放以来现代化的理论总结和新时代以来的实践探索，习近平总书记提出了“中国式现代化”，并全面阐述了中国式现代化的理论体系。

作为区域经济发展的高级形式，粤港澳大湾区以开放、创新、宜居和国际化特征著称。粤港澳大湾区经济总量超过 14 万亿元，常住人口超过 8700 万人，① 在综合实力、科技创新、开放和绿色发展方面全国领先，拥有强大的经济集聚功能和辐射带动效应，在探索中国式现代化道路上正在积累经验和形成示范。建设粤港澳大湾区的目标任务之一便是推动区域经济协调发展。实施《粤港澳大湾区发展规划纲要》，粤港澳大湾区东西两岸协调发展不断推进，重大合作平台建设拓展了港澳发展空间，港澳积极参与西部陆海新通道建设，携手打造“粤港澳大湾区-北部湾经济区-东盟”跨境产业链供应链，深赣港产城一体化合作区建设为推动沿海与中西部产业协作提供了示范。另外，与京津冀、长三角、海南自贸港建设等国家战略协同发力，打造了引领高质量发展的重要动力源。

习近平总书记强调：“全体人民共同富裕是中国式现代化的本质特征，区域协调发展是实现共同富裕的必然要求。”② 从中国式现代化的基本特征、

---

① 《粤港澳大湾区经济总量突破 14 万亿元　综合实力再上台阶》，中国政府网，2024 年 4 月 1 日，https：//www. gov. cn/lianbo/difang/202404/content_ 6942938. htm。

② 《人民网评：区域协调发展是实现共同富裕的必然要求》，“人民网”百家号，2023 年 4 月 18 日，https：//baijiahao. baidu. com/s？ id = 1763477806037397426&wfr = spider&for = pc。

本质要求和战略安排来看，促进共同富裕是新征程上现代化的重大任务，逐步缩小区域差距是实现共同富裕的重要途径，缩小区域差距必须促进区域协调发展，促进区域协调发展必须坚持系统思维。发挥好粤港澳大湾区在促进区域协调发展的优势，推动产业有序转移要按照“政府推动、企业主体、市场运作、合作共赢”的原则，创新促进区域协调发展的新机制，积极探索实现共同富裕的有效路径和模式。另外，粤港澳大湾区是“一国两制”下的合作，在探索中国式现代化的实践中，更需要加强社会治理与公共政策的取长补短，提高发展平衡性和协调性，实现粤港澳大湾区共同富裕的现代化新模式；在文化交流和环境保护方面加强合作，实现物质文明和精神文明相协调的现代化以及人与自然和谐共生的现代化。通过打造不同制度间的经济互利合作和人民共同富裕的典范，彰显中国式现代化的和平发展特征。

三　中国式现代化新征程中推进粤港澳大湾区建设的任务与举措

瞄准中国式现代化的新方位，在新时代新征程上推进粤港澳大湾区建设，应充分发挥好国家级重大合作平台在进一步深化改革、扩大开放、促进合作中的试验示范作用，围绕提升粤港澳大湾区在国家对外开放中的支撑引领作用、创新区域合作机制推动粤港澳大湾区市场一体化、以产业核心技术强化粤港澳科技联合创新、建设物质文明和精神文明相协调的示范区、以“一国两制”探索三地社会治理与公共政策的对接等 5 个方面的新任务，加快建设国际一流湾区和世界级城市群，建设中国式现代化的引领地。

（一）提升粤港澳大湾区在国家对外开放中的支撑引领作用

粤港澳大湾区要推进建设更高水平开放型经济新体制，进一步缩减外资准入负面清单，积极协调推进落实重大外资项目，推动共建“一带一路”高质量发展，在国家对外开放大局中起到支撑引领的作用。

第一，建立中国企业“走出去”国际化综合服务平台。以广州南沙区稳固的产业基础作依托，联合香港、澳门，加深与全球市场经贸合作。借助广州的地理优势，加强与共建"一带一路"国家的联系，整合珠三角地区的优质制造业及国际经贸服务资源。加强与香港地区的专业服务机构合作，携手构建线上线下国际金融投资服务体系，提供涵盖信息交流、项目匹配、标准协调、质量认证、财务服务及争端调解等的服务。

第二，提高广州港航服务业水平。实行外国访客 144 小时免签过境政策，对从游轮始发港入境的团队旅客给予 15 天免签证待遇。方便粤港澳大湾区居民于客运码头办理国际过境手续，简化出入境流程。取消游艇自由行的海关保证金。推进国际船舶登记体系改革，允许粤港澳大湾区内的企业为其所有船只进行国际注册，不设外资股份上限。注册港名由主管机关按照粤港澳大湾区实际需要另行确定并公布。准许国际船检机构在粤港澳大湾区开展国际注册船只的分级检验与法定检查。

第三，试行统一的跨境资金池管理。构建融合内外币的主账户，达成内外币资金的统一调度，依据宏观审慎原则管控跨境资金流，准许主账户资金参与外汇避险衍生品交易及兑换业务。保持跨境转账货币种类相同，推行禁止清单管理模式。探索地方政府债券发行的新渠道。授予深圳在一定范围内自主发行地方政府债券的权限。推出创新融资方案，批准深圳面向海外发行人民币债券。

（二）创新区域合作机制推动粤港澳大湾区市场一体化

粤港澳三地政府运行、经济体制和营商规则存在差异，需要进一步深化规则衔接、机制对接，着力破除制约要素顺畅流动的体制机制障碍。尤其是粤港澳大湾区中内地城市应加快推进高标准市场体系建设，深化要素市场化配置改革，推进社会信用体系建设，促进形成高效规范、公平竞争、充分开放的市场。

第一，构建世界一流的营商环境。加快国有资产与国企改革进程，促进国有资本运营公司转型，提升市场与专业化运作水平，落实政企、政资分离，保障国企独立市场地位与自主经营权，全方位提升粤港澳大湾区国企的综合实力与抗压能力。按照国际经贸高标准，构建开放型政策体系，不断优化商业环境。深入推进“一业一证”改革，探索单一行业许可与长效许可机制。推行商事主体确认制，创新简便注销、强制退出、承诺注销等举措，推动企业准入退出便利化。完善法制，吸引高端产业，配置全球要素，打造国际竞争环境样板。

第二，持续推动制度对接。深入开展“放管服”改革，营造市场、法治、国际化的商业氛围。尝试商事确认制，推广市场准入效能评价，迅速构建全面、多维、立体的监管架构，实施全周期、全域监管，借助全国企业信用平台，推动跨区域、跨部门信用信息共享。融合“双随机、一公开”监管与企业信用风险分类，完善与港澳食品追溯体系，搭建食品安全信息交流平台，提高粤港澳大湾区食品安全监管信息化水平。加强与港澳的协作，开通南沙至香港直航，加强南沙口岸与广深港高铁庆盛站的衔接，实行“一票全程”“一卡通行”。加强三地社保联通，增强南沙对港澳居民的吸引力，提高跨境社保服务质量。对接国际医疗认证，进行南沙医院国际评审，简化国际保险理赔流程。

（三）以产业核心技术强化粤港澳科技联合创新

粤港澳大湾区应深入实施创新驱动发展战略，推动粤港澳大湾区高校优势学科发展能级跃升，强化粤港澳科技联合创新，有针对性地开展关键核心技术攻关，加快建设粤港澳大湾区国际科技创新中心和综合性国家科学中心。

第一，促进粤港澳大湾区高等教育机构优势学科建设。加快建设世界级研究型高校、科研机构、试验基地与国家重点实验室，提升粤港澳大湾区原始创新能力。鼓励粤港澳三地高校联合设立研究生院，联动培养创新型人才。倡导三地高校、科研单位及企业共同承担国家重大科技专项、重要科技创新项目及关键研发计划，参与国际大科学计划与大科学工程。针对粤港澳大湾区战略产业重点方向及未来产业前沿领域，共建卓越研究中心、前沿交叉研究平台、人工智能应用示范平台、数字经济与金融科技超算集群、“量子谷”等世界级科技创新平台，深化科技创新与产业融合。强化粤港澳大湾区科研投入，与香港合作，吸引国际顶尖研发机构入驻，设立联合研发中心，推动粤港澳大湾区科研能力提升。

第二，强化粤港澳三地科技创新合作。以创新合作为契机，探索交叉学科基础研究与关键核心技术突破的新路径，赋予科研人员科技成果长期使用权。推动金融、科技与产业深度结合，探索科技金融创新业态、新型模式。共同探索新技术、新业态的治理方法，创新国际经贸规则，逐步构建包容审慎的监管体系，完善数字化治理规则，提升监管效能，坚决制止不正当竞争行为。充分发挥深港科技产业互补优势、园区跨境合作优势、深圳园区海关特殊监管区域优势，构建高水平开放的国际科研体制，与香港及国际先进科研规则对接。

（四）建设物质文明和精神文明相协调的示范区

粤港澳大湾区需坚定文化自信，促进文化事业与文化产业繁荣，逐步增强文化软实力，拓展中华文化的国际影响力，打造富有国际吸引力的文化湾区与休闲湾区。

第一，高水平建设文化湾区。推进文化湾区深入建设，全面调动粤港澳大湾区各市作为岭南文化核心与内外文化交流枢纽的资源，推动中华优秀传统文化的创新与发展。合力塑造彰显岭南韵味、中国特质的世界级文化产业与文化品牌。建立长效的人文社科融合协作体系，拓展教育、文化、旅游、体育等领域的合作，举办高规格的粤港澳大湾区华侨华人集会、传媒高峰论坛、智库高端研讨等文化活动。加快文化与旅游的融合发展进程，打造世界级旅游目的地。着眼于文化供给的质量与内涵，激发文化市场活力，提高开放水平，塑造“创意强、消费强、品牌强”的文化创意引领城市与全球文化中心，构建与一流湾区匹配的国际传播要地与影响力核心。

第二，提升公共文化服务水平。推进公共文化服务体系融合，创新发展新型文化业态，广泛开展群众性文化活动，推动公共文化服务数字化转型。组建剧院、博物馆、美术馆、公共图书馆等公共文化设施联盟。构建粤港澳大湾区文化信息网络，推进公共文化数字化资源共享。探索创新大众艺术创作传播模式，强化粤港澳大湾区群众艺术交流合作，引入优质群众艺术作品，培育群众艺术人才团队，开展粤港澳大湾区群众文化品牌活动。

（五）以“一国两制”探索三地社会治理与公共政策的对接

新时期粤港澳三地应加强社会治理与公共政策对接，推动就业、创业、教育、医疗、居住、社保等民生领域合作不断取得新突破，着力打造宜居宜业宜游优质生活圈。

第一，强化公共政策领域协同。优化港澳居民跨境医疗服务，完善医疗紧急转运、保险理赔等服务协调机制，探索特定医疗机构接受香港“长者医疗券”。支持横琴粤澳深度合作区澳门居民参加职工医疗保险，支持澳门居民参加失业保险和城乡居民医疗保险。关注粤港澳居民普遍关心的就业、创业、教育、医疗、住房、社会保障等领域，三地出台相应扶持措施，加速构建优质公共服务、宜居宜业的环境，提升粤港澳大湾区民众的获得感与幸福感。

第二，推进粤港澳三地跨境事务便捷化。加强与港澳在交通、通信、信息、支付等方面的法规对接，为港澳青年在粤港澳大湾区学习、工作、居住、生活、创业、就业提供便利。强化粤港澳三地社会保险互联互通，提升在粤港澳大湾区就业的港澳居民福利待遇，提高港澳居民社会保障事务跨境通办水平。支持香港、澳门及国际优质医疗机构在粤港澳大湾区设立医疗服务点。进一步落实“港澳药械通”“湾区社保通”，推动粤港澳民生服务一体化。接轨国际医院认证标准，开展粤港澳大湾区国际医院认证工作，便利国际保险报销流程。

第三，深化粤港澳三地法律服务合作。推进粤港澳大湾区（广州·南沙）法律服务集聚区、前海深港国际法律区、横琴国际商事争议解决中心、琴澳仲裁合作平台建设，强化三地在仲裁和调解法律服务领域的合作。争取港澳调解员获得特邀调解员资格，为争议解决提供专业服务。支持横琴粤港澳重点项目争议国际调解中心完善项目争议解决机制，扩大国际调解员队伍规模。优化国际司法协作体系，以经济特区的国际仲裁机构为依托，创建粤港澳大湾区国际仲裁总部，健全涉外法律服务与纠纷调解机制。激励经济特区的国际仲裁机构率先构建符合国际投资仲裁标准的核心，招揽国际组织及全球知名的仲裁专家介入，构建国际仲裁官与调解专员的交流平台。

参考文献

陈建敏等：《促进粤港澳大湾区协同创新的科技载体平台建设实践与发展思考》，《科技管理研究》2022 年第 24 期。

范晔：《粤港澳大湾区科技创新体系整体效能提升研究》，《学术论坛》2023 年第 3 期。

方创琳、王洋：《粤港澳大湾区建设世界级超大城市群的特殊性与行动路径》，《城市与环境研究》2022 年第 1 期。

卢晓中：《区域约束力视域下粤港澳大湾区高等教育合作发展的制度框架》，《高等教育研究》2022 年第 7 期。

毛艳华：《粤港澳大湾区协调发展的体制机制创新研究》，《南方经济》2018 年第 12 期。

毛艳华等：《建立高质量城市发展标杆：南沙更高水平对外开放》，《城市观察》2023 年第 3 期。

B.17

西南边疆自贸试验区建设进展研究

张高原*

摘　要： 2023年是云南、广西两个自贸试验区深化改革和加速创新的重要一年，两省（区）自贸试验区都在深化改革的指导政策下，推进高水平制度型对外开放。2023年，云南、广西两个自贸试验区建设提速，表现在以下几个方面：进出口贸易显著增长、贸易便利化向纵深发展、联动创新协同发展、创新由“试验”转为“高产”、推动与周边国家联动发展合作链等。然而，西南边疆自贸试验区也面临自身发展不平衡、周边环境安全问题突出等内外部挑战，但仍有良好的发展前景。

关键词： 西南边疆　自贸试验区　高水平开放

2023年是我国自由贸易试验区（以下简称“自贸试验区”）建设的10周年，也是西南边疆自贸试验区建设的4周年。西南边疆地区的自贸试验区包括云南、广西两个自贸试验区。2019年8月，国务院批复建立山东、江苏、广西、河北、云南、黑龙江等6个自贸试验区，是全国第5批自贸试验区，而西南边疆两个自贸试验区也成为我国首批沿边省（区）建立的自贸试验区。2020年初，习近平总书记考察云南时提出“高标准推进中国（云南）自由贸易试验区改革创新发展”。[①] 2021年4月，习近平总书记在广西考察时

* 张高原，中国社会科学院中国边疆研究所助理研究员，主要研究方向为边疆治理。

① 《云南省人民政府办公厅关于印发“十四五”中国（云南）自由贸易试验区建设规划的通知》，云南省商务厅网站，2022年6月22日，https://swt.yn.gov.cn/articles/39378。

指出，办好自由贸易试验区，把独特区位优势更好转化为开放发展优势。[①] 近年，西南边疆两个自贸试验区不断深化改革创新，共同打造面向周边开放的前沿高地。尤其是2023年，西南边疆自贸试验区建设进入新阶段，改革创新不断提速。

一 西南边疆自贸试验区的基本情况

（一）云南、广西自贸试验区概况

西南边疆自贸试验区基本情况如表1所示。

表1 西南边疆自贸试验区基本情况

项目	云南自贸试验区	广西自贸试验区
批复建立时间	2019年	2019年
片区（面向国家）	昆明片区:76.00平方千米 德宏片区(缅甸):29.74平方千米 红河片区(越南):14.12平方千米	南宁片区:46.80平方千米 崇左片区(越南):15.00平方千米 钦州港片区(向海):58.19平方千米
战略定位	形成我国面向南亚东南亚辐射中心、开放前沿	形成21世纪海上丝绸之路和丝绸之路经济带有机衔接的重要门户
发展目标	经过三至五年改革探索,对标国际先进规则,形成更多有国际竞争力的制度创新成果,推动经济发展质量变革、效率变革、动力变革,努力建成贸易投资便利、交通物流通达、要素流动自由、金融服务创新完善、监管安全高效、生态环境质量一流、辐射带动作用突出的高标准高质量自由贸易园区	经过三至五年改革探索,对标国际先进规则,形成更多有国际竞争力的制度创新成果,推动经济发展质量变革、效率变革、动力变革,努力建成贸易投资便利、金融服务完善、监管安全高效、辐射带动作用突出、引领中国-东盟开放合作的高标准高质量自由贸易园区

① 《【以优异成绩迎接自治区第十二次党代会召开】努力打造国内国际双循环重要节点枢纽》，广西来宾市合山市人民政府网站，2021年11月15日，http：//www.heshanshi.gov.cn/gdtt/t10781364.shtml。

续表

项目	云南自贸试验区	广西自贸试验区
主要任务	加快转变政府职能 深化投资领域改革 推动贸易转型升级 深化金融领域开放创新 创新沿边经济社会发展新模式 加快建设我国面向南亚东南亚辐射中心	加快转变政府职能 深化投资领域改革 推动贸易转型升级 深化金融领域开放创新 推动创新驱动发展 构建面向东盟的国际陆海贸易新通道 形成"一带一路"有机衔接的重要门户

资料来源：《中国（云南）自由贸易试验区总体方案》《中国（广西）自由贸易试验区总体方案》。

（二）西南边疆自贸试验区的重要政策

第一阶段：自贸试验区的启动。2019 年，国务院印发了关于云南、广西等 6 个自由贸易试验区总体方案。这是指导西南边疆自贸试验区的第一份重要文件。文件对自贸试验区的战略定位和功能布局做了详细规定。此后，两个自贸试验区进入建设阶段，两省（区）陆续出台一系列政策推动自贸试验区发展。广西于 2020 年 1 月发布了《中国（广西）自由贸易试验区建设实施方案》①，以推动国务院关于自贸试验区总体方案的落实。

第二阶段：自贸试验区探索发展。2020 年 11 月 15 日，中国与东盟 10 国等 15 个国家正式签署《区域全面经济伙伴关系协定》（RCEP），全球最大的自由贸易协定正式达成。2021 年 5 月 30 日，云南自贸试验区抢抓 RCEP 新机遇，率先发布《中国（云南）自由贸易试验区参与〈区域全面经济伙伴关系协定〉（RCEP）行动方案》,② 引领和推动自贸试验区参与对接 RCEP，实现高水平对外开放。2021 年 7 月 18 日，广西发布《关于以中国（广西）自由

① 《中国（广西）自由贸易试验区建设实施方案》，广西壮族自治区人民政府网站，2020 年 2 月 13 日，http：//www. gxzf. gov. cn/html/zfwj/zzqrmzfwj_ 34845/t17430952. shtml。

② 《中国（云南）自由贸易试验区参与〈区域全面经济伙伴关系协定〉（RCEP）行动方案》，云南省商务厅网站，2021 年 5 月 30 日，https：//swt. yn. gov. cn/uploads/attachments/8858da30-a122-4dc7-8218-dec39adf0172. pdf。

贸易试验区为引领加快构建面向东盟的跨境产业链供应链价值链的实施意见》,[①] 要求自贸试验区主动对接 RCEP，积极承接跨境产业链关键环节，主动服务和融入新发展格局。2022 年，西南边疆两个自贸试验区经历了近 3 年的探索，取得了不少成效。两省（区）开始对自贸试验区高质量发展展开探索。云南于 2022 年 6 月发布《中国（云南）自由贸易试验区高质量发展的若干意见》（以下简称《意见》）,[②] 赋予自贸试验区更大的改革自主权，在推动产业集聚发展、持续推进金融对外开放、打造国际化人才环境等方面做出了相应指导并落实到相关责任单位。该《意见》有效期至 2024 年 12 月 31 日，云南将用两年半的时间将自贸试验区的发展推到一个更高的层次。2022 年 6 月《“十四五”中国（云南）自由贸易试验区建设规划》[③] 出台，指出要以自贸试验区高水平开放推动高质量发展。10 月广西出台《关于设立中国（广西）自由贸易试验区协同发展区的指导意见》[④]，提出协同制度创新、协同产业发展、协同物流建设、协同要素共享、协同服务配套等，以推动自贸试验区与具备条件的区域协同发展，推动改革创新。

第三阶段：自贸试验区深化改革。2023 年是国务院关于两个自贸试验区总体方案中提到“三至五年”发展目标的后半程，两省（区）加快自贸试验区建设取得了阶段性成果，并加快改革开放步伐。两省（区）自贸试验区在 2023 年都提出深化改革的指导政策，都聚焦如何与国际先进规则衔接，以此推进高水平制度型对外开放。2023 年 2 月，广西发布《进一步深

① 《关于以中国（广西）自由贸易试验区为引领加快构建面向东盟的跨境产业链供应链价值链的实施意见》，广西壮族自治区人民政府网站，2021 年 7 月 22 日，http：//www. gxzf. gov. cn/zfgb/2020nzfgb_20210226/d14q202024_109781/zzqrmzfwj2020122121/t9879063. shtml。

② 《中国（云南）自由贸易试验区高质量发展的若干意见》，云南省人民政府网站，2010 年 6 月 10 日，https：//www. yn. gov. cn/zwgk/zcwj/zxwj/202006/t20200610_205368. html。

③ 《“十四五”中国（云南）自由贸易试验区建设规划》，云南省人民政府网站，2022 年 7 月 4 日，https：//www. yn. gov. cn/zwgk/zcwj/yzfb/202207/t20220704_243831. html。

④ 《关于设立中国（广西）自由贸易试验区协同发展区的指导意见》，广西壮族自治区商务厅网站，2022 年 10 月 10 日，http：//swt. gxzf. gov. cn/zfxxgk/fdzdgknr/gfxwj/t13884785. shtml。

化中国（广西）自由贸易试验区改革开放方案》（以下简称《方案》）①，提出通过2023~2025年三年实践，将广西自贸试验区建成高水平制度型开放先行区和试验田。《方案》同样提出要提高与区域性协定对接的能力，要提升对接RCEP规则以及对接《全面与进步跨太平洋伙伴关系协定》（CPTPP）规则的能力，进一步与国际经贸规则相衔接。2023年3月，云南发布《中国（云南）自由贸易试验区深化改革开放方案》②。这是云南积极系统全面谋划自贸试验区今后一个时期深化改革创新的方向、目标和举措等形成的制度性文件，以指导自贸试验区建设，推动云南制度型开放。要通过3~5年的探索，推动完善云南自贸试验区与国际高标准经贸规则对接的制度体系。《方案》特别提出要建立实施RCEP先行示范区，对标国际先进规则。

二　西南边疆自贸试验区的特点

西南边疆两个自贸试验区具有沿边性、创新性、联动性、平台性、通道性五大特点。

（一）沿边性

西南边疆的云南、广西自贸试验区是我国第一批在沿边省（区）设立的自贸试验区。从地理位置来看，两个自贸试验区的首要特点就是沿边。具体来看，在云南自贸试验区的3个片区中，德宏片区和红河片区设立在沿边的地州，而在省会城市设立的昆明片区，因“托管磨憨”新模式的建立，也成为具有沿边特性的片区。3个片区正好分别面向3个主要邻国缅甸、越南、老挝。在广西自贸试验区的3个片区中，崇左片区设立在沿边的地市，

① 《进一步深化中国（广西）自由贸易试验区改革开放方案》，广西壮族自治区人民政府网站，2023年2月8日，http://www.gxzf.gov.cn/html/zfgb/2023nzfgb/d9q202305_185191/zzqrmzfwj20220520/t16563122.shtml。

② 《中国（云南）自由贸易试验区深化改革开放方案》，云南省人民政府网站，2023年3月22日，https://www.yn.gov.cn/zwgk/zfxxgkpt/fdzdgknr/zcwj/zdgkwjyzf/202303/t20230322_2567400.html。

主要面向越南。因其“沿边”的地理位置，西南边疆两个自贸试验区也将“跨境”作为主要特色，在推动跨境合作中出台各类创新举措。

（二）创新性

自贸试验区是我国对接国际经济贸易规则、高水平对外开放的“试验田”。自贸试验区自身具有的“试验性”决定了其将通过改革创新探索开放新路径。西南边疆自贸试验区的创新性体现在以下两个方面。其一，案例创新。刚成立一年多的云南、广西自贸试验区，就以“边疆地区涉外矛盾纠纷多元处理机制”和“边境地区跨境人民币使用改革创新”两个创新案例入选商务部自贸试验区第四批“最佳实践案例”。近年来，两个自贸试验区及其片区激发创新动力，不断开创沿边开放、跨境合作、产业转移等多个新案例。其二，模式创新。2022 年 5 月，云南昆明托管边境磨憨镇。此托管模式使昆明成为我国唯一一个具有边境线的省会城市。同时，云南自贸试验区昆明片区的政策措施可覆盖磨憨镇，也使云南对老挝开放享有了自贸试验区的政策支持。此模式也开创了“省会-边境”联合发展的新模式。

（三）联动性

西南边疆的自贸试验区都以联动作为主要发展合作方向，具体有以下 3 种联动形式。其一，西南边疆内部相互联动。作为同一批批复的自贸试验区，云南、广西两个自贸试验区积极推动政策协同联动，深化对外开放。云南红河、德宏片区与广西崇左片区加强跨境产业合作。此外，自贸试验区内部也通过片区联动实现互联互通，联合打造面向周边地区的开放前沿。云南昆明、红河、德宏 3 个片区于 2020 年签订了《片区协同创新联盟合作协议》，推动形成共建合力。其二，联动创新与协同发展。云南方面，设立了昆明国家高新技术产业开发区、曲靖经济技术开发区、大理经济技术开发区、普洱国家绿色经济试验示范区、中国老挝磨憨-磨丁经济合作区 5 个联动创新区，与自贸试验区联动创新发展。广西方面，南宁、钦州、崇左、北海、防城港设立了自由贸易试验区协同发展区。其三，内外联动。一方面，推动自贸试验区与国内其他自贸试验区等平台联动。云南、广西与黑龙江3个沿边自贸试验区合作推动2023~2024年协同创新行动，同时，广西钦州片区与黑龙江绥芬河片区加强内贸货物跨境运输陆海联运通道建设合作。云南自贸试验区昆明片区与济南片区、成都青白江片区、钦州港片区推进实现铁路物流一体化，昆明托管磨憨后联合经济开发区、跨境合作区、自贸试验区、综合保税区“四区联动”。云南、广西自贸试验区还与湖南、四川、湖北、重庆、陕西等自贸试验区签署中西部自贸试验区协同开放合作协议，共同构建全面开放的新格局。另一方面，推动自贸试验区与周边国家的平台联动。云南自贸试验区推动与老挝万象赛色塔综合开发区的合作。

（四）平台性

依托区域性平台也是西南边疆两个自贸试验区开放发展的重要路径。中国-东盟博览会和中国-南亚博览会是中国与东南亚、南亚地区区域性合作平台，是开放合作的重要平台。“面向东盟”是广西自贸试验区最大的特色，而东博会是广西面向东盟开放的最大的国际性会展平台。近年来东博会为广西自贸试验区搭建推介平台、招商引资平台以及与东盟国家的联动发展平台，推动广西与东盟国家在商品、资本、人才等方面协同发展。南博会除了为云南打开面向南亚开放交流的窗口以外，同时为云南的3个自贸试验区片区提供了交流展示的机会，为招商引资提供了重要平台。

（五）通道性

西南边疆两个自贸试验区，有与周边地区联通的大通道作为支持，依托大通道推进建设的同时，也为大通道发展提供内外联动的开放平台。中老铁路的开通推动中国与老挝等东南亚国家的互联互通。随着中老铁路内外联通水平的提升，“沪滇·澜湄线”等货运班列开通，推动云南自贸试验区与上海自贸试验区联动发展，深化滇沪协作和东西协作。同样，西部陆海新通道是广西对外开放新动力。西部陆海新通道与中欧班列（渝新欧）互联互通，推进西南与西北地区的协调联动发展。新疆自贸试验区建设的总体方案中提出要“积极支持乌鲁木齐国际陆港区开行中欧班列，有效对接西部陆海新通道班列”，这也为广西、新疆自贸试验区依托大通道联动发展提供了政策支持。得益于钦州是西部陆海新通道上的重要节点，作为广西向海发展的钦州港片区，天然地享有西部陆海新通道带来的红利。西部陆海新通道已辐射国内 18 个省（区、市）的 71 个城市,① 为自贸试验区的联动发展提供支撑。而中老铁路和西部陆海新通道的对接，为西南边疆自贸试验区的创新发展和对外开放提供了更大的空间。

三 2023年西南边疆自贸试验区的建设进展

经历了近 4 年的发展，西南边疆两个自贸试验区建设取得较大进展。依据国务院关于云南、广西自贸试验区总体方案，2023 年是方案所提发展目标的后半程，自贸试验区建设进展加快，深化改革创新不断提速。

第一，进出口总额显著增长。云南自贸试验区成立 4 周年之际，截至 2023 年 8 月末，德宏片区新增市场主体 13678 家，完成进出口总额 133.48 亿元，新设外资企业 39 家，完成跨境人民币结算 79.12 亿元。② 2023 年广西自贸试验区以不到全区万分之五的土地面积，实现全区 53.4%的实际使用外资金额和 44.2%的外贸进出口额，进出口额增速高于全区平均增速 18.5 个百分点。③

第二，贸易便利化向纵深发展。贸易便利化水平的提高有助于增强外贸综合竞争力。广西崇左片区正在推进边民互市贸易进口商品落地加工模式创新改革，根据进口商品品种、风险级别、用途等分类管理、分层查验，按照查验指令分别开展简易查验和重点检疫，在确保进境产品安全的同时提高通

① 《高水平共建西部陆海新通道》，央视网，2024 年 4 月 1 日，https://ydyl.cctv.com/2024/04/01/ARTIOKnf39TtuUjg9ozq2W30240401.shtml。

② 《自贸试验区德宏片区 改革创新提质增效》，云南网，2023 年 9 月 26 日，http://dehong.yunnan.cn/system/2023/09/26/032772906.shtml。

③ 《“创”绘蓝图，“新”动八桂，制度创新便利企业引领未来》，广西壮族自治区商务厅网站，2024 年 5 月 17 日，http://swt.gxzf.gov.cn/zfxxgk/fdzdgknr/zwdt/gxsw/t18440180.shtml。

关效率。该项改革举措催生了边民互市贸易分红新模式。2023 年边贸合作社总收益达 9069.46 万元，村集体经济达 1270.51 万元，分红总金额达 3550.85 万元，[①] 钦州港片区采用的“法检大宗商品取制样监控系统”，实现了对大宗商品取制样智能化监管。在这套系统的作用下，2023 年钦州港口岸进口整体通关时间为 56.81 小时，比 2017 年压缩 78.76%；出口整体通关时间为 1.44 小时，比 2017 年压缩 96.68%。[②]

第三，联动创新协同发展。2023 年底，广西自贸试验区开启联动协同发展之路，推动沿边自贸试验区探索建设高质量开放的联动平台。广西在南宁、钦州、崇左、北海、防城港设立自由贸易试验区协同发展区，加快打造跨境产业链供应链服务的集成创新地，突出自贸试验区开放平台优势，推动改革创新。

第四，创新由“试验”转为“高产”。云南自贸试验区方面，2023 年 6 月，昆明片区围绕“资源、口岸、园区”三大经济，发布了新一批十个创新案例，涉及绿电物流园区、中老铁路老挝版“12306”、“信用+”电力市场、越南盾市场采购贸易结算业务、产教融合自贸学院等。其中，以信用为基础的电力市场管理模式、越南盾市场采购贸易结算业务等是全国首例。德宏片区总结提炼关于边民互市、NGO 组织推动中缅交流新模式、中缅跨境贸易服务等经典案例 5 项。红河片区正式启动与越南“重进重出”试点，以解决中越河口-金城口岸之间“重出空返”问题。广西自贸试验区方面，2023 年广西自贸试验区形成贸易转型升级和通关改革创新、现代服务业创新发展等 35 项制度创新成果，15 项为改革试点经验，20 项为最佳实践案例。[③] 其中，12 项是南宁片区牵头及参与改革的制度创新成果。崇左片区以

---

① 《广西自贸试验区贸易便利化向纵深推进》，中国日报网，2024 年 5 月 17 日，http：//ex.chinadaily.com.cn/exchange/partners/82/rss/channel/cn/columns/j3u3t6/stories/WS6647682da3109f7860dde4db.html。

② 《“创”绘蓝图，“新”动八桂，制度创新便利企业引领未来》，广西壮族自治区商务厅网站，2024 年 5 月 17 日，http：//swt.gxzf.gov.cn/zfxxgk/fdzdgknr/zwdt/gxsw/t18440180.shtml。

③ 《各方汇智，硕果迎风来，蓄势“创”未来》，广西壮族自治区商务厅网站，2024 年 1 月 12 日，http：//swt.gxzf.gov.cn/zfxxgk/fdzdgknr/zwdt/gxsw/t17854102.shtml。

高质量创新成果全年新增全国第一、全国首个或率先突破的工作经验 12 项。钦州港片区的“进口新能源材料特色供应链金融模式”案例入选中山大学自贸区综合研究院全国调研评选的“2022~2023 年度中国自由贸易试验区制度创新十佳案例”。

第五，推动与周边国家联动发展合作链。2023 年 1 月，云南自贸试验区红河片区和越南老街省经济区签署友好合作协议，将开展定期或不定期的互访、交流、考察等活动，推动两地园区的友好合作，加强交流协作。2023 年 10 月，云南与上海合作开行“沪滇·澜湄线”国际货运班列，依托中老铁路、沪昆铁路，实现上海—昆明—老挝万象双向对开。2023 年 12 月，云南自贸试验区国际贸易企业聚集园区携 40 余个合作品牌旗下产品参展缅甸曼德勒国际贸易博览会，是该园区首次出境参展。其主要通过推介中国品牌，寻找合作伙伴，推动新型营销模式创新。广西崇左片区则打造“两国双园”模式，推进中越产能合作，中方园区为在崇左片区内的三诺跨境电子产业示范园，截至 2023 年底，中方园区一期已投入使用，共有 14 家企业入驻并投产。①

四　西南边疆自贸试验区建设展望

（一）挑战

西南边疆的云南、广西自贸试验区建设也面临自身推进发展不平衡、周边安全环境问题突出等内外部挑战。

从自身发展来看，第一，协同发展区建设起步晚，联动创新区建设需提速升级。广西在南宁、钦州、崇左、北海、防城港设立的自贸试验区协同发展区，发展思路清晰、定位明确、分工明确，各自有不同的发展重点，但自

① 《广西凭祥产业园：做好跨境经济大文章》，广西崇左凭祥市人民政府网站，2024 年 1 月 8 日，http：//www. pxszf. gov. cn/xwzx_ 1560/zwyw/t17814913. shtml。

治区人民政府2023年底才正式批复同意广西自贸试验区协同发展区，2024年1月3日才正式授牌，一时还看不出协同发展的实际效果。云南自贸试验区建立了一批联动创新区，但联动创新区与自贸试验区之间的“联动”不够，没有实现三大片区与联动创新区全面联动，没有充分享受自贸试验区制度性改革成果，没有优先复制推广国家级、省级制度创新成果，也没有形成制度性联动机制、协同发展机制，存在联动创新区定位不准，联动深度、广度不足的问题，联动效果尚未显现。如云南自贸试验区普洱联动创新区（试验示范区）复制推广自贸试验区改革措施力度不足，三大片区可复制的经验并没有在绿色经济联动创新区有效落地，绿色经济试验示范区建设10年的经验也没有得到有效推广，没有形成绿色产业经济体系。

第二，“两区”布局有待完善。云南、广西都是边疆省（区），云南有8个沿边州市，与缅甸、老挝、越南三国接壤。广西与越南接壤，有“一湾相挽11国”的优势特点。两省（区）的自贸试验区与联动创新区、协同发展区布局不尽合理，难以实现全面联动发展、有效协同发展。云南没有将保山、临沧、文山3个重要市（州）列入自贸试验区联动创新区。而保山是中国云南经缅甸通向印度的重要节点，临沧是中国云南通向缅甸的重要通道和中缅海公铁联运节点，文山则是云南通向越北的重要通道。广西自贸试验区协同发展区则把百色排除在外，而百色是全国重点开发开放试验区。以上四市（州）被排除在自贸试验区、联动创新区和协同发展区之外，反映出布局上的局限性。同时，两省（区）的各片区之间，片区与联动创新区之间、协同发展区之间联动不够、协同不足，特别是没有形成必要的制度机制，看似联动实则“联而不动”，看似协同实则“协而不同”。

第三，政策效应发挥不充分。《中国（云南）自由贸易试验区深化改革开放方案》提出全面实施自贸试验区提升战略，加快推进高水平对外开放，助推我国面向南亚、东南亚辐射中心建设不断取得新进展。从近一年的实践来看，政策效应释放不充分。如创新开展跨境劳务合作只在瑞丽等少数地方开展试点，云南边境地区跨境务工政策支持有限，相关改革进展缓慢。金融服务创新不足，推进跨境资金流动自由化、便利化改革效果不明显，跨境人民币调运一直难以突破，政策效应难以充分释放，改革步伐远远落后于实际需要。另外，自贸试验区、联动创新区没有在“推进边境地区人员往来便利化”这一关键问题上取得突破性进展，人员往来便利化问题一直困扰边境地区扩大对外开放。

第四，自贸试验区向外的合力不足。云南、广西两个自贸试验区事实上存在竞争关系，形成的制度创新成果更注重在省内复制推广，对外拓展推广不够，在面向缅甸、老挝、越南三国和 RCEP 伙伴时，没有形成两个自贸试验区及其联动创新区、协同发展区协同一致，更多表现为各自为政、各显神通，甚至相互之间形成一道无形的樊篱，在一定程度上制约两省（区）对外开放质效的提升。

从周边环境来看，第一，通道建设滞后，自贸试验区政策效应难以充分释放。云南“七出境”“六出境”的公铁网络尚未构建完成，广西也存在相同的问题。缅甸、老挝、越南三国相应基础设施建设尤其滞后。缅甸、老挝、越南三国口岸基础总体较差、通关效率较低，拓展西部陆海新通道受到通道条件、口岸基础制约，两个自贸试验区外向的辐射力受到影响。

第二，规则体系不完善，对接平台不足。缅甸、老挝、越南三国的相关制度体系和国际贸易规则体系不完善甚至缺失，法治化营商环境尚未完全形成，制约云南、广西两个自贸试验区面向周边国家联动创新和协同发展。另外，云南、广西自贸试验区面向东盟，尤其是面向缅甸、老挝、越南三国，而缅甸、老挝、越南三国相应合作平台较少，平台等级较低，难以形成有效对接，严重制约两省（区）与三国以及与东盟其他国家的联动协同。

第三，安全环境复杂，面临严峻挑战。西南边境地区传统安全与非传统安全并存。中缅边境地区长期受到多种安全威胁，传统安全威胁始终未能彻底消除，非传统安全不断出现新形式，2023 年下半年达到近年来高点。因安全形势，瑞丽、畹町、镇康、清水河、章凤在内的多个口岸曾关停，云南自贸试验区德宏片区受直接影响。

（二）对策建议

2023 年，云南、广西两省（区）都出台了自贸试验区深化改革开放的方案，明确了深化改革开放的目标任务。西南边疆两个自贸试验区建设发展进入快车道和提速升级的关键阶段，并将迎来广阔的发展前景。

第一，进一步联实、联密、联强，助力西南边疆高水平制度型开放，推动改革开放向纵深发展。一是全面落实《中国（云南）自由贸易试验区深化改革开放方案》《进一步深化中国（广西）自由贸易试验区改革开放方案》，提升改革开放质效，高质量完成 2024 年各项改革创新任务，为 2025 年全面完成建设目标打牢基础。二是全面落实推广建设经验和创新成果。加快自贸试验区创新经验在联动创新区、协同发展区推广和落地见效，积极推广联动创新区、协同发展区的经验。

第二，全面对接 RCEP，推动中国-东盟跨境区域高质量合作。全面贯彻落实国务院关于云南、广西两省（区）对外开放的定位，全面对接 RCEP，全面推进与 RCEP 成员国战略、规划、机制对接，加强政策、规则、标准联通，提升制度创新水平。

第三，全力推动“四类”联动。一是两个自贸试验区联动。实施云南、广西两个自贸试验区联动战略，形成西南边境地区自贸试验区强大合力。二是 6 个片区联动。云南、广西两个自贸试验区 6 个片区在突出重点、突出特色的基础上，分工协作、联动创新、协同发展、共享成果。三是三区联动。云南、广西两个自贸试验区与 5 个联动创新区、5 个协同发展区联动，推动形成联动创新、协同创新机制。四是两省（区）自贸试验区与外部联动。其一，两省（区）自贸试验区与国内自贸试验区联动，形成紧密联系与共建合力，推进联动创新、协同发展；其二，促进两省（区）自贸试验区与东盟各国外部联动。重点推进与缅甸、老挝、越南三国的开放发展平台联动，同时与其他东盟各国联动，推动中国-东盟跨境区域高质量合作。另外，推动与 RCEP 成员国联动，促进与 RCEP 成员国高质量合作。

第四，拓展联动创新平台。一是新建一批联动创新区、协同发展区，以腾冲边合区、经济技术开发区、保山工业园区为基础，建立云南自由贸易试验区保山联动创新区；以临沧边合区、临沧高新区为基础，建立云南自由贸易试验区临沧联动创新区；整合文山各产业园区，建立云南自由贸易试验区文山联动创新区。以百色重点开发开放试验区为主体，建立广西自由贸易试验区百色协同发展区，突出双区叠加优势，实现双区联动发展。二是与缅甸、老挝、越南三国建立联动创新区、协同发展区。依托云南自贸试验区德宏片区、红河片区，分别与缅甸曼德勒省相关地区、越南老街省老街市建立联动创新区，依托广西自贸试验区崇左片区，与越南同登市建立协调发展区。

第五，全面实施自贸试验区提升战略，以大开放推动大开发。一是强化联通基础，打通通道堵点。协调提升两省（区）自贸试验区、联动创新区、协同发展区对应的缅甸、老挝、越南区域重要公路、铁路、水路、航空通道，提升跨境陆路运输能力。加快国家物流枢纽建设，提升广西西部陆海新通道运营质效，加快构建西部陆海新通道云南通道，拓展西部陆海新通道。二是提升面向东盟园区合作水平。支持自贸试验区内优势产业“走出去”，带动技术、标准、服务、品牌“走出去”，提升开放型产业国际竞争力。鼓励云南保山、临沧、普洱、西双版纳、文山，广西百色、防城港等沿边市（州）与缅甸、老挝、越南三国相关地区建立联动创新、协同发展先行实践区。推进边民互市贸易进口商品落地加工，实现从通道经济向口岸经济、园区经济转变，让边境地区更多享受自贸试验区、联动创新区、协同发展区建设成果。三是加大改革创新力度。持续推进跨境资金流动自由，推动跨境人民币调运自由化便利化进程。四是做好要素保障。西南边疆两省（区）要对自贸试验区、联动创新区、协同发展区放权赋能，要在产业发展、招商引资、财税政策、土地规划、人才引进、激励机制等方面提供有力政策支持，切实提供全面的要素保障。

B.18 西藏人口的时空变化及影响因素

李　青*

摘　要： 本报告根据西藏和平解放以来的人口数据和历次全国人口普查数据，结合区域和城市发展政策导向，回顾和分析了和平解放以来特别是1990年第四次全国人口普查以来西藏人口规模变化和分布状况，指出了人口快速增长、结构显著变化和向拉萨市集中的基本特征，分析了人口增长及分布的影响因素。

关键词： 人口增长　时空变化　全国人口普查　西藏

由于自然环境的特殊性，西藏土地产出率较低，人口主要分布于自然条件较好、资源承载力较高的雅鲁藏布江、拉萨河、年楚河流域的“一江两河”区域，由此不仅难以形成丰富的物质积累，也难以支撑大幅度的人口增长，加之医疗条件所限，人口寿命长期较低，因而历史上西藏人口规模较小、人口密度偏低、人口增长比较缓慢。1951 年和平解放时，西藏人口仅为 114.09 万人，① 城镇人口占总人口的比重约为 6%。② 拉萨城区只有 3 万人。

和平解放以来，随着交通条件的改善，西藏连接国内市场的条件日益便利，直接提高了其获得外部资源和产品的能力，医疗条件的改善也一并促进了人口的快速增长，人口规模、结构及分布同时发生了显著变化。1953 年，

* 李青，中国社会科学院数量经济与技术经济研究所研究员，主要研究方向为区域与城市经济学、西藏发展与开放合作。

① 数据来自 Wind 数据库。

② 多杰才旦、江村罗布主编《西藏经济简史》（下），中国藏学出版社，2002，第 551 页。

我国建立了人口普查制度，1990 年以来历次全国人口普查数据和和平解放以来的人口数据为人们认识西藏人口的时空变化奠定了基础。

一　西藏人口变化的基本特征

中华人民共和国成立以来，我国先后于 1953 年、1964 年、1982 年、1990 年、2000 年、2010 年和 2020 年进行了 7 次全国人口普查，从 1990 年开始每 10 年进行一次全国人口普查。本报告将以 1990 年第四次、2000 年第五次、2010 年第六次、2020 年第七次全国人口普查数据为基础，结合西藏长时段相关统计数据和发展导向，对西藏人口变化进行分析。

和平解放以来西藏人口的变化大体可分为 4 个阶段：第一阶段是 1951~1958 年，人口变化相当稳定，常住人口由 114.09 万人增加到 120.62 万人，年均增长率为 0.8%，年均增加 0.8 万人；第二阶段是 1959~1990 年，人口规模在波动中快速增长，常住人口由 122.80 万人增加到 221.47 万人，年均增长率为 1.9%，年均增加 3.1 万人；第三阶段是 1991~2006 年，人口平稳增长，常住人口由 225.03 万人增加到 285.08 万人，年均增长率为 1.6%，年均增加 3.8 万人；第四阶段为 2007~2020 年，人口在波动中快速增长，常住人口由 288.83 万人增加到 364.81 万人，年均增长率为 1.8%，年均增加 5.4 万人。在这四个阶段中，第一、第三阶段为人口相对平稳增长的时期，第二、第四阶段为波动中快速增长的时期。与全国人口变化情况相对照，西藏人口变化的阶段性、波动性特征更加显著（见图 1）。

（一）人口快速且加速增长

和平解放以来特别是自 1960 年以来，由于商品流通条件的不断改善，人口流入、出生率的提高和死亡率的降低，西藏人口较快增长并呈现加速增长态势。20 世纪 50 年代初到 20 世纪 80 年代初，全区常住人口大约每 10 年增加 25 万人，而 1982~2020 年则大约每 10 年增加 46 万人且呈加速之势，其间 1991~2000 年、2001~2010 年、2011~2020 年每 10 年分别增加 42.03

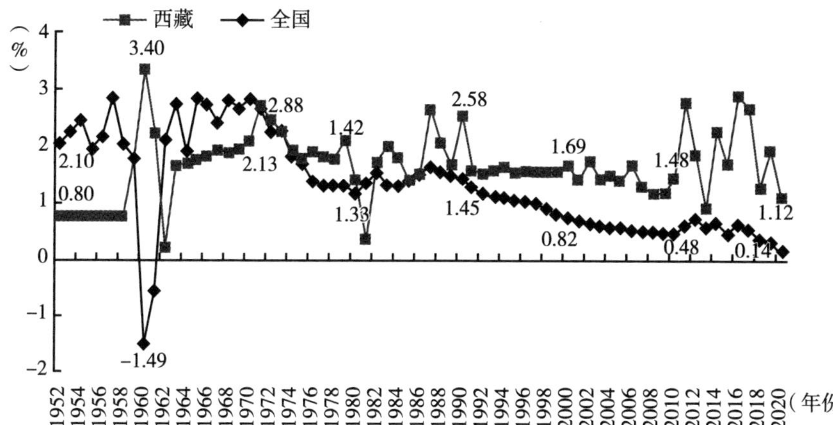

图 1　1952~2020 年西藏和全国人口增长率

资料来源：西藏 1951~1994 年人口数来自 Wind 数据库，1995~2020 年人口数来自《西藏统计年鉴 2021》；全国人口数来自 Wind 数据库。

万人、38.60 万人和 64.58 万人，人口增长率分别为 19.14%、14.75%和 21.52%，特别是 2011~2020 年人口增幅比全国平均值高出 16.23 个百分点，是全国人口增长最快的省份（见图 2 和图 3）。①

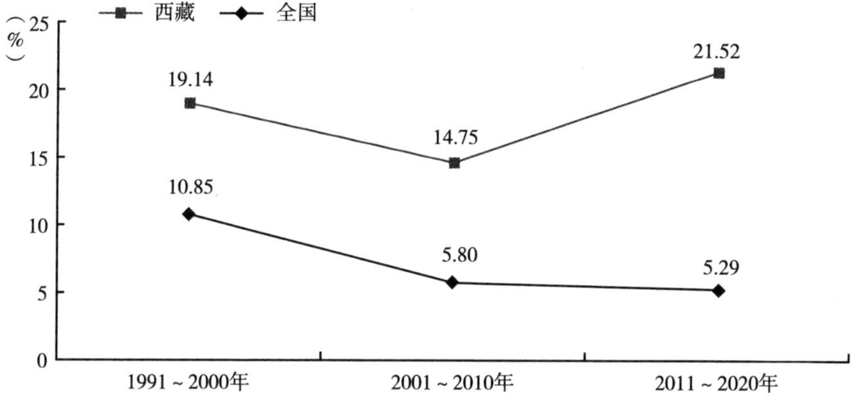

图 2　1991~2020 年西藏和全国人口增长率

资料来源：根据全国和西藏自治区第四次至第七次全国人口普查主要数据公报整理。

① 数据来自 Wind 数据库、《西藏统计年鉴 2021》和西藏历次全国人口普查数据。

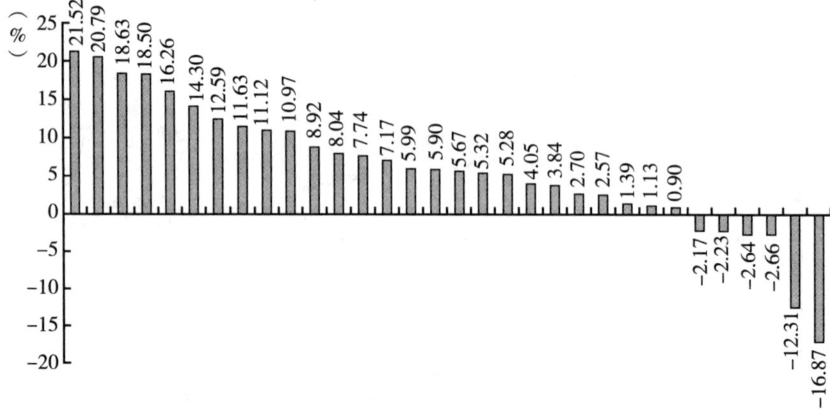

图 3　2011~2020 年全国及 31 个省（区、市）常住人口增长率

资料来源：根据第六次、第七次全国人口普查主要数据公报整理。

根据全国人口普查数据，2000~2020 年，西藏常住人口由 261.63 万人增加到 364.81 万人，人口增长幅度仅次于北京、上海、广东，特别是 2011~2020 年，西藏和广东为全国人口增长最快的省份，也是全国仅有的 2 个增长率超过 20%的省份，尽管两者人口增长的动力完全不同。

图 4 为改革开放以来西藏和全国人口自然增长率的变化，显示出除个别年份外，西藏人口自然增长率远高于全国平均水平，这一结果是始终高于全国的人口出生率和逐渐低于全国的人口死亡率共同导致的。

人口的快速增长带来了两个基本结果：一是西藏人口占全国总人口的比重逐渐上升，由 1990 年的 0.19%上升到 2000 年的 0.21%、2010 年的 0.22%和 2020 年的 0.26%；[①] 二是由于西藏人口增长指数快于经济增长指数，西藏人均生产总值指数[②]逐渐下降。数据表明，1952~2020 年，西藏人均生产总值指数由 96.6%下降至 72.7%。其中，1986 年之前的多数年份该

---

① 根据 Wind 数据库相关数据计算。

② 西藏人均生产总值指数即西藏地区人均生产总值与全国人均生产总值之比。

指数位于80%～110%，而1986年之后在80%以下波动变化，1994～1997年甚至降到50%以下，2020年才又回升到70%以上（见图5）。

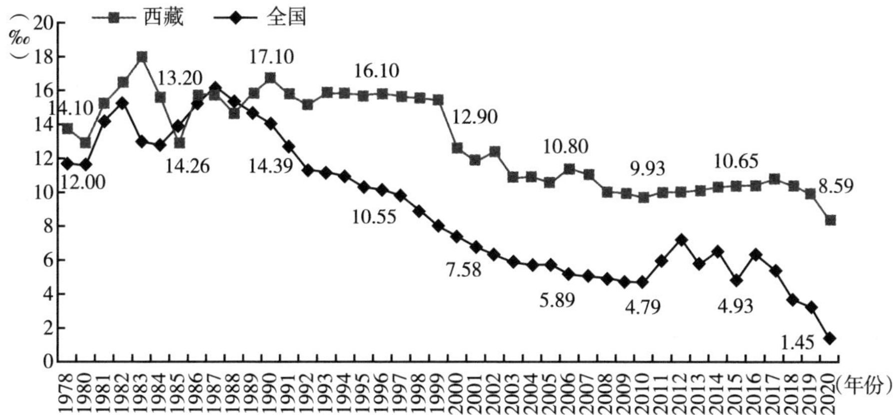

图4　1978～2020年西藏和全国人口自然增长率

资料来源：西藏1978～1994年数据来自Wind数据库；全国数据来自《中国统计年鉴2021》。

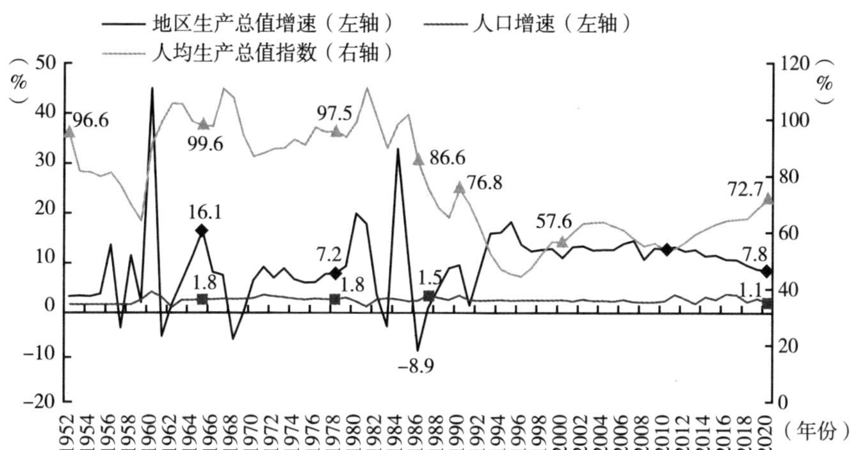

图5　1952～2020年西藏地区生产总值增速、人口增速和人均生产总值指数

资料来源：根据Wind数据库相关数据整理计算。

（二）人口流入显著改变民族和年龄结构

1990~2020 年，全区藏族人口由 209.67 万人增加到 313.79 万人，增长 49.66%，是新增人口的主体部分，占比有所下降，为 86.01%；其他少数民族人口由 1.85 万人增加到 6.68 万人，增加了 2.61 倍，人口占比由 0.84%提高到 1.83%；汉族人口由 8.08 万人增加到 44.34 万人，增长了 4.49 倍，汉族人口占比由 1990 年的 3.68%提高到 2020 年的 12.15%（见图 6）。

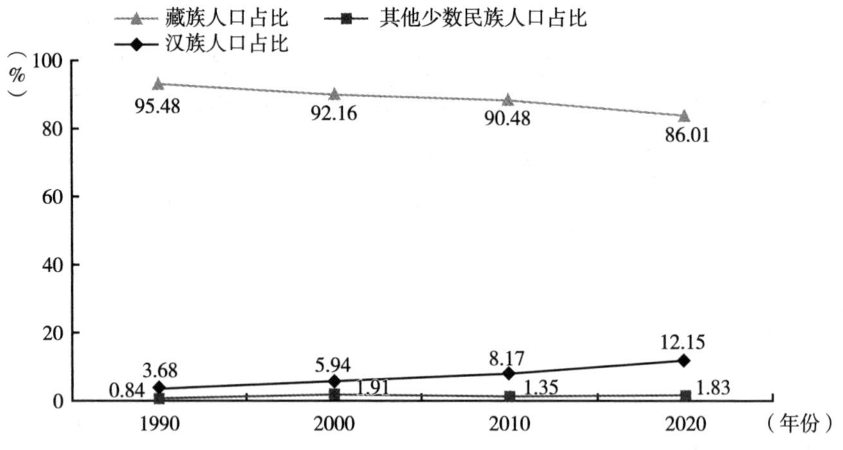

图 6　1990~2020 年西藏人口的民族构成

资料来源：根据西藏自治区第五次、第六次、第七次全国人口普查主要数据公报整理计算。

较高的人口出生率和大量的人口流入，使西藏人口结构明显年轻化。1990~2020 年，西藏 0~14 岁人口由 78.14 万人增加到 89.49 万人，15~64 岁人口由 131.9 万人增加到 211.76 万人，65 岁及以上人口由 9.56 万人增加到 15.29 万人。其中，15~64 岁即劳动年龄组人口增长最快，占总人口的比重由 60.06%上升到 69.80%，65 岁及以上人口占比仅由 4.35%上升到 5.67%（见图 7），而同期全国 65 岁及以上人口占比由 5.57%提高到 13.50%。

与 2010 年相比，2020 年全国 15~59 岁劳动人口比重下降 6.79 个百分

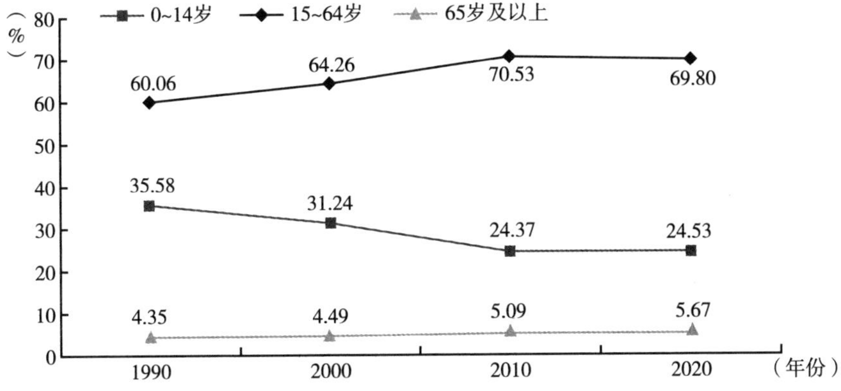

图 7　1990~2020 年西藏人口年龄构成

说明：①1990 年年龄结构根据《西藏自治区统计局关于西藏第五次全国人口普查主要数据公报》推算。

②根据《西藏自治区统计局关于西藏第五次全国人口普查主要数据公报》，2000 年人口年龄结构，与《西藏自治区 2010 年第六次全国人口普查主要数据公报》前推数据不一致。根据西藏自治区第五次全国人口普查主要数据，各年龄组人口占总人口的比重：0~14 岁为 31.2%、15~64 岁为 64.3%、65 岁及以上为 4.5%，而根据本报告推算 2000 年人口年龄结构：0~14 岁占比为 31.2%、15~64 岁占比为 64.1%、65 岁及以上占比为 4.8%。

③2020 年人口年龄结构根据《西藏自治区第七次全国人口普查主要数据公报》推算，因第七次全国人口普查的年龄结构划分与前不同。

资料来源：根据西藏自治区第五次、第六次、第七次全国人口普查主要数据公报整理计算。

点，而西藏则仅下降 1.00 个百分点；全国 60 岁以上年龄组人口占比提升 5.44 个百分点，而西藏则仅上升 0.85 个百分点。西藏是全国唯一 60 岁及以上人口占比低于 9%、65 岁及以上老年人口占比低于 6%的省份，老龄化程度轻，劳动力供给相对充足。不过，在劳动人口大量增长的形势下，西藏的劳动参与程度却在降低。2010~2020 年，西藏平均劳动参与率约为 76%，且大部分劳动力从事第三产业。2010 年和 2020 年，西藏劳动参与率由 79.81%下降到 75.80%，而同期全国劳动参与率从 76.15%上升到 77.49%,[①] 这说明西藏还需提高就业吸纳能力，大力发展具有比较优势的产业，不断增强经济活力。

① 数据来自《中国统计年鉴 2021》及西藏自治区第六次、第七次全国人口普查主要数据公报。

二　西藏人口的空间变化

自吐蕃王朝以来特别是17世纪中期甘丹颇章政权建立后，拉萨成为西藏最重要的中心城市，西藏基本形成以拉萨为核心、以各“宗”中心为主体、以其他小集镇为基础的城镇体系。和平解放后特别是改革开放以来，在各地市常住人口普遍较快增长的同时，西藏新增人口主要集中在各城镇或乡政府所在地，特别是向拉萨市集中的趋势尤为明显，造成了城市首位度的加速提高和城镇化水平的地区差异。

（一）人口日益向拉萨集中

2000~2020年，拉萨常住人口由47.45万人增加到86.79万人，占全区人口的比重由2000年的18.14%渐次升至2010年的18.63%和2020年的23.79%，从次于日喀则和昌都的第三人口地市变成人口最多的地市和全区唯一的中等城市。[①] 随着2015年和2018年堆龙德庆和达孜撤县设区，拉萨也成为全区唯一多城区的城市。除拉萨市外，受人口基数的影响，林芝、阿里等人口规模较小地市的常住人口增幅高于全区平均增速，而传统人口集中的日喀则、昌都、山南常住人口增幅低于全区平均增速，在全区的人口占比下降，[②] 显示出拉萨对人口的吸引力、吸纳力在增强（见表1）。

---

① 2014年11月，国务院印发《关于调整城市规模划分标准的通知》，新的城市规模根据城区常住人口被划分为5类7档，即小城市（Ⅰ型小城市、Ⅱ型小城市）、中等城市、大城市（Ⅰ型大城市、Ⅱ型大城市）、特大城市、超大城市。城区常住人口在50万人以下的为小城市，其中，城区常住人口为20万~50万人的为Ⅰ型小城市，城区常住人口在20万人以下的为Ⅱ型小城市；城区常住人口在50万~100万人的为中等城市；城区常住人口在100万~500万人的为大城市，其中城区常住人口在300万~500万人的为Ⅰ型大城市，城区常住人口在100万~300万人的为Ⅱ型大城市；城区常住人口在500万~1000万人的为特大城市；城区常住人口在1000万人以上的为超大城市（人口规模以上包括本数，以下不包括本数）。

② 数据来自《西藏自治区统计局关于西藏第五次全国人口普查主要数据公报》《西藏自治区2010年第六次全国人口普查主要数据公报》《西藏自治区第七次全国人口普查主要数据公报》。

表 1　2000~2020 年西藏各地市人口变化

单位：万人，%

地区	常住人口数			占全区人口的比重		
	2000 年	2010 年	2020 年	2000 年	2010 年	2020 年
拉萨	47.45	55.94	86.79	18.14	18.63	23.79
日喀则	63.52	70.33	79.82	24.28	23.43	21.88
昌都	58.61	65.75	76.10	22.40	21.90	20.86
林芝	15.92	19.51	23.89	6.08	6.50	6.55
山南	31.80	32.90	35.40	12.15	10.96	9.70
那曲	36.62	46.24	50.48	14.00	15.40	13.84
阿里	7.73	9.55	12.33	2.95	3.18	3.38
西藏	261.63	300.22	364.81	—	—	—

资料来源：根据西藏自治区第五次、第六次、第七次全国人口普查主要数据公报整理计算。

人口向拉萨集中影响了全区人口分布的格局，图 8 显示了西藏人口分布的变化情况。如果说 2000~2010 年各地市人口增长差别还不是那么显著的话，那么 2010~2020 年就十分明显了，这 10 年间拉萨市常住人口由 55.94 万人增加到 86.79 万人，占全区新增人口的近一半，人口集中进一步加速。

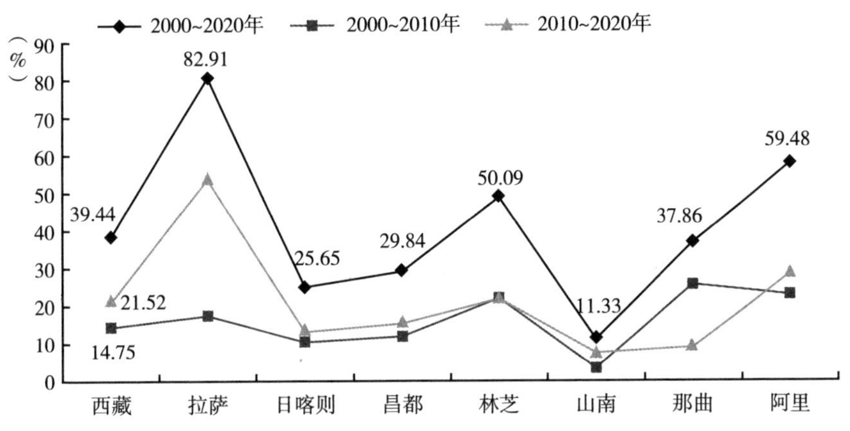

图 8　2000~2020 年西藏及各地市常住人口变化

资料来源：根据西藏自治区第五次、第六次、第七次全国人口普查主要数据公报整理计算。

人口加速向拉萨集中，不仅快速扩大了其劳动力和人才规模，为经济增长、人民生活提供了支持，迅速提升了拉萨的城镇化水平，也推动拉萨建成区面积快速扩大，并在一定程度上扩大了拉萨与其他地市发展水平的差距。2000~2020年，拉萨建成区面积由56.0平方千米逐步扩大到2010年的62.9平方千米，再进一步扩大至2020年的77.8平方千米，同期市区常住人口先后增加到20万、40万和50万人，其中在20世纪80年代至2000年，还经历了建成区大规模的粗放式扩张（见表2），而2020年西藏第二大城市日喀则城区人口仅约16万人、建成区面积为31平方千米，仅约为拉萨市的1/3和2/5。①

表2　1951~2020年拉萨建成区面积和市区常住人口

单位：平方千米，万人

年度	建成区面积	市区常住人口
1951	3.0	3
1965	9.0	5
1975	18.0	10
1980	25.0	11
1985	34.0	11
1991	49.6	11
1995	50.8	17
2000	56.0	20
2005	60.6	30
2010	62.9	40
2020	77.0	60

注：①1965年建成区面积、2010年市区常住人口为估计数。

②根据2017年修订的《拉萨市城市总体规划（2009—2020年）》，2020年拉萨市区人口和建成区面积分别为50万人和77.8平方千米。

资料来源：1995年数据根据多种相关资料汇总而成，1995~2010年数据来自《拉萨市城市总体规划（2009—2020年）》，2020年数据来自《中国城市统计年鉴2021》。

① 国家统计局城市社会经济调查司编《中国城市统计年鉴2021》，中国统计出版社，2022。

（二）高首位度的首府城市

不仅在区内以超越其他地市的速度吸纳人口，在全国省会城市中，拉萨市的人口增长幅度也十分显著。从全国省会城市常住人口占所在省（区）常住人口比重来看，2010 年拉萨排第 9 位，2020 年上升至第 8 位，[①] 常住人口占比由 18.63%提高到 23.79%（见图 9），在全国各省（区）人口向省会和中心城市集中的总趋势下，拉萨的人口集中更快。

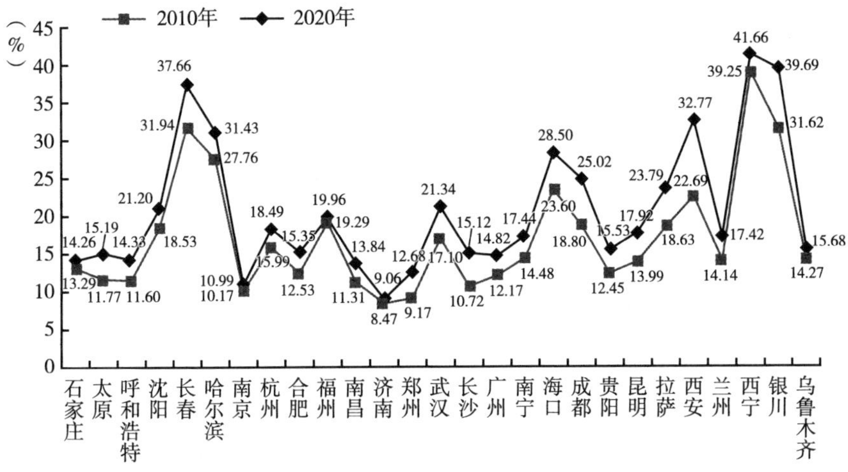

图 9　2010 年和 2020 年各省会城市常住人口占比

资料来源：各省（区）第六次、第七次全国人口普查主要数据公报。

人口向拉萨的集中不仅意味着人口规模的扩大，更意味着资源的持续流入和服务功能、经济功能的增强。西藏和平解放后，拉萨发挥全区政治、经济和文化中心的功能，并长期作为重点建设的城市。自 1960 年拉萨设市以来，已基本建立起较为完善的基础设施、公共服务体系并基本形成具有本地特点的经济结构。1980 年，拉萨城市人口已由和平解放时的 3 万人增加到 11 万人，建成区面积由不到 3 平方千米扩大到 25 平方千米，各类建筑面积

① 数据来自各省（区）第六次、第七次全国人口普查主要数据公报。

达 193 万平方米，约为旧市区的 10 倍。[①] 1984 年、1994 年第二次和第三次中央西藏工作座谈会确定的 43 项和 62 项重大援藏项目有许多都布局在拉萨，进一步改善了其设施条件和城市面貌。

首先，拉萨城市规模显著大于其他城市。从常住人口来看，2020 年，除拉萨外，西藏其他市辖区常住人口均在 20 万人以下，其中日喀则、昌都两市的市辖区人口在 15 万人左右，山南、那曲和林芝皆在 10 万人及以下，属于城镇体系中规模最小的Ⅱ型小城市。从建成区面积来看，除拉萨外，其他城市建成区面积均较小，建设用地集约性普遍较低（见表 3），人均建设用地面积已达到甚至超过国家规定的上限，粗放建设浪费了西藏有限的宜居性较好的土地。

表 3　2020 年西藏各地级市基本情况

地级市	常住人口（万人）		城镇常住人口（万人）		建成区面积（平方千米）	地区生产总值（亿元）	
	全市	市辖区	全市	市辖区	市辖区	全市	市辖区
拉萨	87	60	61	55	77	678	573
日喀则	80	16	—	—	31	322	125
昌都	76	15	13	5	—	253	78
林芝	24	8	10	6	16	191	95
山南	36	8	11	5	26	215	68
那曲	50	10	12	3	16	171	73

注：林芝市市辖区常住人口以 2020 年第七次全国人口普查巴宜区 84254 人计。

资料来源：《中国城市统计年鉴 2021》、林芝市统计局《林芝市第七次全国人口普查主要数据公报》。

其次，市辖区人口和生产总值占比两个指标可以判断中心城市的发展情况。从市辖区人口占比来看，除拉萨占比接近 70%外，其余各市占比均不到 30%（不含林芝）；从市辖区生产总值占比来看，除拉萨占比为 84.51%外，其他各市占比均不到 50%，其中日喀则、昌都、山南等市辖区生产总值占比均在 40%以下，说明其城市经济实力和带动力明显偏弱。同时，人

① 数据来自拉萨市政府《拉萨城市总体规划（1980—2000）》。

口向拉萨的集中拉大了其与其他城市间城镇化水平的差距。2020 年，除拉萨城镇化水平高于全国平均水平外，其余各市城镇化率均不到 42%，远低于同期 63.89%的全国平均水平（见表 4）。

表 4　2020 年西藏各地级市市辖区人口占比、生产总值占比和城镇化率

单位：%

地级市	市辖区人口占比	市辖区生产总值占比	城镇化率
拉萨	68.97	84.51	70.11
日喀则	20.00	38.82	—
昌都	19.74	30.83	17.11
林芝	—	49.74	41.67
山南	22.22	31.63	30.56
那曲	20.00	42.69	24.00

资料来源：根据《中国城市统计年鉴 2021》有关数据整理计算。

一般情况下，人口集中会带来经济社会活动的集中，因此，西藏生产总值也应当向拉萨集中，但笔者发现了两个悖论：一是与人口快速集聚的情形不同，经济产出向拉萨集中的趋向并不明显，2010~2020 年拉萨地区生产总值在全区的占比只上升了 0.76 个百分点，全区基本保持了经济活动的既有分布格局；二是与传统人口集中区人口增速减缓的情况不同，日喀则、昌都、山南三市地区生产总值的占比继续提高，表明社会经济活动仍然集中于这些地区（见表 5）。这一情况表明，拉萨人口集中的程度高于经济集中的程度，其经济效率没有太大变化。

表 5　2010~2020 年西藏各地市生产总值占全区的比重

单位：%

年份	拉萨	日喀则	昌都	山南	林芝	那曲	阿里地区
2010	34.88	16.85	13.08	10.34	10.47	9.97	3.60
2011	36.32	16.99	12.33	10.36	10.03	9.49	3.48
2012	36.62	16.23	12.64	10.29	10.19	9.18	3.61

续表

年份	拉萨	日喀则	昌都	山南	林芝	那曲	阿里地区
2013	37.67	17.15	13.58	10.38	10.09	8.93	3.38
2014	37.67	17.13	13.62	10.64	10.32	8.73	3.41
2015	36.12	16.00	12.66	10.89	10.00	9.10	3.56
2016	36.23	16.01	12.61	10.79	9.87	9.06	3.53
2017	35.53	16.03	12.59	10.81	9.88	8.88	3.50
2018	36.63	16.37	12.95	11.12	10.16	9.18	3.59
2019	36.39	16.46	13.01	11.06	10.16	9.28	3.65
2020	35.64	16.96	13.29	11.32	10.06	9.01	3.72

资料来源：根据《西藏统计年鉴 2021》相关数据计算。

三　人口向拉萨集中的影响因素

人口向拉萨集中的影响因素可以概括为一个基础、三个条件。“一个基础”即对既有单中心城镇体系的路径依赖，即使没有政策引导，人口仍会自发地向拉萨集中；“三个条件”即基础设施改善、人口流动自由和发展规划引导。

（一）基础设施的持续改善

和平解放后，西藏在原有连接周边地区的传统交通通道的基础上，开始建设内外连通的现代化交通体系。1954 年 12 月川（康）藏、青藏公路同时建成通车，1957 年 10 月、1976 年 7 月新藏公路、滇藏公路先后建成通车，2006 年青藏铁路全线通车，2014 年和 2021 年拉（萨）日（喀则）铁路、拉（萨）林（芝）铁路建成通车，拉萨贡嘎国际机场、昌都邦达机场、林芝米林机场、阿里昆莎机场和日喀则和平机场相继通航，这些极大地改善了西藏内联外通条件，便利了西藏与内地的物资运输、商品往来和人员流动，也促进了拉萨、日喀则、昌都、那曲等商贸物流节点的发展。

1993~2017年西藏货物和服务净流入数据能够说明其与国内市场的经济往来情况。在其间的绝大多数年份，西藏货物和服务均为净流入，且自2006年后表现出较为稳定的增长趋势，货物和服务净流入规模由1993年的23.5亿元扩大到2017年的1110.4亿元（见图10）。[①] 由于对外贸易存在显著顺差，因此西藏货物和服务主要来自国内市场且规模不断扩大，进藏商品包括粮、油等农副产品及制成品、建材、机械、纺织品和各类日用消费品等，它们既支持了西藏建设和发展，也为人民生活改善和人口增长提供了保障。拉萨作为西藏的交通枢纽和商贸物流中心，各类物资和商品供应充足，最有条件支撑人口的大规模流入和增长。

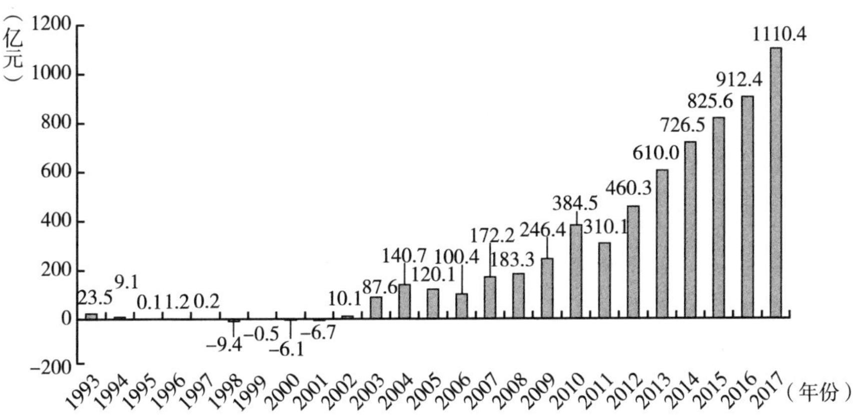

图10　1993~2017年西藏货物和服务净流入

资料来源：Wind数据库。

（二）市场经济改革

改革开放以来，随着市场化改革和市场经济体制的建立与逐步完善，我国人口在地区间和城乡间的流动逐渐自由和活跃，为大量人口流入西藏营造了良好的制度环境。与此同时，市场经济体制极大提升了资源配置的效率，

① 数据来自Wind数据库。

吸引和激励人口流入西藏，许多市场主体进藏从事商贸业、物流业、建筑业、旅游业和加工业等。拉萨作为区内投资环境好、服务功能齐全的中心城市，对外来投资经营者、高校毕业生、专业技术人才、学生乃至普通就业者等具有较强吸引力。

（三）以拉萨为中心的区域发展导向

“八五”时期西藏首次研究和规划了全区空间发展布局，将全区划分为中部、西部、东部、北部四大经济发展区域。[①]“九五”时期西藏继续构建中、西、东、北四个经济区，提出重点建设以拉萨、日喀则两市为中心的经济核心区，把昌都逐步建成新的增长极，并促进其他行署所在地成为带动本地区经济发展的增长点。“十五”时期及以后，在西藏发展规划中更加突出拉萨的地位和作用。“十五”计划确定了以拉萨为中心的“一点（拉萨）三线（沿江、沿线、沿边）四区（中、西、东、北四个经济区）”空间发展格局，提出将拉萨建成集商贸、旅游于一体的核心集散地，带动其他地区的快速发展。“十一五”时期，由于青藏铁路建成通车，西藏确定了“一核三区”的空间发展格局，即构建藏中、藏东、藏西三个经济区，集中力量将中部经济区建成核心经济区，并重点建设拉萨，使之成为全区经济社会发展的核心，同时加快各地区所在地城镇建设。“十二五”时期，西藏确定了“一核三区”的空间发展布局和“一圈三带两点一线”新型城镇化发展布局，提出要进一步提高拉萨核心带动作用，形成以拉萨为中心的 4 小时经济圈，增强以各地市政府所在地为主的区域中心城镇综合承载能力，建设藏中、藏东、藏西三个经济区。“十三五”时期，西藏确定了“一圈两带四区”的空间发展格局，即形成以拉萨为中心并辐射日喀则、山南、林芝、那曲的“3 小时经济圈”，培育雅江中上游经济带和尼洋河中下游经济带，构建藏中南、藏东、藏北、藏西经济区，发挥藏中南引领带动作用。“十四

---

① 《西藏自治区志·国民经济综合志》编纂委员会编《西藏自治区志·国民经济综合志》，方志出版社，2015，第 412 页。

五”规划提出要推动形成“一核一圈两带三区”的空间发展格局，进一步强化拉萨中心作用，建设以拉萨为中心并辐射日喀则、山南、林芝、那曲的“3 小时经济圈”，实现拉萨人口和要素集聚，建设边境沿线发展带和铁路经济带，形成藏中南重点开发区、藏东清洁能源开发区和藏西北生态涵养区。①

综上所述，“十五”以来的西藏发展规划体现出不断强化拉萨城市地位和功能的导向，以及推动形成以拉萨为中心的全区城镇网络体系的思路。回顾西藏区域发展和城镇体系建设的实践，可以看到，在历史基础、市场机制和政府推动的综合作用下，拉萨中心城市功能更加综合和强大，对资源和人员的吸引力进一步增强，但同时城市承载力也面临日益加大的压力。拉萨约 1/3 的面积在“三线一单”② 生态环境分区管控范围内，建设用地严重不足，项目落地难度增大，生活成本有所提高，生态环境保护和人居环境持续改善任务艰巨。在此形势下，人口、产业向拉萨集中的动力仍然较强，拉萨的“虹吸效应”明显，拉萨与其他城市差距扩大，长此以往不仅拉萨的发展受局限，其他地市的发展机会也可能受到影响，因此需要不断研究具有西藏特点、符合西藏实际的空间发展新导向、新策略。

---

① “九五”以来各五年计（规）划中提出的空间发展格局均来自相应西藏自治区五年发展计（规）划纲要。

② “三线一单”为我国生态环境分区管控制度，旨在加强生态环境保护精细化管理，强化国土空间环境管控，促进高质量发展。“三线”即生态保护红线、环境质量底线、资源利用上线，“一单”即生态环境准入清单。

B.19
新时期西藏绿色发展的态势、问题与对策

张 辉*

摘 要： 当下我国西藏社会发展已进入新的历史阶段，面临如何从生态敏感地带转变为生态安全屏障区、持续推进经济现代化转型实现区域高质量发展的问题。推进绿色发展是西藏探索中国式现代化的重要内容之一，也是青藏高原落实生态文明建设、全面促进经济社会发展绿色转型的关键举措。进入新时代，西藏大力建设绿色产业和推进生态治理现代化，绿色发展取得了重要成就，实现了西藏社会可持续发展和人与自然和谐共生。西藏绿色发展关系青藏高原这一特殊生态环境提升生态系统质量和稳定性，同时关系到区域社会和谐稳定、经济可持续发展和国家边疆安全的大局。当前囿于各项制约因素，西藏推进绿色发展还存在一些问题，需进一步通过统筹协调高质量发展和高水平保护的关系，利用发展低碳产业、加强生态补偿、建立系统治理思路等路径，最终实现社会发展和生态保护的双赢。

关键词： 绿色发展 新时代 生态文明 西藏

西藏是青藏高原的主体，有着复杂多样的地形地貌和特殊的生态系统类型，野生动植物资源、水资源和矿产资源极为丰富，有着“世界屋脊”“亚

* 张辉，中国社会科学院中国边疆研究所西藏研究室助理研究员，主要研究方向为中国边疆治理、西藏问题、民族理论与民族政策等。

洲水塔”之美誉。整体来看，西藏是国内不同生态环境过渡、气候变化和植被交错的特殊区域，也是农林牧多元生计相互交织的复杂地区，更是我国生态脆弱、环境问题高发的敏感地带。近年来随着经济快速发展，西藏脆弱的生态环境遭遇现代发展模式的挑战，粗放式的经济发展路径致使当地生态系统出现了程度不一的功能性退化，各族群众也产生了急切的生态文明需求，探寻绿色发展道路迫在眉睫。绿色发展是新时代推进西藏经济体系现代化转型的重要内容，也是我国全面促进生态文明建设、实现整体生态环境质量提高的关键举措。[①] 绿色发展之路彰显了我国永续发展千年大计在进入新时代以后全面升级的属性，是我国建设美丽中国行动迈出的重要一步，满足了人民群众对优美生态环境的热切期盼。[②]

一　西藏绿色发展的新态势

1951 年和平解放到现在的 70 多年时间里，西藏实现了社会发展形态上的跨越，经济规模和地区生产总值都实现了前所未有的突破，但同时旧有的发展模式一直延续了下来。这种唯 GDP 的发展方式不仅导致了沉重的生态欠账，同时进一步束缚了经济结构的现代化转型。党的十八大以来，习近平总书记多次强调边疆地区绝不能再以牺牲生态环境的代价来换取一时一地的经济增长。[③] 因此，西藏地区优化已有的产业结构，坚定不移走生态优先、绿色发展之路，要算长远账、综合账，不能只盯着眼前的短期经济效益。要持续变革发展理念，坚决让生态环境优势变成可持续发展的最大本钱，让“绿色”成为高质量发展的耀眼“底色”。

为此，党的十八大以来，西藏积极践行可持续发展理念、推动高质量发展，西藏的可持续发展取得了重要突破，产业结构越来越合理。西藏立足自

① 习近平：《努力建设人与自然和谐共生的现代化》，《求是》2022 年第 11 期。

② 李铁英：《推进国家生态治理体系和治理能力现代化建设问题研究》，《东北大学学报》（社会科学版）2022 年第 3 期。

③ 《习近平谈治国理政》第二卷，外文出版社，2017，第 210 页。

身的资源禀赋和优势发展条件，有选择性和针对性地推动新产业、新模式、新动能有序发展，持续壮大文化旅游、特色农牧、高新数字、藏医药等特色优势产业，加快培育高原轻工等新兴产业，增强发展的内生动力。同时西藏还严格限制和约束“三高”企业的引进和审批，实行零审批和零引进，高耗能、高污染企业盲目发展的势头被遏制，还积极助力做大做强生态产业，清洁能源、观光旅游业、精品农牧业等得到显著发展。党的十八大以来，西藏淘汰落后产能 148.47 万吨，淘汰燃煤锅炉 463 台；发展高原生物等七大生态产业，产值达 1900 亿元；旅游收入达 2125 亿元；在新能源领域，电力装机 358 万千瓦，发电量为 112 亿千瓦时，共输出 91 亿千瓦时。

2023 年是贯彻党的二十大精神的开局之年，也是我国实施“十四五”规划承前启后的关键一年。自 2023 年以来，西藏的绿色发展取得了长足进展。在农业生产稳步发展、工业生产领域稳定运行和现代服务业提质增效的多种因素推动下，2023 年西藏绿色发展交出了令人瞩目的答卷。2023 年，西藏第一产业增加值为 215.01 亿元，增长 14.9%；第二产业增加值为 882.97 亿元，增长 7.7%；第三产业增加值为 1294.69 亿元，增长 9.9%。全区地区生产总值为 2392.67 亿元，比上年增长 9.5%，增速较上年提高 8.3 个百分点。地区生产总值增速比全国平均水平高 4.3 个百分点，位居全国第一。人均地区生产总值从 5.23 万元增长到 6 万元，城乡居民人均可支配收入增速多年保持在全国前列，努力走出了一条高原经济高质量发展的新路子。西藏的这一显著增长不仅展现出地区经济持续回升向好的积极态势，也凸显了生态文明建设在推动雪域高原打造绿色可持续发展的“西藏实践”方面的作用。

（一）经过不断探索西藏的产业结构调整和资源利用效率提升都取得良好进展

在着力打造高原经济高质量发展先行区的进程中，西藏立足青藏高原独特的资源禀赋优势和生态环境条件，持续打高原牌、绿色牌、特色牌，在一、二、三产业同时同向发力，积极培育和发展壮大战略性新兴产业，加快构建西藏现代产业体系，让高质量发展中的西藏特色更浓郁、西藏底蕴更深厚。例如，在发展第二产业的过程中，西藏高度注重生态环保，积极拓展在清洁能源、高原轻工、绿色建材等领域的布局和长期规划，精准实施工业龙头企业招引培育工程，科学有序加快培育一批适应本地区的领军企业。

西藏各地区通过深入地推进供给侧结构性改革，一方面，大力淘汰落后产能和化解过剩产能，如彻底淘汰资源转化率低、排放高的小火电机组，全面淘汰 400 立方米及以下炼铁高炉，大量关闭污染大、资源浪费大的小煤矿等，通过这些措施淘汰一批已经不符合现行环境要求的产能，进而推进产业结构调整与优化升级。另一方面，利用行政引导和市场调控提升能源和资源的利用率。利用率是衡量国家经济部门能源利用技术水平和节能减排能力的一项指标，全面提升资源能源利用率，意味着投入更少的资源获取更多的工业产品，不仅有利于降低生产成本，同时实现了节能减排的任务。西藏提出各项措施提升能源资源利用率，不仅建立起能耗的双控制度，强化重点单位的能源消耗管理，同时积极推进循环经济产业，实现经济园区的循环化改造，普遍建立了绿色园区和绿色企业名录。

近年来，西藏持续通过科技赋能和发展科技产业，大力推动本地青稞、牦牛、藏羊、藏猪、藏鸡等高原特色优质产业持续高质量发展。2023 年，西藏粮食总产量保持在 100 万吨以上。其中，青稞产量总量超过 84 万吨，同比增长 1.4%；蔬菜大棚产量达 88 万吨，同比增长 8.4%；肉蛋奶的产量达到 93 万吨。自 2023 年以来，西藏的高原特色轻工业发展较为突出。作为西藏高原轻工业发展的一个典型代表，高原多功能炊具是区委、政府结合本地区的民生所需而选择重点发展的一个特色产业。自 2023 年以来，一些品牌拓展的高原型高压炒锅、高原蒸烤箱、高原水壶等多功能新式现代化炊具成为广大西藏农牧民群众家中的“新宠”。

（二）经过持续努力西藏新能源发展取得突破，能源绿色低碳转型成效显著

党的十八大以来，我国全面开展能源革命行动，力推非化石能源的发展。

而地域广袤的西藏地区有着庞大的高原河流体系，以及大面积的沙漠、戈壁、荒漠等，拥有十分丰富的太阳能、风能和水资源。为此，在党中央的领导之下，西藏积极利用本地区的特殊资源，差异化发展新能源。西藏作为国家重要的生态安全屏障、国家重要的清洁能源供给基地，发展清洁能源可谓得天独厚，水、光、风、地热等清洁能源品类齐全，开发优势显著，开发潜力巨大。为美好生活充电、为美丽西藏赋能，发展清洁能源大有可为。2023 年西藏清洁能源发展迅猛，电力装机容量达 2414 万千瓦，其中清洁能源占比达 91.44%，基本实现清洁能源供电。从整体发电来说，2023 年西藏实现外送电力 25.7 亿千瓦时，同比增长 13.98%，减少标煤燃烧 102.8 万吨，减排二氧化碳 251.64 万吨。签订交易规模最大、参与省份最多、经济效益最大的电力援藏交易框架协议，预计未来 3 年外送电量达 155 亿千瓦时。清洁能源发展迅猛，截至目前西藏电网清洁能源占比超 90%，其中水电占比为 53.72%、光伏发电占比为 36.32%、风电占比为 1.40%，基本实现清洁能源供电。西藏也在稳妥推进绿色电力市场建设，2023 年 12 月首次组织绿电交易两笔，通过川藏联网通道向重庆输送绿电 276.8 万千瓦时，推动西藏绿电交易实现零的突破。① 从绿色能源装机、绿色能源发电量、清洁能源交易量、非化石能源占一次能源消费比重等各方面来说，西藏均居全国前列，成为我国新能源产业高地，构建了清洁低碳、安全高效的现代能源体系。

（三）西藏积极践行可持续发展理念，绿色生态产业发展取得重大进展

西藏位于国家规划的重点生态功能区，是我国生态资源最富集、生物多样性最丰富、生态系统最完整和生态产品最多元的地区，完全具备发展绿色生态产业的条件和基础。因此党的十八大以来，西藏牢固树立“绿水青山就是金山银山”的理念，充分发挥本地区绿水青山的环境优势，以高附加

① 《占比超 90%！西藏基本实现清洁能源供电》，“中国能源报”微信公众号，2024 年 1 月 10 日，https://mp.weixin.qq.com/s/FUa7yNGcROav22bgcqtERQ。

值、高环保性的生态产品为抓手，着力拓宽绿水青山转化为金山银山的路径，避免“守着绿水青山，喝着清汤寡水”的现象出现。西藏通过大力发展绿色生态产业，既可以让守护一方山水的百姓获得更多实实在在的利益，为他们保护生态环境提供更多的动力，也可将生态优势转化为可靠的经济优势，促进地区人与自然的和谐。

西藏有雄奇瑰丽的自然风光、悠久独特的民族文化，文化旅游产业作为西藏的标志性生态产业，近年来发展较为迅速。文化旅游已经成为西藏吸引世界目光的一张亮丽名片。近年来，西藏多措并举做强做大文旅产业，在国家支持下打造了墨脱、芒康、波密等一批旅游名县，持续提升和完善国道318、国道219等进出西藏的主干道及其沿线的旅游基础设施和其他服务设施，同时让本地区的农牧民积极参与文旅产业的各个环节，让他们能够在旅游业中创收致富，进而实现共同富裕。近年来西藏还持续探索打造高原自驾游、野生动植物观赏、精品研学等深度体验类的新型旅游产品。自2023年以来，西藏文旅产业保持蓬勃发展势头，为高质量发展持续增添活力。2023年西藏开始全面推动实施“文化+”“旅游+”战略，全区文化和旅游基础设施不断完善，乡村旅游、康养旅游等一批新业态备受市场青睐，再加上本地游、冬游等，西藏的“奖、补、惠”政策拉动淡季市场持续向暖。2023年，西藏接待国内外游客5517万人次，旅游总收入达651亿元，分别增长83.7%和60.0%，均创历史新高。旅游业真正成为富民产业。仅从2023年“冬游西藏”项目的发展情况来看，欣赏冬天的西藏高原风光成为广大游客的一个重要选择。在西藏绿色产业赋能高质量发展的背景下，当地安排的生态岗位多达44万多个，共计有220多万农民群众享受草原生态环境保护补助。

（四）数字经济成为西藏绿色发展的新引擎

近年来，西藏着力打造具有特色的高原经济高质量发展先行区，通过抓住数字经济的发展机遇，积极融入全国东西部协作的“东数西算”布局，利用政策优势和资源优势加快发展高新数字产业，持续推进重点领域数字技术发展，着力提升数字企业创新能力，加快布局数字基础设施，提早规划和筹建面向南亚的数字港，不断推动数字产业化、产业数字化，同时西藏持续提升数字化治理能力，加快构建现代化的数字政府，进而提升社会治理效能，多举措积极完善数字治理生态和全面优化数字经济发展环境。

西藏深入实施数字经济发展战略，全面推动数字经济快速发展，将数字经济打造为西藏绿色发展的一个新引擎，数字经济的发展水平和规模都有了显著增长。2021 年西藏数字经济增加值达 186.82 亿元；2022 年西藏数字经济增加值达 204.79 亿元；2023 年全区数字经济增加值达到 250.98 亿元，为高原经济的高质量发展注入强大的数字动力。① 统计显示，2021 年全区 56 个数字经济领域企业/项目累计带动就业 10569 人，其中农牧民群众有 1329 人，劳务创收 1129.65 万元；2022 年全区 13 个数字经济领域企业/项目累计带动就业 2000 人，其中农牧民群众有 350 人，劳务创收 150 万元。② 近年来，西藏的数字经济发展工作交出了颇为亮眼的“成绩单”，数字经济核心产业不仅直接推动地区生产总值增长，而且带动广大群众就业。2023 年 7 月，“2023 全球数字经济大会·拉萨高峰论坛”在拉萨举行，论坛以推动数字产业化和产业数字化为核心，全面展现拉萨数字经济新成就、数字应用新成果。根据西藏民族大学西藏数字经济发展研究所和西藏自治区数字信息行业协会合作完成的《西藏自治区数字经济发展报告（2023 年）》，2023 年西藏数字经济整体发展势头强劲，主要表现在如下几个方面。一是数字经济支撑西藏发展作用日益凸显。2023 年，西藏数字经济占地区生产总值的比重达 13.45%，创历史新高。2020 年至今，数字经济的年均增速均高于同期西藏地区生产总值增速。二是传统服务业数字化转型重塑竞争优势。电子商务为西藏农牧产品融入全国统一大市场提供了新渠道，自 2019 年以来，西藏网络零售额连续多年保持高速增长态势，2023 年西藏网上零售额实现 173.1 亿元，同比大幅增长。目前，74 个县（区、市）实现农村电商服务

① 杨宇航：《西藏：数字经济蓬勃发展　为高原经济注入新动力》，《科技日报》2024 年 3 月 15 日。

② 《力争到 2025 年西藏数字经济规模突破 600 亿元》，《西藏商报》2023 年 9 月 22 日。

全覆盖，全区电商总数超过3.5万家，为农牧民就业提供了新渠道。三是数字基础设施建设取得阶段性成就，网络基础设施实现弯道超车。截至2023年，西藏累计建设5G基站9508个，每万人拥有5G基站数达26.12个，高于全国平均水平，全区行政村光纤宽带覆盖率达100%。物联网和感知设备快速普及。四是数字技术助推基本公共服务均等化。数字政府建设日益完善，一体化政务服务能力全面提升。2023年全区政务服务事项可办率达100%，“最多跑一次”事项占比达98.6%，目前已初步形成“纵向到底、横向到边”的电子政务“一张网”。[①]

（五）持续推进生态保护工作，筑牢高质量发展的绿色根基

西藏坚决贯彻习近平总书记“保护好青藏高原生态就是对中华民族生存和发展的最大贡献”“把青藏高原打造成为全国乃至国际生态文明高地”的重要指示，持续高效推动生态保护与治理工作，雪域高原的生态环境得到了最有效的保护。[②] 截至2023年，西藏基本建立保护地体系。保护地涵盖世界上海拔最高的珠穆朗玛峰、世界上最大最深的雅鲁藏布大峡谷、地球第三大冰原普若岗日、我国第二大咸水湖色林错、最大最集中的黑颈鹤越冬地、土林以及众多湖泊、河流、草原等。同时西藏自然保护地是世界上野生动植物最富集的区域之一。在西藏自然保护地范围内分布和栖息的藏羚羊、野牦牛、黑颈鹤种群数量分别约占全球总量的80%、90%、80%。另外，自然保护地还保护了西藏巨柏、红豆杉等众多珍稀濒危和特有植物的核心分布区域。截至2023年，西藏设立的各级各地保护地体系范围涵盖西藏森林面积的20.00%、草原面积的73.58%、冰川面积的40.00%，还保护了湿地面积的68.75%。保护地内的珍稀野生动植物物种得到了全面有效的保护，种群和个体的数量都不断在增长，藏羚羊数量增加到30万只，黑颈鹤数量也超过1万只。

自2023年以来，西藏生态保护工作进展显著。一是生态保护体制机制

---

① 以上论述来自《西藏自治区数字经济发展报告（2023年）》。

② 《西藏聚焦稳定、发展、生态、强边四件大事 推动长治久安和高质量发展行稳致远》，《人民日报》2024年5月24日，第3版。

更为完善，2023 年 4 月 26 日第十四届全国人民代表大会常务委员会第二次会议表决通过了《中华人民共和国青藏高原生态保护法》。该法明确提出，国家统筹青藏高原生态安全布局，明确优化生态安全屏障体系建设，提升生态系统质量和多样性、稳定性、持续性。该法对推动西藏地区的生态保护工作具有重要作用，将使西藏的生态保护体制机制更为完善。二是完成了羌塘国家公园的创建评审工作，西藏自治区级层面于 2023 年 9 月已完成创建、评估阶段任务，自治区政府已上报国务院申请设立，国务院已批准技术指导和实地考察工作。羌塘地区是藏羚羊、野牦牛等重点保护物种及其栖息地的集中分布区，羌塘国家公园成功创建将对构建青藏高原国家公园群、保护重要生态系统及高原生物多样性、维护国家生态安全具有重要意义。三是拉萨南北山绿化工程进展显著。2023 年完成营造林 24 万亩，苗木成活率达 85%以上，带动就业 180 万人次，实现群众增收 4.5 亿元。拉萨南北山绿化工程是西藏首个河谷地区规模化生态建设和修复的代表性工程，也是西藏有史以来最大的营造林建设工程，根据规划到 2030 年完成营造林 206.7 万亩，其中人工造林 120.6 万亩。

二　西藏持续推进绿色发展面临的现实挑战

长期以来，西藏是我国经济落后地区和生态脆弱区域，在近年来高强度的资源开发之下，又出现了一定的环境破坏并引发自然灾害。然而西藏限于科技、人才、资金等各方面，当地的生态治理水平和治理能力均有待提升，这可能造成西藏原本就脆弱的生态环境失衡，一旦突破青藏高原地区的生态环境承载极限，将会引发严重的生态安全危机。可以看到，西藏绿色发展面临诸多挑战，这些挑战对我国推动美丽西藏建设造成阻碍。

（一）生态问题突出

习近平总书记指出："改革开放以来，我国经济社会发展取得历史性成就，这是值得我们自豪和骄傲的。同时，我们在快速发展中也积累了大量生态环境问题，成为明显的短板，成为人民群众反映强烈的突出问题。”① 西藏生态环境问题突出，生态治理现代化的任务异常艰巨。西藏的生态环境破坏表现在很多个方面，涵盖矿产资源开采、森林砍伐、土地沙化、草场退化、水土流失等。例如，在草场退化方面，主要表现为肆意开垦、过度放牧等人为活动导致草场质量不断下降，甚至一些区域已经呈现沙漠化的趋势。草场退化对西藏来说是一个非常严重的现实问题，草场退化一方面影响当地畜牧业的可持续发展，对当地百姓的家庭收入、日常生活乃至社会稳定产生重要影响；另一方面加剧了西藏的沙漠化程度，大量草地裸露之后很快就变成了荒漠。可以说草场退化是影响西藏生态安全的重要因素之一。

西藏的生态治理现代化表现出两个基本的特征，一个是治理的迫切性，西藏的生态问题已经到了关键阶段，成为影响青藏高原生态安全屏障建设的一个明显短板，容不得再有半点犹豫，需要大力完善生态治理整体规划。另一个是治理的长期性，西藏许多生态问题的复杂性和顽固性需要我们长期地投入治理，如土地沙化和草场退化，难以在短时期内得到根本性的改善。西藏的许多生态问题是长时间社会发展和环境变迁之后的产物，短时间内难以快速地消除。因而在制定生态治理措施的时候需要考虑将长期规划与短期应急措施结合起来，比如草场退化的问题就需要西藏各方力量的协作与共管，从源头上进行治理，做到既保障农牧民的生产也能够持续恢复退化的草场。

（二）经济发展动力依旧不足

西藏生态治理现代化面对的第二个挑战是整体社会呈现经济发展动力不足的局面。西藏的经济发展不充分属于历史与现实共同作用的结果，一方面，在历史上西藏所在的西部地区就地处边陲、发展缓慢且基础薄弱，当地在科学技术、产业集群、资本投入、人才资源等各方面均与东部地区存在差距；另一方面，随着东西部梯度发展格局的形成，广大的西部边疆地区在市

① 《习近平谈治国理政》第二卷，第 396 页。

场经济体系中处于不利地位，发展差距越来越明显。[①] 西藏经济发展动力不足表现在很多个方面，例如，缺乏其他能够带来重大社会经济效益的支柱性产业、各临边区域的经济欠缺持久的发展动力等。

经济发展动力不足对我国开展西藏生态治理现代化产生了制约作用。第一，西藏作为资源富集型地区，在现代化建设的初期地方政府均选择“以资源换发展”的方式，寻求快速地实现社会经济的发展。然而结果证明这种发展方式是不可持续的，不仅面临资源枯竭的风险，同时过度开发也引发了环境危机。西藏陷入发展与环境治理的恶性循环之中：要发展就需要开采资源，开采资源就破坏环境且面临资源枯竭的压力。第二，经济发展动力不足使当地面对环境危机没有太多的动机和意愿参与治理。经过几十年的飞速发展，西藏普遍出现各种类型的环境问题，而要解决这些问题就需要大量的资金、资源和人力投入。但是在经济发展动力不足的背景下，地方政府公共财政本就有限，难以将捉襟见肘的财政资金投入其中。第三，经济发展动力不足也使得生态治理理念难以被全面接受。在很多普通百姓乃至一些基层干部的思维意识里，生态治理是发达地区的事情，经济发展不足地区连基本的经济自给自足都满足不了，如何参与生态治理。这一观念在西藏具有非常普遍的影响力，乃至于可以说是根深蒂固。思维观念不转变，西藏生态治理现代化就难以取得有效成果。

（三）生态脆弱性与气候变化

西藏生态治理现代化遭遇的第三个挑战便是生态脆弱性与气候变化。首先西藏大多地处生态脆弱区域。我国总体的地理环境是山地多、平地少，高原、丘陵等占据国土面积的六成以上。而据《全国主体功能区规划》，我国中度及以上的生态脆弱区面积占比在55%左右，其中包括9.7%的极度脆弱区、19.8%的重度脆弱区和25.0%的中度脆弱区。[②] 而西藏涵盖这三大脆弱

① 朱碧波：《新时代中国边疆治理的逻辑体系研究》，《宁夏社会科学》2018年第4期。

② 邹长新、彭慧芳、刘春艳：《关于新时期保障国家生态安全的思考》，《环境保护》2021年第22期。

区的所有类型，特别是极度脆弱区面积占比非常高。[①] 西藏的生态脆弱性表现在许多方面，如生态系统组成结构的稳定性较差，容易在外界的影响下发生改变，抵抗外界干扰和维持系统稳定的能力较差，生态脆弱区域面对一些外来的自然条件改变或者人为因素的干扰，难以有效地维持系统的稳定性。此外容易发生生态退化且难以自我修复，生态脆弱性导致发生生态环境破坏以后原生性的生态系统难以自我修复，而人为参与面临修复周期长、成本高、效果不显著等问题。

近年来，随着全球气候变化愈演愈烈，西藏的脆弱生态更是面临前所未有的挑战。例如，在部分西藏牧区，土地沙漠化已成为当地最严重的生态危机。西藏的土地沙化如果得不到遏制，就会导致土壤质量下降，严重危害当地农牧民的生活。此外，土地沙化也会严重阻碍当地的交通运行，甚至破坏基础设施。土地沙化会进一步导致该地区的可利用土地减少，农牧业的生产能力大大降低，不可避免地加大了区内资源环境的压力，进而导致土地资源的过度开发利用。

（四）各类自然灾害发生频繁

由于特殊的地理位置与气候条件，西藏是我国各种自然灾害的高发区域之一，近年来在全球气候变化的大背景下，西藏的各类自然灾害更是呈现连年增加的态势。频繁发生的自然灾害不仅对当地生态系统的稳定性产生影响，也严重影响了当地经济发展和社会稳定。据相关数据统计，2000～2019年西藏平均每年自然灾害造成直接经济损失 238.75 亿元，死亡人数达 352 人，受灾人口数达 504.1 万人次，受灾面积达 422.8 千公顷。[②] 特别是西藏的支柱产业农牧业，自然灾害的影响更加直接。长期以来，西藏农牧区抵抗自然灾害的能力较差、灾后重建能力严重不足，而且由于传统的农牧业具有生产周期长、饲养成本偏高等特点，一旦遭受灾害将会产生短时期难以恢复

---

① 刘军会等：《中国生态环境脆弱区范围界定》，《生物多样性》2015 年第 6 期。

② 叶竹等：《自然灾害冲击对西藏边境贸易发展的影响研究——基于双重差分法的实证分析》，《高原科学研究》2022 年第 4 期。

的灾难性影响。西藏的自然灾害类型多样化，主要包括雪灾、旱灾、水灾、冰雹灾害、风灾等气象灾害和泥石流、滑坡、塌方等地质灾害。[①] 其中，洪涝、雹灾、雪灾、风灾四类为常见类型，在总灾害中的占比分别为 45%、19%、11%、7%。[②] 以雪灾为例，一旦大面积发生不仅会阻断公路交通的正常通行甚至破坏基础设施，同时更为严重的是掩埋牧草将使牲畜无法正常采食，导致牧区大量牲畜掉膘和死亡。

西藏频繁发生的自然灾害，给原本脆弱的农牧业造成严重损失，也使原本薄弱的基础设施遭受连续打击，给广大人民群众特别是贫困农牧民的生产生活带来困难，可能引发持续性的社会危机。

三　西藏推进绿色发展的实践路径

随着我国进入新时代，西藏的绿色发展进入重要的转折期，面临把原本的生态脆弱区域转变为生态安全屏障区的重大难题，这也是党和国家赋予西藏的重大使命和重要责任。这一问题的解决，既牵涉西藏的社会稳定和长治久安，同时关系国家战略安全。因此，必须坚定不移地走可持续发展道路，为把西藏建设成美丽边疆不懈奋斗。党的十八大以来，习近平总书记多次强调边疆地区绝不能再以牺牲生态环境的代价来换取一时一地的经济增长。[③] 因此，西藏推动可持续发展战略势在必行。西藏的绿色发展就是从根本上化解生态保护与经济发展之间的矛盾，通过行之有效的生态治理举措，实现边疆地区资源合理配置、节约利用和循环使用，加强脆弱生态的保护和已受损生态的修复，最终达到社会发展与生态优良的双赢，使西藏各族人民过上好山好水好家园的幸福生活。[④]

---

① 王娟丽：《西藏自然灾害时空分布规律及特征分析》，《西藏发展论坛》2018 年第 2 期。

② 次旦巴桑、格央、坚参扎西：《近 12 年西藏气象灾害特征》，《西藏科技》2021 年第 5 期。

③ 《习近平谈治国理政》第二卷，第 210 页。

④ 孔新峰、张继超：《新时代中国边疆治理现代化的鲜明特质》，《理论学刊》2021 年第 3 期。

（一）继续发展壮大绿色低碳产业

西藏推动绿色产业发展，有三点需要重视。首先，要树立正确的发展理念。传统发展路径的弊端就在于将西藏的社会发展简单地等同于经济增长，认为经济高速增长就是衡量发展成功的唯一指标。这一观点忽视了当地群众的需求其实是多层次的，物质需求是基础，但除此以外还有别的需求。唯经济论认识不到优良的生态环境具有的无限价值，那是经济增长数据不能表达的。因此，进入新时代边疆地区发展绿色产业，就要坚决摒弃以往的以牺牲环境为代价的发展路径，树立人与自然和谐发展的理念，坚定不移地探索出一条可持续发展的道路。尤其是在边疆的生态脆弱区域，就更需要保持对生态环境的高度敏感，坚决放弃那些虽然能够带来短期经济效益但长期危害无穷的产业，积极培育环境友好型产业。绿色产业是构建美丽西藏的核心要素，要用全局性和战略性的眼光看待问题，不急于求成，注重功在当代利在千秋的长远影响。

其次，发展绿色产业要重视从末端治理转变为源头治理。过去很多年间针对资源导向的经济产业实行的都是“先污染、后治理”“谁污染、谁治理”的方式。在我国改革开放初期，这种治理模式自有一定的合理性和历史必然性，也是当时社会发展的一个缩影。但是在进入新时代以后，特别是在举国建设生态文明的背景下，这种污染之后才启动治理的末端治理模式已经失去了继续存在的意义。而且末端治理存在诸多的不确定性，一方面，可能一些敏感生态系统在过度破坏之后就很难再修复，造成了永久性的伤害；另一方面，许多“两高”产业带来的生态危害的治理耗时长而且成本高，许多地区的生态治理费用已经远远超出了工矿企业带来的收益。因此，当前推进的源头治理，可以将生态防护移至生产的前端，在源头上杜绝那些可能产生严重危害的产品的形成，再在源头处化解风险，防患于未然。

最后，西藏绿色产业的发展还必须重视科技创新。长期以来，西藏的产业发展与环境危机之间之所以呈现正相关关系，就在于本地区的产业科技含量普遍偏低，对能源消耗和废气废水排放等做不到合理有效的控制，因此产业越大相关的环境问题就越多。面对这种困局，西藏只有通过技术革新才可能有所突破，进而将经济发展模式从资源要素驱动转变为科技要素驱动。在西藏的绿色产业中，科技创新将会在产业升级、新能源开发、资源高效利用、产品低碳化等方面发挥关键性作用。当然，西藏落实科技创新驱动需要考虑区域的自身特点，特别是在本地区经济基础薄弱、科技人才欠缺的背景下，更要重视科技创新的有效性和持续性，抓关键产业和重点区域，以点带面，发挥龙头企业的引领性作用，进而形成良性循环。总之，可以看到的是科技创新将有助于不断提升西藏的绿色发展水平，夯实美丽西藏的产业根基。

（二）持续完善和推进生态补偿机制

实施生态补偿是调动各方积极性、保护好生态环境的重要手段，是推进生态文明建设的重要内容。从概念上界定，生态补偿是以保护生态环境、促进人与自然和谐发展为目的，根据生态系统服务价值、生态保护成本和发展机会成本，通过制度创新，实行生态治理与保护外部性的内部化，利用政府的规划权力和市场的调节功能，让生态治理的“获益者”支付相关费用，让生态治理的“行动者”得到基本补偿，进而实现生态治理过程中各相关方的利益均衡。① 已有研究发现，生态治理具有非常强的正外部性，如果不对提供这种正外部性的参与主体进行适当补偿，就不能激发相关方持续参与生态治理的积极性。② 而西藏的生态治理就是如此，长期以来我国的陆地边疆地区在资源开发、沙漠治理、涵养水源等方面作出了巨大的贡献，但是这种付出却没有得到相应的回报，使得边疆地区普遍出现了“守着绿水青山，喝着清汤寡水”的局面。这种现象打击了边疆地区参与生态治理的积极性，也是不公平的。③ 因此必须坚定不移地继续推动边疆地区的生态补偿政策，

① 中国21世纪议程管理中心编著《生态补偿原理与应用》，社会科学文献出版社，2009，第17页。

② 杜群、车东晟：《新时代生态补偿权利的生成及其实现——以环境资源开发利用限制为分析进路》，《法制与社会发展》2019年第2期。

③ 王奇、姜明栋、黄雨萌：《生态正外部性内部化的实现途径与机制创新》，《中国环境管理》2020年第6期。

实现不同地区、不同利益群体的和谐发展。

目前，经过党和政府的不懈努力，西藏的生态补偿工作已经取得了很大的成绩，当地各族群众通过参与生态治理获得了不小的收益，有利于他们提高生态水平，也激发了他们参与治理的积极性。但从整体来看，西藏的生态补偿制度还正处于发展完善的阶段，制度设计与目前期望还存在一定的差距，总体的生态补偿范围偏小、补偿额度偏低，保护者和受益者之间的良性互动机制还不成熟，这在一定程度上影响了生态治理行动的成效。同时，在具体的推进阶段，还有诸多困难要去克服，比如各区域生态补偿的标准不合理、生态补偿的定量计算不完善。这说明，西藏要想全面建成生态补偿机制还有很多工作要做。

本报告认为，稳步推进西藏生态补偿机制的建立，要重视三个环节。一是持续建立健全生态补偿配套制度体系。要加快建立因地制宜的生态补偿标准体系，根据不同领域、不同生态环境的特点，以生态产品产出能力为依据，进一步完善相关的测算方法，制定相应的补偿标准。要加强对山水林田湖草的科学监测能力，加强对重点生态功能区、重要水源涵养区的全方位监测能力，制定和完善监测评估体系。要继续完善生态保护补偿的统计指标体系和信息发布制度，统一测量、统一核算，定期向社会公开。要继续健全自然资源的产权制度，建立统一的确权登记系统和权责明确的产权体系，在这一过程中要处理好所有权与使用权的关系。

二是要结合生态补偿持续推进乡村振兴。西藏大部分地区处于重点生态功能区，在维持生态安全屏障方面具有重大作用。但是长期以来囿于各种因素，西藏经济发展不充分，各族群众的生活水平与东部地区相比还有较大差距。因此，可以考虑在生存条件差、生态系统重要、亟须要生态修复的区域，结合生态治理，探索区域乡村振兴的新路径。例如，生态补偿资金和重大生态治理项目在符合国家有关规定的基础上，可以适当向边疆地区倾斜。可以开展边疆地区生态综合补偿试点，创新资金使用方式，利用生态保护补偿和生态保护工程资金，将当地有劳动能力的部分人口转为生态保护人员。对开发水电、矿产资源占用集体土地的，试行给当地居民集体股权的方式进行补偿。

三是要加强组织实施。要强化组织领导，建立经济、农林、环保各部门的协调机制。加强跨行政区域生态保护补偿指导协调，组织开展政策实施效果评估，研究解决生态保护补偿机制建设中的重大问题，加强对各项任务的统筹推进和落实。要加强督促落实，审计、监察部门要依法加强审计和监察。切实做好环境保护督察工作，督察行动和结果要同生态保护补偿工作有机结合。对生态保护补偿工作落实不力的，启动追责机制。要加强舆论宣传。加强生态保护补偿政策解读，及时回应社会关切。充分发挥新闻媒体作用，依托现代信息技术，通过典型示范、展览展示、经验交流等形式，引导全社会树立生态产品有价、保护生态人人有责的意识，自觉抵制不良行为，营造珍惜环境、保护生态的良好氛围。

（三）统筹推进边疆地区山水林田湖草的系统治理

西藏的绿色发展要建立在优良的生态环境基础上，因此必须继续推进生态治理工作。当前，西藏推进生态治理，还应当遵循生态系统的内在自然规律，统筹推进边疆地区山水林田湖草的系统治理。在自然界，作为其基础组成要素的山水林田湖草彼此之间相互依存、联系密切，通过生态系统的物质循环和能量流动将各要素组建成了一个巨大的生命共同体。正如习近平总书记曾经指出："人的命脉在田，田的命脉在水，水的命脉在山，山的命脉在土，土的命脉在树。"[①] 生态系统的这种内在连接性也使得生态治理必须树立系统性思维，重视在治理过程中出现"牵一发而动全身"的情况。面对这种情况，党的十八大以来习近平总书记立足生态治理的大局观，从生态文明建设的整体战略出发，创造性地提出了"山水林田湖是一个生命共同体"[②] 的重要科学论断，并明确强调统筹山水林田湖草沙系统治理。习近平总书记在讲话中指出：要统筹山水林田湖草沙系统治理，实施好生态保护修复工程，加大生态系统保护力度，提升生态系统稳定性和可持续性。这一治理理念是习近平

---

① 习近平：《关于〈中共中央关于全面深化改革若干重大问题的决定〉的说明》，人民网，2013 年 11 月 15 日，http://politics.people.com.cn/n/2013/1115/c70731-23559205.html。

② 《习近平谈治国理政》第一卷，外文出版社，2018，第 85 页。

生态文明思想的重要内容之一，为边疆地区的生态治理指明了方向，为建设美丽边疆提供了科学指引。

西藏地区推进山水林田湖草的系统治理，是突破当下生态现状和国内治理水平的体现，核心在于要求边疆地区在生态治理进程中注重统筹兼顾。众所周知，长期以来我国的生态治理领域存在各自为政、多头治理的问题。本属于生态共同体的山水林田湖草被不同的部门管理，例如同一生态空间中的森林和溪流就各自归属林业部门和水利部门管理。由此造成生态治理的过程中出现各自为政的现象。栽树的只负责栽树，保护田地的就只管保护田地，治理水资源的就只重视治水。长此以往，就造成整个生态治理被划分为不同的领域，彼此之间难以交流的现状。由此，统筹推进山水林田湖草的系统治理就具有了迫切性，变得十分有必要和有意义。

系统性治理的基本出发点就在于从系统工程和战略全局的角度，打破过去九龙治水的困局，寻找一种新的治理思路。进而通过统筹兼顾、整体施策、多措并举，全面提升生态治理的成效。因此在新时代，西藏必须统筹推进山水林田湖草的系统性治理，真正打破陆地和河流、地上和地下的隔阂，对整个山水林田湖草进行统一治理。重视借鉴过去治水、治沙、治山等的经验。同时还需要持续加强顶层设计，坚持一张蓝图绘到底，从全局出发综合施策、整体推进，全方位、全地域、全系统开展生态治理。西藏推进山水林田湖草的系统治理，将能够为建设美丽西藏、构筑生态安全屏障提供重要支持。

B.20
以绿色发展引领新疆乡村振兴战略分析*

王光耀　杜慧娟**

摘　要： 本报告旨在分析绿色发展在新疆乡村振兴战略中的引领作用，探讨其逻辑基础、实施成效、面临的挑战以及未来发展。绿色发展不仅是新疆乡村生态文明建设的基石，也是经济支柱和幸福生活的体现，更是乡村治理现代化的重要标志。新疆乡村振兴的必然方向与绿色发展紧密相连，它契合了新疆的资源优势，满足了居民对美好生活的需求，助力了全面振兴，并符合长远发展利益。新疆乡村振兴已取得显著成绩，包括农村发展的整体上升趋势、农业农村现代化的显著进展、产业发展的成效以及生态保护方面的初见成效。同时，新疆实现了从脱贫攻坚到乡村振兴的顺利转换，加强了思想认知，完善了工作措施，并出台了常态化政策。新疆农业绿色发展仍面临诸多挑战，如区域发展不平衡、人才外流和人才引进难、基础设施建设薄弱等。为应对这些挑战，本报告提出了一系列对策建议，包括建立绿色治理体系、提高农村人口素质、健全绿色支撑体系、建立绿色产业体系和构建绿色宜居体系，以实现新疆乡村振兴。

关键词： 绿色发展　乡村振兴　可持续发展　新疆

---

* 本报告系国家社会科学基金重点项目“国家治理现代化视域下‘长期建疆’方略的实施机制和路径研究”（21AZZ004）阶段性成果。

** 王光耀，石河子大学边疆发展与安全治理研究院、石河子大学马克思主义学院教授，主要研究方向为马克思主义中国化、新时代党的治疆方略；杜慧娟，石河子大学边疆发展与安全治理研究院、新疆农业大学经济管理学院博士研究生，主要研究方向为塔里木河流域人口资源与环境。

绿色发展是一种新型的发展模式，它强调在生态环境容量和资源承载力的约束下，将环境保护作为实现经济社会可持续发展的重要支柱。这种发展模式不仅克服了传统发展方式与理念的局限，而且促进了经济与生态环境的协调发展，为实现可持续发展提供了新的思路和路径。党的十九大报告首次提出“实施乡村振兴战略”，为新时代乡村全面振兴指明了方向。2018 年，中央一号文件进一步明确了“以绿色发展引领乡村振兴”的战略思想，强调按照“产业兴旺、生态宜居、乡风文明、治理有效、生活富裕”的总要求，推动农业、农村、农民的全面振兴。2023 年新疆维吾尔自治区党委一号文件，立足新疆实际，对全区实施乡村振兴战略进行了阶段性谋划，并明确提出推进农业绿色发展。本报告以“以绿色发展引领新疆乡村振兴战略分析”为研究主题，旨在深入探讨绿色发展在乡村振兴中的作用机制和实践路径。研究将从理论分析、政策解读、案例研究等多个角度出发，系统分析新疆在实施乡村振兴战略中的具体做法和经验，以及面临的挑战和对策，为推动新疆乃至全国乡村振兴提供理论支持和实践指导。

一　绿色发展引领新疆乡村振兴的战略逻辑

（一）绿色发展是乡村振兴背景下新疆建设美丽乡村的基本要求

1. 绿色发展是新疆乡村生态文明的基石

新疆拥有广袤的土地和多样的生态环境，包括雄伟的天山、辽阔的草原以及绿洲农耕区等。保护这些珍贵的自然生态资源，维持其良好的生态环境，是实现乡村绿色发展的首要任务。只有坚持绿色发展，才能确保新疆乡村的青山常在、绿水长流，为子孙后代留下一片繁荣而美丽的家园。

2. 绿色产业是新疆乡村振兴的经济支柱

新疆丰富的农业资源和独特的民族文化为发展绿色产业提供了广阔的空间。通过推广有机农业、发展乡村旅游、打造特色农产品品牌等方式，可以将新疆的乡村生态资源转化为经济价值，实现生态效益与经济效益的双赢。

这种以绿色为底色的产业发展模式，不仅能够提升乡村经济实力，还能够带动就业，促进农民增收，让乡村真正成为繁荣富裕的生活乐园。

3. 绿色生活是新疆美丽乡村的幸福写照

随着人们生活水平的提高，对美好生活环境的追求也日益迫切。新疆乡村通过推广绿色低碳的生活方式，如使用清洁能源、建设生态宜居住房、提供绿色健康食品等，让村民在享受现代文明成果的同时，能够感受到绿色生活带来的舒适与幸福。这种绿色生活的实践不仅提升了乡村居民的生活品质，也塑造了美丽乡村的新形象。

4. 绿色发展是新疆乡村治理现代化的重要标志

在推进乡村振兴的过程中，新疆乡村治理也面临转型升级的任务。通过引入绿色发展理念和技术手段，如智能化农业管理、环境监测与保护等，可以提升乡村治理的效率和水平，实现乡村社会的和谐稳定与可持续发展。这种以绿色为引领的乡村治理模式，将为新疆乃至全国的乡村振兴探索出一条新的路径。

因此，绿色发展作为乡村振兴背景下新疆美丽乡村的基本要求，不仅关乎乡村的生态环境保护和经济发展，更涉及乡村居民的生活品质和幸福感。只有坚持绿色发展理念，不断推动乡村绿色转型和升级，才能真正实现新疆乡村的全面振兴和繁荣发展。

（二）绿色发展是新疆乡村振兴的必然方向

1. 绿色发展契合新疆乡村资源优势

新疆拥有得天独厚的自然资源，包括广袤的土地、丰富的水资源以及多样的生物资源。这些资源为新疆乡村发展绿色农业、生态旅游等产业提供了有力支撑。通过绿色发展，可以有效转化和利用这些资源，推动乡村产业结构优化升级，实现资源优势向经济优势的转变。同时，绿色发展还能够促进新疆乡村生态环境的保护和改善，提升乡村的整体形象和品质，为乡村的可持续发展注入新的活力。

2. 绿色发展满足新疆乡村居民美好生活需求

随着新疆乡村经济的不断发展，居民的生活水平也在逐步提高。他们对美好生活的向往不再局限于物质层面的满足，更加注重对生态环境、精神文化等方面的追求。绿色发展强调人与自然的和谐共生，致力于创造宜居、宜业、宜游的乡村环境，这恰恰契合了新疆乡村居民对高品质生活的需求。通过推动绿色发展，可以不断完善乡村基础设施和公共服务体系，提升乡村居民的生活质量和幸福感。

3. 绿色发展助力新疆乡村实现全面振兴

乡村振兴是一个包含产业振兴、人才振兴、文化振兴、生态振兴、组织振兴等多个方面的综合工程。绿色发展作为这一战略的重要组成部分，贯穿乡村振兴的各个环节。在新疆，绿色发展不仅有助于推动乡村产业的绿色化、高端化，还能够促进乡村生态环境的整体改善，以及乡村文化的繁荣兴盛。同时，绿色发展还能够吸引和留住更多人才，为乡村的全面振兴提供坚实的人才保障。

4. 绿色发展符合新疆乡村长远发展利益

从长远来看，绿色发展是新疆乡村实现可持续发展的必然选择。随着全球气候变化和环境问题的日益突出，绿色发展成为应对这些挑战的重要途径。新疆乡村通过坚持绿色发展理念，不仅能够保护好绿水青山，还能够将其转化为金山银山，实现经济效益与生态效益的双赢。这将为新疆乡村的未来发展奠定坚实的基础，确保乡村能够持续、健康、稳定地发展下去。

（三）绿色发展是促进新疆城乡融合发展的最重要抓手

1. 绿色发展夯实城乡融合生态基础

新疆拥有得天独厚的自然资源，但生态环境脆弱，保护好绿水青山是实现可持续发展的前提。绿色发展强调生态环境的保护与修复，通过推广生态农业、加强自然资源管理、实施生态补偿机制等措施，能够有效提升新疆的生态环境质量，为城乡融合发展奠定坚实的生态基础。只有生态环境得到持续改善，才能吸引更多的人才、资金和技术流向乡村，推动城乡之间的深度融合。

2. 绿色发展助力乡村产业振兴

乡村产业振兴是城乡融合发展的关键一环。新疆乡村地区拥有丰富的农业资源和特色文化，通过绿色发展理念引导乡村产业发展，不仅能够提升农产品质量与安全水平，还能打造一批具有地域特色的绿色农产品品牌，增强乡村经济的竞争力。同时，绿色发展还能推动乡村旅游、生态农业等新兴产业蓬勃发展，为乡村创造更多的就业机会，促进农民增收致富，缩小城乡收入差距。

3. 绿色发展促进城乡公共服务均等化

城乡融合发展要求实现公共服务的均等化。在绿色发展理念下，新疆城乡基础设施建设更加注重生态环保和可持续性，如推进绿色交通、绿色建筑等，这不仅能够提升城乡居民的生活品质，还能确保他们公平地享受高质量的公共服务。此外，绿色发展还推动城乡教育、医疗等公共服务资源均衡配置，让乡村居民在家门口就能享受到优质的教育和医疗服务，进一步提升城乡之间的融合度。

4. 绿色发展推动城乡文化交流与融合

新疆是一个多民族聚居的地区，拥有深厚的文化底蕴。绿色发展强调尊重自然、顺应自然、保护自然，这与新疆各民族的传统文化中的生态智慧不谋而合。通过绿色发展理念的引领，可以深入挖掘和传承这些宝贵的生态文化，推动城乡之间的文化交流与融合。这不仅能够丰富城乡居民的精神文化生活，还能增强他们的文化认同感和归属感，为城乡融合发展注入强大的精神动力。

因此，绿色发展作为促进新疆城乡融合发展的最重要抓手，在夯实生态基础、助力乡村产业振兴、促进公共服务均等化、推动文化交流与融合等多个方面发挥着不可替代的作用。新疆应紧紧抓住绿色发展的机遇，不断探索和创新城乡融合发展的路径与模式，为实现区域经济的全面协调可持续发展奠定坚实基础。

二 新疆乡村振兴取得的主要成绩

新疆乡村振兴取得的主要成绩可以从多个维度进行分析，包括农业农村现代化、脱贫攻坚与乡村振兴的有效衔接、产业发展、生态保护、社会治理等方面。

（一）新疆农村发展整体呈现稳步上升趋势

进入 21 世纪，尤其是新时代以来，新疆的农村居民人均可支配收入呈逐年递增的趋势，2023 年农村居民人均可支配收入达到 17948 元，新疆农村居民消费水平整体也呈现上升的趋势，仅 2018 年和 2021 年较前一年有所下降（见图 1）。新疆农业产值在三次产业中的占比从 2001 年的 19.4%下降到 2023 年的 14.3%。农林牧渔业总产值和增加值整体呈上升趋势，仅 2010 年和 2018 年增速放缓（见图 2）。新疆的粮食产量呈现波动上升趋势，从 2001 年的 780 万吨上升到 2023 年的 2119.16 万吨（见图 3）。棉花产量也呈现稳步上升趋势，2023 年为 511.2 万吨，比 2022 年 539.06 万吨略有下降。

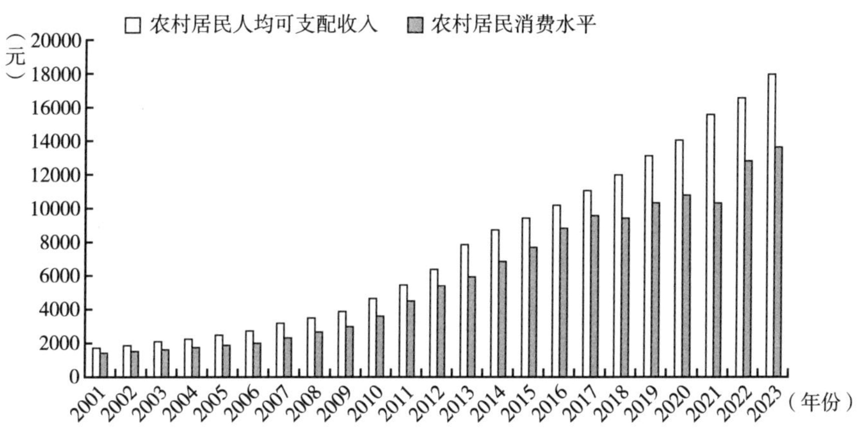

图 1 2001~2023 年新疆农村居民人均可支配收入和农村居民消费水平

新疆农业机械总动力呈现快速上升的趋势，由 2000 年的 851.2 万千瓦，上升到 2021 年的 2995.9 万千瓦，2022 年略有下降，为 2531 万千瓦（见图 4）。

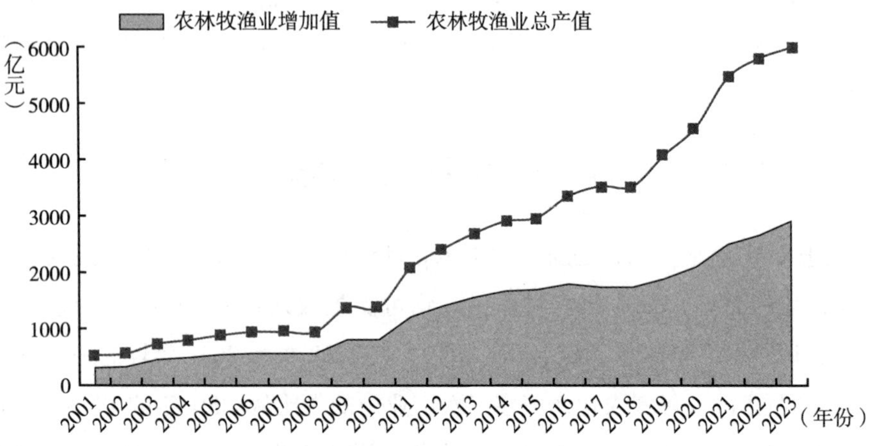

图 2　2001~2023 年新疆农林牧渔业整体情况

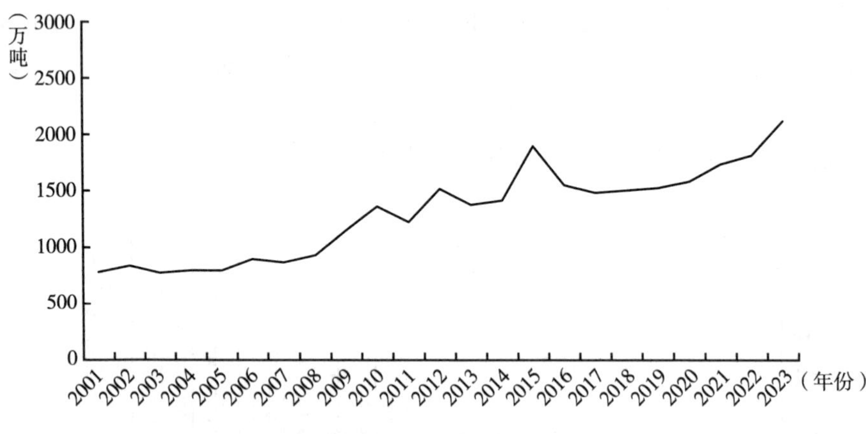

图 3　2001~2023 年新疆粮食产量

（二）新疆在农业农村现代化方面取得了显著进展

乡村振兴战略的实施为新疆农业农村现代化提供了重要的方向和动

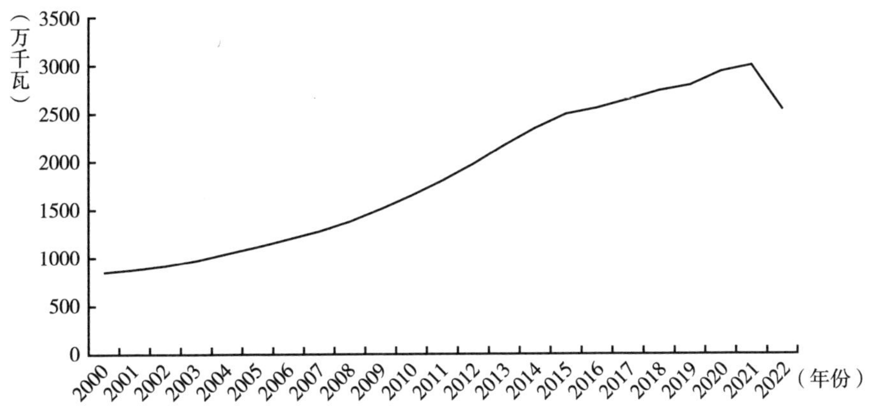

图 4　2000~2022 年新疆农业机械总动力

力。乡村振兴战略的实施对新疆农业农村现代化起到了至关重要的作用。通过加强政策支持、优化农村产业结构、改善农村基础设施以及提升农民素质等，新疆正在加速推进农业现代化，提升农产品供给品质，开拓市场，并持续推进农村信息化发展，以实现农业农村现代化的目标。新疆积极推动产业、人才、文化、生态和组织的全面振兴，以确保农业成为有奔头的产业，农民成为有吸引力的职业，农村成为安居乐业的家园。这些努力不仅有助于提升新疆的农业综合实力，还有助于实现社会稳定和长治久安，满足人民日益增长的美好生活需要。[①] 乡村振兴战略不仅关注农业产值的提升，还强调农村社会经济发展和生态环境保护，从而推动农业农村现代化的全面进步。[②]

新疆在农业农村现代化方面取得了显著进展。通过构建农业农村现代化指标体系，发现新疆农业农村现代化发展水平整体呈现上升趋势。[③] 特别是在资源深度开发利用、科技进步、物流及网络发展等方面，对新疆农业产生

① 瞿建蓉：《落实乡村振兴战略　加快新疆农业现代化发展》，《新疆社科论坛》2018 年第1 期。

② 王凤丽：《推进新疆农业农村现代化　助力乡村振兴》，《中共乌鲁木齐市委党校学报》2022 年第 3 期。

③ 巴·哥尔拉、刘国勇、王钿：《乡村振兴战略背景下新疆农业农村现代化发展水平测度》，《北方园艺》2020 年第 17 期。

了积极影响。[①] 在具体的发展措施上，新疆通过加大农业资金投入、提高农业综合生产能力、实施环保措施、推进农业农村绿色发展等方式，有效提升了农业农村现代化发展水平。[②] 新疆在推进农业农村现代化的过程中，高度重视科技进步和信息化建设的作用。通过有效整合涉农信息资源，提升了农业生产的智能化、精准化水平，这不仅提高了农业生产效率，还促进了农业产业结构的优化升级。同时，信息技术的广泛应用为农业产业链的延伸和价值链的提升提供了强有力的技术支撑。例如，信息资源整合方面，通过对农业生产、市场、管理等方面的信息资源进行整合，形成了一个全面、准确的信息服务平台，为农业决策提供科学依据。技术应用推广方面，积极推进现代信息技术在农业中的应用，如物联网、大数据、云计算等，这些技术的应用使得农业生产更加智能化，能够实时监控作物生长状况，精准施肥、灌溉，有效防治病虫害。电子商务发展方面，新疆大力发展农村电商，通过电商平台拓宽了农产品销售渠道，帮助农民直接对接消费者，减少了中间环节，提高了农民收入。[③] 培训教育方面，为提高农民的信息技术应用能力，新疆开展了多种形式的培训教育活动，提升了农民的数字素养，使他们能够更好地利用信息技术进行生产和经营。基础设施建设方面，新疆加大了对农村信息基础设施的投入，如宽带网络覆盖、移动通信设施建设等，确保了信息的快速流通，为农业农村信息化奠定了坚实基础。通过开发整合涉农信息资源、提高信息技术应用水平，加快了农业农村信息化发展，为农业产业化发展提供了有力支撑。[④]

（三）新疆在农村产业发展方面取得了显著成效

新疆在产业发展方面取得了显著成效，特别是在农业现代化、农产品供

① 朱志强：《乡村振兴战略背景下新疆现代农业发展研究》，《南方农机》2022 年第 22 期。

② 巴・哥尔拉、刘国勇、王铟：《乡村振兴战略背景下新疆农业农村现代化发展水平测度》，《北方园艺》2020 年第 17 期。

③ 朱志强：《乡村振兴战略背景下新疆现代农业发展研究》，《南方农机》2022 年第 22 期。

④ 蔺彩霞：《乡村振兴视角下新疆农业农村信息化实践与探析》，《新疆农业科技》2021 年第 3 期。

给品质提升、市场开拓以及农业信息化发展等方面。

新疆生产建设兵团不断提高农业生产潜力，加速农业生产供给侧结构性改革，引进、吸收、研发和推广先进生产力，提升农产品附加值，增强品牌竞争力，使兵团农业在全国农业科技现代化中处于前列。[①] 新疆在农业现代化方面已经取得了一定的成效，为农业产业化提供了良好的条件。通过加快推进新疆农业现代化，着力提升新疆农产品供给品质，不断开拓农产品市场，加快新疆农业农村信息化发展，为促进当地经济发展和建立现代产业体系提供了根本途径。[②] 同时，新疆农村三产融合发展水平的提升，也为农业产业链延伸、农业功能拓展、农业服务业融合等方面提供了支持。[③] 2011~2020 年新疆农村三产融合指数从 0.168 上升至 0.784，增幅达 366.67%。说明新疆农村三产融合水平整体有所提升。[④] 具体来看，新疆农村三产融合在以下几个方面取得了进展：一是农业产业链延伸，通过深加工和品牌建设，新疆农产品实现了从初级产品到高附加值产品的转变，增强了农产品的市场竞争力；二是农业功能拓展，除了传统的食品生产功能外，新疆农业还发展了观光旅游、休闲体验、生态保护等多种功能，提升了农业的综合效益；三是农业服务业融合，随着物流、电商、金融服务等现代服务业与农业的深度融合，新疆农业的服务体系更加完善，服务效率和质量得到提升；四是农民增收，三产融合带动了农民就业机会的增加和收入来源的多元化，有效提高了农民的生活水平；五是农业增产，科技投入和现代管理手段的应用，提高了农业生产效率，保障了粮食安全和农产品供应；六是农村经济繁荣，随着三产融合的深入，农村经济结构得到优化，农村地区的经济发展活力增强。

---

① 梁斌、吕新、张泽等：《农业现代化视野下培育发展农业战略新兴产业的路径研究——以新疆生产建设兵团为例》，《农业经济》2021 年第 4 期。

② 木合塔尔·沙地克：《接续推进新疆全面脱贫与乡村振兴有效衔接的路径分析》，《农业展望》2020 年第 8 期。

③ 董鸿宁、欧阳金琼：《乡村振兴背景下新疆农村三产融合发展水平分析》，《河北农业科学》2023 年第 3 期。

④ 董鸿宁、欧阳金琼：《乡村振兴背景下新疆农村三产融合发展水平分析》，《河北农业科学》2023 年第 3 期。

（四）新疆在生态保护方面初见成效

新疆在生态保护方面成效显著。通过实施环保措施，推进农业农村绿色发展，夯实基层公共事业基础，健全农民增收保障体系，有助于提升生活污水处理能力，发展第二、第三产业，从而推动乡村振兴。① 新疆在生态保护方面的成效主要体现在以下几个方面。

1. 生态保护与建设取得积极成效

新疆作为中国典型的绿洲生态脆弱区域，多年来不断加强生态保护工程建设，取得了积极成效。尽管面临经济增长方式较为粗放和人口过快增长的双重压力，但加大森林、草原、荒漠、湿地与河湖、农田、城市生态系统保护与建设力度，以及采取有力措施防治水土流失、保护生物多样性、合理利用水资源等，为新疆经济社会全面协调可持续发展提供生态保障。②

2. 实施退耕还草还林战略

为治理新疆生态环境，对山旱地和沙漠前缘沙化严重的耕地进行了生态退耕，并根据宜林则林、宜草则草的原则重塑山地垦前植被，保护水源涵养地。同时，采用乔、灌、草相结合的方式营造沙漠前缘林草带，有效治理新疆生态环境。

3. 发展循环型生态农业

新疆通过发展循环型生态农业，促进了农业健康、可持续发展。这包括对循环型农业的基本概念及特征进行介绍，对新疆农业发展的现状及面临的问题进行分析，并提出了发展循环型生态农业的措施。③

4. 合理利用水资源

水资源的合理利用是干旱区生态农业实现可持续发展的关键。新疆在总结 50 年来农业和水利发展经验的基础上，制定出合理利用水资源的规划和

---

① 巴・哥尔拉、刘国勇、王钿：《乡村振兴战略背景下新疆农业农村现代化发展水平测度》，《北方园艺》2020 年第 17 期；屈楠楠、郭文强、武赛龙：《新疆乡村振兴评价指标体系构建及实现度测定分析》，《赤峰学院学报》（自然科学版）2021 年第 6 期。

② 王英平：《新疆生态保护与建设：成效、问题与措施》，《新疆农垦经济》2015 年第 8 期。

③ 敬莉：《发展循环型生态农业　促进新疆农业可持续发展》，《新疆财经》2009 年第 3 期。

措施，大力推广实施节水农业的综合技术，为实现农业可持续发展奠定了可靠的基础。[①] 例如，新疆大力推广高效节水灌溉技术，这包括与国际先进水平进行比较学习，并借鉴以色列、美国等国家的经验。[②] 通过科学的灌区宏观规划，指导节水灌溉的发展，确保农田节水面积的合理扩展。建立适合新疆区情的农业节水技术体系，新疆针对其独特的自然条件，建立了一个强制性和效益性并存的节水管理机制，以加强节水管理。这包括明确农业节水的发展重点以及推进新疆农业节水的可持续发展。[③] 应用膜上灌溉技术，膜上灌溉技术在新疆得到了广泛应用，这种技术可以节水20%~30%，同时增产4%~5%。[④] 膜上灌溉技术简单易行，投资少，是干旱绿洲灌溉农业区节水灌溉的有效途径。建设农业节水工程，新疆加速了节水工程的建设，重视农业节水和管理节水，形成了系统的节水方向与措施。这包括加强灌排建设，重视盐碱地改良工作，以提高农业用水效率。[⑤] 研究与应用高效节水灌溉技术，新疆不断加强高效节水灌溉技术的研究与应用，通过分析农业节水灌溉的现状和面临的问题，有针对性地提出解决对策。这有助于推动当地农业产业发展，缓解水资源短缺问题，对经济社会可持续发展具有重要的促进作用。[⑥]

5. 加强生态环境保护和建设

新疆面对生态环境问题突出表现在荒漠化威胁人们的生存等方面，只有加强生态环境保护和建设，才能实现可持续发展。这包括建立健全绿色低碳循环发展经济体系，全面加强环境污染治理，加大生态系统保护力度，构建科学适度有序的国土空间布局体系，开展全民绿色行动，完善生态环境治理体系。[⑦]

---

① 钟新才、凌慧娟：《合理利用水资源维护新疆生态农业可持续发展》，《节水灌溉》2001年第2期。

② 杨新成：《新疆高效节水灌溉合理发展模式研究》，《安徽农业科学》2014年第22期。

③ 张龙、张娜：《新疆农业节水现状及对策研究》，《中国农村水利水电》2010年第7期。

④ 罗成：《新疆干旱绿洲农业节水模式研究》，《中国农村水利水电》1996年第Z1期。

⑤ 李寿山、钟新才：《新疆节水农业的发展方向与措施》，《新疆农业科学》2005年第5期。

⑥ 古力尼沙·提力瓦地：《新疆农业高效节水灌溉技术的选择》，《建筑技术开发》2017年第7期。

⑦ 姚文遐：《新疆生态环境保护现状及对策》，《乡村科技》2020年第28期。

（五）新疆实现了从脱贫攻坚到乡村振兴的转变

在社会治理方面，新疆通过加强思想认知、完善工作发展措施与出台常态化政策扶持等措施，助力实现脱贫攻坚与乡村振兴的有效衔接，为推动新疆乡村全面发展奠定了扎实基础。①

1. 加强思想认知，筑牢发展之基

思想认知是行动的先导，在社会治理过程中，应始终将提升民众的思想认知放在首位。通过广泛的宣传教育，新疆不断增强民众对脱贫攻坚与乡村振兴重要性的认识，激发他们参与乡村建设的积极性和主动性。这种思想上的转变，为新疆乡村的全面发展提供了强大的精神动力。

2. 完善工作发展措施，确保政策落地生根

社会治理不仅要有宏观的战略眼光，更要有微观的实操能力。新疆在推进社会治理的过程中，不断完善各项工作发展措施，确保每一项政策都能落到实处、发挥实效。无论是基础设施建设、产业布局规划，还是公共服务提升、生态环境保护，新疆都做到了精准施策、精细管理，这些举措极大地推动了乡村的全面发展。

3. 出台常态化扶持政策，为乡村发展注入持久动力

为实现脱贫攻坚与乡村振兴的有效衔接，新疆出台了一系列常态化扶持政策。这些政策不仅覆盖产业发展、就业增收、教育医疗等多个领域，还注重政策的连续性和稳定性，确保乡村发展能够持续受益。常态化扶持政策的出台，为新疆乡村的全面发展注入了持久而强劲的动力。

三　新疆农业绿色发展面临的主要挑战

（一）新疆绿色农业的发展区域差距较大

新疆绿色农业的发展呈现区域性的特点，2019 年新疆 14 个地（州、

---

① 爱克德·库热西：《巩固脱贫攻坚成果与助力乡村振兴有效衔接路径研究——以新疆 A 县为例》，《南方农机》2022 年第 2 期。

市）绿色农业发展综合得分最高为伊犁州（10.64 分），其次为阿勒泰地区（9.92 分），克孜勒苏柯尔克孜自治州（以下简称“克州”）得分最低（2.95 分）。[①] 其中，北疆地区的绿色农业发展水平较高，南疆和东疆则相对较低。这种差异可能是地理位置、气候条件、水资源分布、农业技术水平和政策支持等多方面因素造成的。北疆地区由于其较为丰富的水资源、适宜的气候条件以及较高的农业科技水平，能够更好地实施绿色农业生产，提高资源利用效率。而南疆地区虽然光照充足，但水资源相对匮乏，加上生态环境脆弱，导致绿色农业发展面临较大的挑战。东疆地区则处于两者之间，绿色农业发展水平介于北疆和南疆之间。克州作为南疆的一个地州，其绿色农业发展水平相对滞后，这可能与其地理环境、经济发展水平和农业基础设施等因素有关。此外，新疆乡村绿色发展整体效率均值在不同地区之间存在显著差异（见表 1）。研究表明，从南疆、北疆、东疆的发展差异来看，北疆整体的绿色发展水平优于南疆、东疆。这种区域间的发展差异可能与各地区的自然条件、经济发展水平、政策支持力度等因素有关。[②]

表 1　2015~2020 年新疆乡村绿色发展整体效率

效率变化	年份	新疆总体	东疆	南疆	北疆
（第一阶段）农业生态效率	2015	0.550	0.315	0.614	0.236
	2016	0.664	0.465	0.600	0.370
	2017	0.709	0.686	0.587	0.506
	2018	0.717	0.754	0.537	0.568
	2019	0.853	0.847	0.549	0.589
	2020	0.894	0.952	0.450	0.605
	均值	0.764	0.670	0.556	0.539
（第二阶段）乡村经济效率	2015	0.418	0.245	0.265	0.152
	2016	0.439	0.270	0.275	0.189

① 包艳丽等：《新疆绿色农业发展水平区域差异分析》，《新疆农业科学》2024 年第 3 期。

② 此数据为课题组完成的新疆民委（宗教事务局）民族研究立项课题“以绿色发展引领新疆乡村振兴战略研究”（2021-XJMW-007）的结项报告数据，该课题已顺利结项。

续表

效率变化	年份	新疆总体	东疆	南疆	北疆
（第二阶段）乡村经济效率	2017	0.438	0.379	0.260	0.286
	2018	0.426	0.380	0.244	0.480
	2019	0.430	0.358	0.241	0.464
	2020	0.452	0.402	0.247	0.425
	均值	0.434	0.339	0.255	0.333
乡村经济效率	2015	0.378	0.098	0.340	0.031
	2016	0.404	0.147	0.333	0.045
	2017	0.376	0.208	0.327	0.281
	2018	0.409	0.247	0.297	0.580
	2019	0.403	0.291	0.308	0.510
	2020	0.430	0.360	0.214	0.390
	均值	0.400	0.225	0.303	0.306

（二）新疆农业发展面临人才外流和引进难的问题

新疆农业发展面临在赋能乡村振兴过程中人才流失严重、本土人才数量不足、人才质量不高等现实困境。①

1. 人才流失严重

新疆地处我国西部边陲，虽然拥有丰富的自然资源和农业发展潜力，但由于经济发展水平相对滞后，不少本土人才难以在当地找到满意的职业发展机会。因此，许多人在接受高等教育或累积了一定的工作经验后，倾向于前往东部沿海或其他经济更为发达的地区寻求更好的职业前景和生活条件。这种“人才外流”现象严重削弱了新疆农业发展所需的人才基础。

2. 本土人才数量不足

教育是人才培养的摇篮，而新疆地区在高等教育资源方面与东部地区相

① 杨冉、彭剑勇：《新疆本土化人才赋能乡村振兴的逻辑机理、现实困境与突破路径》，《河南广播电视大学学报》2023 年第 3 期；朱旭雨、沈最意：《浅谈西部人才引进对新疆乡村振兴的作用》，《农村经济与科技》2019 年第 2 期。

比确实存在不小的差距。高等院校和职业培训机构数量相对较少，专业设置和教学质量与农业发展的实际需求有时也存在脱节。这些因素共同导致了新疆本土农业人才数量不足，难以满足农业现代化和乡村振兴对人才的迫切需求。

3. 人才质量不高

除了数量上的不足，新疆在人才培养质量方面也面临挑战。由于教育资源和科研条件的限制，部分本土人才在专业技能、创新思维以及国际化视野等方面可能难以达到行业前沿水平。这种质量上的差距在一定程度上制约了新疆农业创新能力和市场竞争力的提升，影响了农业整体发展速度。

4. 乡村振兴战略实施中的人才需求

乡村振兴是一个系统工程，需要大批既具备专业知识又怀有深厚乡土情怀的人才参与。然而，当前新疆在这类人才上的储备显然不足，尤其是在农业经营管理、农业科技创新、乡村文化旅游开发等关键领域，专业人才的匮乏尤为突出。这不仅影响了乡村振兴战略的顺利推进，也在一定程度上制约了新疆农业农村现代化的步伐。

（三）新疆边境乡村地区基础设施建设整体较为薄弱

长期以来，国家在边境地区的基础设施建设和民生保障方面做出了巨大努力。然而，新疆边境乡村地区由于其特殊性，仍面临诸多挑战，使基础设施不能满足当地的发展需求。①

1. 自然条件恶劣与灾害频发

新疆边境乡村地区往往自然条件恶劣，如高原、高寒地带，这些地区的生态环境脆弱，大风、洪水、泥石流等自然灾害频繁发生。例如，在高寒地区，饮水管道容易因低温冻裂，这不仅影响当地居民的正常用水，也增加了维护成本和难度。交通安全问题频发，山区乡镇公路经常遭受塌方、雨水冲

① 李会芳、袁圣博、白萍等：《新疆边境地区乡村振兴的路径探析》，《北方经济》2022 年第 6 期；曹昶辉：《当前边疆民族地区乡村振兴的阻滞因素及应对策略》，《广西民族研究》2018 年第 4 期。

刷等破坏，导致交通中断，严重影响当地居民的出行安全和生活物资供应。

2. 地理位置偏远与运输困难

部分边境乡村地处偏远山区，海拔高且远离县城。运输成本高，由于距离远、路况复杂，原材料和人力物力的运输成本显著高于非边境地区，这直接提高了基础设施建设的总体成本。建设难度大，偏远山区的地形复杂，给基础设施建设带来了极大的挑战。例如，在这些地区铺设电网或通信线路的难度和成本都远高于平原地区。

3. 居民点分散与基础设施覆盖范围有限

边境地区的自然村往往因地形特殊分布分散，这导致基础设施难以全面覆盖。具体问题包括电网老化与未通大电网。部分乡村的电网线路老化严重，这严重制约了当地居民的用电需求和经济发展。通信信号差，在部分边境乡村地区，无线通信信号质量差，影响了居民与外界的沟通和信息交流。

四 绿色发展引领新疆乡村振兴的对策建议

考虑到新疆乡村绿色开发道路推进过程中的现实困难，超越片面、孤立的开发思维，用整体的思考来审视是当务之急。乡村绿色建设是乡村政治、经济、文化、社会、生态学建设等复杂的系统工程。新时期必须以乡村绿色发展理念为引领，改善生态环境，推进绿色产业发展与壮大，变革绿色生活方式，创新绿色发展体系，推动新疆乡村绿色发展再上新台阶。

（一）建立绿色治理体系，推动乡村治理可持续发展

习近平总书记提出“我们既要绿水青山，也要金山银山。宁要绿水青山，不要金山银山，而且绿水青山就是金山银山”的论断，[①] 这是绿色治理的总的纲目，是推动形成节约资源和保护环境的空间格局、产业结构、生产

① 《八、绿水青山就是金山银山——关于大力推进生态文明建设》，中国共产党新闻网，2014年7月11日，http：//theory. people. com. cn/n/2014/0711/c40531-25267092. html。

方式、生活方式，为子孙后代留下天蓝、地绿、水清的生产生活环境基本遵循原则。

在绿色治理体系初步构建完成后，需要高度重视并加强乡村治理，要通过选拔、培养、储备村干部的方式，加强乡村基层组织建设，提高村民委员会、社会组织、乡村精英等主体乡村治理的参与度，构建多元主体参与的乡村自治架构，同时还要深化乡村法治建设，加强乡村德治建设，逐步形成自治、法治、德治“三治合一”的治理网络。在绿色治理路径上，要按照自然规律推进经济社会发展。秉持尊重自然、顺应自然、保护自然的生态文明理念，在经济发展的过程中尽量不破坏生态环境，减少资源消耗，坚持预防为主、综合治理，强化水、大气、土壤等污染防治，实现绿色发展、低碳发展和循环发展。在绿色治理措施上，要推行制度约束与宣传引导。建立环境督察制度，严肃追究破坏生态环境的责任人。同时要加强生态文明宣传教育，增强全民节约意识、环保意识、生态意识，营造爱护生态环境的良好风气，使制度约束与宣传引导并重。加强乡村垃圾污染治理，组建专门或兼职的乡村环卫队伍，根据乡村实际情况，完善工业垃圾和生活垃圾收集处置体系，努力做到就地分类、合理回收，探索建立“财政支持+合理综合管理”体系。继续在新疆实施“厕所革命”，加快实现乡村卫生厕所全覆盖，提高农民生活质量，改善基础设施条件，逐步推广乡村清洁能源利用，实施清洁、绿色、美化工程，弥补乡村卫生基础设施建设的不足。系统改善村容村貌，打造新疆宜居宜业宜游的美丽乡村。加强乡村绿色治理体系和管理能力建设。构建“五步走”乡村振兴机制，在“访惠聚”驻村工作组和村委会的领导下，动员村民积极参与，构建美丽乡村的绿色治理体系。要把乡村绿色发展和污染防治纳入绩效考核，落实环境和生态损害赔偿制度，倡导以创建美丽乡村为重点的生态环境保护理念和绿色政治行动。

（二）提高农村人口素质，实现人才可持续发展

人才建设是推进新疆绿色发展和乡村振兴的关键要素，要重视人才，实施人才优先发展战略，促进农村经济开放发展。走好人才优先发展道路，最

关键的是能够创造人才孵化的平台，创造培育人才、使用人才和留住人才的途径。一是培育新型职业农民。在生态经济体系中，农民作为直接参与者，要具备较高的科学文化素质、生态环境保护和合理开发利用的现代意识以及摆脱原有经济发展模式的创新能力，充分发挥职业院校和县市职业技术学校培训职业农民的主渠道作用，集中优势教学资源，重点开展职业农民培训。二是加快农村新乡贤队伍建设，建立专业顾问定向联系服务制度，实施“一村一法律顾问、一村一规划顾问、一村一健康顾问”工程，从政法系统、住建规划系统、卫生系统等选派骨干到村任首席法律顾问、首席规划顾问、首席健康顾问，柔性开展顾问指导服务。三是要强化村领导干部的引领作用。发挥村干部领富带富作用，继续帮助经济能力较弱的群众投身自建产业提高家庭收入；积极发挥选调的驻村第一书记的带头作用，采用轮班轮村交流合作的形式，通过内抓服务、外抓项目，在解决群众切身难事的同时，积极谋划产业项目，协助村干部做大做强集体经济。

（三）健全绿色支撑体系，实现社会可持续发展

绿色支撑体系是一个系统工程，包括乡村产业支撑、生态环境保护、土地集约高效利用、农田水利设施建设、基础设施建设、交通设施建设、社会事业投入、文化事业振兴、乡村建设等多项工作。

1. 加强乡村精神文明建设，加强乡村文化产品服务供给

加强农村居民就业技能培训，同时提高少数民族群众掌握和运用国家通用语言文字的能力和水平。进一步汇聚社会各方力量，推进乡村人才振兴。与此同时，结合深入开展文化润疆工程，加强乡村精神文明建设，加强乡村文化产品服务供给，推动乡村文化振兴，并筑牢各族群众共同团结奋斗的思想基础。

2. 重视农村公共服务工作，提高农村地区教育和医疗服务水平

农村医疗卫生和教育供给是农村公共服务的重要组成部分，要尽可能全方位加大资金支持力度，补齐医疗卫生等农村公共服务短板，满足农民日益增长的美好生活需要。加快教育体制机制改革步伐，改善农村义务教育办学

条件，加大农村教师培训力度等，通过优势资源互补，不断提高教学水平。①

3. 创新基层组织制度建设，推动各子系统全面提升和协同发展

加强乡村组织建设，特别是吸引政治立场坚定、能力强的年轻人扎根基层，近年来南疆地区大力吸引转业军人、内地高校毕业生进入乡镇基层工作，为当地基层的发展注入了新鲜血液，带来了新的活力与理念。充分发挥“访惠聚”工作队传帮带作用，“访惠聚”工作队通过访贫问苦、解决纠纷、跑项目、促就业、引技术等系列举措，提升了威望、凝聚了人心、树立了信心，给村委会带来了生机活力，进一步发挥传帮带作用，为村“两委”培养一支政治强、能作为的队伍。充分发挥村级科技副职的力量，给广大的农村技术人才、经营人才营造宽松的环境，充分发挥他们的才能，尽最大可能为他们提供便利优惠的条件，把集体收入的增长、村级特色产业的发展、农民参与获益的程度纳入第一书记的硬性考核标准，倒逼真抓实干。通过完善基层组织制度建设，持续推进乡村振兴五个子系统协同发展，实现“产业兴旺、生态宜居、乡风文明、治理有效、生活富裕”。五个子系统既是影响乡村振兴水平的内部因素，也是新疆乡村振兴的内生动力，因此新疆要充分把握乡村振兴相关的政策机遇，推动五个子系统水平的全面提升和协同发展。

4. 做好科技、金融、规划等方面的工作，提升科技对乡村绿色发展的基础支撑作用

加快消除与乡村绿色发展密切相关的环境权益质押薄弱环节，构建具有新疆特色的功能完备的分级绿色金融体系，发展和完善绿色农业保险产品，满足风险防范的需要。要加快实施新疆农业绿色品牌战略，确立绿色产品的生态起源和发展模式，使绿色农产品具有市场竞争优势，使农业成为有发展前途的产业。以“绿色农业+”模式推进农村三次产业融合，构建农业、加工、旅游有机融合的农村绿色产业链。政策应鼓励和支持新型农业企业广泛应用绿色农业技术，适当建立绿色农业发展示范园区，让小农户走上绿色农

① 诺金：《大力实施乡村振兴战略　建设宜业宜居宜游新农村——以乌鲁木齐县水西沟镇平西梁村为例》，《中共乌鲁木齐市委党校学报》2020 年第 3 期。

业发展之路，加快推进绿色农业生产方式应用。统筹解决农村尚未解决的环境问题，不断改善人居环境。

（四）建立绿色产业体系，实现经济可持续发展

1. 推动新疆城乡一、二、三产业融合发展，促进城乡三次产业共同发展

为促进乡村经济高质量发展，应该适当扩大新疆目前的绿色产业规模，实现绿色产业的跨区域整合，创造更多的新业态。在这个过程中，村干部应发挥主导作用，把城市资源吸引到乡村，包括资金和人力资源。在“输血”的同时，要注重“造血”功能的培养，培养新疆农民抓住市场机遇的能力，要引入环境保护补偿标准体系与环境补偿资金投入机制，完善环境保护效率与资源配置相结合的激励约束机制，加大对环境保护重点领域的转移支付力度。建立新型城乡一体化社会，促进城乡关系在经济、文化等领域的全面融合。

在乡村振兴战略实施过程中应重点把握以下几个方面。第一，优化产业布局，促进一、二、三产业融合发展。科学划定优先开发、限制开发、禁止开发三类区域；要强化农业示范产业园区、三次产业融合发展等规划建设，着力做强龙头、做精农业、做优旅游、做美乡村、做实民生。第二，加强基础设施建设，加快城乡融合发展。要加快构建现代农业产业体系、生产加工体系、贸易服务体系，加大基础设施建设力度，着力推动农业和农村基础设施建设与城市建设管理同步进行，提升乡村现代化建设水平，使农村成为农民和创业者的乐居宜居之地。第三，要优化产业结构，提升农业产业效益。要提高农业劳动生产力和综合生产能力，按照农业生产服务城市发展的战略定位，调整农业产业结构，积极培植专业大户、专业农场，鼓励农牧业种养殖企业化、集团化经营，提高农业创新力、竞争力和全要素生产率。①

2. 优化调整产业结构、促进乡村产业提质增效

新疆在实施乡村振兴的过程中，要激发内生动力，充分借助产业结构调

① 诺金：《大力实施乡村振兴战略　建设宜业宜居宜游新农村——以乌鲁木齐县水西沟镇平西梁村为例》，《中共乌鲁木齐市委党校学报》2020 年第 3 期。

整对乡村振兴的驱动力量。持续优化调整产业结构、促进乡村产业提质增效，从而提升新疆经济发展水平，为实现乡村振兴奠定物质基础；引导财政资金向“三农”领域倾斜，充分发挥乡村财政支出对乡村振兴的调节作用；有效利用金融发展对乡村振兴的支撑作用，加大乡村固定资产投资力度，逐步提升乡村交通基础设施水平，提高新疆乡村交通通达性。乡村振兴各驱动因素存在明显的地区差异，其驱动因素的作用程度（关联度）从交通基础设施水平、地区产业结构、乡村固定资产投资、经济发展水平、金融发展水平到乡村财政支出依次递减。

（五）构建绿色宜居体系，实现生态可持续发展

新疆农村地区多为水资源匮乏、生态环境脆弱、风沙灾害频发区域，这在一定程度上制约了当地经济社会的发展。大力建设绿色宜居体系，不仅能改善当地的生态环境，还能为当地农民带来经济效应，是干旱地区生态发展的有效途径。大力建设绿色宜居体系需要深刻理解乡村绿色发展理念，通过改变新疆广大村庄分散无序、功能区划不清的旧局面，统筹规划乡村土地功能。基本原则是明确乡村生态功能，科学界定乡村生产生活生态功能区，充分考虑乡村建设、村庄布局、耕地保护和环境保护等功能因素，构建人与自然和谐的新疆乡村绿色发展体系。按照“一村一品相匹配”的原则，因地制宜确定产业定位，发展与环境资源相适应的产业，平衡经济效益和生态效益，切实改善乡村生态环境。

新疆乡村振兴要想同时实现生活富裕、生产发展、生态良好三大目标，就必须从整体上解决生活、生产、生态间的矛盾。解决这三大目标之间矛盾的关键无疑是绿色发展，因为绿色发展的核心是追求人与自然和谐共处。鉴于乡村对优美生态环境的日益需求和资源环境的制约，“三农”的主题离不开绿色元素。这也是绿色发展推动乡村振兴的内在逻辑机制，绿色发展引发的乡村振兴不仅是理念的贯通，更重要的是将理念转化为实际行动，实现新疆乡村振兴与绿色发展的协同推进。

Abstract

This report was jointly discussed and written by nationwide border development research scholars organized by the Institute of Chinese Borderland Studies, Chinese Academy of Social Sciences.

2023 is the starting year for fully implementing the spirit of the 20th National Congress of the Communist Party of China. Border areas are accelerating the construction of a new development pattern, solidly promoting high-quality development, and making important progress in scientific and technological innovation, modern industrial system construction, etc. The economic development trend is good. The development of border areas presents four major characteristics: Firstly, innovation driven, accelerating the formation of new quality productive forces. Border provinces and regions are increasing their R&D investment, actively building innovation cultivation platforms, and continuously strengthening the dominant position of enterprises in innovation. The second is to improve the quality and efficiency of the industry, and to activate the engine of high-quality development. Under the guidance of national policies, border provinces and regions have formulated industrial policies with distinct regional characteristics, taking the development of characteristic industries to a new level. The third is to solidly promote economic and trade cooperation and actively integrate into the new development pattern. Frontier provinces and regions actively seize the opportunity of jointly building the "the Belt and Road", take border opening to a new level, actively carry out institutional innovation through free trade pilot zones, and make progress in RMB cooperation. The fourth is to comprehensively upgrade governance efficiency and optimize the development environment. By strengthening the construction of the rule of law, promoting digital government projects, and reforming the administrative approval system, we have optimized the business environment in border areas, implemented the new development concept, placed improving the ecological environment in an important position, strengthened ecological environment protection, effectively carried out pollution prevention and control work, and carried out peak carbon dioxide emissions and carbon neutrality work. In 2024, the work in the border areas will focus on four directions: Firstly, coordinating development and security, and promoting the practice of Chinese path to modernization in the border areas; Secondly, we will solidly promote high-quality development and fully integrate into the new development pattern; Thirdly, we will increase efforts to improve and optimize the business environment, and create a favorable development situation; The fourth is to actively and steadily promote peak carbon dioxide emissions and carbon neutrality, and practice the concept of green development.

This report revolves around the hot issues in the development of border areas in 2024, consisting of five parts: general report, high-quality development topics, thematic topics, and regional reports. The general report focuses on the research of the goals, ideas, and paths for developing new quality productive forces in border areas. The high-quality development topics consist of four sub reports: focusing on new quality productive forces, high-quality economic development, new urbanization construction, and cultural tourism integration. The thematic topics consist of four reports, focusing on research on port construction, border opening, foreign trade, and other aspects in border areas. In the regional reports, the research is carried out on the northern frontier, the northeast frontier, the Guangdong-Hong Kong-Macao Greater Bay Area, the southwest frontier, Xizang and Xinjiang.

Keywords: China's Border Areas; High-quality Development; New Productive Forces

Contents

Ⅰ General Report

Abstract: China's border areas are crucial to the maintenance of China's overall national security, and at the same time undertake multiple national strategic functions. High-quality development is the primary task of the development of China's border areas, and new quality productive forces is the endogenous driving force and basic support of high-quality development in border areas. Not all regions in China are suitable for developing new quality productive forces, especially in China's border areas. In a century without major changes, the development of new quality productive forces in China's border areas has a grim and complex background of the times, which includes not only global issues, but also China's overall economic development needs and the realistic basis for border development. The overall development goal of border areas is to realize Chinese style modernization. Through the development of new quality productive forces, enhance the endogenous driving force of border economic development, realize the prosperity and development of border economy, realize the common prosperity of all people, coordinate the material civilization and spiritual civilization in border areas, and realize the harmonious coexistence between man and nature in border areas. The development of new quality productive forces in border areas should start from the following ideas: adhere to the concept of system, proceed from reality, and adjust measures to local conditions. Adhere to the real economy as the foundation, industrial upgrading as the direction, and scientific and technological innovation as the core. In the process of developing new quality productive forces, China's border areas should give full play to the advantages of the new national system, the government should lead the deterministic strategic scientific and technological innovation, enterprises should be the main leaders of scientific and technological innovation, and cultivate talents at the same time.

Keywords: China's Border Areas; New Quality Productive Forces; Border Economy

Ⅱ High-quality Development Topics

Abstract: 2023 is the first year to comprehensively implement the spirit of the 20th National Congress of the Communist Party of China. The border areas have accelerated the construction of a new development pattern, solidly promoted high-quality development, made important progress in scientific and technological innovation and the construction of a modern industrial system, and the economic development trend is good. The development of border areas presents four characteristics: Firstly, innovation driven, accelerating the formation of new quality productive forces. The frontier provinces and regions have increased R&D investment, actively created innovation cultivation platforms, and continuously strengthened the dominant position of enterprises in innovation. Secondly,

improve the quality and efficiency of the industry, and open the engine of high-quality development. Under the guidance of national policies, the frontier provinces and regions have formulated industrial policies with distinctive regional characteristics, and have reached a new level in the development of characteristic industries. Thirdly, economic and trade cooperation has been solidly promoted and actively integrated into the new development pattern. The frontier provinces and regions actively seize the opportunity of jointly building "the Belt and Road" to open up the border to a new level, actively carry out institutional innovation through the pilot Free Trade Zone, and make progress in RMB cooperation. Fourthly, comprehensively upgrade governance effectiveness and optimize the development environment. By strengthening the construction of the rule of law, promoting digital government projects and reforming the administrative examination and approval system, we have optimized the business environment in border areas, implemented the new development concept, put the improvement of the ecological environment in an important position, strengthened the protection of the ecological environment, effectively carried out pollution prevention and control, and carried out carbon peak carbon neutralization. In 2024, the work in the border areas will focus on four directions: Firstly, coordinate development and security, and promote the practice of Chinese style modern border areas; Secondly, we will steadily promote high-quality development and fully integrate into the new development pattern; Thirdly, strengthen efforts to improve and optimize the business environment and create a good development situation; Fourthly, actively and steadily promote carbon peaking and carbon neutralization, and practice the concept of green development.

Keywords: Border Areas; New Quality Productive Forces; High-quality Development

Abstract: A strong, resilient and reliable domestic circulation is the foundation and lifeblood of the development of border areas. A benign interaction and mutual promotion of domestic and international dual circulation plays a key role in optimizing the allocation of resources in border areas and promoting high-quality development in border areas. This report starts from the perspective of the new development pattern, and constructs a high-quality development index system for border areas from five dimensions: economic growth, innovation and research and development, urban and rural industrial development, business environment, and internal and external circulation development potential. From the results, the border areas can be roughly divided into three tiers. The first tier includes Hainan Province, Liaoning Province, and Guangxi Zhuang Autonomous Region, which have a rapid development momentum and strong comprehensive strength; The second tier includes Inner Mongolia Autonomous Region, Yunnan Province, Xinjiang Uygur Autonomous Region, Jilin Province, Heilongjiang Province, and Gansu Province. These regions have used their own development advantages to continuously strengthen their advantageous industries; The third echelon is the Xizang Autonomous Region, which is generally inferior to other border provinces and regions.

Keywords: High-quality Development; Dual Circulation; Border Regions

Abstract: Border urbanization is not only an important component of

Chinese path to modernization, but also directly affects and restricts the overall process of national modernization. This study used methods such as principal component analysis and spatial analysis to explore the quality issues of border urbanization development. The results showed that: Firstly, border urbanization has special development laws, and more targeted policies should be formulated for the special situations in border areas; Secondly, the overall quality of urbanization development in border counties in Northeast and Southwest China is relatively high, with a better development foundation and greater development potential; Thirdly, there are significant differences in the influencing factors of urbanization quality in border counties in different regions, with ecological environmental factors having a more pronounced impact on border urbanization than economic factors. Finally, this study proposes relevant policy recommendations, including attaching great importance to the high-quality development of central cities, constructing a reasonable urban pattern with border characteristics, orderly expanding the supply of institutional resources, accelerating the key nodes of dual circulation development, and increasing support for industrial development projects.

Keywords: Border Areas; Border Urbanization; Border Counties; High-quality Development; New Urbanization

Abstract: The integration of culture and tourism has become an important direction for the development of China's tourism industry, and has gradually become an important way to promote border development and strengthen the sense of community of the Chinese nation. This report systematically reviews the cultural resources of border areas and the current status of tourism development in various provinces and regions. Taking Yunnan's tea culture resources and tourism integration as an example, it summarizes three models of cultural and tourism integration development, namely relying on "exhibitions and festivals", "ancient villages and towns", and "cultural relics" to promote the integration of culture and tourism development.

Keywords: Border Areas; Integration of Culture and Tourism; High-quality Development

Ⅲ Thematic Topics

Abstract: By systematically sorting out the historical background and evolution logic of the counterpart support policy with Chinese characteristics, this report summarizes and reviews the missions and tasks of counterpart support in different historical periods, explores the interactive logic between the Belt and Road Initiative and counterpart support policy, and explains the theoretical connotation of counterpart support policy and its theoretical mechanism to promote the economic growth of recipient areas. Using the panel data of 32 prefecture-level cities from 1990 to 2020, this report studies the impact of counterpart support on economic growth in Xizang and Xinjiang through the time-varying DID method. The results show that: Firstly, the implementation of the counterpart support policy has promoted the economic growth of the recipient areas and promoted the development of prefecture-level cities (states and regions) in Xizang and Xinjiang; Secondly, the Belt and Road Initiative has a positive moderating effect on the relationship between counterpart support policy and economic growth in Xizang and Xinjiang. When the recipient is a Belt and Road node city, the role of counterpart support policy in promoting economic growth in Xizang and Xinjiang is stronger. This report not only enriches and expands the relevant research on the evaluation of the effect of counterpart support policy, but also evaluates the economic effect of counterpart support policy with the Belt and Road Initiative as a moderating variable, which provides a reference for the further implementation and improvement of counterpart support policy.

Keywords: Counterpart Support; The Belt and Road Initiative; Time-varying DID; Border Areas

B.7 The Economic Development of China's Frontier Ports

Abstract: China's frontier provinces are actively integrating into the construction of the six major economic corridors in accordance with the vision and deployment of the Belt and Road Initiative, relying on border ports to accelerate the construction of open platforms facing countries and regions along the Belt and Road, building industrial parks, developing processing industries, and taking over the transfer of industries from the east, becoming the current "marginal growth centers" and investment hotspots in China's spatial economy. The growth of import and export trade at land border ports has been faster than the national foreign trade import and export, and the aggregation of elements has been significantly enhanced. However, the open economic functions of the ports are far below expectations, and there is still a large difference in the economic development of the ports. Under the exploration of system and mechanism innovation, the land border ports in Guangxi and Yunnan have developed relatively well, while the port economy in Xinjiang and Inner Mongolia urgently needs to be upgraded from a channel economy to an industrial agglomeration area. The border ports in Heilongjiang, Jilin, Liaoning, and Xizang have insufficient functional play, and the port economic development is relatively slow, urgently waiting for the promotion of system and mechanism innovation to enhance the port economic functions.

Keywords: The Belt and Road Initiative; Border Ports; Port Economy

Abstract: Border areas are an important part of China's regional development strategy, an important gateway to the country's opening up and the promotion of "the Belt and Road" construction, an important carrier to maintain national security and border stability, and a key area to build a new development pattern of domestic and international double circulation and mutual promotion. Over the past 40 years of reform and opening up, China has initially formed a comprehensive, multi-level, and wide-ranging pattern of opening up to the outside world from the coastal areas to the riverside and border areas, and from the east to the central and western regions. But with the accelerated evolution of unprecedented changes, how to further promote the development of China's border areas has become a crucial issue that China must pay attention to in promoting regional development and high-level openness. Using multi-source data, this paper analyzes the natural environment, economic and social development trend and the progress of opening up platform construction in China's border areas from the two dimensions of border provinces and border areas (counties), and then puts forward relevant countermeasures and suggestions for the future border areas to deeply integrate into "the Belt and Road" construction. Research has found that since 2010, the socio-economic development and open platform construction in border areas have made significant progress; However, due to the natural environment and location conditions, its overall socio-economic development lags behind the national average, and its platform for opening up to the outside world still needs further development. In future development, border areas should actively promote the development of foreign trade, advance two-way investment cooperation, fully utilize both domestic and international markets, systematically build a platform for border opening-up, and strengthen the construction of key border towns.

Keywords: The Belt and Road; Border Regions; Opening up to the Outside World

Abstract: Border areas play an important role in China's regional development pattern, not only in China's implementation of the the Belt and Road Initiative, but also in safeguarding national security and border stability. In recent years, the development of China's border areas has shown new trends and characteristics, with rapid growth in trade volume, continuous improvement in people's living standards, continuous improvement in infrastructure construction, and deepening cooperation with the "the Belt and Road" countries. However, there are still problems such as the gap between comprehensive strength and coastal areas, and uneven internal development. Therefore, border areas should expand opening up and cooperation with the outside world, deeply integrate into the pattern of jointly building the "the Belt and Road", strengthen the construction of regional central cities at home, improve the energy level of metropolitan areas and urban agglomerations, implement the axis leading strategy, form a semi circular economic belt along the border, and promote the development of border areas by classification.

Keywords: Border Areas; The Belt and Road Initiative; Common Prosperity

Abstract: Since the joint construction of the "the Belt and Road", great achievements have been made in the opening up and development of border areas. However, due to factors such as being far away from the mainland market and lagging development in neighboring countries and regions, there are generally a series of problems in the border areas, such as weak industrial development foundation, insufficient infrastructure support, and small scale of foreign trade. Since the Russia-Ukraine conflict, neighboring countries have continued to deepen economic and trade cooperation with China, bringing new opportunities for the opening and development of border areas. To further integrate border areas into the construction of the "the Belt and Road", we should, on the basis of actively promoting the preparation of cooperation plans with neighboring countries, continue to increase the central government's policy support for high-level opening up of border areas, encourage border areas and neighboring regions of neighboring countries to explore cooperation mechanisms, build open carriers such as comprehensive cooperation demonstration zones, promote the policy docking and infrastructure standard unification of border areas between the two sides, and jointly build the industrial chain supply chain division and cooperation system.

Keywords: Border Region; The Belt and Road Initiative; Cooperation System; Cooperation Demonstration Zone

Abstract: The joint construction of the Belt and Road Initiative propels China's borderlands from the periphery to the forefront of opening up. As we enter a new stage of development, leveraging this initiative to achieve high-quality foreign trade development in these regions can accelerate the formation of a comprehensive new pattern of openness, characterized by all-round two-way opening-up with links running eastward and westward over land and sea. Furthermore, it can expedite the establishment of a development model centered on the domestic economy and features positive interplay between domestic and international economic flows. This report analyzes the characteristics and trajectory of high-quality foreign trade development in China's borderlands from 2010 to 2019, elucidates current challenges, and within the framework of the Belt and Road Initiative, offers policy recommendations for further advancement. These recommendations encompass enhancing policy frameworks, fostering transformation and upgrading, cultivating new competitive advantages, and exploring new markets across different regions.

Keywords: The Joint Construction of the Belt and Road Initiative; Foreign Trade; Border Areas; High-quality Development

B.12 Simulation Analysis of Policies Related to Technological Innovation and New Quality Productive Forces in China's Border Areas *Lou Feng* / 267

Abstract: New quality productive forces has become a new engine and driving force for high-quality development, as well as an endogenous driving force and basic support for high-quality development in border areas. Analyzing the relationship between technological innovation and new quality productive forces in border areas has important practical significance. On the basis of analyzing the current situation of China's border economy, industrial structure, and technological research and development, this report constructs a computable general equilibrium (CGE) model for multiple regions in China, quantitatively analyzes the impact of total factor productivity improvement on economic development, and indirectly analyzes the impact of new quality productive forces on the socio-economic development of border regions.

Keywords: New Quality Productive Forces; CGE Model; Total Factor Productivity; Border Areas

Abstract: New quality productive forces, as a qualitative leap in the development of productivity, is an important driving force for the construction of a modern industrial system in border areas and the promotion of high-quality development. This report is based on the connotation of new quality productive forces in border areas, and constructs an indicator system for the development level of new quality productive forces from three aspects: new quality production factors, new quality production methods, and new quality industries, and conducts measurement and analysis. Research has found that the overall development of new quality productive forces in border areas has achieved leapfrog growth, with the highest level of development in the northern border areas and the lowest in the northwest border areas. Specifically, the development of new quality productive forces in Jilin Province ranks first among the eight border provinces in terms of both growth level and growth rate, while the growth rate in Guangxi Zhuang Autonomous Region is relatively slow. From different dimensions of new quality productive forces, the northern border areas have the highest annual comprehensive score for new quality production factors, while Yunnan Province has the highest annual comprehensive score for new quality production methods. Gansu Province has the highest annual comprehensive score for new quality industries, while Guangxi Zhuang Autonomous Region has the lowest score. Further research has found that border development policies, new infrastructure, and resource endowment advantages provide strong support for the development of new quality productive forces in border areas. Difficulties in gathering high-quality production factors, relatively lagging technological innovation, and relatively low levels of industrial modernization hinder the development of new quality productive forces in border areas. This report suggests that the development level of new quality productive forces in border areas should be improved from three aspects: creating a highland for gathering production factors in border areas, enhancing the level of technological innovation, and accelerating the forward-looking layout of future industries.

Keywords: Border Areas; New Quality Productive Forces; New Quality Production Factors

Ⅳ Regional Reports

B.14 Research on High-quality Development of Agriculture and Animal Husbandry in Northern Border Areas under the Background of Rural Revitalization

Ta Mier / 311

Abstract: In 2021, the absolute poverty problem in rural and pastoral areas of Inner Mongolia Autonomous Region has been solved, entering a new stage of rural revitalization. In 2023, under the guidance of the central directive spirit, the Inner Mongolia Autonomous Region carried out the development of rural and pastoral areas under the guidance of the guiding ideology of "comprehensively promoting rural revitalization, accelerating agricultural and rural Chinese path to modernization" and "promoting high-quality development of agriculture and animal husbandry, and building an important national production base for agricultural and livestock products". Through efforts, the comprehensive agricultural production capacity, farmers' income level, and agricultural modernization level in rural and pastoral areas of Inner Mongolia Autonomous Region have all developed. However, we cannot ignore the shortcomings in the process. In the foreseeable future, Inner Mongolia Autonomous Region will continue to promote the development of rural and pastoral areas.

Keywords: Rural Revitalization; Northern Border Areas; Agriculture and Animal Husbandry; High-quality Development

Abstract: Opening up to the outside world is an important link in promoting regional economic development. For Northeast China, due to the slow process of marketization, expanding opening up to the outside world is particularly of great practical significance. From the perspective of its own conditions, the Northeast has a solid foundation for actively integrating into the the Belt and Road. Northeast China should, based on the existing industrial structure, human capital, and scientific and technological innovation foundation, learn from the experience of Chengdu, Chongqing and other places in actively implementing the opening mode of internal and external introduction and the heavy industry transformation in northern Jiangsu, increase the pace of integration into the the Belt and Road, actively realize the transformation of resource-based and heavy industrial cities, make full use of various international cooperation channels, strive to promote the adjustment of industrial structure with a broader market, promote the marketization process, and introduce new and high-tech and other emerging industries. To this end, the Northeast region should strengthen infrastructure construction, promote urban public service construction, stabilize population size, focus on forming a positive mechanism for human capital accumulation, strengthen cooperation with developed coastal areas, promote technological innovation, and drive industrial upgrading and transformation.

Keywords: The Belt and Road; Northeast Revitalization; Industrial Transformation; Opening Up

B.16 The New Positioning and Tasks of the Guangdong-Hong Kong-Macao Greater Bay Area in the New Journey of Chinese-style Modernization

Mao Yanhua, Zhang Chao / 345

Abstract: The planning and construction of the Guangdong-Hong Kong-Macao Greater Bay Area is not only a new attempt to promote the formation of a new pattern of all-round opening up in the new era, but also a new practice to promote the development of "one country, two systems". In the five years since the promulgation and implementation of the Outline of the Development Plan for the Guangdong-Hong Kong-Macao Greater Bay Area, the Greater Bay Area has developed obvious advantages in five aspects: system, carrier, location, driving force and environment in exploring the path of Chinese-style modernization. To fully grasp the theoretical connotation, major tasks and practical requirements of the strategic positioning of "one point, two places", and advance the development of the Guangdong-Hong Kong-Macao Greater Bay Area on a new journey, focusing on the new tasks of enhancing the supporting and leading role of the country in opening up, promoting market integration in the Greater Bay Area by innovating regional cooperation mechanisms, strengthening joint innovation in science and technology between Guangdong, Hong Kong and Macao by focusing on core industrial technologies, building a demonstration zone that harmonises material and spiritual civilization, and exploring the docking of social governance and public policies among the three places under the principle of "one country, two systems", to formulate a path of realization that reflects the strengths and characteristics of the Greater Bay Area, accelerate the development of a world-class bay area and a world-class city cluster, and become a leading hub for Chinese-style modernization.

Keywords: New Advantages; New Positioning; New Tasks; Guangdong-Hong Kong-Macao Greater Bay Area

Abstract: 2023 is an important year for Yunnan pilot free trade zone and Guangxi pilot free trade zone in the southwestern frontier region, promoting deepening reforms and accelerating innovation. Both pilot free trade zones have put forward guiding policies for deepening reforms to promote high-level institutional opening up to the outside world. In 2023, the construction progress of the two pilot free trade zones in Yunnan and Guangxi accelerated, manifesting in significant growth in import and export trade, deepening of trade facilitation, coordinating innovation and development, transformation of innovation from "experimentation" to "high yield", and promotion of cooperation chains with neighboring countries. However, both free trade zones also faced internal and external challenges such as uneven development and prominent security and environmental issues in the surrounding areas, but still had good development prospects.

Keywords: Southwest Borderland Region; Pilot Free Trade Zone; High Level Openness

Abstract: Based on the population data and serial census data since the peaceful liberation of Xizang, combined with regional and urban development policy guidance, this report reviews and analyzes the changes of Xizang's population in size and distribution since the peaceful liberation, especially since the fourth national population census in 1990, points out the basic characteristics of rapid population growth, significant structural changes and concentration in Lhasa, and explains the influencing factors of population growth and distribution.

Keywords: Population Growth; Spatial and Temporal Changes; National Population Census; Xizang

Abstract: At present, the social development in Xizang has entered a new historical stage, and is facing with the task of how to transform from an ecological sensitive zone to an ecological security barrier zone, and continuing to promote the transformation of economic modernization to achieve high-quality regional development. Promoting green development is an important part of Xizang's exploration of Chinese path to modernization, and also a key measure to implement ecological civilization construction and comprehensively promote green transformation of economic and social development on the Qinghai-Xizang Plateau. Since entering the new era, Xizang has made great efforts to build green industries and promote the modernization of ecological governance. Green development has made important achievements, realizing the sustainable development of Xizang society and the harmonious symbiotic relationship between man and nature. Green development in Xizang is related to the special ecological environment of the Qinghai-Xizang Plateau to improve the quality and stability of the ecosystem, as well as the overall situation of regional social harmony and stability, sustainable economic development and national border security. At present, due to various constraints, Xizang still has some difficulties in promoting green development. It is necessary to further coordinate the relationship between high-quality development and high-level protection, and use the path of developing low-carbon industries, strengthening ecological compensation, and establishing systematic governance ideas to finally achieve a win-win situation for social development and ecological protection.

Keywords: Green Development; New Era; Ecological Civilization; Xizang

B . 20 An Analysis of Green Development Leading Xinjiang's Rural Revitalization Strategy *Wang Guangyao, Du Huijuan* / 412

Abstract: This report aims to analyze the leading role of green developmentin Xinjiang's rural revitalization strategy, exploring its logical foundation, implementation outcomes, challenges faced, and suggestions for future development. Green development serves not only as the cornerstone for Xinjiang's rural ecological civilization but also as a reflection of economic pillars and happy living. Furthermore, it is a significant symbol of modern rural governance. The inevitable direction of Xinjiang's rural revitalization is closely connected with green development, aligning with Xinjiang's resource advantages, satisfying residents' desires for a better life, and promoting overall revitalization while catering to long-term developmental interests. Xinjiang's rural revitalization has achieved remarkable results, including an overall upward trend in rural development, significant progress in agricultural and rural modernization, industry development outcomes, and initial achievements in ecological protection. Additionally, Xinjiang has successfully transitioned from poverty alleviation to rural revitalization, strengthening ideological cognition, improving work measures, and implementing normalized policy support. However, green agricultural development in Xinjiang still encounters numerous challenges, such as uneven regional development, difficulties in retaining and attracting talent, and insufficient infrastructure construction. To address these challenges, this paper proposes a series of policy suggestions, including establishing a green governance system, enhancing the quality of the rural population, improving the green support system, building a green industry system, and creating a livable green environment. By implementing these measures, Xinjiang can achieve sustainable development in its rural revitalization efforts.

Keywords: Green Development; Rural Revitalization; Sustainable Development; Xinjiang

皮 书

智库成果出版与传播平台

❖ 皮书定义 ❖

皮书是对中国与世界发展状况和热点问题进行年度监测，以专业的角度、专家的视野和实证研究方法，针对某一领域或区域现状与发展态势展开分析和预测，具备前沿性、原创性、实证性、连续性、时效性等特点的公开出版物，由一系列权威研究报告组成。

❖ 皮书作者 ❖

皮书系列报告作者以国内外一流研究机构、知名高校等重点智库的研究人员为主，多为相关领域一流专家学者，他们的观点代表了当下学界对中国与世界的现实和未来最高水平的解读与分析。

❖ 皮书荣誉 ❖

皮书作为中国社会科学院基础理论研究与应用对策研究融合发展的代表性成果，不仅是哲学社会科学工作者服务中国特色社会主义现代化建设的重要成果，更是助力中国特色新型智库建设、构建中国特色哲学社会科学“三大体系”的重要平台。皮书系列先后被列入“十二五”“十三五”“十四五”时期国家重点出版物出版专项规划项目；自 2013 年起，重点皮书被列入中国社会科学院国家哲学社会科学创新工程项目。

皮书网

（网址：www.pishu.cn）

发布皮书研创资讯，传播皮书精彩内容
引领皮书出版潮流，打造皮书服务平台

栏目设置

◆ **关于皮书**

何谓皮书、皮书分类、皮书大事记、
皮书荣誉、皮书出版第一人、皮书编辑部

◆ **最新资讯**

通知公告、新闻动态、媒体聚焦、
网站专题、视频直播、下载专区

◆ **皮书研创**

皮书规范、皮书出版、
皮书研究、研创团队

◆ **皮书评奖评价**

指标体系、皮书评价、皮书评奖

所获荣誉

◆ 2008 年、2011 年、2014 年，皮书网均在全国新闻出版业网站荣誉评选中获得“最具商业价值网站”称号；

◆ 2012 年，获得“出版业网站百强”称号。

网库合一

2014年，皮书网与皮书数据库端口合一，实现资源共享，搭建智库成果融合创新平台。

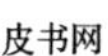

皮书网

“皮书说”
微信公众号

中国社会发展数据库（下设 12 个专题子库）

紧扣人口、政治、外交、法律、教育、医疗卫生、资源环境等 12 个社会发展领域的前沿和热点，全面整合专业著作、智库报告、学术资讯、调研数据等类型资源，帮助用户追踪中国社会发展动态、研究社会发展战略与政策、了解社会热点问题、分析社会发展趋势。

中国经济发展数据库（下设 12 专题子库）

内容涵盖宏观经济、产业经济、工业经济、农业经济、财政金融、房地产经济、城市经济、商业贸易等 12 个重点经济领域，为把握经济运行态势、洞察经济发展规律、研判经济发展趋势、进行经济调控决策提供参考和依据。

中国行业发展数据库（下设 17 个专题子库）

以中国国民经济行业分类为依据，覆盖金融业、旅游业、交通运输业、能源矿产业、制造业等 100 多个行业，跟踪分析国民经济相关行业市场运行状况和政策导向，汇集行业发展前沿资讯，为投资、从业及各种经济决策提供理论支撑和实践指导。

中国区域发展数据库（下设 4 个专题子库）

对中国特定区域内的经济、社会、文化等领域现状与发展情况进行深度分析和预测，涉及省级行政区、城市群、城市、农村等不同维度，研究层级至县及县以下行政区，为学者研究地方经济社会宏观态势、经验模式、发展案例提供支撑，为地方政府决策提供参考。

中国文化传媒数据库（下设 18 个专题子库）

内容覆盖文化产业、新闻传播、电影娱乐、文学艺术、群众文化、图书情报等 18 个重点研究领域，聚焦文化传媒领域发展前沿、热点话题、行业实践，服务用户的教学科研、文化投资、企业规划等需要。

世界经济与国际关系数据库（下设 6 个专题子库）

整合世界经济、国际政治、世界文化与科技、全球性问题、国际组织与国际法、区域研究 6 大领域研究成果，对世界经济形势、国际形势进行连续性深度分析，对年度热点问题进行专题解读，为研判全球发展趋势提供事实和数据支持。